suhrkamp taschenbuch 347

Hermann Hesse, am 2. Juli 1877 in Calw/Württemberg als Sohn eines baltendeutschen Missionars geboren, starb am 9. August 1962 in Montagnola bei Lugano. Das Werk Hermann Hesses, ausgezeichnet mit dem Nobelpreis 1946, erscheint im Suhrkamp Verlag.

Die seit Jahren wieder in den Mittelpunkt der Diskussion gerückten Romane Hermann Hesses haben ganz zu Unrecht die nicht weniger reichhaltigen und eigenständigen Erzählungen des Dichters etwas in den Hintergrund gedrängt. In verschiedenen Sammelbänden sowie in Zeitungen und Zeitschriften verstreut, waren sie schwerer zugänglich und konnten erst 1973 in einer großen Sonderausgabe zusammengefaßt werden. Der erste Band unserer auf vier Bände angelegten Taschenbuchausgabe enthält Hesses früheste Erzählungen in der Reihenfolge ihrer Entstehung. »Aus Kinderzeiten«, Titel einer dieser Geschichten, könnte leitmotivisch für alle diese frühen Arbeiten stehen, denn in den meisten werden Begebenheiten aus der Kindheit und Pubertät geschildert, dem Stadium der empfindlichsten Erlebnisfähigkeit, das inzwischen zu einem Zentralthema der modernen Psychologie geworden ist. Es sind vor allem die Erlebnisse aus Hesses Calwer Jahren, seiner imaginären »Kleinen Welt« von »Gerbersau«, die hier und im nachfolgenden Band zu Wort kommen.

»In der westlichen Kultur werden Innenwelt und Außenwelt immer gegeneinander ausgespielt. Wer die Innenwelt darstellt, wird verdächtigt, von der Außenwelt nichts zu wissen. Wer nur in der Außenwelt lebt, hat keine Innenwelt. Daß eine Innenwelt nicht ohne Außenwelt, eine Außenwelt nicht ohne Innenwelt existieren kann, wird nur der nachvollziehen, der sich von dem westlichen Denken in Ausschließlichkeiten befreit hat. Ohne Zweifel fördert die Lektüre Hesses das zunehmende Wissen von der Macht, die man in sich trägt. ›Aber wem nützt es‹, fragen mit Recht diejenigen, die nicht interessiert sind, daß der Einzelne Ich-Stärke hat und nicht der Spielball irgendeiner Bewegung oder Institution ist.« Karin Struck

Hermann Hesse
Aus Kinderzeiten

Gesammelte Erzählungen

Band 1
1900–1905

Suhrkamp

Zusammengestellt von Volker Michels

suhrkamp taschenbuch 347
Erste Auflage 1977

Quellennachweise am Ende des Bandes

Druck: Ebner, Ulm · Printed in Germany
Umschlag nach Entwürfen
von Willy Fleckhaus und Rolf Staudt

Inhalt

* H. H.: Das erste Abenteuer

Der Hausierer

Der krumme alte Hausierer, ohne den ich mir die Falkengasse und unser Städtchen und meine Knabenzeit nicht denken kann, war ein rätselhafter Mensch, über dessen Alter und Vergangenheit nur dunkle Vermutungen im Umlauf waren. Auch sein bürgerlicher Name war ihm seit Jahrzehnten abhanden gekommen, und schon unsre Väter hatten ihn nie anders als mit dem mythischen Namen Hotte Hotte Putzpulver gerufen.

Obwohl das Haus meines Vaters groß, schön und herrschaftlich war, lag es doch nur zehn Schritt von einem finsteren Winkel entfernt, in welchem einige der elendesten Armutsgassen zusammenliefen. Wenn der Typhus ausbrach, so war es gewiß dort; wenn mitten in der Nacht sich betrunkenes Schreien und Fluchen erhob und die Stadtpolizei zwei Mann hoch langsam und ängstlich sich einfand, so war es dort; und wenn einmal ein Totschlag oder sonst etwas Grausiges geschah, so war es auch dort. Namentlich die Falkengasse, die engste und dunkelste von allen, übte stets einen besonderen Zauber auf mich aus und zog mich mit gewaltigem Reize an, obwohl sie von oben bis unten von lauter Feinden bewohnt war. Es waren sogar die gefürchtetsten von ihnen, die dort hausten. Man muß wissen, daß in Gerbersau seit Menschengedenken zwischen Lateinern und Volksschülern Zwiespalt und blutiger Hader bestand, und ich war natürlich Lateiner. Ich habe in jener finsteren Gasse manchen Steinwurf und manchen bösen Hieb auf Kopf und Rücken bekommen und auch manchen ausgeteilt, der mir Ehre machte. Namentlich dem Schuhmächerle und den beiden langen Metzgerbuben zeigte ich öfters die Zähne, und das waren Gegner von Ruf und Bedeutung.

Also in dieser schlimmen Gasse verkehrte der alte Hotte Hotte, so oft er mit seinem kleinen Blechkarren nach Gerbersau kam, was sehr häufig geschah. Er war ein leidlich robuster Zwerg mit zu langen und etwas verbogenen Gliedern und dummschlauen Augen, schäbig und mit einem Anstrich von ironischer Biederkeit gekleidet; vom ewigen Karrenschieben war sein Rücken krumm und sein Gang trottend und schwer geworden. Man wußte nie, ob er einen Bart habe oder keinen, denn er sah immer aus, als wenn er sich vor einer Woche rasiert hätte. In jener üblen Gasse bewegte er sich so sicher, als wäre er dort geboren, und vielleicht war er das auch, obwohl er uns immer für einen Fremden galt. Er trat in all diese hohen finstern Häuser mit den niedrigen Türen, er tauchte da und dort an hochgelegenen Fenstern auf, er verschwand in die feuchten, schwarzen, winkligen Flure, er rief und plauderte und fluchte zu allen Erdgeschoß- und Kellerfenstern hinein. Er gab allen diesen alten, faulen, schmutzigen Männern die Hand, er schäkerte mit den derben, ungekämmten, verwahrlosten Weibern und kannte die vielen strohblonden, frechen, lärmigen Kinder mit Namen. Er stieg auf und ab, ging aus und ein und hatte in seinen Kleidern, Bewegungen und Redensarten ganz den starken Lokalduft der lichtlosen Winkelwelt, die mich mit wohligem Grausen anzog und die mir trotz der nahen Nachbarschaft doch seltsam fremd und unerforschlich blieb.

Wir Kameraden aber standen am Ende der Gasse, warteten, bis der Hausierer zum Vorschein kam und schrien ihm dann jedesmal das alte Schlachtgeheul in allen Tonarten nach: Hotte Hotte Putzpulver! Meistens ging er ruhig weiter, grinste auch wohl verachtungsvoll herüber; zuweilen aber blieb er wie lauernd stehen, drehte den schwerfälligen Kopf mit bösartigem Blick herüber und senkte langsam mit verhaltenem Zorn die Hand in seine tiefe Rocktasche, was eine seltsam tückische und drohende Gebärde ergab.

Dieser Blick und dieser Griff der breiten braunen Hand war schuld daran, daß ich mehreremal von Hotte Hotte träumte. Und die Träume wieder waren schuld daran, daß ich viel an den alten Hausierer denken mußte, Furcht vor ihm hatte und zu ihm in ein seltsames, verschwiegenes Verhältnis kam, von welchem er freilich nichts wußte. Jene Träume hatten nämlich immer irgend etwas aufregend Grausiges und beklemmten mich wie Alpdrücken. Bald sah ich den Hotte Hotte in seine tiefe Tasche greifen und lange scharfe Messer daraus hervorziehen, während mich ein Bann am Platze festhielt und mein Haar sich vor Todesangst sträubte. Bald sah ich ihn mit scheußlichem Grinsen alle meine Kameraden in seinen

Blechkarren schieben und wartete gelähmt vor Entsetzen, bis er auch mich ergreifen würde.

Wenn der Alte nun wiederkam, fiel mir das alles beängstigend und aufregend wieder ein. Trotzdem stand ich aber mit den anderen an der Gassenecke und schrie ihm seine Übernamen nach und lachte, wenn er in die Tasche griff und sein unrasiertes, farbloses Gesicht verzerrte. Dabei hatte ich heimlich ein heillos schlechtes Gewissen und wäre, solange er um den Weg war, um keinen Preis allein durch die Falkengasse gegangen, auch nicht am hellen Mittag.

Vom Besuch in einem befreundeten gastlichen Landpfarrhause zurückkehrend, wanderte ich einmal durch den tiefen schönen Tannenforst und machte lange Schritte, denn es war schon Abend, und ich hatte noch gute anderthalb Stunden Weges vor mir. Die Straße begann schon stark zu dämmern und der ohnehin dunkle Wald rückte immer dichter und feindseliger zusammen, während oben an hohen Tannenstämmen noch schräge Strahlen roten Abendlichtes glühten. Ich schaute oft hinauf, einmal aus Freude an dem weichen, schönfarbigen Lichte und dann auch aus Trostbedürfnis, denn die rasche Dämmerung im stillen tiefen Walde legte sich bedrückend auf mein elfjähriges Herz. Ich war gewiß nicht feig, wenigstens hätte mir das niemand ungestraft sagen dürfen. Aber hier war kein Feind, keine sichtbare Gefahr, – nur das Dunkelwerden und das seltsam bläuliche, verworrene Schattengewimmel im Waldinnern. Und gar nicht weit von hier, gegen Ernstmühl talabwärts, war einmal einer totgeschlagen worden.

Die Vögel gingen zu Nest; es wurde still, still, und kein Mensch war auf der Straße unterwegs außer mir. Ich ging möglichst leise, Gott weiß warum, und erschrak, so oft mein Fuß wider eine Wurzel stieß und ein Geräusch machte. Darüber wurde mein Gang immer langsamer statt schneller, und meine Gedanken gingen allmählich ganz ins Fabelhafte hinüber. Ich dachte an den Rübezahl, an die »Drei Männlein im Walde«, und an den, der drüben am Ernstmühler Fußweg umgekommen war.

Da erhob sich ein schwaches, schnurrendes Geräusch. Ich blieb stehen und horchte – es machte wieder rrrr – das mußte hinter mir auf der Straße sein. Zu sehen aber war nichts, denn es war unterdessen fast völlig dunkel geworden. Es ist ein Wagen, dachte ich, und beschloß, ihn abzuwarten. Er würde mich schon mitnehmen. Ich besann mich, wessen Gäule wohl um diese Zeit hier fahren könnten. Aber nein, von Rossen hörte man nichts, es mußte ein Handwagen sein, nach dem Geräusch zu schließen, und er kam auch so langsam näher. Freilich, ein Handkarren! Und ich wartete. Vermutlich war es ein Milchkarren, vielleicht vom Lützinger Hof. Aber jedenfalls mußte er nach Gerbersau fahren, vorher lag keine Ortschaft mehr am Wege. Und ich wartete.

Und nun sah ich den Karren, einen kleinen hochgebauten Kasten auf zwei Rädern, und einen Mann gebückt dahinter gehen. Warum bückte sich wohl der so schrecklich tief? Der Wagen mußte schwer sein.

Da war er endlich. »Guten Abend«, rief ich ihn an. Eine klebrige Stimme hüstelte den Gruß zurück. Der Mann schob sein Wägelchen zwei, drei Schritt weiter und stand neben mir.

Gott helfe mir – der Hotte Hotte Putzpulver! Er sah mich einen Augenblick an, fragte: »Nach Gerbersau?« und ging weiter, ich nebenher. Und so eine halbe Stunde lang – wir zwei nebeneinander durch die stille Finsternis. Er sprach kein Wörtlein. Aber er lachte alle paar Minuten in sich hinein, leise, innig und schadenfroh. Und jedesmal ging das böse, halb irre Lachen mir durch Mark und Bein. Ich wollte sprechen, wollte schneller gehen. Es gelang mir nicht. Endlich brachte ich mühsam ein paar Worte heraus.

»Was ist in dem Karren da drin?« fragte ich stockend. Ich sagte es sehr höflich und schüchtern – zu demselben Hotte Hotte, dem ich hundertmal auf der Straße nachgehöhnt hatte. Der Hausierer blieb stehen, lachte wieder, rieb sich die Hände, grinste mich an und fuhr langsam mit der breiten Rechten in die Rocktasche. Es war die hämisch häßliche Geste, die ich so oft gesehen hatte, und deren Bedeutung ich aus meinen Träumen kannte – der Griff nach den langen Messern!

Wie ein Verzweifelter rannte ich davon, daß der finstere Wald widerhallte, und hörte nicht auf zu rennen, bis ich verängstigt und atemlos an meines Vaters Haus die Glocke zog.

Das war der Hotte Hotte Putzpulver. Seither bin ich aus dem Knaben ein Mann geworden, unser Städtlein ist gleichfalls gewachsen, ohne dabei schöner geworden zu sein, und sogar in der Falkengasse hat sich einiges verändert. Aber der alte Hausierer kommt noch immer, schaut in die Kellerfenster, tritt in die feuchten Flure, schäkert mit den verwahrlosten Weibern und kennt alle die vielen ungewaschenen, strohblonden Kinder mit Namen. Er sieht etwas älter aus als damals, doch wenig verändert, und es ist mir seltsam zu denken, daß vielleicht noch meine eigenen Kinder einmal ihn an der Falkenecke erwarten und ihm seinen alten Übernamen nachrufen werden.

(1900)

Erlebnis
in der Knabenzeit

Der Schlosser Mohr, Hermann Mohrs Vater, den wir Mohrle nannten, wohnte am Eingang der Badgasse in einem alten, merkwürdigen und etwas finsteren Hause, zu dem ein steiler, gepflasterter Aufstieg und dann noch einige Stufen aus rotem Sandstein hinanführten. Neben dem Tor der Schlosserwerkstatt, die ich nie betreten habe, führte dicht hinter der Haustür eine steile, enge Treppe zur Wohnung hinauf, und auch diese Haustür, diese steile Treppe und diese Wohnung habe ich nur ein einzigesmal betreten, es ist lange her, und seit Jahrzehnten ist die Familie Mohr aus meiner Vaterstadt weggezogen und verschwunden, und auch ich selber bin seit Jahrzehnten fort und fremd geworden, und die dortigen Dinge, Bilder und Ereignisse, gehören der fernen Vorwelt der Jugend und der Erinnerungen an, in Jahrzehnten habe ich Tal und Stadt nur wenigemal für wenige Stunden wiedergesehen, aber nie mehr ist eine andere Stadt in den Ländern, in denen ich seither gewohnt habe und gereist bin, mir so bekannt geworden; noch immer ist die Vaterstadt für mich Vorbild, Urbild der Stadt, und die Gassen, Häuser, Menschen und Geschichten dort Vorbild und Urbild aller Menschenheimaten und Menschengeschicke. Lerne ich in der Fremde Neues kennen, eine Gasse, ein Tor, einen Garten, einen alten Mann, eine Familie, so wird das Neue mir erst in dem Augenblick wirklich und voll lebendig, wo irgendetwas an ihm mich, sei es noch so leise und hauchdünn, an das Dorf und Damals erinnert.

Die Familie Mohr war mir nicht eigentlich bekannt. Was ich kannte, das war ihr Haus, vielmehr das Äußere ihres Hauses, mit dem steilen Aufstieg, dessen Pflastersteine wenig Sonne sahen und immer etwas feucht und finster waren. Da war die offenstehende Werkstatt, manchmal sah man hinten durch ihre Schwärze ein kleines Schmiedefeuer sprühen und hörte den schönen vollen Ton des Ambosses, und außen am Hause standen Bündel von dünnen Eisenstangen schräg angelehnt, so wie beim Wagner die geschälten Eschenstämme standen, und es roch hier winklig und streng, etwas nach Leuchte und

Stein, etwas nach Ruß und Eisen, und etwas nach Haarwasser und Pomade, von dem kleinen Friseurladen her, der etwas tiefer daneben lag, und wo ich alle Halbjahr das Haar geschoren bekam.

Weiter kannte ich von den Mohrs die drei Söhne. Sie galten alle für gescheit und aufgeweckt, einer war schon in einer Lehre oder studierte, der zweite, ein Jahr älter als ich, ging gleich mir in die Lateinschule, und der dritte, Hermann, der Mohrle, gehörte, noch ehe ich ihn kannte, für mich mit zum Anblick des Hauses, denn selten kam ich dort vorüber, ohne ihn sitzen und irgendwelche Kunstwerke verfertigen zu sehen, er saß entweder hoch über der finsteren Gasse auf der Mauerbrüstung neben seiner Haustür, oder auch ein Stockwerk höher am Fenster, ein kleiner, sehr blasser, zart und kränklich aussehender Knabe, mehrere Jahre jünger als ich. Und dieser Mohrle galt für noch begabter und merkwürdiger als seine großen Brüder, er schien immer zu Hause zu sitzen und immer allein zu sein, und war jederzeit mit zarten, sinnreichen Handarbeiten beschäftigt. Namentlich tat er sich als Zeichner hervor, er galt für ein Wunderkind, und man sprach in der Nachbarschaft mit Respekt von ihm, obwohl er noch in einer der ersten Schulklassen war. In der Schule wußte man damals nichts von Zeichnen, er hatte sich ohne Lehrer und Vorbild auf diese Kunst geworfen, und was ich davon zu sehen bekam, weckte jedesmal meine Bewunderung und auch meinen Neid. Manchmal brachte sein Bruder eine Zeichnung von ihm mit in die Schule und zeigte sie herum, und alle bewunderten sie, und wenn ich ihn auf der Gassenmauer oder oben im Eckfenster sitzen und zeichnen sah, dann hatte ich nicht das Zutrauen, hinaufzugehen, mich hinter ihn zu stellen und ihm zuzusehen, wie ich es allzu gern gemacht hätte, sondern es schien mir richtig und geboten, die einsame Arbeitsamkeit des Wunderkindes zu achten und seine Stille nicht durch Neugierde zu stören. Wäre er nicht gar so klein gewesen, so hätte ich versucht, ihn zu meinem Freund zu machen. Aber er war vier, fünf Jahre jünger als ich, und mochte er auch ein Genie sein, so verbot es mir doch meine Schülerehre, mich näher mit einem so Kleinen einzulassen. Dennoch liebte ich ihn und blickte gern hinüber, wenn er so schmächtig und gebückt vor seinem Hause saß und an einer Zeichnung strichelte oder eine seiner vielen erfinderischen Arbeiten auf den Knien liegen hatte, etwa das Speichenrad einer kleinen Hammermühle, den Rumpf eines Segelschiffes aus Tannenrinde oder die Hülse einer Schlüsselbüchse. Während wir anderen im Haufen durch die Gassen sprangen, spielten, Lärm machten und viele Streiche verübten, führte der bleiche, kleine Wundermann abseits mit Griffel, Bleistift, Hammer oder Schnitzmesser sein besonderes und abgetrenntes Leben, zufrieden, fleißig und nachdenklich wie ein Alter.

Vielleicht war der kleine Knabe sehr frühreif und war in seiner Seele schon der Leiden und tiefen Wonnen fähig, welche in jungen Jahren dem Künstler seine noch unerprobten Kräfte bescheren, und vielleicht glaubte er an eine glänzende Zukunft, denn trotz seiner Kränklichkeit und Einsamkeit schien er uns und unsere Spiele weder zu beneiden noch zu entbehren, er war zufrieden. Etwas später, als in mir die erste Leidenschaft für die Studien und für die Dichtkunst wach wurde, dachte ich manchmal an ihn, und wäre jetzt vielleicht wirklich sein Freund geworden, aber da war er schon nicht mehr da.

Bald nämlich umgab sich der Mohrle mit einem noch tieferen Geheimnis und entrückte sich unserem Umgang und Verständnis noch völliger. Er sollte nicht die Kämpfe und Enttäuschungen erleben, die auf seinesgleichen warten; er sollte auch nicht an jenen Scheideweg kommen, vor den jeder Künstler einmal gestellt wird, wo es zu wählen gilt zwischen Vorteil und Kunst, zwischen Bequemlichkeit und Kunst, zwischen Treue und Verrat, und wo die meisten untreu werden. Das blieb ihm alles erspart.

Eines Tages fehlte der Mohrle in der Schule, andern Tages fehlte auch sein Bruder, und am nächsten Tag hörte ich, daß er gestorben sei. Die Nachricht bewegte mich wunderlich.

Und dann traf ich auf der Gasse seinen Bruder und war sehr in Verlegenheit, was ich zu ihm sagen solle. Er war nur ein Jahr älter als ich, aber viel reifer und fertiger, ein geschickter und etwas flotter Knabe, und mir zwar nicht an »Kinderstube«, aber an Auftreten und Anpassung weit überlegen.

»Dein Bruder ist ja gestorben«, sagte ich zögernd. »Ist es denn wahr?«

Er erzählte mir, was für eine Krankheit er gehabt habe und wie und warum er gestorben sei, es waren Ausdrücke, die ich alle nicht verstand.

Und zuletzt sagte er etwas, was mich bis ins Herz hinein erschreckte und beängstigte. Er sagte: »Willst du hinaufkommen und ihn sehen?«

Er sagte es in einem Ton, aus dem ich erfuhr, daß er mir damit eine Artigkeit und Ehre erweisen wolle. Ach, aber ich wäre am liebsten auf- und davongelaufen, ich hatte noch niemals einen Toten gesehen und begehrte auch nicht danach. Aber vor dem Blick des älteren Knaben schämte ich mich, ängstlich oder wehleidig zu scheinen, ich durfte und wollte nicht nein sagen, es hätte ihn vielleicht auch beleidigt, und so ging ich schweigend mit. Ich folgte ihm wie ein Verurteilter über die Gasse und am Brunnen und Friseurladen vorbei, die schlüpfrigen Pflastersteine hinan, ins Haus und die steile Treppe empor. Das Herz stand mir still vor Angst, und zugleich spürte ich eine grausige Neugierde, es drang lauter Neues, Feindliches, Wildes auf mich ein, aus den kühlen Worten des Bruders, aus dem Knarren der Treppendielen und am meisten aus dem Geruch, von dem ich nicht wußte, ob er immer in diesem Hause sei, oder ob er von einer Arznei herkomme, oder ob es der Geruch des Todes sei. Es war kein heftiger Geruch, er war herb, essigartig und zog die Kehle etwas zusammen, es schien mir ein fataler, ein böser, liebloser, vernichtender Geruch zu sein, ich roch alles darin voraus, was ich über den Tod und das Sterben noch nicht wußte. Ich ging immer langsamer, die letzten Stufen der Treppe machten mir große Mühe.

Jetzt öffnete Mohrles Bruder leise eine Stubentür, und hinter ihm, von der bösen Macht gezogen, trat ich in die Kammer, wo der kleine Tote aufgebettet lag. Da blieben wir stehen, und der Bruder hatte auf einmal Tränen in den Augen, wollte es verbergen, gab es dann aber auf, und bald lächelte er wieder ein wenig. Ich stand und starrte auf das tote Kind, noch nie hatte ich so etwas gesehen. Das Körperchen sah unscheinbar aus, so dürftig und flach, und vom Gesicht war die untere Hälfte ebenfalls traurig, kümmerlich anzusehen, uralt und zugleich doch kinderhaft. Aber auf Nase und Stirn und Augenlidern lag etwas Schönes und

Würdiges, über dem weißen, faden Wachs der starren Haut schimmerte es magisch beseelt. Die feinen, alabasternen Schläfen, bläulich unterlaufen, und die Stirnwölbung hatten ein wunderliches Licht, das ich anstarrte, ohne zu wissen, ob es mich anziehe oder abstoße.

Zu Ehren des Toten waren nebenan auf einem Tische einige Zeichnungen von ihm aufgelegt. Ehe ich sie betrachtete, blickte ich noch einmal scheu auf die weißen, kleinen Knochenhändchen, die diese Striche noch vor Tagen gezogen hatten. Ich brachte es nicht fertig, die Blätter anzufassen, so wenig wie ich den Toten selbst hätte berühren können. Das Ganze, was ich da erlebte, war ein schreckliches Gemisch von Größe und Widrigkeit, von Anklang an Gott und Ewigkeit und elendem Los der Kreatur, es schmeckte bitter und giftig, man konnte es nicht lange ertragen. Die Zeichnungen lenkten ab, ich blieb eine Weile vor ihnen stehen. Es war eine geharnischte Germania auf einem der Blätter gezeichnet, auf einem anderen eine romantische Schloßruine im Walde, aber ich hatte jetzt wenig Aufmerksamkeit für sie, sie waren wertlos geworden, man würde sie aufbewahren und zeigen, und dann vergessen.

Ich lief nach Hause, sobald ich mich hatte losmachen können, es war Abend, ich ging in den Garten, ich roch an den Kapuzinern und Levkojen, um den Todesgeruch loszuwerden, und hatte, bis es nach Tagen verklungen war, ein Gefühl, wie wenn etwas Kleines, ein Zahn oder Knöchlein, in meinem Leibe morsch geworden und ins Bröckeln geraten wäre. Plötzlich aber gelang es mir, das ganze Erlebnis für eine lange Zeit vollkommen zu vergessen.

(um 1900)

Juninacht

Über den Kronen der hohen Bäume segelten leichte Nachtwolken durch den milden Himmel, und über den flüchtigen Wolken hing ruhig und strahlend der stille Mond.

In den Gärten und in dem dunklen Park wogten vielerlei Düfte im zarten Winde und lagen miteinander im Streit. Der edle Duft der Teerosen wiegte sich leicht und bescheiden in der Luft, daneben flüchtig und flatternd der unbändige, leidenschaftliche Nelkenduft, stark und schwül der Duft des Heliotrop, der Duft des Flieders reich und ruhig.

Aber reicher, stärker, glühender und leidenschaftlicher als alle übrigen regte sich der Duft des Jasmin, jener übersüße und beklemmende Duft, der zu den mächtigsten Reizen im Zauber einer Frühsommernacht gehört. Er trieb in breiten Wellen bis in die Tiefe des alten Parkes, betäubend, warm und schwärmerisch wie eine Wolke entzündeter Liebesgedanken.

Aus den erleuchteten Fenstern des Gartenhauses drang Klaviermusik. Sie kam schwach gedämpft durch die roten Vorhänge der offenen Fenster hergeflossen, zusammen mit dem warmen Schein der Lichter und flog freudig und leicht über die breiten Steinstufen des Parkeinganges, über Rosen und Jasmingebüsche hinweg. Ganz leicht und leise geworden, flog die zierliche Musik schließlich durch das dämmerige Rondell und über die Parkwege bis in die tiefere Finsternis des Buchenstandes. Dort stäubten die aufgelösten Takte mit den zerflatternden letzten Wellen des Blumenduftes zart und schaukelnd auseinander und verloren sich in der Schwärze des massigen Laubes, in die mild durchscheinende Mondbläue des Himmels, in die leise, ungestörte, wiegende Ruhe der warmen Nacht hinein.

In dem Kastanienrondell, das den Eingang zum Park bildete, zeichnete der in halber Höhe stehende Mond scharf und klar ein Oval von weißem Licht auf die Erde. Auf der Schattenseite, die ganz finster war, stand eine Bank aus Sandstein.

Die schöne junge Dame, die im Gartenhause Klavier spielte, wußte wohl, daß auf dieser Steinbank der Dichter saß und das Leiden seiner hoffnungslosen Liebe trug. Sie wußte, daß er sie wie ein Knabe liebte, um ihrer Schönheit willen, und seine Liebe war ihr ein neuer und willkommener Spiegel des eigenen Liebreizes. Jeden Abend fand sie von seiner Hand eine große, schwere, duftende Purpurrose im Gartensaal auf das Klavier gelegt, mitten auf die stummen, schwarzen und weißen Tasten. Sie mußte sie aufheben, sie mußte seine Rose in die Hand nehmen und an ihn denken, ehe sie spielen konnte. Und jedesmal lagen auch Verse dabei, auf ein loses weißes Blatt mit leichten, flüchtigen Buchstaben geschrieben, immer mit einer neuen Unterschrift, die immer eine neue Andeutung auf den Dichter und seine Verliebtheit enthielt. In den Versen selbst aber stand jedesmal etwas von Rosen und eine Anspielung auf eine einzige, welche die roten Rosen an Pracht und die weißen an Zartheit übertreffe.

Das war durchaus nach dem Sinne der jungen Dame, denn sie liebte das Poetische und Romantische sehr, wenn es hübsch und leicht zu verstehen war und schmeichelhafte Beziehungen zu ihrer eigenen Schönheit enthielt. Auch konnte man es den Versen ansehen, daß der Dichter seine ganzen Tage auf sie verwendete; sie waren von feinen, genau gemessenen Formen und glänzten von seltenen Worten und Reimen, wie ein Goldschmuck von eingelegten Brillanten glänzt. Diese Verse hatten denn auch das beneidenswerte Schicksal, von schönen, befriedigten Frauenaugen gelesen und von schönen, rosigen Frauenfingern in einer seidenen Mappe gesammelt zu werden.

Die junge Dame machte eine lange Pause. Sie fächerte sich zuerst mit der heutigen Rose und dann mit dem heutigen Versblatt, das ihr besonders schmeichelte und wohlgefiel. Dann suchte sie eine Weile in Notenheften, legte endlich eines vor sich auf das schräge, in Form einer Gitarre geschnittene Notenpult und begann wieder zu spielen. Es war ein kleines graziöses Stück von Mozart. Die feine Musik bewegte sich mit sicherem und elegantem Schritt, biegsam, doch ohne heftige Bewegung, in holdem Staunen ihrem eigenen Wohlklang folgend. Besonders der Baß, welcher zu öfteren Malen die Begleitung der Variationen zu vergessen schien und fröhlich sinnend mit seiner tiefen Stimme den frohen Hauptsatz wiederholte, wie ein vergnügter Greis, welcher jungen Tänzern zuschaut.

Während des Spielens aber neigte die Dame manchmal den schönen Blondkopf zur Seite und dachte mit leisem Wonnegefühl an ihren Dichter. Sie konnte sich ihn so deutlich vorstellen, wie er auf seiner halbrunden Sandsteinbank unter den Kastanien saß und seine tiefen Augen in den Mondhimmel richtete. Und wie er mit leisem Seufzen hin und wieder den dunkeln Kopf gegen das Gartenhaus wendete und die heranwehende Musik begierig erlauschte. Er war blaß, und sein Gesicht, so stolz und fest es schaute, hatte verborgen einen rührenden, ein wenig hilflosen, ein wenig knabenhaften Zug.

Plötzlich war die Musik zu Ende. Die Nachtstille schlug wie ein dunkler See über der versunkenen, unvollendeten Melodie zusammen.

Die schöne junge Dame verließ leise und ohne ihren Hut mitzunehmen das Gartenhaus, um in das Schloß zurückzukehren. Aber in der Mitte des Blumengartens, wo die vier breiten Wege vor dem runden Rosenbeete zusammentrafen, hielt sie inne. Sie hatte einen Einfall. Umwendend bog sie langsamen Schrittes in den Weg ein, der zu den Parkstufen führte. Langsam und erhobenen Hauptes wandelte sie zwischen den Gebüschen dahin, erstieg langsam die vier breiten Steinstufen und trat in das halbdunkle Rondell, wo sie im tiefen Kastanienschatten verborgen den Dichter sitzen wußte.

Über die Schattengrenze tretend, ging sie einige Schritte weit in das weiße Lichtoval hinein, legte beide Hände in den Nacken und den weit zurückgebogenen Kopf darauf und blieb in der Mondhelle aufrecht und schwelgerisch stehen wie eine Gartenfee, die ihre Schönheit im Mondlicht baden will. Sie tat einen tiefen Atemzug. Ihre Schönheit glänzte und prunkte im dunklen Rahmen der feierlichen alten Bäume. Und daneben in der Finsternis, lautlos lauschend, der Dichter, vor Erregung zitternd. Es war ein köstlicher Augenblick.

Nach einer kleinen Weile kehrte die Dame um und verlor sich mit schnell verrauschenden Schritten in die Gartenwege.

In der Seele des Dichters, der weit vorgebeugt ihr mit

brennenden Augen folgte, stieg ein Gedicht von unerhörter Sehnsucht auf.

Von diesem selben Gedicht träumte die schöne Dame in ihrem Schlafgemache und freute sich neugierig auf den nächsten Abend und das nächste Versblatt. Zugleich kostete sie das ganze Wonnegefühl jener glänzenden Minute im Rondell noch einmal durch und entschlief mit einem feinen, leise schütternden Mädchengelächter.

(um 1900)

Der Novalis

Aus den Papieren eines Altmodischen

I

Indem ich mich besinne, in welcher Eigenschaft ich mich dem etwaigen Leser dieser Notizen füglichst vorstelle, fällt mir ein, daß ich mich, dem Inhalt meines Schreibens gemäß, am besten als Bibliophile einführe. Wirklich ist dies auch wohl meine eigentlichste Eigenschaft. Wenigstens habe ich keinen wertvolleren Besitz und keinen, der mich mehr freut und auf den ich stolzer bin, als meine Bibliothek. Auch finde ich mich im Vielerlei der Bücherwelt leichter zurecht als im Wirrwarr des Lebens und bin im Finden und Festhalten schöner alter Bücher besonnener und glücklicher gewesen als in meinen Versuchen, anderer Menschen Schicksale freundlich mit dem meinigen zu verknüpfen.

Immerhin war ich bemüht, immer wieder lebendige Berührung mit allem Menschlichen zu haben, und auch meine Liebhaberei für alte Scharteken ist vielleicht nicht ohne Beziehungen zum Leben, mag sie auch nur wie das Stekkenpferd eines alternden Hagestolzes aussehen.

Die Teilnahme und die Freude, die ich an meinen Büchern habe, gilt nicht nur ihrem Inhalt, ihrer Ausstattung und ihrer Seltenheit, sondern es ist mir ein besonderes Bedürfnis und Vergnügen, womöglich auch die Geschichte dieser Bücher zu kennen. Ich meine damit nicht die Geschichte ihrer Entstehung und Verbreitung, sondern die Privatgeschichte des einzelnen, zur Zeit mir gehörigen Exemplares.

Wenn ich in einem älteren Dichter blättere, in einer frühen Ausgabe von Claudius, von Jean Paul, von Tieck oder Hoffmann, und ich fühle das heimelig altmodische, schlichte Druckpapier zwischen Daumen und Zeigefinger, so kann ich mich nie enthalten, der dahingegangenen Geschlechter zu denken, welchen diese altgewordenen Papierblätter einst Gegenwart, Leben, Rührung und Neuheit bedeutet haben. Wenn man doch wissen könnte, in wie vielen vor Begeisterung und Lesefieber zitternden Händen so ein altes Exemplar des Titan oder des Werther gelegen hat, wie oft es in altfränkischen, ampelbeglänzten Zimmern nächtelang eine junge Seele zu Jauchzen und zu Tränen entzündet hat!

Wie sonderbar teuer sind uns schon die Bücher, die sich vom Urahn her durch die Familie auf uns herab geerbt haben, die wir schon als Kinder im alten Spinde stehen sahen und die wir in den aufbewahrten Briefwechseln und Tagebüchern unserer Großeltern erwähnt finden! Und auf manchen aus fremder Hand erworbenen Büchern finden wir fremd klingende Namen ehemaliger Besitzer, Dedikationen aus dem vorvorigen Jahrhundert, und denken uns, so oft wir einen Federstrich, ein eingebogenes Ohr, eine Randglosse oder ein altes Lesezeichen finden, diese seit vielen Jahrzehnten gestorbenen Besitzer dazu, ehrwürdige Männer und Frauen mit ernsten, familiären Gesichtern und in längst veralteten kuriosen Röcken, Manschetten und Krausen, Leute, die das Erscheinen des Werther, Götz, Wilhelm Meister und die Erstaufführungen Beethovenscher Werke erlebt haben.

Unter den alten Lieblingsbänden in meinen Bücherschränken sind viele, deren mutmaßliche Geschichte für mich ein reiches Feld köstlich neugieriger Forschungen und Vermutungen ist. Dabei bin ich im Phantasieren und Erfinden nicht allzu sparsam, teils aus Vergnügungslust, teils in der Überzeugung, daß alles Erfassenwollen der wahren, inneren Geschichte vergangener Zeiten ein Werk der Phantasie und nicht des wissenschaftlichen Erkennens ist. Von den in prachtvoller Antiqua gedruckten aldinischen Oktavbänden der italienischen Renaissance bis zu den Erstausgaben von Mörike, Eichendorff und der Bettina habe ich fast für jeden Band meiner Sammlung einen imaginären ersten Besitzer. Kriege, Feste, Intrigen, Diebstahl, Tod, Mord spielen gelegentlich mit, ein Stück wirklicher Welthistorie und erdichteter Familiengeschichten hängt an den antiquarischen Schwarten, deren Einbände mir, selbst wo sie etwas schadhaft sind, von keinem modernen Buchbinder berührt werden dürfen.

Außerdem aber besitze ich einige Bücher, deren Vergangenheit mir teils ganz, teils wenigstens jahrzehnteweis bekannt ist. Ich weiß die Namen ihrer ehemaligen Leser und den des Buchbinders, der sie seinerzeit gebunden hat; ich weiß von darinstehenden schriftlichen Glossen und Notizen Hand und Jahr, woraus sie stammen. Ich weiß von Städten, Häusern, Zimmern und Schränken, in denen sie standen; ich weiß von Tränen, die auf sie geflossen sind und deren Ursache ich kenne.

Diese paar Bücher schätze ich über alle anderen. Der Umgang mit ihnen hat mir manche melancholische Stunde heller gemacht; denn oft werde ich einsamer Mann mitten unter der schweigsamen Gesellschaft meiner Scharteken von Trauer überfallen, wenn ich sehe, wie schnell alles das, was einmal modern und neu und wichtig war, dem kühlen, mitleidig lächelnden Interesse einer anderen Zeit oder der Vergessenheit anheimfällt und wie schnell das Gedächtnis des einzelnen verlischt.

Dann reden mir diese paar Bände tröstend vom Geheimnis der Liebe, vom Bleibenden im Wechsel der Zeiten. Sie geben mir, wenn ich mir einsam erscheine, zu Nachbarn die aufsteigenden Bildnisse ihrer gestorbenen Freunde deren Kette ich mich willig und dankbar anschließe. Denn in solchen Zeiten ist das Gefühl, als untergeordnetes und geringes Glied einer festen Gemeinschaft und Folge anzugehören immer noch besser und tröstlicher als das grausame und sinnlose Alleinsein im Unendlichen.

Von diesen lieben Büchern habe ich nun eines ausgewählt, dessen Geschichte ich erzählen will, damit es dadurch vielleicht einem späteren Besitzer teurer werden.

Unter den verschiedenen Ausgaben des Novalis, die ich allmählich zusammengebracht habe, ist auch eine »vierte, vermehrte« vom Jahre 1837, ein Stuttgarter Nachdruck auf Löschpapier in zwei Bänden. Seit dessen erstem Besitzer, dem Großvater eines meiner Freunde, ist es dauernd in Händen von mir bekannten oder verwandten Leuten geblieben, so daß seine Geschichte mir leicht zu erforschen war.

2

Es war im Frühling des Jahres 1838. Der Chef der Witzgallschen Buchhandlung in Tübingen schnitt ein saures Gesicht. Sein erster Gehilfe stand neben ihm am Stehpult und hielt ein Handbillett des Kandidaten Rettig in den Fingern, während auf dem Pulte das Bücherkonto ebendesselben Kandidaten aufgeschlagen lag. Auf diesem Konto stand in netter Schrift und klaren Zahlen der ganze stattliche Bücherbezug des Studiosen Rettig seit sieben Semestern verzeichnet. Zu Anfang fanden sich je und je einzelne Zahlungen von einigen Gulden gutgeschrieben, seit langer Zeit aber stand auf der Seite des Habens nichts mehr eingetragen, und die Endsumme überstieg nach Abzug jener Gutschriften weit zweihundertfünfzig Gulden. Am Rande des Blattes war mit Bleistift vermerkt: »Will im März 1838 bezahlen.« Heute aber war schon der siebente April, und das Handbillett des Kandidaten lautete:

»Mein wertgeschätzter Herr! Ich las Ihre etwas herb stilisierte Mahnung soeben. Bin ich ein Hund? Bin ich ein Schwindler? Nein, sondern ein Kandidat der Philologie und Mann von Ehre, wenn auch ohne Geld. Beiläufig gesagt, halte ich die Bezeichnung des seelenlosen Metalles als nervus rerum für eine Infamie – Sie nicht auch? Also ich werde Sie bezahlen, nur jetzt nicht. Damit Sie aber einen tätlichen Beweis für meinen guten Willen sehen, schlage ich Ihnen vor, den mir entbehrlichen Teil meiner Bibliothek antiquarisch zurückzunehmen und mir eine angemessene Summe dafür gutzuschreiben. Zu diesem Zweck erwarte ich Sie morgen zwischen zwei und vier Uhr auf meiner Bude, Nekkarhalde Nummer 8.«

Der Prinzipal war äußerst ungehalten und trug sich mit dem zornigen Entschlusse, die Eintreibung der alten Schuld dem Gerichtsvollzieher zu übergeben. Doch überredete ihn der kluge Gehilfe, Rettigs Vorschlag anzunehmen. Er rechnete richtig, daß Rettig als Sohn einer achtbaren Familie und als begabter Mensch nach Möglichkeit zu schonen sei, da er ohne Zweifel ein berühmtes Examen machen und vielleicht schon in wenigen Jahren als Philolog und Literat glänzen würde. Es wurde daher beschlossen, die Bücher des Schuldners zu möglichst niederem Preise zurückzunehmen, und der Gehilfe erhielt Auftrag, anderen Tages zur bestimmten Zeit die Schätzung vorzunehmen und das Notwendige mit dem Kandidaten zu vereinbaren.

Während eben dieser Stunde saß Rettig in düsterer Stimmung auf seiner Bude. Sein Fenster blickte über »Stift« und »Hölle« hinweg auf die Alleen und die sanften Bergzüge der Alb, über deren nähergelegenen Hügelrücken schon der erste hellgrüne Hauch des neuen Frühlings zu leuchten begann. Der Tag war föhnklar, blauer Himmel und lichte streifige Wolken glänzten mit starken Farben durch die transparente, überklare Luft. Auf der Straße scholl häufig Gesang von geselligen Liedern, lautes Gespräch, Wagenrollen und Hufschlag vorbeitrabender Reiter, denn es war der erste sonnige Tag des April.

Von dem allem bemerkte Rettig nichts. Der Witzgallsche Handel zwar bekümmerte ihn nicht übermäßig, aber ähnliche und schlimmere Mahnungen waren in diesen Tagen ihm von mehreren Seiten zugegangen, so daß er, im Brennpunkte der Aufmerksamkeit diverser Gläubiger, sich fühlte wie die Mücke im Spinnennetz. Dazu kam die Sorge um das in diesem Semester bevorstehende Examen, die Scheu vor dem nachher drohenden Amt und Philisterium und das Vorgefühl des Abschiedes von Tübingen, an den er mit Qualen dachte.

Kurze, ärgerliche Züge aus der langen Weichselpfeife saugend, saß er halb, halb lag er auf dem zerschlissenen Kanapee und schaute mit gefurchter Stirne den phantastischen Bildungen der Rauchwolken zu, die sich langsam und quirlend gegen das offenstehende Fenster hin bewegten. Zwischen aufgehängten Pfeifen, Lithographien und Silhouettebildnissen stand an der breiten Türwand der hellen Stube ein recht stattlicher Bücherschaft, auf welchem neben Klassikern und Kompendien eine nicht unbedeutende Sammlung von historischen und belletristischen Werken sich befand. Rettig hatte eine starke literarische Ader und beteiligte sich seit kurzem teils durch Rezensionen, teils durch kleinere Zeitschriftenartikel am literarischen Leben.

Seufzend erhob er sich endlich vom bequemen Sitz und begann, die Pfeife in der Linken, mit der Sichtung seiner Bücherei. Die philologische Abteilung, welche ohnehin auf das Notwendigste beschränkt war, mußte unangetastet bleiben. Mit zornigem Schmerze zog der arme Kandidat Buch um Buch aus den unteren Regalen, einen Liebling nach dem andern sich vom Herzen reißend, in manchem lange blätternd und bei jedem die Rücknahme in letzter Stunde sich innerlich vorbehaltend. Die ganzen reichen Semester zogen durch seine Erinnerung, in denen er diese Sammlung Band für Band zusammengebracht hatte, in denen sein lebhafter Geist sich von der naiven Begeisterung des Fuchsen schnell zur selbständigen Kritik des Kenners durchgearbeitet hatte.

Es hatte sich schon ein mäßiger Berg ausgeschiedener Werke auf dem Boden angetürmt, da ging die Tür, und ein großer blonder Mensch trat herein und blieb lachend vor der Unordnung stehen. Es war Rettigs Freund und Kollege Theophil Brachvogel, zurzeit Hauslehrer bei den Söhnen einer Professorenwitwe.

»Prosit, Rettig! Was beim Styx treibst du denn da für Zauber? Du wirst doch nicht schon wieder packen wollen?«

Grimmig ließ der Kandidat seine Bücher liegen und zog den Freund mit sich auf das Kanapee. Unter reichlichen Verwünschungen und klassischen Schwurformeln erzählte er ihm die Bücheraffäre.

Kopfschüttelnd betrachtete der Hauslehrer die zerstörte Bibliothek, um die es auch ihm leid tat. Er stand auf und nahm von dem aufgeschichteten Bändestoß den obersten in die Hand.

»Was?« rief er nun lebhaft. »Auch den Novalis? Ist es dein Ernst, Alter? Den Novalis?«

»Auch ihn, den schönlockigen Seher, ja. Was will ich machen? Jeder Band ist zuviel, den ich behalte.«

»Nicht möglich, Schatz. Den Novalis! Ich wollt ihn eben dieser Tage von dir leihen.«

»Leih ihn vom Witzgall! Ich behalte nichts, nichts. Ohne Wahl zuckt der Strahl.«

»Du, da fällt mir ein: ich kauf ihn dir ab. Die Krämerseele gibt dir doch so gut wie nichts dafür. Was soll er gelten?«

»Ich schenk ihn dir.«

»Unsinn, Knabe. Jetzt auch noch schenken! Sagen wir einen Taler. Einen Gulden geb ich dir jetzt gleich, den Rest am Tag der großen Gelder.«

»Gut, gib her! Da ist der zweite Band.«

Brachvogel, der zu seinen Schülern mußte, nahm die beiden Bändchen unter den Arm und eilte mit wenigen Sätzen die schmale, baufällige Stiege hinunter in die Stadt. Gedankenvoll blickte Rettig durchs Fenster seinem Freunde und seinem Novalis nach. Er sah im Geiste schon seine ganze schöne Sammlung in alle Winde zerstreut.

Am folgenden Tage erschien pünktlich der höfliche Witzgallsche Gehilfe. Er sah alles durch, schätzte Buch für Buch, zog eine magere Summe ab, mit der sich Rettig zornig einverstanden erklärte; alsdann lud ein Knechtlein den ganzen Schatz auf einen Handkarren und führte ihn gleichmütig hinweg. Beim Anblick des Verzeichnisses dieser Bücher würde manchem heutigen Sammler das Herz pochen. Erstausgaben, welche die jetzige Mode mit Talern aufwiegt, gingen für dreißig und vierzig Kreuzer weg, ja billiger.

Traurig und ärgerlich verließ der Kandidat seine entheiligte Bude, bummelte mißmutig durch die Gassen und beschloß diesen schwarzen Tag damit, daß er den gestern empfangenen Novalisgulden einsam im »Löwen« vertrank.

3

Abend. Am schweren Himmel trieb der Föhn die schnellen Wolken vorüber. Im Fenster einer behaglichen Bude lehnte Theophil Brachvogel, die feine rechte Hand um das Fensterkreuz gelegt, und sah dem endlosen scheuen Flug der Wolken zu, hingegeben und ergriffen, die Seele eines großen Gedichtes voll.

Auf dem breiten Studiertische lag neben Heften, Briefbogen und Schreibzeug der zweite Band Novalis aufgeschlagen. Weit frischer als der kritisch veranlagte Rettig hatte der beschaulichere Hauslehrer sich die jugendliche Fähigkeit bewahrt, die Werke der Dichter wie süßen Wein zu genießen, ohne Widerstreben dem berauschenden Fluß ihrer erhabenen Sprache hingegeben, die Seele wie eine bebende Schale bis zum Rande von tiefer Stimmung erfüllt, von welcher je und je ein schwerer voller Tropfen überlaufend als eigenes Gedicht verklang.

Ihn hatte seit einigen Tagen die sanfte Gewalt dieses tiefsten und süßesten Romantikers erfaßt, dessen dunkeltönige, von Duft und Ahnung gesättigte Sprache sein williges Herz in ihre weichen Rhythmen zwang. Das klang so mystisch wohllaut wie ein ferner Strom in tiefer Nacht, von Wolkenflucht und blauem Sternlicht überwölbt, voll scheuen Wissens um alle Geheimnisse des Lebens und alle zarten Heimlichkeiten des Gedankens.

Zum Tische zurückkehrend, las er nochmals laut den wunderbaren Abschnitt: »Abwärts wend ich mich zu der heiligen, unaussprechlichen, geheimnisvollen Nacht. Fernab liegt die Welt, in eine tiefe Gruft versenkt: wüst und einsam ist ihre Stelle. In den Saiten der Brust weht tiefe Wehmut. – Fernen der Erinnerung, Wünsche der Jugend, der Kindheit Träume, des ganzen langen Lebens kurze Freuden und vergebliche Hoffnungen kommen in grauen Kleidern, wie Abendnebel nach der Sonne Untergang.«

Die schwermütige Schönheit der Nachthymnen zog durch die Brust des jungen Schwärmers wie ein Wetterleuchten durch eine dunkle, fruchtbare Frühsommernacht.

Noch eine Stunde blieb er allein im stillen Zimmer, bald lesend, bald hin und wider schreitend, bald durch das Fenster die einbrechende schwarze Aprilnacht betrachtend. Dann trat er aus der Türe, die er offenstehen ließ, auf den dunklen Flur und tastete sich die Wand entlang und die Treppe hinauf. Oben klopfte er leise an eine Tür, hinter welcher sein Freund Hermann Rosius wohnte. Er fand den Fleißigen mit seinem Lieblingsbuche, Bengels Gnomon, beschäftigt. Der fromme, stille Student begrüßte erfreut den älteren Freund, an dem er mit Bewunderung und Zärtlichkeit hing, und räumte ihm eilig einen mit den Resten eines spärlichen Abendessens besetzten Stuhl ab. Brachvogel zog den mitgebrachten Band Novalis aus der Tasche, legte ihn auf den Tisch ins Licht und deutete auf den Titel.

»Kennst du den?« fragte er den Theologen.

Rosius schüttelte den Kopf. »Nur dem Namen nach«, sagte er. »Ich glaube, er hängt irgendwie mit Schleiermacher zusammen. Liest du ihn jetzt?«

»Ich will dir ein Stück vorlesen.«

Er las den ersten Hymnus an die Nacht. Seine wohllautende Stimme schmiegte sich dem ernsten Pathos der Dichtung schlicht und edel an. Das ist der Augenblick der erhabensten und reinsten Wirkung für jeden Dichter, wenn eine junge, begeisterte Seele sein Werk dem Freunde mitteilt.

Beide Jünglinge enthielten sich des Urteilens. Schweigend ließen sie den in ihnen erweckten tiefen Ton des Heimwehs zu Ende klingen. Die kleine Studierlampe schien rötlich durch das einfache Zimmer.

Endlich brach Rosius das Schweigen. Er redete leise und schüchtern und errötete im Halbdunkel. »Ich glaube, es ist jetzt die rechte Stunde, dir ein Geständnis zu machen.«

Brachvogel gab keine Antwort. Er nickte nur und richtete den Blick auf das verlegen freundliche Gesicht des Freundes. Leise fuhr dieser fort:

»Ich wollte es dir schon lang erzählen, aber der Augenblick ist nie so recht gekommen. – Ich hoffe, mich im Sommer zu verloben.«

»Was du sagst! Eigentlich zwar nimmt mich's nicht wunder, ihr Theologen tretet ja gewöhnlich schon mit Bräuten ins Amt. Aber doch –! Mit wem denn, du?«

»Mit einem Fräulein – –«

»So? Das dachte ich mir ungefähr auch.«

»Helene Elster. Sie ist eine Pflegetochter des Amtmannes in unserem Städtchen. Aber wir wollen nicht zu viel davon reden – es ist ja alles noch so ungewiß.«

»Aber du hast doch schon mir ihr darüber gesprochen? Oder schreibt ihr einander?«

»Was denkst du! Nein, nein. Aber in den Sommerferien will ich sie fragen, und ich glaube fast, sie wird ja sagen. Ich hoffe es sogar bestimmt.«

»Ist sie schön?«

»O ja.«

»Erzähle doch! Ist sie blond? Musikalisch? Singt sie? Groß? Klein? Heldengeist? Sanfte Seele?«

»So bist du immer, Theo!«

»Ja, ja, aber wie *sie* ist, will ich wissen. Hast du ein Bild von ihr?«

»Ein Bild? Wie sollte ich dazu kommen? Nein. Sie hat braunes Haar und ist ziemlich schlank. Und sie hat ein Herz – ein Gemüt – –«

»Rosius, ein Künstler bist du nicht. Aber ich fange doch allmählich an, ein Bild von ihr zu bekommen.«

»Also ich wollte dir erzählen. Ich sah sie zuerst bei einem Kaffee im Helferhaus. Sie ist nämlich erst seit ein paar Monaten aus dem Institut zurück. Du weißt, wie schüchtern ich mit Mädchen allemal bin. Und nun saß sie am Tisch gerade neben mir! Ich war ganz behext von ihrer Stimme. Sie sprach mit ihrem Gegenüber von Musik, und von einer Reise, und von Mädchengeschichten. Weißt du, eine Stimme – so eine besondere, glockenklar und doch mit einem Schleier drüber. So hab ich die Stimme meiner Mutter in Erinnerung. Und dann war sie so schön! Ich konnte sie ja nicht richtig ansehen, aber ihre linke Hand lag immer neben mir auf dem Tisch. Ich wußte gar nicht, daß so eine bloße Hand auch etwas Schönes sein kann.«

»Was hast du denn mit ihr gesprochen?«

»Du hast gut fragen. Ach Gott, ich wünschte die ganze Zeit, sie möchte mich anreden.«

»Das wäre doch deine Sache gewesen.«

»Ich weiß nicht. Sie sprach von einem Fest. Plötzlich drehte sie sich nach meiner Seite herum und fragte: ›Sind Sie auch dabei gewesen?‹ Ich glaubte, sie meine mich, es galt aber dem Helfer. Ich antwortete: ›Nein‹ – zugleich antwortete der Helfer, und ich sah, daß ich mich geirrt hatte, und schämte mich.«

»Und das ist alles gewesen?«

»Wart nur! Also das war unser erstes Zusammentreffen. Dann war ich beim Amtmann eingeladen und sah sie dort wieder. Da konnte ich mich etwas freier bewegen als im Helferhaus, und es gelang mir, ein Gespräch mit ihr anzuknüpfen. Es ging freilich nicht gerade flott, denn sie redete viel schneller als ich und kam immer mit etwas Neuem, wenn ich gerade über das vorige Thema einen rechten Satz präpariert hatte. Sie ist eine vollkommene Dame. Sie lenkte das Gespräch nur so hin und her, daß ich ganz wirr wurde. Später sah ich sie bei einem Konzert, einem Streichquartett, wo der Amtmann mitspielte und mein Onkel auch. Da plauderte sie vertraulich mit mir, ich war ganz munter und schlagfertig, es war ein guter Tag. Seither hat sie, glaube ich, meine Neigung bemerkt. Sie wurde ein wenig rot, sooft ich sie auf der Straße grüßte, auch ging ich oft an ihrem Haus vorbei. Es scheint, daß sie mich nicht ungern sieht – –.«

Es war noch nicht spät, als der Hauslehrer seinen Novalisband wieder an sich nahm und seine Stube im unteren Stockwerk wieder aufsuchte. Er las dort die Hymnen zu Ende, und las sie noch einmal, bis spät in die Nacht.

Von da an begleitete wochenlang das Saitenspiel des zarten, geheimnisvollen Dichters sein Leben Tag für Tag. Der Frühling kam, die Kastanien der Allee wurden grün, im Schönbuch klang Finkenschlag und Amselruf, und die sich füllenden Wipfel begannen tiefer zu rauschen. Da lag Brachvogel an manchem hellen freien Nachmittag im Walde. Buchenschatten und Sonnenflecken fielen in die aufgeschlagenen Seiten des Lieblingsbuches, eingelegte Blumen und als Lesezeichen benutzte Baumblätter drückten ihre leichten Spuren ein. Am Rande der »Fragmente« entstanden nachdenkliche Notizen, mit leichtem Bleistift eingetragen, und die Daten mehrerer besonders schöner und glücklicher Waldlesetage wurden auf das leere letzte Blatt geschrieben, manche auch in den Text selber. Jetzt noch steht unter anderen auf Seite 79 neben dem Märchen von Rosenblüte und Hyazinth die Bemerkung zu lesen: »Zum erstenmal gelesen den zwölften Mai, am Waldrand über Bebenhausen.« Auf derselben Seite haben sich die feinen Rippen eines eingelegten jungen Buchenblattes in bräunlichen Linien abgedrückt erhalten. Das Blatt selbst ist nicht mehr dabei.

Auch Hermann Rosius las häufig allein oder mit dem Freunde zusammen in den beiden Bänden und gewann den feinen Dichter herzlich lieb. Dennoch konnte sein strengfrommes Gemüt sich den kühneren unter den »Fragmenten« gegenüber der Kritik und des Tadels nicht immer enthalten. Bei zwei Aphorismen religiösen Inhaltes sind von seiner Hand Bibelstellen an den Rand geschrieben. Ich besann mich oft, wer von den späteren Lesern wohl genug Liebe und pietätvolle Neugierde gehabt haben mag, um jene Stellen nachzuschlagen.

4

Unvermutet schnell wie immer war der Sommer herangekommen. Die Studenten reisten nach allen Seiten fort in die Heimat oder auf Vetternreisen. Der fleißige Hauslehrer, obwohl auch er einige Wochen Urlaub erhalten hatte, war in Tübingen geblieben, um zu arbeiten. Der heiße August brannte auf den Dächern und glühte in den engen, gepflasterten Gassen der Stadt. Der Kandidat Rettig hatte sein

Examen gemacht und war noch am letzten Tage des Semesters zu Brachvogel gekommen, um den Rest seines Novalistalers zu holen.

Brachvogel bewohnte nun etwas vereinsamt eine Ferienbude in der Münzgasse und saß arbeitsam bald hinter dem Studiertisch, bald in der Bibliothek. Da kam ein Brief von Hermann Rosius und brachte ein frisches Stück Leben in sein stilles Dasein. Der Brief lautete:

»Mein Herzensfreund!

Wie lebst Du in Tübingen? Ich denke es mir dort jetzt sehr still. Fördert Deine Arbeit? Was mich betrifft, so hab ich bis jetzt kaum ein Buch berührt. Jetzt aber spüre ich großes Verlangen, einmal zusammenhängend und mit Muße Novalis zu lesen. Du mußt ihn mir, oder mindestens einen Band davon, mitbringen.

Ja, mitbringen! Denn ich erwarte, daß Du mich nächster Tage besuchst, ich bitte Dich herzlich darum. Die Sache mit dem Mädchen scheint Fortschritte zu machen, und ich möchte Dich hier haben, zunächst damit Du Dich mitfreust, aber auch damit Du mir mit Deiner geschickteren Art und Deiner größeren gesellschaftlichen Erfahrung beistehst. Ich bin in alledem so unbeholfen. Mein lieber Vater hat Raum für einen Gast, wenn wir uns ein bißchen behelfen. Bitte komm gewiß, und so bald als möglich!«

Der Hauslehrer las die Einladung mit Freude und beschloß, ihr ohne Verzug zu folgen. Lachend und Wanderlieder singend, packte er noch am selben Tage sein Ränzel. Den erbetenen Novalis beschloß er nach einigem Zaudern dem Freunde nicht nur mitzubringen, sondern gleich zu dedizieren.

Am folgenden Morgen machte er sich zu Fuß auf den Weg nach dem Heimatstädtchen des Kameraden, das ein paar Meilen weiter neckarabwärts lag. Die weiße Landstraße glänzte hellauf in der Morgensonne, die schönen Neckarufer lagen grün und fruchtbar im Leuchten des Hochsommertages. Von heiß zu ersteigenden Höhen aus sah der Wanderer den blanken, gewundenen Lauf des Flusses durch gilbende Fruchtfelder und schattige Obstgärten sich strecken, oft auch von steilen Weinbergen gesäumt. Kirchturmspitzen funkelten blendend von entfernten Dörfern herüber, in den Feldern und Rebhügeln war rege Arbeit, ruhig und waldig begrenzten die höheren Berge der Alb die Aussicht.

In der frischen, empfänglichen Seele des jungen Reisenden spiegelte sich diese ganze frohe und farbige Welt reich und glücklich wider. Erinnerung, Ahnung und Hoffnung schmolz ihm mit der Schönheit der sichtbaren Welt unvermerkt und wohllaut zusammen, und werdende Lieder bewegten keimend den Sinn des jungen, fröhlichen Menschen. Er war ein geborener Wanderer, rüstig, gelenkig, zäh und bereit, alles Begegnende von der freundlichen Seite zu fassen. Auch war sein Auge offen für alle Schönheiten der Landschaft und empfänglich für die feinen Reize der Berglinien, der Beleuchtung, Laubfarben und der blauen Töne der Ferne.

Während des Dahinschreitens erinnerte er sich mit Vergnügen der Reisebilder im Heinrich von Ofterdingen, den er schon zweimal gelesen hatte. Die geistvoll zarten Verse der »Zueignung« mit ihrem rätselhaft süßen Liebreiz und ihrem innig musikalischen Wohlklang fielen ihm ein. Vielleicht wußte er nicht, wie ähnlich er selbst dem jungen Ofterdingen jener Dichtung war. Was ihm zum Manne noch fehlte, eben das gab seinem Wesen die harmlos liebenswerte Frische. Der Duft der frühen Jugend lag auf ihm, dem noch kein großer Schmerz die Unbefangenheit genommen und dafür die Weihe der Reife gegeben hatte.

Am späten Nachmittag erreichte er das Städtchen, in welchem Rosius auf ihn wartete. Über das Gewirre der alten und neuen Dächer ragte der behagliche Kirchturm, mit einer humoristisch wirkenden Zwiebel gekrönt. Züge von Gänsen und Enten bevölkerten Gassen und Hofwinkel sowie den sanft strömenden Neckar, den eine ehrwürdig graue, steinerne Brücke überspannte.

Der alte Rosius war ein kleiner Kaufmann oder eigentlich ein Krämer gewesen, hatte sich jedoch seit einigen Jahren zur Ruhe gesetzt und wohnte in einem zur Hälfte vermieteten neuen Häuschen, das Brachvogel nach einigem Fragen fand und betrat.

Nun wurde er von dem überraschten Freunde mit Jauchzen empfangen, auch der stille alte Vater drückte ihm die Hand und bewegte die hart gefalteten Lippen zu einem altmodischen Willkommspruch. Darauf brachte Hermann den Gast in die Stube, welche sie teilen sollten. Der Hauslehrer packte unter lustigem Geplauder seinen Marschranzen aus, der neben einiger Leibwäsche und einem Gehrock auch die zwei Bände Novalis enthielt.

»Ah, der Novalis!« rief Rosius erfreut und nahm einen Band in die Hände, in welchen Brachvogel schon in Tübingen die Dedikation geschrieben hatte. Sie fiel ihm sogleich ins Auge, und er umarmte den Spender dankbar.

Weder dieser noch der Beschenkte ist heute mehr am Leben, aber die Widmung von Brachvogels Hand steht noch in dem Bande auf dem inneren Einbanddeckel zu lesen:

»Theophil B. seinem Freunde Hermann Rosius, im Sommer 1838.«

Und darunter:

»Der echte Dichter ist allwissend; er ist eine wirkliche Welt im Kleinen.« (Novalis)

5

Wenn ich statt der Geschichte meines Novalis diejenige des Theophil Brachvogel und seines Freundes schriebe, so müßte ich nun dessen Ferienaufenthalt, den ersten Besuch und Kaffee beim Herrn Amtmann, Brachvogels erste Begegnung mit jener schönen Helene Elster und viele andere schildern und erzählen, worauf ich nur ungern verzichte. Doch muß ich mir die eingehende Darstellung dieser und anderer Ereignisse versagen. Ich würde sonst Bände brauchen, bis ich meine Geschichte aktenmäßig zu ihrem vorläufigen Ende, das heißt bis auf den heutigen Tag, geführt hätte.

So betrachte ich denn meinen Novalis und suche in ihm weitere Spuren des Lebens von damals.

Die am Ende des vorigen Kapitels zitierte Widmung Brachvogels, die im ersten Bande steht, zeigt Spuren davon, daß ein Versuch gemacht wurde, sie auszuradieren. Die gute Tinte hatte sich jedoch zu tief in das weiche Papier gefressen und widerstand dem Tilgungsversuch. Widmung und Spruch blieb stehen.

Was bedeutet für den Käufer, Besitzer und Leser eines alten Buches der vom Radiermesser zerschabte erste Buchstabe einer vor sechzig Jahren geschriebenen Widmung? Nichts. Eine minimale Verunzierung, der man außerdem leicht durch Überkleben nachhelfen kann.

Ich habe aber jene Stelle nicht überkleben lassen. Sie bedeutet für mich und für unsere Erzählung ein ganzes Kapitel, ein dunkles, schmerzliches, dessen Bericht mir schwerfällt, da ich für die Hände und Schicksale, mit denen mein Buch damals Berührung fand, seit langem eine stille Liebe hege.

Drei Wochen nach jenem vergnügten Abend seiner Ankunft war der Hauslehrer Brachvogel nicht mehr derselbe jugendlich sorglose, naiv heitere Mensch wie zuvor. Er hatte einige von den Dingen erfahren, deren schnelles Erleben älter macht als eine ganze Reihe von stillen Jahren. Er war um ein Glück, eine Schuld und ein Leid reicher und um einen Freund und eine Jugend ärmer geworden. Der Novalis war wieder in seinem Besitze, und er selbst hat jenen Radierversuch an der noch frischen Widmung gemacht.

Er war mit Helene Elster verlobt, und der arme Hermann Rosius hatte seinen Freund und seine Liebste auf denselben Tag verloren. Oder doch nicht am selben Tage; denn nach dem Bruch der Freundschaft war um das schöne Mädchen noch ein kurzes verstecktes und verzweifeltes Ringen gewesen. Dann hatte der hübsche, lebensfrohe Brachvogel den Sieg gewonnen, und die erbitterte Rivalität der entzweiten Herzensfreunde hatte sich, namentlich auf des armen Theologen Seite, in ein herbes, trauriges Verzichten und Verlorengehen verwandelt.

Hatte Theophil eine Untreue begangen? Er selbst litt an dieser Frage, und mußte Ja und Nein zugleich antworten. Ja – denn er hätte am ersten Tage, nachdem er mit dem Mädchen gesprochen hatte, fliehen und dem Freunde seine älteren Rechte lassen können. Später konnte von Untreue oder irgendwelcher bewußten Sünde nicht mehr die Rede sein, da war Recht und Unrecht und war auch die Freundschaft im Brande der drängenden Leidenschaft geschmolzen und vergessen.

Ich sann manchmal darüber nach, wieviel Schuld ihm beizumessen sei; und nach meiner Meinung ist seine Schuld nicht klein, denn ich weiß nichts so Heiliges und Unantastbares als eine herzliche Freundschaft unter Jünglingen. Aber Theophil war jung, und sein ganzes Wesen mag in jenen Jahren nach der entscheidenden Frauenliebe gedrängt haben. Und wer will rechnen, wie schwer trotz seines Glückes sich die verratene Freundschaft an ihm gerächt hat?

Ich denke mir, daß sein des Leidens und Unrechthabens nicht gewohntes Herz gezittert haben muß, als Rosius ihm das geschenkte Buch mit anderen kleinen Freundschaftsreliquien zurücksandte, dies Buch, über dem sie so viele reiche schwärmerische Stunden miteinander zugebracht hatten. Und ich denke mir, daß sein Herz zitterte, als er wieder allein in Tübingen in seiner Wohnung saß und vergeblich die Widmung vom Deckel des Buches zu tilgen versuchte – so vergeblich, wie das vergiftete Andenken an den ehemaligen Freundesbund aus seinem Herzen. Ich denke mir auch, daß er seiner oft zu Besuch in Tübingen weilenden Braut manchmal eines der Gedichte oder Märchen von Novalis vorlas, und wie mag da ihm und ihr zumute gewesen sein, als sie zum erstenmal nach dem Buche griff und die Widmung und jenen Namen und den Versuch, ihn auszulöschen, sah?

Rosius fand zwei Jahre später eine andere Liebe, und seine Hochzeit fand wenige Monate nach der Brachvogelschen im Jahre 1842 statt. Beide Freunde nahm das Leben des Amtes und der Familie in Anspruch, die Erinnerungen wurden milder und bleicher, aber sie sahen sich nicht wieder, und einer hörte vom anderen jeweils nur zufällig aus dritter Hand.

Über dem geschäftig zufriedenen häuslichen Leben mag auch der stille Dichter fast vergessen worden sein, er stand viele Jahre lang wenig benützt in der Hausbibliothek Brachvogels. In diesen Jahrzehnten begannen die älteren Verehrer jener frühromantischen Poesie allmählich auszusterben, ohne daß neue ihnen gefolgt wären. Unter der damals heraufkommenden Jugend kannten wenige von Novalis mehr als den Namen, auch der heranwachsende Sohn Brachvogels nicht, der die beiden schlichten Bände, obwohl er sonst ein Leser war, unberührt im väterlichen Bücherschrank stehen ließ. Es schien, als wäre es mit dem Ruhm des seit fünfzig Jahren begrabenen Dichters vorüber. Für ihn schien die trostlose Zeit des Antiquierens gekommen, jenes rasche traurige Sinken vom Lächerlichwerden zum Langweiligwerden und von da vollends zum Vergessenwerden.

So stand unser Buch zehn Jahre und zwanzig Jahre. Seine Blätter bekamen einen leisen Cremebezug, jenen Edelrost alternder Bücher, der dem Vergilben vorangeht. Das vielgeschmähte Löschpapier hielt sich aber vortrefflich. So wenig edel es war, sieht es doch heute noch frischer und weißer aus als die Mehrzahl der jammervollen Drucke aus den siebziger und achtziger Jahren, die einem unter der Hand braun werden.

6

Annähernd zwanzig Jahre standen die beiden einfachen Sedezbände still und von niemandem begehrt im Bücherkasten. Was sind zwanzig Jahre in der Geschichte eines guten Buches! Vielleicht ruhten sie doch nicht vollkommen, vielleicht nahm sie der vielbeschäftigte Lehrer und Hausvater doch noch zuweilen vom Brett und überglitt mit ernsten Augen die schon alternden Blätter, wenn Erinnerung und Jugendheimweh des Nachts am Studiertisch ihn überfielen.

Dann wunderte er sich vielleicht betrübt darüber, wie rasch der zarte Dichter aus dem Andenken der Welt verschwunden und wie selten sein Name noch in jemandes Munde war; er ahnte nicht, daß Jahrzehnte später die ernste Schönheit dieser Dichtung neue Freunde und laute Verehrer und Verkünder finden würde. Ich denke, in einer solchen Stunde des Rückwärtssinnens schrieb er auf eine leere Halbseite des zweiten Bandes den Vers, den ich dort oft mit Bewegung las:

Wie weht aus deinen süßen Reimen
Ein Duft der Jugendzeit mich an,
Die mir in bunten Dichterträumen
So leicht und unvermerkt zerrann!
Du bist mir wie aus Maientagen
Im Herbst ein Gruß von Blumen zart,
Du willst mir ernst und leise sagen,
Wie fern mir meine Jugend ward.

Manchmal griff vielleicht auch die schöne Hausfrau nach dem Novalis. Ich weiß es nicht, doch glaube ich es gerne, denn auf ihrem Bilde, das ich in meinen Jünglingszeiten manchmal sah, hat sie jenen geistigen, zarten Träumerzug im vornehmen Gesicht, aus dem wir gern eine rege, dem Schönen zugeneigte Seele erraten. Es macht mir Vergnügen, zu denken, sie habe die hellbraunen Bändchen zuweilen in ihren weißen Fingern gehalten.

Jedenfalls blieb das Buch im Brachvogelschen Hause und war dort noch vorhanden, als der Sohn des Hauses Anno 1862 von Tübingen aus darum schrieb. Er war wie sein Vater Philolog und mochte gelegentlich bei irgendwelchen literarhistorischen Studien auf Novalis aufmerksam geworden sein. Dessen Werke wurden ihm denn nun von Hause zugeschickt.

Unser Exemplar zeigt keine Spuren, die auf einen starken damaligen Gebrauch schließen lassen, vor allem keinerlei Notizen aus den folgenden Jahren. Es scheint, daß der Dichter auf den in jener antiromantischen Zeit erwachsenen Studenten wenig Eindruck gemacht habe. In seinem Besitze schlummerte das Buch, wie ein Edelstein schlummert, solange kein Lichtstrahl seine verborgenen Feuer weckt. Es scheint damals sogar manchmal Mißbrauch gelitten zu haben, denn jenen Tübinger Jahren schreibe ich die Verwahrlosung der Einbände zu, welche manche verwischte Halbkreise und Kreise wie von daraufgestellten Trinkgläsern aufweisen. Dennoch blieb mein Novalis noch manche Jahre im Besitze des jüngeren Brachvogel und erlebte sogar dessen teilweise Bekehrung.

Dieser Brachvogel junior war ein kühler, kritischer Geist und von früh an ein wenig Sonderling. Er hatte kaum sein Tübinger Examen gemacht, als der Vater plötzlich einer kurzen Krankheit erlag. Die Mutter war schon ein Jahr zuvor gestorben, nach einer fünfundzwanzigjährigen Ehe noch schön und von Freunden bewundert. Der junge Gelehrte sah sich plötzlich verwaist und auf sich selbst gestellt. Von seiner Neigung getrieben und durch ein beträchtliches Vermögen unabhängig gemacht, verließ er bald die Heimat und reiste allein nach dem Süden. Wohl nur ein Zufall war es, daß beim Verkaufe der väterlichen Bibliothek der Novalis zurückblieb und mit in die Reisekoffer kam.

Über die nun folgenden Jahre gab mir ein Tagebuch genauere Nachricht, das Brachvogel während seiner italienischen Jahre ziemlich fleißig führte. Doch ist nur auf den letzten Blättern desselben flüchtig von unserem Novalis die Rede. Brachvogel hielt sich mehrere Jahre in Rom auf, besuchte Süditalien und Sizilien und schien wenig mehr an die Heimat und Vergangenheit zu denken. Wenigstens berichtet sein Tagebuch nur von italienischen Angelegenheiten, Studien und Reisen, und berührt das Gedächtnis der Eltern fast nur jeweils bei der Wiederkehr ihrer Todestage. Im fünften Jahre seiner Abwesenheit jedoch scheint je und je ein Hauch von Heimweh dem Vereinsamten das Herz bewegt zu haben.

Damals hielt er sich mehrere Monate in Venedig auf, mit Bibliothekstudien beschäftigt, während die Welt von Tag zu Tag lebhafter durch die Nachrichten vom französischen Krieg erregt wurde. Ohne daß ihn diese eben stark erschüttert hätten, ward doch der gelehrte Sonderling mehr als sonst des fernen Vaterlandes erinnert, und es kamen Stunden, in denen Jugendgedenken und Heimaterinnerung ihn überraschten. In einem dieser Augenblicke fiel ihm der ganz vergessene Dichter durch Zufall wieder in die Hand. Schlicht und rauh berichtet davon das Tagebuch:

»Heute fand ich unter den Schmökern im unteren Kasten den alten Novalis und fühlte Lust, nach Jahren wieder einmal etwas der Art zu lesen. Unter den Fragmenten fielen mir einige geistreiche unter vielem Wust von Phantastereien auf. Dann begann ich den sonderbaren Ofterdingen zu lesen.«

Und zehn Tage später:

»Fortsetzung der Novalislektüre bis zum Schluß des ersten Teiles vom Ofterdingen. Ich hatte lange keinen deutschen Dichter mehr gelesen und kann mich nun dem eigentümlichen Eindruck nicht ganz entziehen.«

7

Es scheint, daß Brachvogel dem Dichter längere Zeit treu geblieben ist. Eines Tages wenigstens nahm er ihn, in Florenz, wieder zur Hand und fand das Märchen von Hyazinth und Rosenblüte. Er fand denn auch jene Stelle, an welcher vor mehr als dreißig Jahren sein Vater das Datum eines

Bebenhauser Maitages eingeschrieben hatte, und schrieb daneben: »Settignano bei Florenz, 19. Juni 1873.«

Nun hatte er in Florenz einen Freund. Es war ein Deutscher, namens Hans Geltner, der mit einer Toskanerin verheiratet war. Dieser saß im Winter 1874 im Spital am Krankenbett Brachvogels und sah ihn am 2. März 1875 dort sterben. Er erbte mit ein paar anderen deutschen Büchern auch den Novalis, der nun wieder vergessen und ungebraucht jahrelang im Regal stand.

Während dieser Jahre war in Geltners Hause eine schöne, blonde Tochter herangewachsen, die ich selber noch wohl gekannt habe. Sie war schlank und von ganz deutscher Schönheit, und fand beizeiten manche Verehrer.

Als ich damals nach Florenz kam und die Geltners besuchte, stach auch mir ihr schönes, einfaches Wesen ins Auge, so daß ich sie bald den Madonnen des Quattrocento, denen zuliebe ich hergereist war, ohne Schwanken vorzog. Es fügte sich, daß ich schließlich täglich ins Haus kam, oft mit deutschen Freunden, oft allein.

Da fiel mir denn eines Tages der zweibändige Novalis in die Hände. Geltner war erstaunt, als ich ihm erzählte, daß der scheinbar verschollene Romantiker neuestens in Deutschland wieder verehrt und gelesen werde. Manchen Abend saßen wir nun in dem kleinen, ummauerten Garten um den schattigen Steintisch, und ich las die feinen, tiefen Gedichte des alten Novalis vor. Über dieser Lektüre kam ich oft mit der Tochter Maria ins Gespräch, und in diesen Gesprächen kamen wir einander so nahe, daß ich von Tag zu Tag mich selber wunderte, mit ihr noch nicht von Liebe gesprochen zu haben. Es waren schöne Märchentage, wie mir seither keine mehr geworden sind.

Um diese Zeit traf mein Freund Gustav Merkel in Florenz ein. Wir begrüßten uns herzlich und lebten die ersten Tage nur füreinander. Er war ein lieber und flotter Mensch, beweglich, hübsch, geistreich, dabei gutmütig, und wir haben manchen Fiasko Landwein burschikos unter Geplauder und Gesang miteinander ausgetrunken.

Die Sehnsucht nach Maria trieb mich bald wieder in ihr Haus. Ich brachte Merkel mit, der dort gefiel und bald gleich mir fast alltäglich bei Geltners verkehrte.

Eines Abends las ich nun dort die »Lehrlinge zu Sais« vor. In der daran anschließenden Unterhaltung machte Gustav einen wenig ehrerbietigen Witz über Novalis und seine Dichtung, der mir weh tat. Da zu meinem Erstaunen Maria nicht widersprach, sondern sogar mitlachte, hielt ich an mich und schwieg. Als aber Gustav weggegangen war, trat ich im Garten zu ihr und hielt es ihr vor. Sie war ein wenig verlegen und vermied meinen Blick.

»Sie haben ja recht«, sagte sie. »Aber sehen Sie, Ihr Freund ist zu gescheit und vor allem zu witzig, als daß man ihm widersprechen könnte. Ich mußte einfach mitlachen. Und wozu sollte ich auch mit so liebenwürdigen Gästen Streit anfangen?«

»Aber war es nicht wie ein Verrat, Maria?«

»Sie sind komisch!« und dann: »Andiamo!«

Mehr sagte sie nicht. Aber als ich nun gute Nacht sagte und langsam durch den Corso dei Tintori nach Hause ging, war ich froh, daß ich noch nie mit Maria über meine Liebe gesprochen hatte, und hatte eine schlechte Nacht.

Es ging alles rasch und ruhig seinen Gang, und ich sah mit sonderbar gespannter Neugierde zu. Ich sah, wie Gustav immer häufiger zu Tisch geladen wurde und neben Maria zu sitzen kam. Ich sah, wie er abends mit ihr im Garten spazierte, ich sah ihn in der Badia eine Bleistiftkopie des schönen Sankt Bernhardskopfes von Filippino Lippi anfertigen und in den Trödlerläden alte Emailsachen kaufen, die er ihr dann schenkte. Und eines Tages sah ich auch die Einladungskarte zu ihrem Verlobungsfest, von Maria selber geschrieben, vor mir auf meinem Schreibtisch liegen. Draußen klang laut das Straßengetriebe der fröhlichen Stadt Florenz und flogen helle, leichte Wolken zärtlich spielend durch die warme Luft, ich aber saß lang und las immer wieder diese freundlichen, kurzen, entzückend nett geschriebenen Zeilen der Einladungskarte. Am Abend ging ich hin und gratulierte.

Noch einmal tauchte in dieser Umgebung der Novalis auf, das war am folgenden Abend. Ich habe es nicht vergessen. Wir saßen noch beim Obst und plauderten, woran ich freilich wenig teilnahm. Ich schnitzelte seit einer Viertelstunde zerstreut und traurig an einem großen Pfirsich herum, mit einem winzigen Obstmesserchen, dessen bronzener Griff die Form der Florentiner Wappenlilie hatte. Da stand Gustav vom Stuhl auf, holte den Novalis herbei und fing an zu blättern.

»Ich muß doch zeigen«, sagte er lächelnd, »daß ich kein Barbar bin, sondern eurem alten Symbolisten doch auch einen Reiz abgewonnen habe. Ich las dieser Tage in dem Schmöker und fand ein wundervolles Gedicht, das ich euch – und speziell dir, Maria – vorlesen möchte.«

Mir wurde sehr schwül ums Herz, denn ich ahnte wohl, welches Gedicht es sein würde – dasselbe, das ich einst im Sinn gehabt hatte, bei guter Gelegenheit der schönen Maria vorzulesen. Ich hatte es aber nie gewagt.

Richtig, er las es, und Maria hielt den Blick ihrer großen, schönen Augen auf ihn gerichtet und lächelte, und ich Unbeteiligter litt in dieser Minute mehr als in allen den vorhergegangenen Tagen.

Er las:

Ich sehe dich in tausend Bildern,
Maria, lieblich ausgedrückt,
Doch keins von allen kann dich schildern,
Wie meine Seele dich erblickt.
Ich weiß nur, daß der Welt Getümmel
Seitdem mir wie ein Traum verweht
Und ein unnennbar süßer Himmel
Mir ewig im Gemüte steht.

Meine Chronik geht zu Ende, und ich hätte sie am liebsten mit den lieben Versen jenes schönen Marienliedes beschlossen. Ich muß aber noch berichten, daß schon nach drei Monaten Marias Hochzeit war. Gustav reiste mit ihr in die Schweiz und führte sie im Spätherbst nach Deutschland mit sich.

Ich hatte indessen längst von Florenz und von Maria Abschied genommen und mir von Geltner den Novalis als Andenken erbeten, den er mir gerne überließ. Seither ist er in meinem Besitz geblieben, hat mich auf mancher Reise begleitet und steht jetzt in meiner Romantikersammlung eingereiht, gerade zwischen den Gedichten der Sophie Mereau und den Werken des Malers Philipp Otto Runge.

Es war meine Schuld, daß zwischen Gustav Merkel und mir eine Entfremdung eintrat, zu der die räumliche Trennung noch beitrug. Wenigstens brachte ich es nicht über mich, damals seine Briefe zu beantworten, so daß auch er müde wurde und schwieg.

Doch dauerte das nur anderthalb Jahre. Dann geschah das Schreckliche, daß die schöne Maria mitten im Glücke auf einer sommerlichen Gondellustfahrt verunglückte und umkam. Da kam Gustav zu mir, und ich habe seither die Erinnerung an sie und an jene Florentiner Zeiten und an alles Teure unserer allmählich in die Ferne entrückten Jugendzeiten brüderlich mit ihm geteilt.

(um 1901/02)

Eine Rarität

Vor einigen Jahrzehnten schrieb ein junger deutscher Dichter sein erstes Büchlein. Es war ein süßes, leises, unüberlegtes Gestammel von blassen Liebesreimen, ohne Form und auch ohne viel Sinn. Wer es las, der fühlte nur ein schüchternes Strömen zärtlicher Frühlingslüfte und sah schemenhaft hinter knospenden Gebüschen ein junges Mädchen lustwandeln. Sie war blond, zart und weiß gekleidet, und sie lustwandelte gegen Abend im lichten Frühlingswalde, – mehr bekam man nicht über sie zu hören.

Dem Dichter schien dieses genug zu sein, und er begann, da er nicht ohne Mittel war, unerschrocken den alten, tragikomischen Kampf um die Öffentlichkeit. Sechs berühmte und mehrere kleinere Verleger, einer nach dem andern, sandten dem schmerzlich wartenden Jüngling sein sauber geschriebenes Manuskript höflich ablehnend zurück. Ihre sehr kurz gefaßten Briefe sind uns erhalten und weichen im Stil nicht wesentlich von den bei ähnlichen Anlässen den heutigen Verlegern geläufigen Antworten ab; jedoch sind sie sämtlich von Hand geschrieben und ersichtlich nicht einem im voraus hergestellten Vorrat entnommen.

Durch diese Ablehnungen gereizt und ermüdet, ließ der Dichter seine Verse nun auf eigene Kosten in vierhundert Exemplaren drucken. Das kleine Buch umfaßt neununddreißig Seiten in französischem Duodez und wurde in ein starkes, rotbraunes, auf der Rückseite rauheres Papier geheftet. Dreißig Exemplare schenkte der Autor an seine Freunde. Zweihundert Exemplare gab er einem Buchhändler zum Vertrieb, und diese zweihundert Exemplare gingen bald darauf bei einem großen Magazinbrande zugrunde. Den Rest der Auflage, hundertsiebzig Exemplare, behielt der Dichter bei sich, und man weiß nicht, was aus ihnen geworden ist. Das Werkchen war totgeboren, und der Dichter verzichtete, vermutlich vorwiegend aus Erwägungen ökonomischer Art, einstweilen völlig auf weitere poetische Versuche.

Etwa sieben Jahre später aber kam er zufällig einmal dahinter, wie man zügige Lustspiele macht. Er legte sich eifrig darauf, hatte Glück und lieferte von da an jährlich seine Komödie, prompt und zuverlässig wie ein guter Fabrikant. Die Theater waren voll, die Schaufenster zeigten Buchausgaben der Stücke, Bühnenaufnahmen und Porträts des Verfassers. Dieser war nun berühmt, verzichtete aber auf eine Neuausgabe seiner Jugendgedichte, vermutlich weil er sich ihrer nun schämte. Er starb in der Blüte der Mannesjahre, und als nach seinem Tode eine kurze, seinem literarischen Nachlaß entnommene Autobiographie herauskam, wurde sie begierig gelesen. Aus dieser Autobiographie aber erfuhr die Welt nun erst von dem Dasein jener verschollenen Jugendpublikation.

Seither sind jene zahlreichen Lustspiele aus der Mode gekommen und werden nicht mehr gegeben. Die Buchausgaben findet man massenhaft und zu jedem Preise, meist als Konvolute, in den Antiquariaten. Jenes kleine Erstlingsbändchen aber, von welchem vielleicht – ja sogar wahrscheinlich – nur noch die dreißig seinerzeit vom Autor verschenkten Exemplare vorhanden sind, ist jetzt eine Seltenheit ersten Ranges, die von Sammlern hoch bezahlt und unermüdlich gesucht wird. Es figuriert täglich in den Desideratenlisten; nur viermal tauchte es im Antiquariatshandel auf und entfachte jedesmal unter den Liebhabern eine hitzige Depeschenschlacht. Denn einmal trägt es doch einen berühmten Namen, ist ein Erstlingsbuch und überdies Privatdruck, dann aber ist es für feinere Liebhaber auch interessant und rührend, von einem so berühmten eiskalten Bühnenroutinier ein Bändchen sentimentaler Jugendlyrik zu besitzen.

Kurz, man sucht das kleine Ding mit Leidenschaft, und ein tadelloses, unbeschnittenes Exemplar davon gilt für unbezahlbar, namentlich seit auch einige amerikanische Sammler danach fahnden. Dadurch wurden auch die Gelehrten aufmerksam, und es existieren schon zwei Dissertationen über das rare Büchlein, von welchen die eine es von der sprachlichen, die andere von der psychologischen Seite beleuchtet. Ein Faksimiledruck in fünfundsechzig Exemplaren, der nicht neu aufgelegt werden darf, ist längst vergriffen, und in den Zeitschriften der Bibliophilen sind schon Dutzende von Aufsätzen und Notizen darüber erschienen. Man streitet namentlich über den mutmaßlichen Verbleib jener dem Brand entgangenen hundertsiebzig Exemplare. Hat der Autor sie vernichtet, verloren oder verkauft? Man weiß es nicht; seine Erben leben im Auslande und zeigen keinerlei Interesse für die Sache. Die Sammler bieten gegenwärtig für ein Exemplar weit mehr als für die so seltene Erstausgabe des »Grünen Heinrich«. Wenn zufällig irgendwo einmal die fraglichen hundertsiebzig Exemplare auftauchen und nicht sofort von einem Sammler *en bloc* vernichtet werden, dann ist das berühmte Büchlein wertlos und wird höchstens noch zuweilen neben andern lächerlichen Anekdoten in der Geschichte der Bücherliebhaberei flüchtig und mit Ironie erwähnt werden. *(1902)*

Der Wolf

Noch nie war in den französischen Bergen ein so unheimlich kalter und langer Winter gewesen. Seit Wochen stand die Luft klar, spröde und kalt. Bei Tage lagen die großen, schiefen Schneefelder mattweiß und endlos unter dem grellblauen Himmel, nachts ging klar und klein der Mond über sie hinweg, ein grimmiger Frostmond von gelbem Glanz, dessen starkes Licht auf dem Schnee blau und dumpf wurde und wie der leibhaftige Frost aussah. Die Menschen mieden alle Wege und namentlich die Höhen, sie saßen träge und schimpfend in den Dorfhütten, deren rote Fenster nachts neben dem blauen Mondlicht rauchig trüb erschienen und bald erloschen.

Das war eine schwere Zeit für die Tiere der Gegend. Die kleineren erfroren in Menge, auch Vögel erlagen dem Frost, und die hageren Leichname fielen den Habichten und Wölfen zur Beute. Aber auch diese litten furchtbar an Frost und Hunger. Es lebten nur wenige Wolfsfamilien dort, und die Not trieb sie zu festerem Verband. Tagsüber gingen sie einzeln aus. Da und dort strich einer über den Schnee, mager, hungrig und wachsam, lautlos und scheu wie ein Gespenst. Sein schmaler Schatten glitt neben ihm über die Schneefläche. Spürend reckte er die spitze Schnauze in den Wind und ließ zuweilen ein trockenes, gequältes Geheul vernehmen. Abends aber zogen sie vollzählig aus und drängten sich mit heiserem Heulen um die Dörfer. Dort war Vieh und Geflügel wohlverwahrt, und hinter festen Fensterladen lagen Flinten angelegt. Nur selten fiel eine kleine Beute, etwa ein Hund, ihnen zu, und zwei aus der Schar waren schon erschossen worden.

Der Frost hielt immer noch an. Oft lagen die Wölfe still und brütend beisammen, einer am andern sich wärmend, und lauschten beklommen in die tote Öde hinaus, bis einer, von den grausamen Qualen des Hungers gefoltert, plötzlich mit schauerlichem Gebrüll aufsprang. Dann wandten alle anderen ihm die Schnauze zu, zitterten und brachen miteinander in ein furchtbares, drohendes und klagendes Heulen aus.

Endlich entschloß sich der kleinere Teil der Schar, zu

wandern. Früh am Tage verließen sie ihre Löcher, sammelten sich und schnoberten erregt und angstvoll in die frostkalte Luft. Dann trabten sie rasch und gleichmäßig davon. Die Zurückgebliebenen sahen ihnen mit weiten, glasigen Augen nach, trabten ein paar Dutzend Schritte hinterher, blieben unschlüssig und ratlos stehen und kehrten langsam in ihre leeren Höhlen zurück.

Die Auswanderer trennten sich am Mittag voneinander. Drei von ihnen wandten sich östlich dem Schweizer Jura zu, die anderen zogen südlich weiter. Die drei waren schöne, starke Tiere, aber entsetzlich abgemagert. Der eingezogene helle Bauch war schmal wie ein Riemen, auf der Brust standen die Rippen jämmerlich heraus, die Mäuler waren trocken und die Augen weit und verzweifelt. Zu dreien kamen sie weit in den Jura hinein, erbeuteten am zweiten Tag einen Hammel, am dritten einen Hund und ein Füllen und wurden von allen Seiten her wütend vom Landvolk verfolgt. In der Gegend, welche reich an Dörfern und Städtchen ist, verbreitete sich Schrecken und Scheu vor den ungewohnten Eindringlingen. Die Postschlitten wurden bewaffnet, ohne Schießgewehr ging niemand von einem Dorf zum anderen. In der fremden Gegend, nach so guter Beute, fühlten sich die drei Tiere zugleich scheu und wohl; sie wurden tollkühner als je zu Hause und brachen am hellen Tage in den Stall eines Meierhofes. Gebrüll von Kühen, Geknatter splitternder Holzschranken, Hufegetrampel und heißer, lechzender Atem erfüllten den engen, warmen Raum. Aber diesmal kamen Menschen dazwischen. Es war ein Preis auf die Wölfe gesetzt, das verdoppelte den Mut der Bauern. Und sie erlegten zwei von ihnen, dem einen ging ein Flintenschuß durch den Hals, der andere wurde mit einem Beil erschlagen. Der dritte entkam und rannte so lange, bis er halbtot auf den Schnee fiel. Er war der jüngste und schönste von den Wölfen, ein stolzes Tier von mächtiger Kraft und gelenken Formen. Lange blieb er keuchend liegen. Blutig rote Kreise wirbelten vor seinen Augen, und zuweilen stieß er ein pfeifendes, schmerzliches Stöhnen aus. Ein Beilwurf hatte ihm den Rücken getroffen. Doch erholte er sich und konnte sich wieder erheben. Erst jetzt sah er, wie weit er gelaufen war. Nirgends waren Menschen oder Häuser zu sehen. Dicht vor ihm lag ein verschneiter, mächtiger Berg. Es war der Chasseral. Er beschloß, ihn zu umgehen. Da ihn Durst quälte, fraß er kleine Bissen von der gefrorenen, harten Kruste der Schneefläche.

Jenseits des Berges traf er sogleich auf ein Dorf. Es ging gegen Abend. Er wartete in einem dichten Tannenforst. Dann schlich er vorsichtig um die Gartenzäune, dem Geruch warmer Ställe folgend. Niemand war auf der Straße. Scheu und lüstern blinzelte er zwischen den Häusern hindurch. Da fiel ein Schuß. Er warf den Kopf in die Höhe und griff zum Laufen aus, als schon ein zweiter Schuß knallte. Er war getroffen. Sein weißlicher Unterleib war an der Seite mit Blut befleckt, das in dicken Tropfen zäh herabrieselte. Dennoch gelang es ihm, mit großen Sätzen zu entkommen und den jenseitigen Bergwald zu erreichen. Dort wartete er horchend einen Augenblick und hörte von zwei Seiten Stimmen und Schritte. Angstvoll blickte er am Berg empor. Er war steil, bewaldet und mühselig zu ersteigen. Doch blieb ihm keine Wahl. Mit keuchenden Atem klomm er die steile Bergwand hinan, während unten ein Gewirre von Flüchen, Befehlen und Laternenlichtern sich den Berg entlangzog. Zitternd kletterte der verwundete Wolf durch den halbdunkeln Tannenwald, während aus seiner Seite langsam das braune Blut hinabrann.

Die Kälte hatte nachgelassen. Der westliche Himmel war dunstig und schien Schneefall zu versprechen.

Endlich hatte der Erschöpfte die Höhe erreicht. Er stand nun auf einem leicht geneigten, großen Schneefelde, nahe bei Mont Crosin, hoch über dem Dorfe, dem er entronnen. Hunger fühlte er nicht, aber einen trüben, klammernden Schmerz von der Wunde. Ein leises, krankes Gebell kam aus seinem hängenden Maul, sein Herz schlug schwer und schmerzhaft und fühlte die Hand des Todes wie eine unsäglich schwere Last auf sich drücken. Eine einzeln stehende breitästige Tanne lockte ihn; dort setzte er sich und starrte trübe in die graue Schneenacht. Eine halbe Stunde verging. Nun fiel ein mattrotes Licht auf den Schnee, sonderbar und weich. Der Wolf erhob sich stöhnend und wandte den schönen Kopf dem Licht entgegen. Es war der Mond, der im Südost riesig und blutrot sich erhob und langsam am trüben

Himmel höher stieg. Seit vielen Wochen war er nie so rot und groß gewesen. Traurig hing das Auge des sterbenden Tieres an der matten Mondscheibe, und wieder röchelte ein schwaches Heulen schmerzlich und tonlos in die Nacht.

Da kamen Lichter und Schritte nach. Bauern in dicken Mänteln, Jäger und junge Burschen in Pelzmützen und mit plumpen Gamaschen stapften durch den Schnee. Gejauchze erscholl. Man hatte den verendenden Wolf entdeckt, zwei Schüsse wurden auf ihn abgedrückt und beide fehlten. Dann sahen sie, daß er schon im Sterben lag, und fielen mit Stöcken und Knütteln über ihn her. Er fühlte es nicht mehr.

Mit zerbrochenen Gliedern schleppten sie ihn nach St. Immer hinab. Sie lachten, sie prahlten, sie freuten sich auf Schnaps und Kaffee, sie sangen, sie fluchten. Keiner sah die Schönheit des verschneiten Forstes, noch den Glanz der Hochebene, noch den roten Mond, der über dem Chasseral hing und dessen schwaches Licht in ihren Flintenläufen, in den Schneekristallen und in den gebrochenen Augen des erschlagenen Wolfes sich brach.

(1902/1903)

Das Rathaus

Über der hellen geräumigen Stadt und den umgebenden Hügeln, über Türmen, Gärten, Strom und Mauern flutete die warme Luft eines schönen Frühsommertags. Gegen Süden stand wie ein fabelhaftes Gebirge eine steife, plastische Wand hellgrauer Wolken, leichtere, schneeweiße flogen vereinzelt langsam und wohlig an der leuchtenden Wölbung des tiefen Himmels hin. Das Grün der Kastanien war schon von sattem Dunkel, während die später knospenden Bäume im jungen Laub noch die lichte, freudighelle Färbung des Frühlings trugen. Die Obstblüte war nahezu vorüber, schmückte aber an nordseitigen Abhängen noch manchen Garten mit flaumig zarten Farbenwogen von Weiß und Rosenrot. Der Strom hatte schon das tiefere Grün der warmen Jahreszeit angenommen, doch verriet er durch seine noch immer stattliche Wasserfülle, daß in den fernsten und höchsten Bergen seines Gebietes der letzte ergiebige Teil der Schneeschmelze noch nicht beendigt sei. An Stellen von langsamerer Strömung spiegelte er den glänzenden Himmel und mit leicht zitternden Umrissen die blanken Segelwolken, deren strahlende Weiße und da und dort über die Hügel wehende Schatten die lichte Landschaft lebendiger und reicher machten.

In allem Gewächs war das leise Gären der drängenden Jahreszeit lebendig. Auf den verblühten Kirschbäumen trieben an langen Stielen die schon bräunlich angeglänzten Früchte in runden Bündeln hervor. Auf den Wiesen geilte die wilde Blust in starken Farben, gelbe breite Streifen von feisten, großblütigen Butterblumen verkündigten die verborgenen Wasserläufe, nur noch an kühlen Schattenplätzen standen in lichten Gruppen die sonnenscheuen Anemonen. An den höheren Bergen empor verlor sich die satte Buntheit der Farben, um in starker Kontur der Gipfel und im klaren, tiefen Blau der Höhe ein kräftiges Gegengewicht zu finden.

Auch im Innern der Stadt hob das völlige Sonnenlicht und die frische Himmelsfarbe die Formen und Linien der Giebel, Mauerkränze und Türme stark und sommerfroh hervor, auch kam das überströmende Leben der gährenden Natur in zahlreichen mauerumschlossenen Gärten zu seinem Recht, während Blumen, Gemüse und früheste Früchte das Bild und den Verkehr der Märkte belebten.

Im Garten eines alten Bürgerhauses blühten unter ehrwürdigen, schwer schattenden Kastanien und Ulmen Beete, Hecken und Gebüsche reich zusammen. Neben den heftigen Farben und Düften des Flieders, des Jasmin, der Nelken und Levkojen machte sich die dunkle Schönheit der alten Bäume mit wohltuendem Ernst bemerklich, unterstützt und verstärkt durch das stattliche Alter der Mauern und das kühlend klare Getön eines steinernen Brunnens, dessen großer eiserner Delphin inmitten des lachenden Frühjahrs den stillen Gleichmut einer vieljährigen, bestandenen Sache beibehielt.

Der Garten war, ohne nach Stilregeln angelegt zu sein, doch von einer durchaus typischen Schönheit und Stimmung. Er hatte größere und kleinere Schwestern genug in der Stadt, deren Bürgerhäuser und Gärten sich einer schlichten, kraftvoll schönen Eigenart erfreuten. Um den Kern des sehr alten, aus Kastanien und Ulmen gebildeten Rondells drängte sich ohne sichtbare Ordnung bis zu den Mauern hin das reichlich blühende Gebüsch, von wenigen Wegen durchzogen. Die kleinen Nutzbeete, des Schutzes und der Ordnung bedürftig, schmiegten sich schüchtern und freundlich an die licht bemalte rückwärtige Giebelseite des großen Hauses. Das Haus selbst, dessen Prunkseite gegen die Straße lag, erschien ohne Anspruch einfach als helle Wandfläche, deren Breite, Höhe und gotisch dreigeteilte Fensterordnung aber zugleich die erwärmende Vorstellung eines sichern und wohlversehenen Sitzes erweckten. Nur das auf schön gemeißelten Tierfiguren ruhende Fenstergestäbe und die beiden geschmiedeten, Wolfsleiber vorstellenden Wasserspeier fielen als Zierrate und Zeichen von Reichtum ins Auge.

Eine Gesellschaft von Jünglingen saß plaudernd um den großen steinernen Gartentisch. Es waren die Freunde des jungen Haussohnes, welcher, erst vor wenigen Wochen von längeren Reisen heimgekehrt, sich seiner ehemaligen Beliebtheit schon wieder erfreute und häufig seiner Lust an Gesellschaft und Freundesgespräch Genüge tat. Unter den Versammelten waren mehrere Söhne großer und mächtiger Familien, die Blüte der Bürgerschaft, manche von ihnen dem

Gastgeber blutsverwandt. Doch fehlten auch viele, welche teils häuslicher und politischer Feindschaften wegen, teils aus Neid sich dem Kreise des jungen Gerhard entzogen. Statt ihrer fanden sich Freunde und Söhne geringer Familien, deren persönlicher Wert sie dem Rang ihrer Herkunft entrückte und wohlgeborenen Edelbürgern ebenbürtig machte. Unter diesen herrschten Künstler und Kunstfreunde vor; denn je mehr auf den Gebieten der Politik und der Geschäfte Rang und Geburt mit Sorgfalt beobachtet und ausgezeichnet wurde, desto neidloser sah man im Reich der Künste und der Gelehrsamkeit Talente aus unbekannten Dunkelheiten emporsteigen und ihren Platz neben geborenen Herren einnehmen.

Der Kreis von jungen Männern paßte wohl in die schöne sommerliche Gartenwelt. Auf ihren freien Stirnen und in ihren frischen Bewegungen lag Jugend, Wärme und der frohe Ernst reifender Männlichkeit, so daß ein kluger Alter, der wie ein Landmann aus Blüte und Keim auf Herbst und Ernte schließt, beim Anblick dieser kräftigen Jugend sich der Zukunft seiner Stadt vorausschauend freuen konnte. Einem solchen, wenn er die hier versammelte Jugend flüchtig überschaut hätte, wäre vermutlich vor allen übrigen die hübsche Figur des Gastgebers Gerhard ins Auge gefallen, dessen offenes Gesicht unter einer fröhlich glatten Stirn helle Augen und ebenmäßige, herzliche Züge zeigte. Vielleicht aber hätte nach einiger tieferer Prüfung der Beobachter sich mit leiser Enttäuschung andern Gestalten zugewandt, denn diese klaren und guten Augen glänzten in jener Art von Fröhlichkeit, die fast so ständig wie eine Maske ist und nur für ein umfriedetes, sturmloses Dasein genügt. Auch zeigte der schöne junge Herr in Bewegung, Lächeln und Gestalt einen Anflug jener im ersten Grad noch liebenswürdigen Schwächlichkeit, welche in alten Familien oft urplötzlich, bei Söhnen stahlharter Männer, sich einfindet und von da an wie der Wurm im Geschlechte sitzt. So schien dieser Gerhard mehr dazu geboren, den Ruhm und Besitz seines hochgeehrten Hauses in leichter Lebenskunst zu genießen, als neue Steine auf den festen alten Bau zu mauern. Und freilich bedarf ein alther erblühtes Gemeinwesen auch solcher Männer; denn diese sind es, welche fernhin gesehen werden, als Glückliche gelten und Träger des Ruhmes sind, dessen Großteil eigentlich den unberedet gebliebenen Vorgängern und Aufbauern gebührt.

Auf dem geräumigen Tische standen Trinkbecher, lagen Früchte und Brot, daneben abgelegte Mützen, mitgebrachte Bücher, Zeichnungen, Hefte, auch Blumen. Das lebhafte Gespräch bewegte sich um den anwesenden Baumeister Niklas und sein letztes Werk, welches auch außerdem die Aufmerksamkeit der Stadt erregte. Ihm war nämlich, trotz seiner Jugend und trotzdem, daß er kein Ortsheimischer war, zum Ärger vieler Neider der Bau des neuen Rathauses übertragen worden. Seit nun die vor kurzem enthüllte Fassade das öffentliche Urteil herausforderte, war aufs neue Streit und Feindschaft der Bürger darüber entbrannt. Denn nicht nur wich das Werk in der Bauart stark von allem ortsüblich Hergebrachten ab, sondern es war auch die voraus taxierte Summe der Kosten fast ums Doppelte überschritten worden. Außerdem schien der Bau den meisten weitaus zu reichlich und umfänglich im Ganzen und Einzelnen, denn das bisherige freilich höchst schlichte Rathaus hatte nicht die Hälfte dieses Umfanges gehabt. Die Ratspartei aber, welche seinerzeit die Entschlüsse beeinflußt und dem jungen Fremden den großen Auftrag verschafft hatte, war inzwischen in den Hintergrund getreten, so daß dem jetzigen Rat nebst der halben Stadt der fast vollendete Bau ein Ärgernis war. Es war zu erwarten, daß in Kürze die allgemeine Erregung sich verdichten und dem Baumeister handgreiflich zu Leibe rücken würde. Dessen sämtliche Freunde jedoch waren bereit, seine gute Sache zu vertreten und ihm jede Hilfe zu gewähren. Nur er selbst lachte, war so seelenruhig und betrachtete den um sein Werk entstandenen Hader wie eine Balgerei von Knaben.

»Das Haus ist herrlich«, sagte der junge Arzt Ugel, »und wird gewiß bald jedermanns Freude sein. Aber diese enorme Kostenüberschreitung ruft mit Recht Ärger und Tadel hervor. Ich selbst gestehe, daß ich diesen Schritt von Dir nicht begreife. Eine Selbsttäuschung war hier unmöglich; Du bist ein guter Rechner und mußtest seinerzeit schon genau wissen, daß Deine Summe viel zu niedrig angenommen war. Es ist also doch – verzeih! – eine Art von Betrug, den Du Dir gegen Rat und Stadt erlaubt hast. Ich bin begierig, ob und wie Du Dich öffentlich rechtfertigen wirst; einstweilen kann ich Dir diese Unredlichkeit mit gutem Gewissen nicht verzeihen.«

Die ganze Gesellschaft war verstummt, horchte auf und blickte den Baumeister mit unruhig forschenden Augen an. Der redliche Ugel hatte den meisten aus der Seele gesprochen – der unausgesprochene Verdacht einer begangenen Unehrlichkeit trübte schon seit Wochen ihre Freundschaft mit dem bewunderten Künstler.

Ein Wolkenschatten verdunkelte sekundenlang den Garten. Niklas schaute nachdenklich empor. Sein Gesicht war ernst und blaß geworden, unter den klaren Schläfen arbeitete sichtbar das Geäder, und die feinen Mundwinkel waren starr und leicht verzogen.

Er blickte der ganzen Runde, einem nach dem andern, prüfend ins Gesicht, dann erhob er sich, ein schöner stämmiger Mann, stellte durch eine freundlich befehlende Gebärde Schweigen her und redete:

»Dein Vorwurf, Ugel, ist es allein, der mich zu sprechen zwingt und mich vielleicht auch zu öffentlicher Rechtfertigung treiben wird. Du klagst mich an, die Stadt um einige hunderttausend Taler betrogen zu haben. – Ich hätte nicht geglaubt, daß ich vor Euch mich einmal einer solchen Anklage würde erwehren müssen. Doch sehe ich wohl, daß es jetzt notwendig geworden ist. Also hört: Meine anfänglich vorgelegte niedrige Rechnung war falsch, mit meinem Wissen falsch. Ihr erinnert Euch der damaligen Umstände? Es hing im Rat an zwei, drei Stimmen, ob mein Bau zustande käme. Keiner von Euch zweifelt, daß meine Pläne, hätte ich damals schon die volle Bausumme verlangt, zurückgewiesen worden wären. Meinem Bau zuliebe habe ich also einen Betrug gewagt.

Hört aber weiter! Ihr denkt nun den Ursachen meiner frechen Handlung nach. Ihr sollt sie hören. Ich will Euch wie durch klare Fenster in mein Herz sehen lassen und Euch die innerste Triebfeder meines Lebens zeigen.

Daß ich keinen Vorteil an Geld bei jenem Handel hatte oder zu haben hoffte, glaubt Ihr mir alle, wenn ich es auf meine Ehre versichere. Ich schätze das Geld nicht und verbrauche davon stets genau so viel oder wenig, als ich habe. Daß ich völlig frei von Künstlerehrgeiz war, werdet Ihr weder glauben noch darf ich es beschwören. Doch hätte ich der Befriedigung einer privaten Eitelkeit wegen nicht meine Ehre ins Spiel gewagt.«

Niklas atmete tief auf. Sein blitzender Blick überflog forschend die Zuhörer, während er, der Rede ungewohnt, innerlich mit Bildern und Worten rang. Bald aber fuhr er unbekümmert mit fröhlich lauter Stimme fort:

»Ihr Freunde! Eigentlich ist mir ein Blick auf Eure Runde hier genug der Rechtfertigung. Hier ist eine im Kern gesunde, drängende und hoffende Jugend versammelt. Wir spüren, daß unsre Stadt nach langen fleißig nüchternen Jahrzehnten nun eine Blüte treiben und sich der Welt glänzend und schenkend zeigen will. Alle Künste gären hier seit einiger Zeit in plötzlichem Wachstum und streben mit dunklem Trieb nach Vereinigung und neuer Macht. Die Stadt ist reich, seit langer Zeit her reich, und beginnt nun zum Bewußtsein ihres Reichtums zu erwachen.

Und diese Stadt, die in jeder Rücksicht heute rascher als je fortschreitet und vielleicht bald an Macht wie an Umfang sich verdoppeln wird, stand nun vor der Nötigung, ein neues Stadt- und Rathaus zu bauen. Ich sah die sparsamen Alten Bauziffern abwägen, ich sah die Parteien Günstlinge vorschieben und sah Handwerker und Halbkünstler feilschend und gierig sich um den großen Auftrag reißen. Alle Interessen waren flüssig: das des Geldes, des Geizes, der Partei, des Brotneides, nur nicht das der Kunst und das der Liebe. Und ich sah unsre Stadt, welche auf hundert Jahre hinaus nicht wieder einen solchen Bau zu vergeben haben wird, vor einer unverzeihlichen Sünde stehen. Vom Augenblick dieser Erkenntnis an war ich der eifrigste Bewerber um den großen Bau. Er ist nun bald fertig. Die Stadt verliert an ihm ein paar Säcke voll Taler, die schon übers Jahr verschmerzt sein werden. Sie gewinnt an ihm nicht nur einen, wie ich sagen darf, guten Bau, sondern, was mir wichtiger schien, den sichtbaren Ausdruck ihrer stattlichen Macht und zugleich das in fröhlichem Trotz gesetzte Denkmal einer hoffnungsfrohen, lebenstüchtigen Jugend. Mein Bau ist im Kern nichts anderes als ein Wahrzeichen unserer Tage, unsrer von großen Hoffnungen bewegten, jugendlichen Freundschaft, ein Geschenk, das wir Junge aus unserem Geist heraus dieser Stadt gegeben haben. Denn mögen noch so viele Fehler mit unterlaufen sein, im Ganzen ist unser Bau ein Werk, das nur heute und nur von uns Jungen gebaut werden konnte. Ich wüßte nicht, daß jemals die guten alten Vorbilder so frei, persönlich und unabhängig benützt und verändert worden wären. Das hätte auch ein anderer machen können, aber nur einer von uns, nur ein Sohn unsrer Tage und ihres Geistes.

Wir müssen nun aber die Sache umdrehen. Mein oder unser Werk soll ein Anfang, kein Ende sein. So wie ich als Baumeister versuchte, das überkommene Alte neu zu erfassen und mit jungem Leben zu durchströmen, so wollen wir alle, jeder in seinem Teil, verjüngend, bildend und neuschaffend auf unsere Zeit und Umgebung wirken und zur Reife einer neuen, edleren und feineren Kultur und eines geadelten Lebens nach unsern Kräften mithelfen. Wir wollen bauen, schreiben, lehren, malen, vor allem aber Dasein und Leben nicht zwecklos und von Fall zu Fall, sondern im Dienst eines keimenden Lebens, das freier, freudevoller und reiner als das bisherige sein soll. Ihr möget mich nun deshalb lieben oder tadeln; es war Zeit für mich, Euch meine Gedanken zu bekennen und Euch zu zeigen, welchen Glaubens ich sei.«

Wie es in bewegten und keimerfüllten Zeitläufen zu geschehen pflegt, daß bei zufälligem Anlaß die nebelnde Ideenmenge sich in einem gelegentlich gesprochenen Worte verdichtet und um diesen Ausdruck sich das junge Bewußtsein der sprossenden Kräfte sammelt und festlegt, so fielen die Worte Niklas' wie der endlich gefundene Name einer allbekannten Sache in die jungen Gemüter. Plötzlich begriffen sie nun auch die Ursache der freundlichen Überlegenheit, welche ihnen allen von jeher an dem Altersgenossen fühlbar geworden war. Dieser rüstige, aber stille Künstler hatte jahrelang bewußt und rastlos am Denkmal einer Macht gearbeitet, welche unklar und halbverstanden in ihnen allen lebte und mit tastenden Flügeln um sich schlug.

Der Arzt Ugel griff zuerst nach der Hand des Architekten. Dieser hatte sich bescheiden gesetzt und wartete still der Antworten. Ugel drückte ihm die Hand, bat um Verzeihung und wandte sich dann den Freunden zu. »Ich denke recht zu tun«, sagte er, »wenn ich unsrem Freunde in unser aller Namen für seine Worte Dank sage und ihm verspreche, in jeder Widerwärtigkeit ihm mit aller Kraft zur Seite zu stehen. Ich weiß nämlich für sicher, daß im Rat die Stimmung der Unzufriedenen überwiegt, welche darauf dringen, den Rathausbaumeister zur öffentlichen Rechtfertigung seiner, wie sie sagen, leichtfertig geführten Rechnung zu nötigen und ihm schlimmstenfalls die vorausversprochene Ehrengabe zu entziehen. Niklas verlöre damit nicht nur die paar tausend Gulden, sondern wäre um den öffentlichen wohlverdienten Ruhm und um den größern Teil der Freude am eigenen Werk betrogen. Was wir tun können, um diese Sünde zu verhindern, wollen wir gerne und ohne Rücksicht auf unsre persönlichen Interessen tun.«

Lebhaft erhoben sich alle mit lauter Zustimmung. Auf die Spannung der Seelen folgte in plötzlichem Umschlag eine festlich lärmende Lust zu Fröhlichkeit, Gesang und Bewegung. Gerhard versuchte erfolglos, mehrmals das Wort zu gewinnen. Einige stillere Freunde, unter ihnen Ugel, schlugen sich beiseite in die Gartenwege und berieten ernsthaft die Niklassche Sache weiter. Niklas selbst war plötzlich nicht mehr zu sehen. Er hatte unbemerkt Garten und Haus verlassen. Ihm entgegen kamen Familien und Gesellschaften von Städtern, welche, da der Abend nahte, ins Freie nach ihren Gärten oder nach den Spazierwegen, Lustorten und Spielplätzen der unteren Talebene hinausstrebten. Auch in den Straßen der Stadt wurden schon abendliche Töne laut, in den Gassen der ärmeren Quartiere regte sich da und dort Zitherschlag und Gesang; in beweglichen, breiten Reihen Arm in Arm schwärmten die jungen Mädchen umher, Gassen und Höfe mit flüchtigem Leben und Gelächter erfüllend. In offenen Fenstern der Erdgeschosse ruhten Väter und Großväter plaudernd und ausruhend vom Tage oder saßen samt den Weibern draußen auf den niederen Gassenbänken. Niklas schritt langsam hindurch bis zum großen Stadtplatz, der jetzt nach beendeter Marktzeit wenig begangen war, da ihn meist städtische Bauten oder große Kaufhäuser umgaben. In deren Mitte an der Stirnseite des Platzes stand überragend mit breitem, trotzigem Turm, gleich einer Burg, das Rathaus. An der Ecke des Platzes hielt Niklas still und betrachtete den

Bau, über dessen Aufbau, Gliederung und Schmuck er seine reichsten, schöpferischsten Tage und Nächte versonnen hatte. Die wuchtige, von einer Idee beherrschte, edel aufstrebende Steinmasse lag im reinen Glanz des Abends vor seinem Auge wie ein Bildnis seiner Jugend und ersten Begeisterung. Der Baumeister fühlte, daß in diesem Werk sein Leben sich erhöht und verewigt habe. Er fühlte auch den alten Zweifel jedes ernsten Künstlers – ob es ihm gegeben sein würde, je wieder so etwas zu machen, ob je wieder in seinem Leben Freude, Hoffnung, Begeisterung, Besonnenheit und klare Selbstprüfung sich so glücklich und förderlich die Waage halten würden. Auch streifte seine Seele der Hauch jener Einsamkeit, die jeden Schöpfer ungewollt umgibt.

Niklas war kein Grübler. Auch in dieser Stunde glitt die flüchtige Trübe einer schwermütigen Stimmung rasch von seinem elastischen Wesen ab. Mit zufriedenem Blick überflog er nochmals den Bau, freute sich über die delikaten Farben der erst jüngst vollendeten Turmdachung und schlenderte, die Hände auf dem Rücken, weiter. Gemächlich durchlief er die Gassen der Altstadt, überschritt die Flußbrücke und erreichte bald durch die breiten Straßen einer neu gebauten Vorstadt das freie Feld. Dort lag inmitten eines wohlgehaltenen Landbesitzes ein Meierhof, in dessen Stalle Niklas ein Reitpferd stehen hatte. Er brachte das kräftige Tier ins Freie, sattelte selbst und ritt im schlanken Trab den Hügeln entgegen, um dort noch irgendwo im Hof einer Landschenke sein Abendbrot zu verzehren und etwa noch einen fröhlichen Ländler mitzutanzen.

Die Freunde in Gerhards Garten hatten mittlerweile das Verschwinden des Kameraden bemerkt und knüpften mancherlei Scherze daran. Dann entspann sich ein ernsthaftes Gespräch über den Abwesenden. Am eifrigsten redete Gerhard, in dessen beweglichem Geist die Worte des Architekten mit schillernden Variationen nachklangen. Ihm verband sich jeder neue Gedanke rasch mit seinem auf Reiz und Glanz gerichteten Lebensideal. So sah er sich voll Vorfreude schon im Mittelpunkt einer heranreifenden glanzvolleren Zeit und im Besitz einer beneidenswerten Stellung, welcher aus Stadt und Familie her die nötige reale Macht, aus dem

Kreis der neuen Jugendgenossenschaft aber eine festlich künstlerische Verherrlichung nicht fehlen würde. Vorsichtig, aber zuversichtlich führte er ins Gespräch gelegentlich den Gedanken einer fester geknüpften Vereinigung ein, beschloß aber, die wichtige Sache, ehe er einen entscheidenden Vorschlag machte, mit Niklas zu beraten, dessen Lob er nun in einem fröhlich aufgenommenen Trinkspruch sang.

Die beiden einzigen, welche Gerhards Stimmung und Absichten herausfühlten und sich darüber Gedanken machten, waren der Arzt Ugel und sein neben ihm sitzender Freund, ein schmaler, klug aussehender junger Mensch. Er hieß Veit, war ein stiller Gelehrter und Dichter und wurde, ohne eben viel zu gelten, von den Freunden oft als Quelle für Auskünfte gelehrter Art benützt. Daß hinter seinem maskenhaft trockenen Gesicht, seiner Ungeselligkeit und Redescheu verborgen eine starke, unersättliche Seele Qualen der Einsamkeit und Sehnsucht litt, wußten außer Ugel nur wenige. Heute wurde ihm, was selten geschah, die Rede flüssig, und alle hörten ihm gerne zu. Mit versteckter Abwehr der von Gerhard angeregten Pläne entwickelte er klar und reinlich aus der großen Geschichte der Welt ein typisches Bild jener Perioden, in denen plötzlich große gesammelte Kräfte und Schätze lebendig geworden waren und umbildend auf Menschen, Städte und Gemeinwesen gewirkt hatten, in denen der Sohn vom Vater durch breitere Klüfte als sonst getrennt schien, in denen mit günstigen Zeitumständen eine unverhältnismäßige Zahl von Talenten sich verband. Er bestritt aus der ganzen Überzeugung seines Herzens jene Meinung, daß fördernde, wohltätig arbeitende Geistesgemeinschaften anderer Bande als der Liebe und des gemeinsamen Glaubens bedürften.

Freundlich, doch mit etwas spöttischem Ton antwortete Gerhard. Er spielte den Lebenskenner und Praktiker gegen den Idealisten aus und hatte als beredter, witziger Sprecher den Beifall der meisten. Da bog Veit seine schmächtige Gestalt zurück und blickte ihm fest in die Augen.

»Wir reden«, sagte er klar und langsam, »über wichtige Dinge, in deren Entscheidung private Interessen und Absichten nicht hereingezogen werden dürfen. Du aber, Gerhard, bist von solchen nicht frei. Du bist reich, von mächtigem Haus und mußt notwendig über kurz oder lang der politischen Tätigkeit und einer Parteiführerschaft zustreben. Du leugnest das nicht! Darum würde eine von Dir mitbegründete und beeinflußte Vereinigung tüchtiger Männer für Dich einen Hintergrund von Macht und Einfluß bedeuten. Es ist ohnehin auffällig, daß Du als erster die heute von Niklas ausgesprochene Auffassung unsrer Freundschaft in diesem praktisch klugen Sinne weiterbilden möchtest. Ich warne Dich, denn Du hast einen gefährlichen Schritt im Sinn.«

Manche Gesichter wurden ernster, doch wunderte sich niemand über Veits Strenge, denn man kannte ihn, daß er, wenn überhaupt einmal zum Reden gebracht, rücksichtslos und sachlich Menschen und Dinge nach einem Maßstab beurteilte, den das tägliche Leben nicht kennt und nicht brauchen kann oder will. Sagte man doch, das Gefühl der sittlichen Verantwortlichkeit sei in ihm so stark, daß er die Mehrzahl seiner besten Arbeiten nicht in die Öffentlichkeit zu geben wage, da er fürchte, seine schonungslose Art zu urteilen mißverstanden und von Unberufenen mißbraucht zu sehen.

Gerhard rechtfertigte sich gleichmäßig. Er glaubte den wenig gekannten, stillen Menschen nicht fürchten zu müssen, brauchte ihn aber häufig und wünschte sehr, ihn zu halten. Als vorgeschrittener Schüler der Lebenskunst fühlte er trotz eines gewissen Mitleids gegen den Büchermenschen doch dessen Wert, ja Überlegenheit und scheute die allzu gründlichen Auseinandersetzungen mit ihm aus guten Gründen. Mit leichter Wendung lenkte er die Rede auf andere Dinge und verabschiedete die Freunde nach einiger Zeit in der heitersten und gütigsten Art. Jeder bekam als Gastgeschenk, so oft er da war, eine Ermunterung, einen gefälligen Scherz, eine feine Anerkennung mitgegeben, und oft war der Sturm eines hart entbrannten Redestreits im letzten Augenblick seiner heiteren Kunst des Versöhnens und unverbindlichen Rechtgebens gewichen.

Nun blieb er allein im Garten zurück. Es dunkelte, und durch die kaum gekühlte Luft kam wieder und wieder der süße Amselruf. Die langsam treibenden Lämmerwolken verwandelten ihre lichte Rosenfarbe in ein schwachleuchtendes, immer blasser werdendes Gelb, die belichteten Beete und Gebüsche sanken langsam in die allgemeine Dämmerung zurück. Am grünlich blauen östlichen Himmel trat ein früher Stern hervor. Und während Licht und Farbe starb, erwachten Düfte und Vogellieder zu tieferem Leben. In trägen, schweren Wolken flog der Duft des Jasmin und Flieders über Beete und Mauer bis weit in die still werdenden Straßen hinaus. Der mauerumschlossene, dichtlaubige Garten genoß jenes reine, milde Ausklingen des Tages, von welchem man sonst in den Städten nichts verspürt.

Ein schwerer, langsamer Männerschritt klang vom Hause her und kam durch die Windungen eines breiten Weges näher. Gerhard erhob sich und ging rasch seinem Vater entgegen. Der greise Herr nahm den Arm des Sohnes und ließ sich von ihm in die südseitig geöffnete Gartenhalle führen, welche Schutz vor dem unmerklich kühlenden Abendwind gewährte. Dort ließ er sich auf eine altmodisch breite Holzbank nieder und zog den Sohn neben sich.

»Erzähle mir doch einmal von Deinen Freunden«, sagte er freundlich. »Du hast ja so viele, und ich gönne Dir's. Immerhin bin ich etwas erstaunt, so viele Fremde, so viele Künstler und Bücherschreiber darunter zu sehen. Ich schätze diese Leute, wenn auch nach Deiner Meinung noch nicht hoch genug. Aber sie sind unseßhaft, morgen verschwunden, und Du kannst doch nicht jeden Tag oder jedes Jahr mit neuen anfangen.«

»Vielleicht doch«, sagte Gerhard höflich. »Sieh Vater, was mich mit diesen Künstlern befreundet, sind weniger die einzelnen Persönlichkeiten, als eine Art von Lebensauffassung und geistigem Wesen, welche nun einmal bei diesem Volk heimisch sind. Dann aber ragen unter ihnen auch einige Männer hervor, deren Freundschaft mir jetzt Gewinn ist und später Ruhm sein wird. Wenn es mir gelingt, den einen oder anderen von diesen an unsre Stadt zu fesseln, so wird das nicht der schlechteste Dienst sein, den ich ihr erweisen kann.«

»Nun ja,« gab der Alte zu, »ich wollte nicht auf diese Dinge zu sprechen kommen. Ich weiß, daß Deine Wünsche und Absichten andere sind als meine waren; ich bin nicht froh darüber, aber begreife es und kann es nicht ändern. Du hast nicht die Zähigkeit, nicht die Härte, nicht die Geduld Deiner Vorgänger, – Du hast dafür eine Beweglichkeit des Geistes und ein gewandtes, bestechendes Wesen, das Dir im Verkehr mit Menschen helfen kann. So wirst Du andere Wege gehen als ich gegangen bin. Aber genug davon! Ich wollte, ehe wir zum Abendtisch gehen, ein wenig mit Dir plaudern. Was hattest Du heute für Freunde bei Dir? Worüber sprachet ihr? Welcher ist Dein Liebling? Einen davon, den bekannten Niklas, sah ich vor einer Stunde durchs Haus weggehen. Wie stehst Du mit ihm?«

»Einstweilen schätze ich ihn mehr als er mich. Doch hoffe ich ihm nächstens Dienste leisten zu können, falls er wirklich zu einer öffentlichen Rechtfertigung seiner Baukostenrechnung genötigt wird. Er ist ohne Zweifel der Bedeutendste unter meinen Freunden.«

»Wie denkst Du für ihn einzutreten?«

»Ich werde meinen freilich geringen Einfluß auf die allgemeine Stimmung zu seinen Gunsten wirken lassen. Nötigenfalls denke ich auch für die ihm vielleicht entgehende Summe des Ehrengeschenks einzustehen.«

»Würde er das denn annehmen wollen?«

»Von mir nicht. Ich müßte eine feine Form der Darbietung erfinden.«

»So viel Künste, um sein Geld los zu werden! Auf mich aber rechne dabei nicht.«

»Ich dachte nicht daran; die Summe ist unbedeutend. Aber ich glaube, Du unterschätzt Niklas. Sicher ist, daß die Stadt sich lächerlich macht, wenn sie ihn im Unrecht läßt. Ich fürchte ohnehin, daß er in Bälde zu größeren Arbeiten nach auswärts berufen werden wird. Beim gegenwärtigen raschen Wachstum der Stadt wäre es jammerschade, wenn sie ihren besten Architekten verlöre.«

»Rechnen kann er aber, wie es scheint, nicht.«

»Das bleibt einstweilen ein heikler Punkt. Immerhin sollte bei der Rathausfrage die Bagatelle von Geld nicht so einseitig ins Gewicht fallen.«

»Halt, mein Lieber«, fiel ihm der Vater in die Rede. »Du sprichst von einer Bagatelle, und es sind Hunderttausende. Es schmerzt mich, immer wieder Deine übertriebene Geringschätzung des Geldes zu bemerken, denn nichts wäre mir bitterer, als einen Verschwender zum Sohn zu haben. Du magst mich einen Krämer nennen, aber ich weiß aus vielfacher Erfahrung, daß Reichtum ohne Sparsamkeit eine Seifenblase ist. Es gibt kein Vermögen von noch so fabelhafter Ziffer, das man nicht mit einigem Leichtsinn in wenigen Jahren bis zum Boden erschöpfen könnte. Das Vermögen einer ganzen Bürgerschaft vollends muß noch viel peinlicher und strenger verwaltet werden als jedes Privatgut. Die gefährlichsten Zerstörer einer solchen Kasse sind Luxus und voreilige Spekulation. Beide Grundübel finde ich in dieser leidigen Bauverschwendung. Um Ratsbeschlüsse zu fassen braucht man nicht Türme, nicht Höfe mit prachtvollen Treppen, nicht doppelsäulige Wandelhallen. Spekulation aber ist Eure ganze Rechnung mit dem sogenannten Wachstum der Stadt. Freilich wächst sie, aber zu ihrem Schaden. Wer kommt denn hierher? Für wen brauchen wir die neuen Häuser und Straßen? Für Fremde, für Herwanderer, für Nichtshaber, kurz, für Leute, welche bei uns nicht Geld verzehren, sondern gewinnen wollen. Ihr irrt, wenn ihr glaubt, Reichtum und Glück einer Stadt müsse mit ihrer Ausdehnung wachsen.«

»Es tut mir leid«, sagte Gerhard, »daß wir uns schon wieder über das alte Thema entzweien. Ich gebe Dir in vielem recht, aber nicht in der Hauptsache. Zugegeben, daß eine Stadt durch Zuzug und Vergrößerung nicht ohne weiteres sich bereichere, so gewinnt sie dadurch doch an Ansehen und Macht nach außen, also an Kredit und an Fähigkeit im allgemeinen Wettbewerb. Außerdem dehnt sich der Handel aus, werden die Arbeitskräfte billiger . . .«

»Theorien«, lachte ärgerlich der alte Herr. »Wir können nun einmal einander nicht verstehen noch überzeugen. Wenn ich in Bälde die Geschäfte vollends ganz aus der Hand geben muß, kannst Du ja Deine spekulativen Ideen wahr zu machen versuchen. Vielleicht kommt dann die Zeit, in der Du dankbar sein wirst, daß ich große Teile unsres Besitzes unveräußerlich festgelegt habe.«

Er erhob sich und schritt langsam an Gerhards Arm in das Haus zurück. In seinem stählernen Wesen war die nachgiebige Liebe zu dem anders gearteten Sohn vielleicht die einzige Schwäche. Gerhard war ihm, nachdem gleichzeitig zwei ältere Söhne auf See umgekommen waren, als einziges Kind eines überaus geliebten Weibes geblieben, hatte auch trotz seiner vom Vater mißbilligten Denk- und Lebensart dessen Zärtlichkeit durch sein liebenswürdig anschmiegsames Wesen sich unvermindert bewahrt.

Der Alte war, obwohl er seit Jahren seinen Ratsstuhl verlassen und der politischen Tätigkeit entsagt hatte, immer noch wohl der mächtigste Mann in der Stadt. Er hatte nicht nur jahrzehntelang die Stadtpolitik beeinflußt und den Großrat wie ein kleiner Fürst beherrscht, sondern hielt auch heute noch durch große Geldgeschäfte die halbe Stadt in der Hand. Für seinen Sohn war dies eine wichtige Erbschaft von zweischneidiger Bedeutung, denn neben großen, auf ihn gerichteten Erwartungen erbte er die stattliche, langher angesammelte Feindschaft einer unterdrückten Partei, sowie zahlreicher Familien und Einzelner.

So hing die Zukunft über Gerhard wie ein schwerwölkiger Himmel, Fruchtbarkeit und Wetterschlag im selben schwülen Schoß verbergend. Er aber wanderte, wie ihm schien, eine fröhlich steigende Straße bergan und achtete die Verdunkelungen der Höhe gleich flüchtig ziehenden Sommerwolken, deren leichte Schar dem siegenden Glanz des heranreifenden Mittags weichen muß. Dies war an ihm weniger Leichtsinn oder Unwissenheit, als vielmehr ein angeborenes sicheres Vertrauen auf die eigene Fähigkeit zu Anpassung und Überredung. Dazu kam als Bestes die hoffende, ihrer unerprobten Kräfte frohe Beweglichkeit und Lebenslust einer glücklichen und sorgenlosen Jugend.

Ein warmer Vormittag glänzte über der tätigen Stadt. Im Rathaus meißelte, zimmerte und stäubte die zahlreiche Arbeiterschaft emsig durcheinander. Auf breiten Gerüsten saßen an den Wänden der Hofseite die Maler; aus der roten Fläche lachte da und dort der frisch angelegte Umriß einer Figur oder ein farbiges Wappen oder ein Stück Ornament in Blau und Goldgelb. Neben einem der Maler stand Veit, in lebhafter Rede begriffen. Er hatte als geschichtskundiger Kunstkenner bei den Malereien die Prüfung der Kostüme und des heraldischen Schmuckwerks übernommen und gab sich, über seine Aufgabe hinaus, alle Mühe, die Künstler und

Gehilfen im frischen Zug zu erhalten, damit nirgends die persönlich lebendige Arbeit durch schablonenhaft Handwerksmäßiges litte oder verdrängt würde. Wo ein Künstler seine eigene, wenn auch abweichende Auffassung hatte und mit Trotz durchsetzte, freute er sich und beharrte mit Absicht in einer anspornenden Opposition. Wo aber einer müdewerdend sich mit gedankenlosem Weitermachen begnügte und sich auf flache Füllsel legte, war er unerbittlich mit Tadel, Spott, ja Grobheit. So förderte er, ohne irgend Ruhm davon zu haben, die Arbeit und half redlich mit, das Niklassche Werk zu reinerer Vollendung zu bringen. Ohne daß man davon wußte, hatte er auch in Niklas' eigenen Zeichnungen im stillen Arbeitszimmer je und je ein Gesimse, eine Türkrönung, einen Treppenhausquerschnitt, ein Ecksteinprofil mit leisem Stiftstrich getadelt und auf seine schärfere, kräftigere Prägung gedrungen. Niklas war ihm dafür dankbar und schätzte den unscheinbaren Menschen als stillen Mitarbeiter hoch.

Die Freundschaft der beiden war von eigentümlicher Art. Aus der Blüte seines kraftvoll naiven, gesunden Lebens heraus bemitleidete Niklas den schmächtigen, schmalbrüstigen Kameraden, dessen geräuschlos fleißiges Bücher- und Gedankendasein ihm fremd, unbegreiflich und fast verächtlich erschien. Sobald ihm aber ein zuverlässiges Urteil fehlte oder eine tiefere Lebensfrage ihn beschäftigte, kam er zu Veit und erstaunte jedesmal über dessen Verständnis und tiefe Auffassung.

In Wirklichkeit war dieses Verhältnis sehr natürlich. Veit hatte in harter Selbsterziehung sich bemüht, seines schwächlichen Körpers Herr zu werden und sein Leben in den Dienst des Geistigen und Guten zu stellen. Dabei hatte er in Geschichte, Kunst und Philosophie mit scharfem Blick Echtes und Gemachtes unterscheiden lernen und so das Ideal eines wertvollen Menschendaseins gewonnen, dessen Verwirklichung seine hoffnungslose Sehnsucht war. Was ihm an Körperkraft, an natürlicher Freude und Lebensfrische fehlte, fand er im Überfluß bei Niklas, dem er wiederum geistig überlegen war. Deshalb liebte er jenen mit herzlicher Bewunderung und sah aus dessen ungebrochener Natur mit Freude Früchte reifen, die er selbst auf ganz anderem Wege erworben hatte und deren Süße für ihn nicht ungetrübt war.

Veit verließ das Malergerüst, um vor Mittag noch mit Niklas eine Unterredung zu suchen. Während er durch die belebten, vom Arbeitsgeräusch erfüllten Räume ging, beobachtete er mit Lust die allwärts im Bau entfaltete rege Tätigkeit. Böden wurden mit Dielen oder Fliesen belegt, Räume wurden von Tischlern, Glasern und Holzschnitzern ausgemessen, Tüncher und Dachdecker stiegen an Leitern auf und ab, Lehrbuben mit Besen, Wassertrögen und Werkzeugen hasteten dazwischen hin und wider; alles sah nach wohlgeleiteter, fröhlich fördernder Arbeit aus.

Ein notdürftig eingerichtetes, noch ungetünchtes Zimmer eines oberen Geschosses war Niklas' Arbeitsraum. Auf langen Zeichnertischen häuften sich Rollen, Vorlagen, Hefte, Rechnungen, Stifte, Bücher, Zirkel und vielerlei notwendiges Kleingerät. Zwischen Kohlenskizzen, Farbenproben und Tabellen saß Niklas, strich am Entwurf eines Prachtkamins für den Großratssaal mit flüchtiger Kohle herum und wurde jeden Augenblick von Handwerkern unterbrochen, die mit Entwürfen, Vorschlägen, Materialproben, Rechnungen und allerlei Anfragen sich herandrängten.

Er schob dem eintretenden Freund einen staubigen Sitzbock zu und verhandelte mit einem Tischlermeister über dessen Vorlagen zum Profil eines Gesimses weiter.

»Was ich hier vorlege«, rühmte der Handwerker, »sind die besten und beliebtesten Muster.«

»Schön, mein Lieber, aber für mich wertlos. Ich sehe, wir müssen die Sache selber machen. Wartet einen Augenblick!«

Er warf mit breitem Kohlestrich einen Querschnitt auf das Blatt.

»Das paßt besser. Nehmt dies Profil! Und daß ja nur das dunklere Eichenholz verwendet wird! Ich behalte die Holzprobe hier. In längstens acht Tagen brauchen wir die Stücke.«

»In acht Tagen? Herr Niklas, das wird fast nicht möglich sein.«

»Lala! Singt mir keine Lieder vor! In acht Tagen, von der Stunde ab gerechnet – sonst mach ich die paar Bretter selber.«

Er gab dem Mann die Hand und schob ihn freundlich

hinaus, machte eine Notiz auf ein an die Wand gestecktes Blatt, eine zweite auf das Stückchen Eichenholz und begrüßte nun den Freund, der inzwischen seinen Kaminentwurf betrachtet hatte.

»Laß das«! rief er ihm zu. »Das Ding taugt nichts, ist viel zu schlank. Nun, ich krieg' es schon noch heraus. Ich hatte schon eine gute Skizze, aber die Sache darf nicht viel Geld kosten . . . Was führt Dich her?«

»Kann ich Dich für eine Viertelstunde haben?«

»Meinetwegen; es ist beinah Mittag. Kommst Du mit mir zu Tisch?«

»Gut. Ich muß Dir allerlei sagen.«

Niklas wischte sich den Staub von den Kleidern, wusch sich die Hände und nahm den Hut zur Hand. Dann verschloß er die Stube und ging mit Veit die schöne Treppe hinab ins Freie.

Jenseits der alten Brücke, hoch über dem Strom am steilen Ufer, stand ein alther angesehenes Gasthaus, in dessen Garten Niklas zu speisen pflegte. Dort kehrte er mit Veit ein und ließ unter einer stämmigen Kastanie auftragen. Während des Essens erzählte ihm Veit die Gespräche des gestrigen Abends.

»Gerhard will nichts anderes«, schloß er, »als unsre freie freundschaftliche Verbindung in eine feste, selbständige Vereinigung verwandeln. Er wird auch Dich nächstens zu gewinnen suchen und wird dabei vermutlich seinem Plan lauter zarte, feine Namen geben. Er wird Dir beweisen, daß dieser Verein eine Förderung der wahren Kunst bedeute. Er wird Dir die Vorteile zeigen, welche jedem von uns daraus erwachsen. Jedenfalls wird er die Nebensachen zu Hauptsachen machen und die schönen Worte nicht sparen. In Wahrheit aber will er nichts, als sich einen stattlichen Hintergrund und Anhang schaffen, denn ihn sticht der Ehrgeiz von vorn und hinten. Wir sollen das Fundament zu einer städtischen Partei bilden, deren Haupt und Fürstlein er spielen möchte. Mir scheint das meiner und Eurer unwürdig; außerdem ist der Vorteil, den die Kunst oder Wissenschaft etwa dabei haben könnte, zweifelhaft und unbedeutend.«

Niklas legte einen reinlich geschälten Bratenknochen auf seinen Teller, nahm einen Schluck Wein und sah Veit mit einem nicht sehr verständnisvollen Blicke an. »Ist das alles«? lachte er schließlich.

»Mir scheint es wichtig,« sagte Veit ernst. Niklas schüttelte den Kopf.

»Was Dir nicht alles wichtig scheint! Du fragst bei jedem Schritt: was wird für die Weltgeschichte daraus folgen? Du lieber Gott, die Weltgeschichte, oder sagen wir lieber das Leben, geht über unsre Kindereien unbekümmert weg. Was einer von uns taugt oder nicht taugt, muß er schließlich mit oder ohne Verein zeigen. Wenn Gerhard das Zeug dazu hat, so mag er sich doch aufs Organisieren legen! Er ist als Diplomat und Lebenskünstler uns überlegen, hat das Fundament eines großen Namens und Vermögens, also laß ihn doch sich im Leben versuchen! Es gefällt mir an ihm überhaupt, daß er gern aufs Große geht und eine glänzende Rolle zu spielen hofft. Wenn ein Mann wie er obenan kommt, wird es hier bald mehr zu bauen, zu zeichnen, zu pinseln und zu musizieren geben als je – was sollen wir dagegen haben?«

»Aber unsre persönliche Freiheit?« rief Veit heftig.

»Was hat denn die damit zu tun? Wer sie überhaupt hat, der hat sie und wird sie schon zu halten wissen. Wer von Haus aus ein Lump ist, an dem wird auch Gerhard nichts mehr verderben. – Mit seinem Geld, meinst Du? Weshalb? Was wir Gutes schaffen, kann er uns nicht zu teuer bezahlen; wir werden, sofern wir etwas taugen, immer quitt mit ihm sein. Du nimmst die ganze Sache wieder viel zu wichtig, verstehst auch Gerhard falsch. Er ist weder so gut noch so schlecht wie Du meinst. Was Du Eigennutz nennst, ist bei ihm Ehrgeiz und noble Passion. Was Du an tiefer Absicht bei ihm vermutest, ist vielleicht nichts als eine Laune. Ich glaube Gerhard genau zu kennen: Sein Talent ist, sich schön zu kleiden. Das ist keine schlechte Kunst. Er will in sein Leben einen gewissen frohen Rhythmus und möglichst viel Freude bringen, und dazu hat er nicht nur die Macht, sondern auch den Geschmack. Er würde ein imponierend harmonisches Leben führen können, wenn nicht der Ehrgeiz ihn triebe, mehr als Privatmann zu sein und sein Leben den größeren heimischen Geschicken zu verbinden.«

Veit runzelte die Stirn. »Er ist, kurz gesagt, ein Egoist,« erwiderte er, »und deshalb liebe ich ihn nicht.«

»Alle Glücklichen sind Egoisten«, scherzte Niklas, »das kannst Du an jedem Brautpaar studieren. Wenn Du nicht Deinen klassischen Edelmut besäßest, würde ich sagen: Du beneidest ihn, deshalb liebst Du ihn nicht.«

»Das trifft mich nicht. Aber, um auf Ja und Nein zu dringen, – würdest Du dieser Gerhardschen Gesellschaft beitreten oder ihre Gründung unterstützen?«

»Unterstützen – nein! Was geht mich die Sache an? Aber beitreten jedenfalls. Wenn doch einmal eine Gesellschaft gegründet werden soll, dürfen wir Gerhard nicht im Stich lassen, müssen vielmehr die Sache dadurch zum Guten wenden, daß wir möglichst viele tüchtige Leute beibringen und ja keine Majorität von Schwätzern aufkommen lassen.«

»Danke. Ich muß mir nun das Ganze nochmals genau überlegen, ehe ich mich entscheide. Nun aber doch noch eine Frage! Nimm an, die Vereinigung käme in Deinem Sinn zustande, würde aber für Gerhard zu selbständig und wenig fügsam sein, so daß er bald die Lust daran verlöre. Das ist sogar wahrscheinlich. Was dann?«

»Was für Sorgen! Dann wird eben die Gesellschaft aus Mangel an Existenzberechtigung sich auflösen. Was liegt daran?«

»Halt, Bester! Damit wäre es nicht getan. Gerhard würde ohne Zweifel sich nach anderem Anhang umsehen und ihn schnell finden. Sollen wir dann auseinandergehen und ihm das Feld lassen?«

»Gewiß. Sei doch endlich einmal praktisch! Was sollten wir tun? Du und ich und fast alle unsere tüchtigern Freunde sind Fremde, Wanderer, und werden nicht ewig, nicht einmal lange hier beisammen sein. Ohne den Mittelpunkt eines hier seßhaften und mächtigen Mannes und Hauses könnten wir nicht als Genossenschaft bestehen. Wenn Gerhard uns schließlich nicht haben will, so ist das seine Sache, und er verliert dabei vielleicht mehr als wir. Ich glaube, Du faßt seinen Plan zu sehr politisch auf. Was er von uns haben kann und wohl auch haben will, ist mehr Glanz als Macht. Er sieht um sich her ein vielversprechendes geistiges und künstlerisches Leben, dessen Bedeutung er versteht, und dessen Ruhm er daher gerne teilen möchte. Dabei können beide nur gewinnen, er und wir. Lassen wir Gerhard machen und halten wir uns fern, bis er selber mit bestimmten Vorschlägen zu uns kommt.«

»Darin sind wir einig. Schließlich mag es ja sein, daß Gerhard zu jenen Menschen gehört, welche wirken und Geschichte machen, ohne irgend schöpferisch zu sein, lediglich durch eine instinktive Kraft des Sammelns und Anziehens.«

Niklas nahm seinen Becher zur Hand. »Stoß an, mein Lieber«, rief er fröhlich, »und gewöhne Dir die unnötigen Sorgen ab! Das Leben ist unser, wenn wir nur fest auf dem eigenen Weg bleiben, mögen die andern machen, was sie wollen. Nun aber zur Arbeit!«

Er sprang auf, winkte dem Schenkmädchen Lebewohl und ging über die Brücke zum Rathaus zurück. Veit blickte ihm nach, der elastisch, rasch und doch bequem davonschritt, der Arbeit, dem Leben, der Zukunft entgegen wie einer, der seiner Sterne sicher ist und einen nahen Fußweg zum Glück erwählt hat. Ein Schatten von Neid überflog Veits Seele, dennoch hing er mit geheimer Freude am Anblick dieses kraftvoll blühenden Menschen, aus dessen Bewegungen die schöne Stärke einer ungebrochen männlichen Lebensfreude hervorlachte. Dem gelehrten Dichter selbst war erst im Umgang mit dieser reichen, warmen Natur das beste Stück seiner Erkenntnis und seiner Freude am Dasein geworden. Niklas war der Erste gewesen, dessen Ruhm und dessen Leistungen in ihm den Glauben an das Nahen einer frischen, wertvollen Lebensepoche geweckt hatte. Seither erst war Sinn und Freude in seine Studien und Glut in seine Worte gekommen, denn er fühlte sich kraft eines heiligen Ungenügens und einer gereinigten Weltauffassung als Mitschöpfer am Bau eines neuen Lebens.

Als Historiker wußte Veit wohl, daß es keine ohne Ende aufstrebende Bahn gibt, daß Blüten zu Früchten und Früchte zu Staub werden müssen, auch daß die Gesetze des Gleichgewichts jeder Neubildung und Erhebung nicht mehr als einen beschränkten Licht- und Lebenskreis gewähren. Er wußte aber auch, daß kein Gutes untergeht, und daß jeder Fortschritt und jede Vertiefung und Veredlung des Lebens unmeßbar über die Zeiten hinaus wirkt – wäre es auch nur, um in späten Geschlechtern beim Zurückschauen Sehnsucht und neues Höherstreben zu entzünden. Darum liebte er seine Zeit und sein eigenes Leben und sah mit einer Art von fast scheuer Zärtlichkeit dem sich entfaltenden Leben seiner jugendlichen Umgebung zu.

Nachdenklich stieg er die große Brückenrampe hinab und schlenderte am Ufer hin stromabwärts. Gegenüber lag zakkig, hoch und malerisch mit zahllosen alten Giebeln, von Türmen, Söllern und hohen Erkern gekrönt, die langgestreckte Altstadt, deren graue, unebene Häuserflucht ein schmales Band winziger Gärtchen vom Ufer trennte. Fähren, Barken und kleine Lastschiffe schwammen auf dem raschen, grünen Wasser, über beide Brücken trieb ein bewegter Verkehr von Menschen und Wagen.

Veit verfolgte den Uferweg bis zum Ende, bog dort in einen rasch ansteigenden Feldweg und erreichte bald einen der mit lichten Hainen bestandenen Hügel, von welchem sich eine weite Schau über das breite Tal bis zum Gebirge hin öffnete, aus dessen Wurzeln der Strom als ferner zarter Silberfaden hervorkam. Unten lag die Stadt und fesselte den Blick des Einsamen. An diese Mauern und Türme hatte er seine besten Hoffnungen und den besten Teil seiner Arbeit geknüpft. Und jahrelang würde sie ihn noch festhalten; denn die noch nicht geschriebene Geschichte dieser Stadt war Veits geheimgehaltene Lieblingsarbeit. Vor Jahren im Keim begonnen, war sie wieder ins Dunkel der aufgegebenen Pläne und enttäuschten Hoffnungen zurückgewichen. Jetzt gewann die Aufgabe von allen Seiten her Förderung, Anregung und Reiz. Es galt nicht mehr nur die Ereignisse einiger Jahrhunderte zu erzählen, sondern die Wurzeln und Ursprünge von Fähigkeiten und Lebenskeimen zu zeigen, denen jetzt eben ein reicher neuer Frühling begann.

Während Veits Auge die Häuser und Brücken und Türme streifte, deren Alter und Geschichte ihm so vertraut war, gingen seine Gedanken ungewollt über die Jahre seines Lebens zurück, fragend, forschend, prüfend, dankbar und doch unbefriedigt. Er sah sein eigenes Wesen schwank und bildsam aus kleinen, doch heiteren Verhältnissen herauswachsen, dann mit Gier ins Leben stürzen und unzählige Irrwege gehen, dann vereinsamen, leiden und fast verbluten, um endlich sich zu stiller Fassung und schwer erworbener

Sicherheit zu sammeln. Er sah sich suchen nach Wahrheit, nach Vollendung, Schönheit, Licht, er sah sich durch weite Gebiete irren, zwischen allen Wissenschaften und Künsten schwanken, er sah sich am Wert des Lebens und des Geistes verzweifeln und endlich mit schlecht geheilten Flügeln langsam, sehnsüchtig und gläubig neuen beglänzten Höhen entgegenstreben. So stand er nun, am Ende einer innerlich reichen Jugend, auf der ersten Lebenshöhe, dem Gipfel nah, der steil und verlockend über ihm emporstieg. Dort mußte das Glück auf ihn warten, dort mußte jene Fülle und selige Genüge ihm aufbewahrt sein, nach denen er schon so lange die müde werdenden Arme ausstreckte. Und mit ihm würde eine ganze schöne Jugend, eine ganze Stadt, vielleicht ein Volk auf geschmückten Stufen einem höheren, sinnvolleren, edleren Leben entgegengehen.

Wenige Tage darauf war in jedermanns Händen ein kleiner, in rotes Papier gehefteter Traktat, der in klarer und schöner Sprache das künstlerische Wesen, den Organismus, die Entstehung und Vollendung des neuen Rathauses darstellte. In dieser Schrift erschien der Bau nicht als Werk eines willkürlich schaffenden Meisters, es war nicht einmal Niklas' Name darin genannt, das Haus war vielmehr als ein schönes, persönlichen Lebens teilhaftiges Wesen aufgefaßt, dessen Grundriß durch schlichte Klarheit erfreue und dessen Teile in natürlichem, notwendigem und darum schönem Verhältnis zueinander ständen. Erst die letzten Zeilen des Büchleins rührten an persönliche und städtische Verhältnisse. Hier klang ein schneidend scharfer Ton durch die wohl abgemessenen Worte, die Mehrheit des Rates ebenso wie die Masse des Pöbels wurde mit kühlem Hohn angefaßt, und der Schluß klang wie eine ungern verhaltene Drohung.

[»Der Schöpfer des schönen Werkes«, hieß es, »soll nun vom Rat und Volk zur Rechenschaft gezogen werden, angeblich einiger zuviel verbrauchter Taler wegen, in Wirklichkeit auf Grund jenes gehässigen Neides, den von jeher der Krämer- und Kleingeist gegen überlegene Männer und Leistungen trug. Wir wünschen fast, Dummheit und Neid möchten bei dieser Verhandlung Sieger bleiben, denn jede moralische Niederlage der Wohlweisen und Philister gibt dem Geist einer herandrängenden neuen Zeit Nahrung und neue Lebenskraft.«]*

Das Schriftchen, das an allen Ecken verteilt wurde, erregte großes Aufsehen. Sachkundige lobten die Meisterschaft der Darstellung und die Feinheit der formalen Analyse eines Kunstwerks. Das Volk ward stutzig, schimpfte jedoch über die Geringschätzung, mit welcher der unbekannte Verfasser von den Baukosten und vom Unverstand der Menge redete. Immerhin wollte nun mancher zeigen, daß er jener Menge nicht angehöre und trat sofort in seinem Kreis als kunstverständiger Gönner und Bewunderer des Baues auf. Jedermann war voll neugieriger Vermutungen über die Person des Verfassers. Ein angesehener Ratsherr glaubte die Schrift Niklas zuschreiben zu müssen und gab sich Mühe, diese Ansicht zu verbreiten. Niklas antwortete darauf in einem Brief an den Rat, worin er seine Unwissenheit um die Entstehung der Blätter anzeigte und sich die Verdächtigung dieses Selbstlobs verbat.

Ihm und den meisten Freunden war schon beim ersten Lesen klar geworden, daß nur Veit der Autor sein konnte. Dieser leugnete nicht, bat aber um Schweigen, und so blieb die Masse der Leser im Ungewissen. Im Freundeskreis stieg die Schätzung Veits erheblich, denn die kleine Publikation durfte wohl ein Meisterwerk genannt werden. Niklas selbst gestand, er habe viel aus der Darstellung gelernt und in ihr für manches seinerzeit instinktiv Ausgeführte erst die bewußte Motivierung und Anerkennung gefunden.

Für Veit bedeuteten die Glückwünsche seiner Freunde nicht sonderlich viel; er war seiner Sache sicher und hielt mit wichtigeren Arbeiten im Hinterhalt. Er sagte scherzend, doch nicht ohne Bitterkeit, zu Ugel: »Diese Leute kennen mich nun seit Jahren, wissen, wie ich bin und denke und machten sich nichts aus mir. Jetzt, wo sie ein paar hübsche Sätze von mir lesen, kommen sie und gratulieren. Es ist kein einziger Gedanke in jenem Heftchen, den ich ihnen nicht schon oft im Gespräch mitgeteilt hätte. Aber so sind sie: zwischen Schreiben und Reden, zwischen Leben und Schaffen muß ein Unterschied sein! Rede ich, so lachen sie; erst

* im Manuskript gestrichen.

wenn ich schreibe, glauben sie mich ernst nehmen zu müssen. Die Schwätzer!«

Indessen wunderte er sich und sprach mit Ugel öfters darüber, daß von Gerhards Plänen gar nichts mehr verlautete. Gerhard war unbefangen freundlich und heiter wie immer, gab Gesellschaften, besuchte die Ateliers befreundeter Maler, zeigte sich gelegentlich als Zuschauer im Rathausbau und schien auf der Welt keinerlei Sorgen zu haben als seine Tage heiter zu verbringen. Im stillen aber war er da und dort für Niklas tätig, suchte die Stimmung ihm günstiger zu machen, schmeichelte einigen Ratsherren und empfahl Veits Traktat, wo er konnte. Da sein Vater kränkelte und sich passiv verhielt, nahm mancher dessen stillschweigendes Einverständnis an, und Gerhards Parteinahme für Niklas galt als Ausdruck der Meinung seines Hauses.

Die Einberufung des Großrats zur Abstimmung über die Rathausfrage stand bevor. Es waren mehr Gerhards, als Niklas' Feinde, welche auf peinliche Untersuchung der Rechnungen und auf strenge Beurteilung der erheblichen Verschwendung drangen. Man begann in der Stadt zu merken, daß Gerhard die Gelegenheit nicht vorübergehen lassen wollte, seine Person mitten in die städtischen Angelegenheiten zu stellen und sobald als möglich den Kampf um das politische Erbe seines Vaters zu beginnen. Viele, denen Gerhards Vater jahrzehntelang ein Dorn im Auge gewesen war, wünschten ihm nun ein ewiges Leben, da offenbar der Sohn, so lang der Alte lebte, die Rolle des Privatmanns oder doch des Neutralen weiterspielen würde.

Durch schöne Worte, kluge Vorstellung und durch sein gewinnend höfliches Wesen brachte Gerhard eine Anzahl von Anhängern in dieser Sache zusammen. Am Tage vor der Großratssitzung lief beim Bürgermeister ein Schreiben ein, worin etwa zweihundert namentlich unterzeichnete Bürger den Rat vor unkluger Strenge und übereiltem Urteil warnten. Das war Gerhards Arbeit gewesen. Als Niklas davon hörte, schüttelte er den Kopf. Es kam ihm lächerlich vor, daß in der ihn allein betreffenden Sache so viele für und wider schrien und sich mühten, während er selbst die Angelegenheit ihren Weg gehen ließ und keinen Finger rührte. Er arbeitete den Tag durch stetig fort, benahm sich gegen jedermann wie sonst und freute sich abends auf seine Weise des Lebens.

Der wichtige Tag war da. Im Saal des alten Rathauses saß der Großrat versammelt. Der Bürgermeister, ängstlich geworden, mahnte zur Vorsicht. Die Stimmung schwankte. Mehrere Redner meldeten sich und wurden gehört. Greise Herren erhoben sich und wurden in erregte, leidenschaftliche Wortgefechte verwickelt. Stunden vergingen, ehe an die Abstimmung zu denken war. Endlich, man war schon müde und heiser, wurden die Stimmen gezählt. Der Antrag lautete dahin, daß dem Architekten ohne sonstige Ahndung die ausgesetzte, nach Vollendung des Werkes auszuzahlende Ehrengabe von fünftausend Gulden entzogen und ihm dies nebst einer Rüge seiner Rechnungsführung mitgeteilt werden sollte. Jedermann wußte, daß das Entscheidende nicht die verhältnismäßig kleine Summe, nicht einmal die einem tüchtigen Künstler entzogene Anerkennung sei, sondern daß es sich darum handle, einer neuerdings aufkommenden Lebens- und Geistesrichtung, deren wichtigster Vertreter Gerhard schien, zustimmend oder abweisend zu antworten.

Der Antrag wurde schließlich von der Mehrheit angenommen, die Mitteilung an Niklas aufgesetzt und ihm noch am selben Tag zugeschickt.

Niklas las die Schrift, setzte sich an seinen Arbeitstisch und antwortete:

»An den Großrat unserer Stadt.

Euer sehr gütiges Schreiben ist in meinen Händen und soll sogleich beantwortet sein.

Von heute an betrachte ich mich als städtischer Dienste ledig und verzichte auf die mir zukommenden Monatsgelder. Da ich jedoch den Bau notwendig selbst vollenden muß, betreibe ich die Arbeit von heute an freiwillig weiter und werde sämtliche Rechnungsangelegenheiten wöchentlich der Stadtkasse übergeben. Vielleicht vermag der Großrat hieraus zu ersehen, daß ich die ganze Arbeit nicht um Geldes willen unternahm. Sollte der Großrat mit diesem nicht einverstanden sein, so nehme ich mein Anerbieten zurück und werde die heute über mich verhängte Verfügung als ungerecht beim Obergerichtshof anfechten.

Baumeister Niklas.«

Als er die Antwort weggeschickt hatte, ergriff ihn nachträglich die Wut. Er warf Stift und Zirkel auf den Tisch und begab sich in die dunkelste Weinstube der Stadt, von wo er erst spät nachts heimkehrte.

Den Herren Räten erwuchsen neue Schwierigkeiten. Noch waren sie über die unerwartete Antwort des Architekten verärgert und ratlos, da kam ein neues Schreiben Gerhards, der im Namen vieler unterzeichneter Bürger den Ratsbeschluß höflich mißbilligte und zugleich mitteilte, daß jene Ehrensumme dem Baumeister aus Privatmitteln ersetzt werden solle, da man sich allgemein der Kleinlichkeit jenes Beschlusses schäme und die Stadt nicht den schlechten Ruf ihrer Führer und Räte teilen möge.

Wenige Tage darauf fand im Hof des neuen Rathauses eine kleine auserlesene Festlichkeit zu Niklas' Ehren statt, wobei ihm Gerhard sein Bedauern über das Verhalten des Großrats aussprach und ihm im Namen unabhängiger Städter einen Becher samt jener Ehrengabe überreichte. Niklas hatte schon den Ärger wieder vergessen, brachte einen Trinkspruch auf die Stadt aus und nahm das Geschenk mit unverhohlener Freude entgegen. Er führte die Gäste durch die Haupträume des Rathauses, wobei er nicht vergaß, die treue Mitarbeit Veits zu rühmen. Darauf entstand bei Musik und Gespräch im Hof ein heiteres Zechen. Festliche Girlanden wiegten sich in niederen Bogen quer über den schönen Raum und bis tief in die laue Nacht hinein brannten Fackeln und klangen Reden, Lieder und Scherze. Veit verglich das Gelage in dem umstrittenen Gebäude einem Siegesmahl von Eroberern im Hof einer erstürmten Burg und begrüßte die Freunde mit den Versen:

(1903)

[Hier endet das Manuskript]

Schon gut, junge Leute, quält mich nicht. Ich will euch also etwas aus meinen Studentenjahren erzählen, das von der schönen Salome und meinem lieben Hans Amstein. Nur müßt ihr stillhalten und dürft nicht glauben, es handle sich um so eine Studentenliebelei. Zu lachen ist nichts dabei. Und gebt mir noch ein Glas Wein her! Nein, vom Weißen. Fenster zumachen? Nein, Verehrtester, laß es nur donnern, es paßt mir in die Geschichte. Wetterleuchten, Donner und schwüle Nacht, das ist die Stimmung. Ihr modernen Herren sollt sehen, daß wir seinerzeit auch unser Stück erlebt haben, dick und dünn, wie es kam, und nicht zu wenig. Habt ihr auch zu trinken?

Ich bin schon früh ohne Eltern gewesen und habe fast alle meine Ferien beim Onkel Otto droben verbummelt, in seinem steinigen Schwarzwaldnest, zwischen Obstessen, Räubergeschichten und Forellenangeln, denn in alledem teilte ich als dankbarer Neffe meines Onkels Geschmack vollkommen. Ich kam im Sommer, im Herbst und an Weihnachten, mit schmalem Ranzen und leerem Sack, fraß mich da droben feist und rot, verliebte mich jedesmal ein wenig in die teure Cousine und vergaß es auf Schulen wieder, denn es saß nicht so tief. Ich rauchte mit dem Onkel um die Wette seine giftigen Italiener, ging mit ihm angeln, las ihm aus seiner höchst kriminellen Bibliothek vor und begleitete ihn womöglich abends zum Bier. Das alles war nicht schlecht und kam mir löblich und männlich vor, wenn auch die blonde Cousine zuweilen bittende oder vorwurfsvolle Augen machte; sie war eben eine sanfte Natur und hatte keinen Sinn fürs Martialische.

In den letzten Sommerferien vor der Studentenzeit war ich wieder beim Onkel, großmäulig, hoffärtig und ins Kraut geschossen, wie Abiturienten sein müssen. Da kam eines Tages ein neuer Oberförster aufgezogen. Es war ein guter, stiller Mensch, »unjung und nicht mehr ganz gesund«, der da seinen Altersposten gefunden hatte.

Man sah im Augenblick, er würde wenig von sich reden machen. Er brachte einen schönen Hausrat mit, denn er war reich, ferner wundervolle Hunde, ein langschwänziges, zartes Pferdchen samt einem zierlichen Gefährt, beide für die Gegend viel zu leicht, ein schönes Gewehr und eine neumodische englische Angelausrüstung, alles sehr nett und sauber und wohlhabend. Das alles wäre ja auch schön und erfreulich gewesen. Aber was außerdem noch mitkam, war eine Adoptivtochter namens Salome, die freilich alles andere in Schatten stellte. Weiß Gott, wie das wilde Kind gerade zu dem ernsten, ruhigen Mann gekommen ist! Sie war eine ganz exotische Pflanze, von einem entfernten Vetter irgendwo aus Brasilien oder Feuerland her, schön und sonderbar anzusehen und von absonderlichen Manieren.

Ihr wollt natürlich wissen, wie sie aussah. Das ist nicht so einfach – sie sah eben vor allem auffallend und exotisch aus. Ziemlich groß, nahe an zwanzig, tadellos gewachsen, so daß vom Nacken bis auf die Füße alles gesund und erfreulich erschien, namentlich Hals, Schultern, Arme und Hände waren kräftig, gedrungen und dabei beweglich und nobel. Das Haar üppig, dick, lang, von einem dunklen Blond, um die Stirn herum ein wenig lockig, hinten in ein großes Bündel geknüpft und mit einem Pfeil durchstochen. Vom Gesicht will ich nicht zu viel sagen, es war vielleicht zu voll und der Mund vielleicht ein wenig groß, aber man blieb immer an den Augen hängen. Sie waren übergroß und goldbraun und standen ein wenig vor. Wenn sie, wie gewöhnlich, vor sich hinstarrte und lächelte und die Augen groß machte, war es wie ein Bild. Aber wenn sie einen ansah, war man verwirrt. Sie schaute so unbekümmert drauf los, bald musternd, bald gleichgültig, ohne irgendeine Spur von Genieren oder Mädchenhaftigkeit. Nicht gerade frech, vielmehr wie ein schönes Tier, unverstellt und ohne alle Geheimnisse.

Und so führte sie sich auch auf. Was ihr gefiel oder nicht gefiel, verhehlte sie nicht; wenn ein Gespräch ihr langweilig war, schwieg sie hartnäckig still und blickte beiseite oder sah einen so ennuyiert an, daß man sich schämte.

Die Folgen sind klar. Die Frauenzimmer fanden sie unmöglich, die Männer waren für sie entflammt. Daß ich mich eiligst in sie verliebte, versteht sich eo ipso. Es verliebten sich in sie aber auch die Forstgehilfen, der Apotheker, die jüngeren Schullehrer, der Vizeamtmann, die Söhne der reichen

Holzhändler, des Fabrikanten und des Doktors. Da die schöne Salome sich mit aller Freiheit bewegte, allein spazieren ging, eine Menge Besuche machte und in ihrem zierlichen Wägelein rings im Lande herumkutschierte, war die Annäherung nicht schwer, und sie sammelte in kurzer Zeit eine schöne Zahl von Liebesgeständnissen ein.

Einmal kam sie zu uns, Onkel und Cousine waren nicht da, und sie setzte sich zu mir auf die Gartenbank. Die Dirlitzen waren schon rot, das Beerenzeug reif, und Salome griff behaglich hinter sich in die Stachelbeeren. Nebenher nahm sie am Gespräche teil, und wir waren bald so weit, daß ich mit feuerrotem Gesicht ihr erklärte, ich sei rasend in sie verliebt.

Oh, das ist nett, war die Antwort. Sie gefallen mir ganz gut. Kennen Sie den älteren Griebel?

Den Karl? O ja, gut.

Das ist auch ein reizender junger Mann, er hat so schöne Augen. Er ist auch in mich verliebt.

Hat er es Ihnen selber gesagt?

Gewiß, vorgestern. Es war drollig.

Sie lachte laut und legte dabei den Kopf zurück, so daß ich auf ihrem weißen, runden Hals die Adern sich bewegen sah. Ich hätte nun gern ihre Hand genommen, wagte es aber nicht, sondern streckte ihr nur die meine fragend entgegen. Da legte sie mir ein paar Stachelbeeren in die offene Hand, sagte Adieu und ging davon.

Ich sah nun allmählich, wie sie mit allen den Anbetern ihr Spiel hatte und sich über uns amüsierte, und ertrug von da an meine Verliebtheit wie ein Fieber oder eine Seekrankheit, die ich mit vielen andern teilte und von der ich hoffte, sie würde einmal aufhören und mir nicht das Leben kosten. Immerhin hatte ich böse Nächte und Tage . . . Ist noch Wein da?

Danke. – Also so standen die Sachen, und zwar nicht nur in jenem Sommer, sondern mehr als ein Jahr lang. Hier und da fiel etwa einer der Liebhaber verdrossen ab und suchte andere Gehege auf, hier und da kam ein neuer dazu, aber Salome blieb unverändert, bald fidel, bald still, bald höhnisch, und schien sich dabei herzlich wohl und belustigt zu fühlen. Und ich gewöhnte mich daran, jedesmal in den Ferien einen Rückfall in die heftigste Verliebtheit wie ein der Gegend eigentümliches Fieber zu bekommen und aushalten zu müssen. Ein Leidensgenosse teilte mir im Vertrauen mit, wir seien Esel gewesen, ihr Erklärungen zu machen, da sie unverhohlen des öftern den Wunsch geäußert habe, alle Männer in sich verliebt zu wissen, und darum den wenigen Standhaften mit äußerstem Entgegenkommen um den Bart gehe.

Unterdessen war ich in Tübingen in die Burschenschaft eingetreten und brachte mit Trinken, Schlagen und Bummeln zwei muntere Semester hin. In dieser Zeit war Hans Amstein mein Intimus geworden. Wir waren gleich alt, beide begeisterte Burschenschafter und weniger begeisterte Medizinstudenten, wir trieben beide viel Musik und wurden einander allmählich unentbehrlich trotz mancher Reibereien.

Schon an Weihnachten war Hans mit mir des Onkels Gast gewesen, denn auch er hatte längst keine Eltern mehr. Sehr wider mein Erwarten blieb er aber nicht an der schönen Salome, sondern an meiner blonden Cousine hängen. Auch hatte er schon das Zeug, sich angenehm zu machen. Er war ein feiner und hübscher Mensch, machte gute Musik und war nicht aufs Maul gefallen. So sah ich mit Wohlbehagen zu, wie er sich um das Bäschen bemühte, und wie sie gern nachgab und sich anschickte, den drolligen Kampf mit ihrer bisherigen Sprödigkeit mehr und mehr zum Scheingefecht werden zu lassen. Ich selber lief nach wie vor auf allen Wegen, wo mir etwa die Salome begegnen konnte.

An Ostern kamen wir wieder, und während ich den Onkel beim Angeln festhielt, machte mein Freund rasche Fortschritte bei der Cousine. Diesmal war Salome ziemlich häufig bei uns, versuchte mit Erfolg, mich toll zu machen, und sah dem Spiel zwischen Hans und Berta aufmerksam und mit scheinbarem Wohlwollen zu. Wir machten Waldspaziergänge, fischten, suchten Anemonen, und während die Salome mir den Kopf vollends verdrehte, ließ sie die andern beiden nicht aus den Augen, musterte sie überlegen und spöttisch und gab mir unehrerbietige Bemerkungen über Liebe und

Brautglück zum besten. Einmal erwischte ich ihre Hand und küßte sie eilig, da spielte sie die Empörte und wollte Revanche haben.

Ich werde Sie dafür in den Finger beißen. Geben Sie her!

Ich streckte ihr einen Finger hin und spürte ihre großen, gleichmäßigen Zähne im Fleisch.

Soll ich noch fester beißen?

Ich nickte, da floß auch schon Blut in meine Hand, und sie ließ mich mit Gelächter los. Es tat scheußlich weh, und man sah es noch lange.

Als wir wieder in Tübingen saßen, teilte Hans mir mit, er sei mit Berta einig und hoffe, sich im Sommer zu verloben. Ich besorgte in diesem Semester ein paar Briefe hin und her, und im August saßen wir beide wieder an des Onkels Tisch. Mit dem Onkel hatte Hans noch nicht gesprochen, doch schien dieser die Sache schon gerochen zu haben, und es war nicht zu fürchten, daß er Schwierigkeiten machen würde.

Da kam eines Tages die Salome wieder zu uns, ließ ihre scharfen Blicke herumgehen und kam auf den verdammten Einfall, der sanften Berta einen Possen zu spielen. Wie sie dem harmlosen Amstein flattierte, ihn in ihre Nähe nötigte und mit Gewalt verliebt zu machen suchte, war einfach nicht mehr schön. Er ging gutmütig darauf ein und es wäre ein Wunder gewesen, wenn ihm diese Blicke und dies Anschmiegen und Sichergeben nicht heiß gemacht hätten. Doch blieb er fest und hatte schon den Sonntag bestimmt, an dem er den Onkel überrumpeln und Verlobung feiern wollte. Das blonde Kusinchen strahlte schon so bräutlich und verschämt wie möglich.

Wir Freunde schliefen in zwei benachbarten Stübchen im Erdgeschoß mit einem niederen Fenster, durch das man morgens mit einem kleinen Sprung in den Garten kommen konnte.

Eines Nachmittags war die schöne Salome wieder stundenlang da; Berta hatte im Haus zu tun, so nahm jene meinen Freund ganz in Anspruch und brachte mich durch die kühne und doch feine Art, wie sie sich ihm hinwarf, fast zum Platzen, so daß ich schließlich ausriß und sie dummerweise mit ihm allein ließ. Als ich am Abend wiederkam, war sie fort, aber mein armer Freund hatte Falten auf der Stirn, machte schlimme Augen und sprach von Kopfweh, als er sah, daß sein verstörtes Wesen auffiel.

Ja, Kopfweh, dachte ich und schleppte ihn beiseite.

Was ist mit dir? fragte ich ernstlich, ich will's wissen.

Nichts, es kommt von der Hitze, kniff er aus.

Aber ich verbat mir das Anlügen und fragte direkt, ob ihm die Oberförsterstochter den Kopf verdreht habe.

Unsinn, laß mich! sagte er, machte sich von mir los und sah scheußlich elend aus. Ich kannte das ja ungefähr auch, aber er tat mir erbärmlich leid; sein Gesicht war verzogen und zerrissen und der ganze Mensch sah jammervoll verhetzt und leidend aus. Ich mußte ihn in Ruhe lassen. Auch mir war über dem Kokettieren wund und weh um Salome geworden, und ich hätte mir die leidige Verliebtheit gern mit blutenden Wurzeln aus der Seele gerissen. Meine Achtung für Salome war längst dahin, jede Magd kam mir ehrbarer vor als sie, aber da half nichts, sie hatte mich bei den Haaren; sie war zu schön und zu aufreizend, da war kein Loskommen möglich.

Ja, nun donnert's draußen wieder. Es war damals ein ähnlicher Abend, heiß und gewitterig, und wir beide saßen allein in der Laube beisammen, redeten fast nichts und tranken Kaiserstühler.

Namentlich ich war durstig und mißmutig und trank von dem kühlen Weißen Glas für Glas. Hans war elend und starrte traurig und bekümmert in den Wein, das vertrocknende Laub der Büsche roch stark und wurde von einem warmen, bösartigen Wind jeweils geschüttelt. Es wurde neun Uhr und zehn Uhr, kein Gespräch kam auf, wir hockten da und machten alte, sorgenvolle Gesichter, sahen den Wein im großen Glaskrug abnehmen und den Garten dunkel werden, dann gingen wir still auseinander, er zur Haustür, ich durchs Fenster in meine Stube. Dort war es heiß, ich setzte mich im Hemd auf einen Stuhl, steckte eine Pfeife an und sah aufgeregt und melancholisch in die Finsternis hinein. Es hätte Mondschein geben sollen, aber der Himmel stand voll von Wolken, und in der Ferne hörte man zwei Gewitter miteinander zanken.

Es ging so eine schwüle Luft – aber was hilft das schöne Schildern, ich muß nun doch darauf kommen, auf die verdammte Geschichte.

Die Pfeife war mir ausgegangen, und ich hatte mich ganz schlaff aufs Bett gelegt, den Schädel voll von dummen Gedanken. Da gibt's ein Geräusch am Fenster. Eine Gestalt steht da und schaut vorsichtig ins Zimmer hinein. Ich weiß selber nicht, warum ich still liegen blieb und keinen Ton von mir gab.

Die Gestalt verschwindet und geht drei Schritte weiter, an Hansens Stubenfenster. Sie bewegte den Fensterflügel, klirrte ein wenig damit. Dann wieder Stille.

Da rief es leise: Hans Amstein!, und mir lief es bis in die Haare hinauf, als ich die Stimme der Salome erkannte. Ich konnte kein Glied mehr rühren und lauschte scharf und wild wie ein Jäger hinüber. Herrgott, Herrgott, was sollte das werden! Und jetzt wieder die Stimme: Hans Amstein! Leise, scharf und eindringlich. Mir lief der Schweiß den Hals hinunter.

In der Stube meines Freundes gab es ein wenig Geräusch. Er stand auf, kleidete sich flüchtig an und ging zum Fenster. Es wurde geflüstert, heftig und heiß, aber unheimlich leise. Herrgott, Herrgott! Mir tat alles weh, ich wollte aufstehen oder schreien, aber ich blieb ruhig liegen und war selber darüber verwundert. Der Durst und der herbe Nachgeschmack vom Wein brachten mich beinahe um.

Und es gab wieder ein kleines Geräusch, und gleich darauf stand Hans Amstein neben dem Mädchen im Garten. Zuerst jedes für sich, dann traten sie zusammen und drückten sich still und schrecklich aneinander, als würden sie mit einem Strick geschnürt. Und so aneinandergepreßt, daß sie kaum die Füße bewegen konnten, gingen sie langsam durch den Garten, an der Laube und am Brunnen vorbei und durch die Pforte gegen den Wald. Ich sah sie, mit angestrengten Augen, und zweimal kam das Wetterleuchten mir zu Hilfe . . .

– Seid ihr nicht durstig? So trinkt doch! –

Ja, das ist nun erzählt. Aber weiter! Sie hatte ihn sich geholt, bei Nacht aus dem Bett, und ich wußte, daß er nun nimmermehr von ihr loskäme, da sie ihn da draußen im Wald hatte und mit süßen Worten und kecken Liebkosungen gefangennahm. Ich wußte aber auch, daß Hans bei aller Munterkeit ein Pflichtenmensch war, viel strenger als ich, und daß er da draußen keinen Kuß empfing und gab, ohne daß das Wissen um die betrogene Berta ihm die Seele zerriß. Und zugleich mußte ich daran denken, daß es meine schwere Pflicht war, ihn morgen ins Gebet zu nehmen. Zu dem allem kam die angenehme Vorstellung, meine Angebetete bei Nacht mit einem Mann im Walde zu wissen. Endlich raffte ich mich auf, einen Schluck Wasser zu nehmen, und legte mich dann auf den kühlen Fußboden, bis nach einer Stunde mein Freund leise und langsam zurückkam und durchs Fenster stieg. Ich hörte ihn hart Atem holen und noch lange in Socken auf und ab gehen, bis ich einschlief.

Schon früh erwachte ich wieder, noch vor fünf Uhr, zog mich an und ging vor Hansens Fenster. Er lag im zerwühlten Bett und schlief einen tiefen, schweren Schlaf, er hatte Schweiß auf der Stirn und sah elend aus. Ich lief ins Feld hinaus, sah still und abseits die kleine, schmucke Forstei liegen und Wiesen, Obstgärten, Acker und Wald wie sonst. Mein Kopf war wüster als je nach einer Kneiperei und eine kleine Weile kam mir im Hinschlendern das Geschehene ganz abhanden wie ein Alp, der beim Erwachen fort ist, als wäre nichts gewesen.

Als ich wieder in den Garten kam, stand mein Freund an seinem Fenster im Erdgeschoß, wandte sich aber, als er mich sah, sogleich ins Zimmer zurück. Diese kleine, feige Gebärde des bösen Gewissens tat mir unsäglich weh. Doch half das Bedauern nichts. Ich stieg zu ihm hinein. Als er sich nun mir zuwandte, erschrak ich stark, denn er sah grau und zerfurcht im Gesicht aus und hielt sich so mühsam auf den Beinen wie ein überjagter Gaul.

Was hast du, Hans? fragte ich.

Ach nichts. Ich hab nicht geschlafen. Die Schwüle bringt einen ja um.

Aber er wich meinen Augen aus und ich fühlte noch einmal denselben bösen Schmerz wie vorher, als er vor mir vom Fenster floh. Ich setzte mich aufs Gesimse und sah ihn an.

Hans, sagte ich, ich weiß, wer bei dir gewesen ist. Was hat die Salome mit dir angefangen?

Da sah er mich an, hilflos und schmerzlich, wie ein Wild beim Schuß.

Laß gut sein, sagte er, laß nur gut sein. Es hilft ja nichts.

Nein, mußte ich sagen, du bist mir Antwort schuldig. Ich will nichts von der Berta sagen und von ihres Vaters Haus, wo wir zu Gast sind. Das ist nicht die Hauptsache. Aber was soll aus uns werden, aus dir und aus mir und aus dieser Salome? Wirst du nächste Nacht wieder mit ihr da hinausgehen, Hans?

Er stöhnte. Ich weiß nicht. Ich kann jetzt kein Wort sagen. Nachher, nachher.

Da war einstweilen nichts zu wollen. Ich ging zum Kaffee hinauf und sagte droben, Hans schlafe noch. Dann nahm ich meine Rute und wollte in die kühle Schlucht zum Angeln gehen. Es trieb mich aber wider Willen vor die Forstei. Dort legte ich mich am Weg in die Haselbüsche und wartete und spürte kaum, wie gottlos heiß und schwül der Morgen war. Darüber schlief ich ein wenig ein und als ich aufwachte, war's von Hufschlag und Stimmen. Die schöne Salome fuhr mit einem Forstgehilfen in ihrem kleinen Wagen zum Wald, hatte Angelzeug und Fischkorb mit und lachte wie eine Lerche in den Morgen hinein. Der junge Forstmann hielt einen Sonnenschirm über sie ausgespannt, während sie kutschierte, und lachte ein bißchen verlegen mit. Sie war hell und leicht gekleidet, mit einem riesengroßen dünnen Strohhut und sah so frisch und froh und glücklich aus wie ein Kind am ersten Ferientag. Ich dachte an meinen Hans und an sein graues Armsündergesicht, war verwirrt und erstaunt und hätte sie viel lieber traurig gesehen. Der Wagen fuhr im muntern Trab talabwärts und war bald verschwunden.

Vielleicht wäre es nun gut gewesen, nach Hause zu gehen und nach Hans zu schauen. Mir graute aber davor und ich ging statt dessen dem Wagen nach zur Schlucht hinunter. Ich glaubte, ich tue es aus Mitleid mit meinem Freund und aus Verlangen nach Kühle und Waldstille, aber wahrscheinlich ist es mehr das schöne, sonderbare Mädchen gewesen, das mich gezogen hat. Wirklich begegnete mir weiter unten ihr umkehrender Wagen, vom Forstgehilfen langsam kutschiert, und ich wußte nun, daß ich sie am Forellenbach finden würde. Da spürte ich, obwohl ich längst im Waldschatten war, auf einmal die große Schwüle, ich ging langsamer und begann mir den Schweiß aus dem Gesicht zu wischen. Als ich an den Bach kam, sah ich das Mädchen noch nicht und ich machte eine Rast und steckte den Kopf ins kalte schnelle Wasser, bis ich fror. Dann ging ich behutsam über die Felsen bachabwärts. Das Wasser schäumte und lärmte und ich glitt jeden Augenblick auf den nassen Steinen aus, weil ich fortwährend spionierte, wo Salome wohl sei.

Da stand sie denn auch plötzlich erschreckend nah hinter einem moosigen Block, mit aufgerafften Kleidern und barfuß bis an die Knie. Ich blieb stehen und verlor ganz den Atem darüber, sie so schön und frisch und allein vor mir zu sehen. Einer ihrer Füße stand im Wasser und verschwand im Schaum, der andere trat ins Moos und war weiß und schön geformt.

Guten Morgen, Fräulein.

Sie nickte mir zu und ich stellte mich in nächster Nähe auf, rollte die Schnur vom Stock und fing zu angeln an. Sprechen mochte ich nicht, aber auch die Fischerei war mir nicht wichtig, ich war zu müde und zu dumm im Kopf. Darum ließ ich die Angel hängen und fing keinen Schwanz, und als ich zu merken glaubte, daß Salome sich darüber amüsierte und Grimassen schnitt, legte ich die Rute weg und setzte mich ein wenig beiseite in die moosigen Felsen. Da saß ich nun faul in der Kühle und schaute ihr zu, wie sie hantierte und watete. Es ging nicht sehr lang, da hörte auch sie auf, sich anzustrengen, sie spritzte eine Hand voll Wasser zu mir herüber und fragte: Soll ich auch kommen?

Nun fing sie an ihre Strümpfe und Schuhe anzulegen, und als sie einen anhatte, fragte sie: Warum helfen Sie mir nicht?

Ich halte es für unschicklich, antwortete ich.

Sie fragte naiv: Warum? worauf ich keine Antwort wußte. Es war für mich eine sonderbare Stunde und keineswegs angenehm. Je schöner das Mädchen mir erschien und je vertraulicher sie nun mit mir tat, desto mehr mußte ich an meinen Freund Hans Amstein und an die Berta denken und fühlte einen Zorn gegen Salome in mir anwachsen, die mit uns allen spielte und zu ihrem Zeitvertreib uns drei unglücklich gemacht hatte. Es schien mir jetzt Zeit, gegen mein leidiges Verliebtsein zu kämpfen und der Spielerei womöglich ein Ende zu machen.

Ich fragte: Darf ich Sie nach Hause begleiten?

Ich bleibe noch hier, sagte sie, Sie nicht?

Nein, ich gehe.

Oh, Sie wollen mich ganz allein lassen? Es wäre so hübsch, noch ein bißchen dazusitzen und zu schwatzen. Sie plaudern oft so lustig.

Ich stand auf. Fräulein Salome, sagte ich, Sie sind gar zu liebenswürdig. Ich muß jetzt gehen. Sie haben ja Männer genug, mit denen Sie spielen können.

Sie lachte hell auf. Dann adieu! rief sie lustig, und ich ging davon wie geschlagen. Es war nicht möglich, dem Mädchen irgendein ernstes Wort abzuzwingen. Unterwegs kam mir noch einmal der Gedanke, sie zu nehmen wie sie einmal war, umzukehren und die Stunde zu benutzen. Aber ihre Art, sich gleichsam wegzuwerfen, war so, daß ich mich schämte, darauf einzugehen. Und wie hätte ich dann noch mit Hans reden sollen?

Als ich nach Hause kam, hatte Hans auf mich gewartet und zog mich gleich in sein Stüblein. Was er mir sagte, war alles ziemlich klar und verständlich, verwirrte mich aber trotzdem. Er war so von Salome besessen, daß von der armen Berta kaum mehr die Rede war. Immerhin sah er ein, daß er nicht länger Gast im Hause sein dürfe, und kündigte auf den Nachmittag seine Abreise an. Das war deutlich und begreiflich und ich konnte nichts dagegen sagen; nur nahm ich ihm das Versprechen ab, ehrlich mit Berta zu reden, ehe er ausreiße. Nun kam aber die Hauptsache. Da Hans vor unklaren und zweideutigen Verhältnissen seiner ganzen Natur nach einen Abscheu hatte, wollte er sogleich die Salome sich sichern und ihr Wort oder das ihres Pflegevaters mitnehmen, da er ohnehin sonst kaum eine Erlaubnis haben werde, unser Nest wieder aufzusuchen.

Vergeblich riet ich ihm, abzuwarten. Er war heillos aufgeregt und erst später fiel mir ein, daß wahrscheinlich sein empfindliches Ehrgefühl darauf bestand, aus der für ihn nicht eben ehrenvollen Verwicklung irgendwie als Sieger hervorzugehen und seine bis jetzt doch nicht schuldlose Leidenschaft durch eine entscheidende Haltung vor sich selber und vor den Leuten zu rechtfertigen.

Ich gab mir alle Mühe, ihn umzustimmen. Ich machte sogar

die von mir selber geliebte Salome schlecht, indem ich andeutete, ihre Leidenschaft für ihn sei wohl nicht echt und nur eine kleine Eitelkeit gewesen, über die sie vielleicht schon wieder lache.

Es war umsonst, er hörte kaum zu. Und dann bat er mich flehentlich, mit ihm in die Oberförsterei zu gehen. Er selber war schon im Gehrock. Mir war sonderbar genug dabei zumute. Ich sollte ihm nun das Mädchen freien helfen, in die ich selber seit so und so viel Semestern, wenn schon hoffnungslos, verliebt war.

Es gab keinen kleinen Kampf. Aber schließlich gab ich nach, denn Hans war von einem so ungewohnten, leidenschaftlichen Geist beseelt, als regiere ihn irgendein Dämon, dem nicht zu widerstehen war.

Also zog auch ich den schwarzen Rock an und ging mit Hans Amstein ins Haus des Oberförsters. Der Gang war für uns beide eine Qual, dabei war es höllisch heiß, es ging gegen Mittag, und ich konnte im zugeknöpften Staatsrock kaum mehr Luft bekommen. Meine Aufgabe war, vor allem den Oberförster festzuhalten und Hans eine Unterredung mit Salome zu ermöglichen.

Die Magd führte uns in die schöne Besuchsstube, der Oberförster und seine Tochter kamen gleichzeitig herein, und bald ging ich mit dem Alten ins Nebenzimmer, um mir ein paar Jagdflinten zeigen zu lassen. Die beiden andern blieben allein im Besuchszimmer zurück.

Der Oberförster war auf seine feine ruhige Art freundlich gegen mich, und ich besah jede Flinte so umständlich als möglich. Doch war mir gar nicht wohl dabei, denn ich hatte beständig ein Ohr auf das Nebenzimmer gespitzt, und was ich dort vernahm, war nicht geeignet, mich zu beruhigen.

Die anfänglich halblaute Unterhaltung der beiden war bald zu einem Flüstern geworden, das eine gute Weile dauerte, dann wurden einzelne Ausrufe hörbar, und plötzlich, nachdem ich minutenlang in peinlicher Bangigkeit gehorcht und Komödie gespielt hatte, vernahm ich, und leider auch der Oberförster, Hans Amsteins Stimme aufgeregt und mit einem überlauten, fast schreienden Ton.

Was gibt's denn? rief der Oberförster und riß die Tür auf.

Salome war aufgestanden und sagte ruhig: Herr Amstein

hat mich mit einem Antrag beehrt, Papa. Ich glaubte ihn ablehnen zu müssen – –

Hans war außer sich.

Daß du dich nicht schämst! rief er heftig. Erst hast du mich fast mit Gewalt von der andern weggezogen und jetzt – –

Der Oberförster unterbrach ihn. Sehr kühl und ein wenig hochmütig bat er um Erklärung der Szene. Da nun Hans nach längerem Schweigen mit mühsam gedämpfter, vor Zorn und Aufregung keuchender Stimme zu berichten anfing, sich verwirrte und ins Stocken geriet, glaubte ich eingreifen zu müssen und habe damit wahrscheinlich die ganze Sache vollends verdorben.

Ich bat den Oberförster um eine kurze Unterredung und erzählte ihm alles, was ich wußte. Ich verschwieg keine von den kleinen Künsten, mit denen Salome meinen Freund an sich gezogen hatte. Ich verschwieg auch nicht, was ich in der Nacht gesehen hatte. Der alte Herr erwiderte keinen Ton, er hörte aufmerksam zu, schloß die Augen und machte ein leidendes Gesicht. Nach fünf Minuten waren wir schon wieder im Besuchszimmer, wo wir Hans allein wartend fanden.

Ich höre da merkwürdige Sachen, sagte der Oberförster mit künstlich fester Stimme, immerhin scheint meine Tochter Ihnen einige Avancen gemacht zu haben. Nur vergaßen Sie, daß Salome noch ein Kind ist.

Ein Kind, sagte er, ein Kind!

Ich werde das Mädchen zur Rede stellen und erwarte Sie morgen um diese Zeit zu einer weiteren Aussprache. Mit einer steifen Gebärde entließ er uns und wir schlichen still und demütig nach Hause. Plötzlich mußten wir aber eilen, denn über unserem Städtchen brach ein tolles Gewitter aus, und trotz aller Sorge im Herzen liefen wir doch wie die Windhunde, um unsere Staatsröcke zu retten.

Beim Mittagessen war mein Onkel von einer gewaltsamen heiteren Laune, wir drei jungen Leute hatten aber weder zum Essen noch zum Reden viel Lust. Berta hatte einstweilen nur gefühlt, daß Hans ihr irgendwie entfremdet sei, und blickte nun traurig und angstvoll bald mich, bald den Amstein an, daß es einem bis in die Knochen ging.

Nach dem Essen legten wir uns mit Zigarren auf den

Holzbalkon und hörten dem Donnern zu. Auf dem glühenden Erdboden verdampfte der Regen in Schwaden und füllte alle Wiesen und Gärten mit Nebel an, die Luft war voll von Wasserdunst und starkem Grasgeruch. Ich mochte nicht mit Hans sprechen, ein Gefühl von Ärger und Bitterkeit befiel mich gegen ihn, und sooft ich ihn ansah, fiel der Anblick von gestern mir wieder ein, wie er und das Mädchen stumm und mit Gewalt aneinandergepreßt den Garten verließen. Ich machte mir bittere Vorwürfe darüber, daß ich das Nachtabenteuer dem Oberförster verraten hatte, und ich erfuhr, wie schwer man um ein Weib leiden kann, auch wenn man verzichtet hat und sie nicht einmal mehr haben möchte.

Plötzlich ging die Balkontür auf, und es trat eine große, dunkle Gestalt herein, von Regen triefend. Erst als sie den langen Mantel auseinanderschlug, erkannte ich die schöne Salome, und ehe noch ein Wort gesprochen war, drückte ich mich an ihr vorbei durch die Tür, die sie sogleich schloß.

In der Wohnstube saß Berta bei einer Handarbeit und sah bekümmert aus. Einen Augenblick überwog in mir das Mitleid mit dem verlassenen Mädchen alles andere.

Berta, auf dem Balkon ist die Salome beim Hans Amstein, sagte ich zu ihr.

Da stand sie auf, legte ihre Arbeit weg und wurde weiß im Gesicht. Ich sah, wie sie zitterte, und ich dachte, sie würde nun sogleich in Tränen ausbrechen. Aber sie biß sich in die Lippen und blieb stramm.

Ich muß hinübergehen, sagte sie plötzlich und ging. Ich schaute zu, wie sie sich steif aufrecht hielt, wie sie die Balkontür aufmachte und hinter sich wieder schloß. Eine Weile sah ich die Tür an und versuchte mir vorzustellen, was jetzt da draußen geschehe. Aber ich hatte nichts dabei zu tun. Ich ging in meine Stube hinunter, legte mich auf zwei Stühle, rauchte und hörte dem Regen zu. Ich versuchte mir vorzustellen, was nun droben zwischen den dreien vorgehe, und diesmal war mir's am meisten um die Berta leid.

Der Regen hatte längst aufgehört, und der warme Boden war schon fast überall wieder trocken. Ich ging in die Wohnstube hinauf, wo Berta den Tisch deckte.

Ist die Salome fort? fragte ich.

Schon lange. Wo warst du denn?

Ich habe geschlafen. Wo ist Hans?

Ausgegangen.

Was habt ihr miteinander gehabt?

Ach, laß mich!

Nein, ich ließ sie nicht; sie mußte erzählen. Sie tat es leise und ruhig und sah mich aus einem blassen Gesichtchen heraus mit stiller Festigkeit an. Das sanfte Mädchen war tapferer, als ich geglaubt hatte, und vielleicht tapferer als wir beiden Männer.

Als Berta den Balkon betreten hatte, war Hans vor der hochmütig aufgerichteten Salome gekniet. Die Berta nahm sich mit Gewalt zusammen. Sie zwang den Amstein, aufzustehen und ihr Rechenschaft zu geben. Da berichtete er ihr alles, die Salome aber stand daneben, hörte zu und lachte zuweilen. Als er zu Ende war, entstand ein Schweigen und dauerte so lange, bis die Salome ihren Mantel wieder umnahm und gehen wollte. Da sagte Berta: Du bleibst da! und zu Hans: Sie hat dich eingefangen, jetzt muß sie dich auch haben; zwischen mir und dir ist es ja doch vorbei!

Was die Salome nun antwortete, erfuhr ich nicht genau. Aber es muß bös gewesen sein – sie hat kein Herz im Leib, sagte Berta – und als sie dann zur Tür ging, wurde sie von niemand mehr zurückgehalten und ging unbegleitet die Treppe hinunter. Hans aber bat mein armes Kusinchen um Verzeihung. Er werde noch heute fortgehen, sie möge ihn vergessen, er sei ihrer nicht wert gewesen und dergleichen. Und er war weggegangen.

Als Berta mir das erzählt hatte, wollte ich irgend etwas Tröstendes antworten. Aber ehe ich ein Wort herausbrachte, hatte sie sich über den halbgedeckten Tisch geworfen und wurde von einem unheimlichen Schluchzen geschüttelt. Sie litt keine Berührung und kein Wort, ich konnte nur daneben stehen und zuwarten, bis sie wieder zu sich kam.

Geh, geh doch! sagte sie endlich und ich ging.

Als Hans zum Abendessen noch nicht zurück war und auch auf die Nacht nicht heimkam, war ich nicht sehr erstaunt. Vermutlich war er abgereist. Zwar war sein kleiner Koffer noch da, doch würde er schon darum schreiben. Sehr nobel war diese Flucht nicht, aber durchaus nicht unbegreiflich. Schlimm war nur das, daß ich jetzt genötigt war, dem Onkel die leidigen Affären mitzuteilen. Es gab ein gewaltiges Unwetter, und ich zog mich sehr früh auf meine Bude zurück.

Am andern Morgen weckt mich Gespräch und Geräusch vor dem Haus. Es war kaum fünf Uhr vorbei. Dann wird die Torglocke gezogen. Ich schlüpfe in die Hosen und gehe hinaus.

Auf ein paar Fichtenästen liegt Hans Amstein in seinem grauen, wollenen Ferienrock. Ein Waldschütz und drei Holzarbeiter haben ihn gebracht. Natürlich sind auch schon ein paar Zuschauer da.

Weiter? Nein, mein Bester. Die Geschichte ist aus. Heutzutage sind ja Studentenselbstmorde keine Raritäten mehr, aber damals hatte man Respekt vor Leben und Tod, und man hat von meinem Hans noch lange gesprochen. Und auch ich habe der leichtsinnigen Salome bis heute nicht verziehen.

Na, sie hat wohl ein gutes Teil abgebüßt. Damals nahm sie es nicht schwer, aber es kam auch für sie eine Zeit, wo sie das Leben ernst nehmen mußte. Sie hat keinen leichten Weg gehabt, sie ist auch nicht alt geworden. Es wäre noch eine Geschichte! Aber nicht für heute. Wollen wir noch eine Bouteille anbrechen?

(1903)

Der Zwerg

Auch in: Die Märchen

So begann der alte Geschichtenerzähler Cecco eines Abends am Kai:

Wenn es euch recht ist, meine Herrschaften, will ich heute einmal eine ganz alte Geschichte erzählen, von einer schönen Dame, einem Zwerg und einem Liebestrank, von Treue und Untreue, Liebe und Tod, wovon ja alle alten und neuen Abenteuer und Geschichten handeln.

Das Fräulein Margherita Cadorin, die Tochter des Edlen Battista Cadorin, war zu ihrer Zeit unter den schönen Damen von Venedig die schönste, und die auf sie gedichteten Strophen und Lieder waren zahlreicher als die Bogenfenster der Paläste am großen Kanal und als die Gondeln, die an einem Frühlingsabend zwischen dem Ponte del Vin und der Dogana schwimmen. Hundert junge und alte Edelleute, von Venedig wie von Murano, und auch solche aus Padua, konnten in keiner Nacht die Augen schließen, ohne von ihr zu träumen, noch am Morgen erwachen, ohne sich nach ihrem Anblick zu sehnen, und in der ganzen Stadt gab es wenige unter den jungen Gentildonnen, die noch nie auf Margherita Cadorin eifersüchtig gewesen wären. Sie zu beschreiben, steht mir nicht zu, ich begnüge mich damit, zu sagen, daß sie blond und groß und schlank wie eine junge Zypresse gewachsen war, daß ihren Haaren die Luft und ihren Sohlen der Boden schmeichelte, und daß Tizian, als er sie sah, den Wunsch geäußert haben soll, er möchte ein ganzes Jahr lang nichts und niemand malen als nur diese Frau.

An Kleidern, an Spitzen, an byzantinischem Goldbrokat, an Steinen und Schmuck litt die Schöne keinen Mangel, vielmehr ging es in ihrem Palast reich und prächtig her: der Fuß trat auf farbige dicke Teppiche aus Kleinasien, die Schränke verbargen silbernes Gerät genug, die Tische erglänzten von feinem Damast und herrlichem Porzellan, die Fußböden der Wohnzimmer waren schöne Mosaikarbeit, und die Decken und Wände bedeckten teils Gobelins auf Brokat und Seide, teils hübsche, heitere Malereien. An Dienerschaft war ebenfalls kein Mangel, noch an Gondeln und Ruderern.

Alle diese köstlichen und erfreulichen Dinge gab es aber

freilich auch in anderen Häusern; es gab größere und reichere Paläste als den ihren, vollere Schränke, köstlichere Geräte, Tapeten und Schmucksachen. Venedig war damals sehr reich. Das Kleinod jedoch, welches die junge Margherita ganz allein besaß und das den Neid vieler Reicheren erregte, war ein Zwerg, Filippo genannt, nicht drei Ellen hoch und mit zwei Höckerchen versehen, ein phantastischer kleiner Kerl. Filippo war aus Cypern gebürtig und hatte, als ihn Herr Vittorio Battista von Reisen heimbrachte, nur Griechisch und Syrisch gekonnt, jetzt aber sprach er ein so reines Venezianisch, als wäre er an der Riva oder im Kirchspiel von San Giobbe zur Welt gekommen. So schön und schlank seine Herrin war, so häßlich war der Zwerg; neben seinem verkrüppelten Wuchse erschien sie doppelt hoch und königlich, wie der Turm einer Inselkirche neben einer Fischerhütte. Die Hände des Zwerges waren faltig, braun und in den Gelenken gekrümmt, sein Gang unsäglich lächerlich, seine Nase viel zu groß, seine Füße breit und einwärts gestellt. Gekleidet aber ging er wie ein Fürst, in lauter Seide und Goldstoff.

Schon dies Äußere machte den Zwerg zu einem Kleinod; vielleicht gab es nicht bloß in Venedig, sondern in ganz Italien, Mailand nicht ausgenommen, keine seltsamere und possierlichere Figur; und manche Majestät, Hoheit oder Exzellenz hätte gewiß den kleinen Mann gern mit Gold aufgewogen, wenn er dafür feil gewesen wäre.

Aber wenn es auch vielleicht an Höfen oder in reichen Städten einige Zwerge geben mochte, welche dem Filippo an Kleinheit und Häßlichkeit gleichkamen, so blieben doch an Geist und Begabung alle weit hinter ihm zurück. Wäre es allein auf die Klugheit angekommen, so hätte dieser Zwerg ruhig im Rat der Zehn sitzen oder eine Gesandtschaft verwalten können. Nicht allein sprach er drei Sprachen, sondern er war auch in Historien, Ratschlägen und Erfindungen wohl erfahren, konnte ebensowohl alte Geschichten erzählen wie neue erfinden und verstand sich nicht weniger auf guten Rat als auf böse Streiche und vermochte jeden, wenn er nur wollte, so leicht zum Lachen wie zum Verzweifeln zu bringen.

An heiteren Tagen, wenn die Donna auf ihrem Söller saß,

um ihr wundervolles Haar, wie es damals allgemein die Mode war, an der Sonne zu bleichen, war sie stets von ihren beiden Kammerdienerinnen, von ihrem afrikanischen Papagei und von dem Zwerg Filippo begleitet. Die Dienerinnen befeuchteten und kämmten ihr langes Haar und breiteten es über dem großen Schattenhut zum Bleichen aus, bespritzten es mit Rosentau und mit griechischen Wassern, und dazu erzählten sie alles, was in der Stadt vorging und vorzugehen im Begriff war: Sterbefälle, Feierlichkeiten, Hochzeiten und Geburten, Diebstähle und komische Ereignisse. Der Papagei schlug mit seinen schönfarbigen Flügeln und machte seine drei Kunststücke: ein Lied pfeifen, wie eine Ziege meckern und »Gute Nacht« rufen. Der Zwerg saß daneben, still in der Sonne gekauert, und las in alten Büchern und Rollen, auf das Mädchengeschwätz so wenig achtend wie auf die schwärmenden Mücken. Alsdann geschah es jedesmal, daß nach einiger Zeit der bunte Vogel nickte, gähnte und entschlief, daß die Mägde langsamer plauderten und endlich verstummten und ihren Dienst lautlos mit müden Gebärden versahen; denn gibt es einen Ort, wo die Mittagssonne heißer und schläfernder brennen kann als auf dem Söller eines venezianischen Palastdaches? Dann wurde die Herrin mißmutig und schalt heftig, sobald die Mädchen ihre Haare zu trocken werden ließen oder gar ungeschickt anfaßten. Und dann kam der Augenblick, wo sie rief: »Nehmt ihm das Buch weg!«

Die Mägde nahmen das Buch von Filippos Knien, und der Zwerg schaute zornig auf, bezwang sich aber sogleich und fragte höflich, was die Herrin beliebe.

Und sie befahl: »Erzähl mir eine Geschichte!«

Darauf antwortete der Zwerg: »Ich will nachdenken«, und dachte nach.

Hierbei geschah es zuweilen, daß er ihr allzu lange zögerte, so daß sie ihn scheltend anrief. Er schüttelte aber gelassen den schweren Kopf, der für seine Gestalt viel zu groß war, und antwortete mit Gleichmut: »Ihr müsset noch ein wenig Geduld haben. Gute Geschichten sind wie ein edles Wild. Sie hausen verborgen, und man muß oft lange am Eingang der Schluchten und Wälder stehen und auf sie lauern. Lasset mich nachdenken!«

Wenn er aber genugsam gesonnen hatte und zu erzählen

anfing, dann hielt er nicht mehr inne, bis er zu Ende war, ununterbrochen lief seine Erzählung dahin, wie ein vom Gebirge kommender Fluß, in welchem alle Dinge sich spiegeln, von den kleinen Gräsern bis zum blauen Gewölbe des Himmels. Der Papagei schlief, im Traume zuweilen mit dem krummen Schnabel knarrend, die kleinen Kanäle lagen unbeweglich, so daß die Spiegelbilder der Häuser feststanden wie wirkliche Mauern, die Sonne brannte auf das flache Dach herab, und die Mägde kämpften verzweifelt gegen die Schläfrigkeit. Der Zwerg aber war nicht schläfrig und wurde zum Zauberer und König, sobald er seine Kunst begann. Er löschte die Sonne aus und führte seine still zuhörende Herrin bald durch schwarze, schauerliche Wälder, bald auf den blauen kühlen Grund des Meeres, bald durch die Straßen fremder und fabelhafter Städte, denn er hatte die Kunst des Erzählens im Morgenlande gelernt, wo die Erzähler viel gelten und Magier sind und mit den Seelen der Zuhörer spielen, wie ein Kind mit seinem Balle spielt.

Beinahe niemals begannen seine Geschichten in fremden Ländern, wohin die Seele des Zuhörenden nicht leicht aus eigenen Kräften zu fliegen vermag. Sondern er begann stets mit dem, was man mit Augen sehen kann, sei es mit einer goldenen Spange, sei es mit einem seidenen Tuche, immer begann er mit etwas Nahem und Gegenwärtigem und leitete die Einbildung seiner Herrin unmerklich, wohin er wollte, indem er von früheren Besitzern solcher Kleinode oder von ihren Meistern und Verkäufern zu berichten anhob, so daß die Geschichte, natürlich und langsam rinnend, vom Söller des Palastes in die Barke des Händlers, von der Barke in den Hafen und auf das Schiff und an jeden entferntesten Ort der Welt sich hinüberwiegte. Wer ihm zuhörte, der glaubte selbst die Fahrt zu machen, und während er noch ruhig in Venedig saß, irrte sein Geist schon fröhlich oder ängstlich auf fernen Meeren und in fabelhaften Gegenden umher. Auf eine solche Art erzählte Filippo.

Außer solchen wunderbaren, zumeist morgenländischen Märchen berichtete er auch wirkliche Abenteuer und Begebenheiten aus alter und neuer Zeit, von des Königs Äneas Fahrten und Leiden, vom Reiche Cypern, vom König Johannes, vom Zauberer Virgilius und von den gewaltigen Reisen des Amerigo Vespucci. Obendrein verstand er selbst die merkwürdigsten Geschichten zu erfinden und vorzutragen. Als ihn eines Tages seine Herrin beim Anblick des schlummernden Papageien fragte: »Du Alleswisser, wovon träumt jetzt mein Vogel?«, da besann er sich nur eine kleine Weile und begann sogleich einen langen Traum zu erzählen, so, als wäre er selbst der Papagei, und als er zu Ende war, da erwachte gerade der Vogel, meckerte wie eine Ziege und schlug mit den Flügeln. Oder nahm die Dame ein Steinchen, warf es über die Brüstung der Terrasse ins Wasser des Kanals hinab, daß man es klatschen hörte, und fragte: »Nun, Filippo, wohin kommt jetzt mein Steinchen?« Und sogleich hob der Zwerg zu berichten an, wie das Steinchen im Wasser zu Quallen, Fischen, Krabben und Austern kam, zu ertrunkenen Schiffern und Wassergeistern, Kobolden und Meerfrauen, deren Leben und Begebenheiten er wohl kannte und die er genau und umständlich zu schildern wußte.

Obwohl nun das Fräulein Margherita, gleich so vielen reichen und schönen Damen, hochmütig und harten Herzens war, hatte sie doch zu ihrem Zwerge viele Zuneigung und achtete darauf, daß jedermann ihn gut und ehrenhaft behandle. Nur sie selber machte sich zuweilen einen Spaß daraus, ihn ein wenig zu quälen, war er doch ihr Eigentum. Bald nahm sie ihm alle seine Bücher weg, bald sperrte sie ihn in den Käfig ihres Papageien, bald brachte sie ihn auf dem Parkettboden eines Saales zum Straucheln. Sie tat dies jedoch alles nicht in böser Absicht, auch beklagte sich Filippo niemals, aber er vergaß nichts und brachte zuweilen in seinen Fabeln und Märchen kleine Anspielungen und Winke und Stiche an, welche das Fräulein sich denn auch ruhig gefallen ließ. Sie hütete sich wohl, ihn allzusehr zu reizen, denn jedermann glaubte den Zwerg im Besitz geheimer Wissenschaften und verbotener Mittel. Mit Sicherheit wußte man, daß er die Kunst verstand, mit mancherlei Tieren zu reden, und daß er im Vorhersagen von Witterung und Stürmen unfehlbar war. Doch schwieg er zumeist still, wenn jemand mit solchen Fragen in ihn drang, und wenn er dann die schiefen Achseln zuckte und den schweren steifen Kopf zu schütteln versuchte, vergaßen die Fragenden ihr Anliegen vor lauter Lachen.

Wie ein jeder Mensch das Bedürfnis hat, irgendeiner lebendigen Seele zugetan zu sein und Liebe zu erweisen, so hatte auch Filippo außer seinen Büchern noch eine absonderliche Freundschaft, nämlich mit einem schwarzen kleinen Hündlein, das ihm gehörte und sogar bei ihm schlief. Es war das Geschenk eines unerhört gebliebenen Bewerbers an das Fräulein Margherita und war dem Zwerge von seiner Dame überlassen worden, allerdings unter besonderen Umständen. Gleich am ersten Tage nämlich war das Hündchen verunglückt und von einer zugeschlagenen Falltüre getroffen worden. Es sollte getötet werden, da ihm ein Bein zerbrochen war; da hatte der Zwerg das Tier für sich erbeten und zum Geschenk erhalten. Unter seiner Pflege war es genesen und hing mit großer Dankbarkeit an seinem Retter. Doch war ihm das geheilte Bein krumm geblieben, so daß es hinkte und dadurch noch besser zu seinem verwachsenen Herrn paßte, worüber Filippo manchen Scherz zu hören bekam.

Mochte nun diese Liebe zwischen Zwerg und Hund den Leuten lächerlich erscheinen, so war sie doch nicht minder aufrichtig und herzlich, und ich glaube, daß mancher reiche Edelmann von seinen besten Freunden nicht so innig geliebt wurde wie der krummbeinige Bologneser von Filippo. Dieser nannte ihn Filippino, woraus der abgekürzte Kosename Fino entstand, und behandelte ihn so zärtlich wie ein Kind, sprach mit ihm, trug ihm leckere Bissen zu, ließ ihn in seinem kleinen Zwergenbett schlafen und spielte oft lange mit ihm, kurz, er übertrug alle Liebe seines armen und heimatlosen Lebens auf das kluge Tier und nahm seinetwegen vielen Spott der Dienerschaft und der Herrin auf sich. Und ihr werdet in Bälde sehen, wie wenig lächerlich diese Zuneigung war, denn sie hat nicht allein dem Hunde und dem Zwerge, sondern dem ganzen Hause das größte Unheil gebracht. Es möge euch darum nicht verdrießen, daß ich so viele Worte über einen kleinen lahmen Schoßhund verlor, sind doch die Beispiele nicht selten, daß durch viel geringere Ursachen große und schwere Schicksale hervorgerufen wurden.

Während so viele vornehme, reiche und hübsche Männer ihre Augen auf Margherita richteten und ihr Bild in ihrem Herzen trugen, blieb sie selbst so stolz und kalt, als gäbe es keine Männer auf der Welt. Sie war nämlich nicht nur bis zum Tode ihrer Mutter, einer gewissen Donna Maria aus dem Hause der Giustiniani, sehr streng erzogen worden, sondern hatte auch von Natur ein hochmütiges, der Liebe widerstrebendes Wesen und galt mit Recht für die grausamste Schöne von Venedig. Ihretwegen fiel ein junger Edler aus Padua im Duell mit einem Mailänder Offizier, und als sie es vernahm und man ihr die an sie gerichteten letzten Worte des Gefallenen berichtete, sah man auch nicht den leisesten Schatten über ihre weiße Stirn laufen. Mit den auf sie gedichteten Sonetten trieb sie ewig ihren Spott, und als fast zu gleicher Zeit zwei Freier aus den angesehensten Familien der Stadt sich feierlich um ihre Hand bewarben, zwang sie trotz seines eifrigen Widerstrebens und Zuredens ihren Vater, beide abzuweisen, woraus eine langwierige Familienzwistigkeit entstand.

Allein der kleine geflügelte Gott ist ein Schelm und läßt sich ungern eine Beute entgehen, am wenigsten eine so schöne. Man hat es oft genug erlebt, daß gerade die unzugänglichen und stolzen Frauen sich am raschesten und heftigsten verlieben, so wie auf den härtesten Winter gewöhnlich auch der wärmste und holdeste Frühling folgt. Es geschah bei Gelegenheit eines Festes in den Muraneser Gärten, daß Margherita ihr Herz an einen jungen Ritter und Seefahrer verlor, der eben erst aus der Levante zurückgekehrt war. Er hieß Baldassare Morosini und gab der Dame, deren Blick auf ihn gerichtet war, weder an Adel noch an Stattlichkeit der Figur etwas nach. An ihr war alles licht und leicht, an ihm aber dunkel und stark, und man konnte ihm ansehen, daß er lange Zeit auf der See und in fremden Ländern gewesen und ein Freund der Abenteuer war; über seine gebräunte Stirn zuckten die Gedanken wie Blitze, und über seiner kühnen, gebogenen Nase brannten dunkle Augen heiß und scharf.

Es war nicht anders möglich, als daß auch er Margherita sehr bald bemerkte, und sobald er ihren Namen in Erfahrung gebracht hatte, trug er sogleich Sorge, ihrem Vater und ihr selber vorgestellt zu werden, was unter vielen Höflichkeiten und schmeichelhaften Worten geschah. Bis zum Ende der Festlichkeit, welche nahezu bis Mitternacht dauerte, hielt er sich, soweit der Anstand es nur erlaubte, beständig in ihrer

Nähe auf, und sie hörte auf seine Worte, auch wenn sie an andere als an sie selbst gerichtet waren, eifriger als auf das Evangelium. Wie man sich denken kann, ward Herr Baldassare des öftern genötigt, von seinen Reisen und Taten und bestandenen Gefahren zu erzählen, und er tat dies mit soviel Anstand und Heiterkeit, daß jeder ihn gern anhörte. In Wirklichkeit waren seine Worte alle nur einer einzigen Zuhörerin zugedacht, und diese ließ sich nicht einen Hauch davon entgehen. Er berichtete von den seltensten Abenteuern so leichthin, als müßte ein jeder sie selber schon erlebt haben, und stellte seine Person nicht allzusehr in den Vordergrund, wie es sonst die Seefahrer und zumal die jungen zu machen pflegen. Nur einmal, da er von einem Gefecht mit afrikanischen Piraten erzählte, erwähnte er eine schwere Verwundung, deren Narbe quer über seine linke Schulter laufe, und Margherita hörte atemlos zu, entzückt und entsetzt zugleich.

Zum Schlusse begleitete er sie und ihren Vater zu ihrer Gondel, verabschiedete sich und blieb noch lange stehen, um dem Fackelglanz der über die dunkle Lagune entgleitenden Gondel nachzublicken. Erst als er diesen ganz aus den Augen verloren hatte, kehrte er zu seinen Freunden in ein Gartenhaus zurück, wo die jungen Edelleute, und auch einige hübsche Dirnen dabei, noch einen Teil der warmen Nacht beim gelben Griechenwein und beim roten süßen Alkermes verbrachten. Unter ihnen war ein Giambattista Gentarini, einer der reichsten und lebenslustigsten jungen Männer von Venedig. Dieser trat Baldassare entgegen, berührte seinen Arm und sagte lachend: »Wie sehr hoffte ich, du würdest uns heute nacht die Liebesabenteuer deiner Reisen erzählen! Nun ist es wohl nichts damit, da die schöne Cadorin dein Herz mitgenommen hat. Aber weißt du auch, daß dieses schöne Mädchen von Stein ist und keine Seele hat? Sie ist wie ein Bild des Giorgione, an dessen Frauen wahrhaftig nichts zu tadeln ist, als daß sie kein Fleisch und Blut haben und nur für unsere Augen existieren. Im Ernst, ich rate dir, halte dich ihr fern – oder hast du Lust, als dritter abgewiesen und zum Gespött der Cadorinschen Dienerschaft zu werden?«

Baldassare aber lachte nur und hielt es nicht für notwendig, sich zu rechtfertigen. Er leerte ein paar Becher von dem süßen, ölfarbigen Cypernwein und begab sich früher als die andern nach Hause.

Schon am nächsten Tage suchte er zu guter Stunde den alten Herrn Cadorin in seinem hübschen kleinen Palaste auf und bestrebte sich auf jede Weise, sich ihm angenehm zu machen und seine Zuneigung zu gewinnen. Am Abend brachte er mit mehreren Sängern und Spielleuten der schönen jungen Dame eine Serenata, mit gutem Erfolge: sie stand zuhörend am Fenster und zeigte sich sogar eine kleine Weile auf dem Balkon. Natürlich sprach sofort die ganze Stadt davon, und die Bummler und Klatschbasen wußten schon von der Verlobung und vom mutmaßlichen Tag der Hochzeit zu schwatzen, noch ehe Morosini sein Prachtkleid angelegt hatte, um dem Vater Margheritas seine Werbung vorzutragen; er verschmähte es nämlich, der damaligen Sitte gemäß nicht in eigener Person, sondern durch einen oder zwei seiner Freunde anzuhalten. Doch bald genug hatten jene gesprächigen Alleswisser die Freude, ihre Prophezeiungen bestätigt zu sehen.

Als Herr Baldassare dem Vater Cadorin seinen Wunsch aussprach, sein Schwiegersohn zu werden, kam dieser in nicht geringe Verlegenheit.

»Mein teuerster junger Herr«, sagte er beschwörend, »ich unterschätze bei Gott die Ehre nicht, die Euer Antrag für mein Haus bedeutet. Dennoch möchte ich Euch inständig bitten, von Eurem Vorhaben zurückzutreten, es würde Euch und mir viel Kummer und Beschwernis ersparen. Da Ihr so lange auf Reisen und fern von Venedig gewesen seid, wisset Ihr nicht, in welche Nöte das unglückselige Mädchen mich schon gebracht hat, indem sie bereits zwei ehrenvolle Anträge ohne alle Ursache abgewiesen. Sie will von Liebe und Männern nichts wissen. Und ich gestehe, ich habe sie etwas verwöhnt und bin zu schwach, um ihre Hartnäckigkeit durch Strenge zu brechen.«

Baldassare hörte höflich zu, nahm aber seine Werbung nicht zurück, sondern gab sich alle Mühe, den ängstlichen alten Herrn zu ermutigen und in bessere Laune zu bringen. Endlich versprach dann der Herr, mit seiner Tochter zu sprechen.

Man kann sich denken, wie die Antwort des Fräuleins ausfiel. Zwar machte sie zur Wahrung ihres Hochmuts einige geringfügige Einwände und spielte namentlich vor ihrem Vater noch ein wenig die Dame, aber in ihrem Herzen hatte sie ja gesagt, noch eh sie gefragt worden war. Gleich nach Empfang ihrer Antwort erschien Baldassare mit einem zierlichen und kostbaren Geschenk, steckte seiner Verlobten einen goldenen Brautring an den Finger und küßte zum erstenmal ihren schönen stolzen Mund.

Nun hatten die Venezianer etwas zu schauen und zu schwatzen und zu beneiden. Niemand konnte sich erinnern, jemals ein so prächtiges Paar gesehen zu haben. Beide waren groß und hoch gewachsen und die Dame kaum um Haaresbreite kleiner als er. Sie war blond, er war schwarz, und beide trugen ihre Köpfe hoch und frei, denn sie gaben einander, wie an Adel, so an Hochmut nicht das geringste nach.

Nur eines gefiel der prächtigen Braut nicht, daß nämlich ihr Herr Verlobter erklärte, in Bälde nochmals nach Cypern reisen zu müssen, um daselbst wichtige Geschäfte zum Abschluß zu bringen. Erst nach der Rückkehr von dort sollte die Hochzeit stattfinden, auf die schon jetzt die ganze Stadt sich wie auf eine öffentliche Feier freute. Einstweilen genossen die Brautleute ihr Glück ohne Störung; Herr Baldassare ließ es an Veranstaltungen jeder Art, an Geschenken, an Ständchen, an Überraschungen nicht fehlen, und so oft es irgend anging, war er mit Margherita zusammen. Auch machten sie, die strenge Sitte umgehend, manche verschwiegene gemeinsame Fahrt in verdeckter Gondel.

Wenn Margherita hochmütig und ein klein wenig grausam war, wie bei einer verwöhnten jungen Edeldame nicht zu verwundern, so war ihr Bräutigam, von Hause aus hochfahrend und wenig an Rücksicht auf andere gewöhnt, durch sein Seefahrerleben und seine jungen Erfolge nicht sanfter geworden. Je eifriger er als Freier den Angenehmen und Sittsamen gespielt hatte, desto mehr gab er jetzt, da das Ziel erreicht war, seiner Natur und ihren Trieben nach. Von Haus aus ungestüm und herrisch, hatte er als Seemann und reicher Handelsherr sich vollends daran gewöhnt, nach eigenen Gelüsten zu leben und sich um andere Leute nicht zu kümmern. Es war seltsam, wie ihm von Anfang an in der Umgebung seiner Braut mancherlei zuwider war, am meisten der Papagei, das Hündchen Fino und der Zwerg Filippo. Sooft er diese sah, ärgerte er sich und tat alles, um sie zu quälen oder sie ihrer Besitzerin zu entleiden. Und sooft er ins Haus trat und seine starke Stimme auf der gewundenen Treppe erklang, entfloh das Hündchen heulend und fing der Vogel an zu schreien und mit den Flügeln um sich zu schlagen; der Zwerg begnügte sich damit, die Lippen zu verziehen und hartnäckig zu schweigen. Um gerecht zu sein, muß ich sagen, daß Margherita, wenn nicht für die Tiere, so doch für Filippo manches Wort einlegte und den armen Zwerg zuweilen zu verteidigen suchte; aber freilich wagte sie ihren Geliebten nicht zu reizen und konnte oder wollte manche kleine Quälerei und Grausamkeit nicht verhindern.

Mit dem Papagei nahm es ein schnelles Ende. Eines Tages, da Herr Morosini ihn wieder quälte und mit einem Stäbchen nach ihm stieß, hackte der erzürnte Vogel nach seiner Hand und riß ihm mit seinem starken und scharfen Schnabel einen Finger blutig, worauf jener ihm den Hals umdrehen ließ. Er wurde in den schmalen finstern Kanal an der Rückseite des Hauses geworfen und von niemand betrauert.

Nicht besser erging es bald darauf dem Hündchen Fino. Es hatte sich, als der Bräutigam seiner Herrin einst das Haus betrat, in einem dunkeln Winkel der Treppe verborgen, wie es denn gewohnt war, stets unsichtbar zu werden, wenn dieser Herr sich nahte. Herr Baldassare aber, vielleicht weil er irgend etwas in seiner Gondel hatte liegenlassen, was er keinem Diener anvertrauen mochte, stieg gleich darauf unvermutet wieder die Stufen der Treppe hinab. Der erschrokkene Fino bellte in seiner Überraschung laut auf und sprang so hastig und ungeschickt empor, daß er um ein Haar den Herrn zu Fall gebracht hätte. Stolpernd erreichte dieser, gleichzeitig mit dem Hunde, den Flur, und da das Tierlein in seiner Angst bis zum Portal weiterrannte, wo einige breite Steinstufen in den Kanal hinabführten, versetzte er ihm unter grimmigem Fluchen einen so heftigen Fußtritt, daß der kleine Hund weit ins Wasser hinausgeschleudert wurde.

In diesem Augenblick erschien der Zwerg, der Finos Bellen und Winseln gehört hatte, im Torgang und stellte sich neben Baldassare, der mit Gelächter zuschaute, wie das halblahme

Hündchen angstvoll zu schwimmen versuchte. Zugleich erschien auf den Lärm hin Margherita auf dem Balkon des ersten Stockwerks.

»Schicket die Gondel hinüber, bei Gottes Güte«, rief Filippo ihr atemlos zu. »Lasset ihn holen, Herrin, sofort! Er ertrinkt mir! O Fino, Fino!«

Aber Herr Baldassare lachte und hielt den Ruderer, der schon die Gondel lösen wollte, durch einen Befehl zurück. Nochmals wollte sich Filippo an seine Herrin wenden und sie anflehen, aber Margherita verließ in diesem Augenblick den Balkon, ohne ein Wort zu sagen. Da kniete der Zwerg vor seinem Peiniger nieder und flehte ihn an, dem Hunde das Leben zu lassen. Der Herr wandte sich unwillig ab, befahl ihm streng, ins Haus zurückzukehren, und blieb an der Gondeltreppe so lange stehen, bis der kleine keuchende Fino untersank.

Filippo hatte sich auf den obersten Boden unterm Dache begeben. Dort saß er in einer Ecke, stützte den großen Kopf auf die Hände und starrte vor sich hin. Es kam eine Kammerjungfer, um ihn zur Herrin zu rufen, und dann kam und rief ihn ein Diener, aber er rührte sich nicht. Und als er spät am Abend immer noch dort oben saß, stieg seine Herrin selber mit einer Ampel in der Hand zu ihm hinauf. Sie blieb vor ihm stehen und sah ihn eine Weile an.

»Warum stehst du nicht auf?« fragte sie dann. Er gab keine Antwort. »Warum stehst du nicht auf?« fragte sie nochmals. Da blickte der kleine Verwachsene sie an und sagte leise: »Warum habt Ihr meinen Hund umgebracht?«

»Ich war es nicht, die es tat«, rechtfertigte sie sich.

»Ihr hättet ihn retten können und habt ihn umkommen lassen«, klagte der Zwerg. »O mein Liebling! O Fino, o Fino!«

Da wurde Margherita ärgerlich und befahl ihm scheltend, aufzustehen und zu Bette zu gehen. Er folgte ihr, ohne ein Wort zu sagen, und blieb drei Tage lang stumm wie ein Toter, berührte die Speisen kaum und achtete auf nichts, was um ihn her geschah und gesprochen wurde.

In diesen Tagen wurde die junge Dame von einer großen Unruhe befallen. Sie hatte nämlich von verschiedenen Seiten Dinge über ihren Verlobten vernommen, welche ihr schwere

Sorge bereiteten. Man wollte wissen, der junge Herr Morosini sei auf seinen Reisen ein schlimmer Mädchenjäger gewesen und habe auf Cypern und an andern Orten eine ganze Anzahl von Geliebten sitzen. Wirklich war dies auch die Wahrheit, und Margherita wurde voll Zweifel und Angst und konnte namentlich an die bevorstehende neue Reise ihres Bräutigams nur mit den bittersten Seufzern denken. Am Ende hielt sie es nicht mehr aus, und eines Morgens, als Baldassare bei ihr in ihrem Hause war, sagte sie ihm alles und verheimlichte ihm keine von ihren Befürchtungen.

Er lächelte. »Was man dir, Liebste und Schönste, berichtet hat, mag zum Teil erlogen sein, das meiste daran ist aber wahr. Die Liebe ist gleich einer Woge, sie kommt und erhebt uns und reißt uns mit sich fort, ohne daß wir widerstehen können. Dennoch aber weiß ich wohl, was ich meiner Braut und der Tochter eines so edlen Hauses schuldig bin, du magst daher ohne Sorge sein. Ich habe hier und dort manche schöne Frau gesehen und mich in manche verliebt, aber dir kommt keine gleich.«

Und weil von seiner Kraft und Kühnheit ein Zauber ausging, gab sie sich stille und lächelte und streichelte seine harte, braune Hand. Aber sobald er von ihr ging, kehrten alle ihre Befürchtungen wieder und ließen ihr keine Ruhe, so daß diese so überaus stolze Dame nun das geheime, demütigende Leid der Liebe und Eifersucht erfuhr und in ihren seidenen Decken halbe Nächte nicht schlafen konnte.

In ihrer Bedrängnis wandte sie sich ihrem Zwerge Filippo wieder zu. Dieser hatte inzwischen sein früheres Wesen wieder angenommen und stellte sich, als hätte er den schmählichen Tod seines Hündleins nun vergessen. Auf dem Söller saß er wieder wie sonst, in Büchern lesend oder erzählend, während Margherita ihr Haar an der Sonne bleichte. Nur einmal erinnerte sie sich noch an jene Geschichte. Da sie ihn nämlich einmal fragte, worüber er denn so tief nachsinne, sagte er mit seltsamer Stimme: »Gott segne dieses Haus, gnädige Herrin, das ich tot oder lebend bald verlassen werde.« – »Warum denn?« entgegnete sie. Da zuckte er auf seine lächerliche Weise die Schultern: »Ich ahne es, Herrin. Der Vogel ist fort, der Hund ist fort, was soll der Zwerg noch da?« Sie untersagte ihm darauf solche Reden ernstlich, und er sprach nicht mehr davon. Die Dame war der Meinung, er denke nicht mehr daran, und zog ihn wieder ganz in ihr Vertrauen. Er aber, wenn sie ihm von ihrer Sorge redete, verteidigte Herrn Baldassare und ließ auf keine Weise merken, daß er ihm noch etwas nachtrage. So gewann er die Freundschaft seiner Herrin in hohem Grade wieder.

An einem Sommerabend, als vom Meere her ein wenig Kühlung wehte, bestieg Margherita samt dem Zwerge ihre Gondel und ließ sich ins Freie rudern. Als die Gondel in die Nähe von Murano kam und die Stadt nur noch wie ein weißes Traumbild in der Ferne auf der glatten, schillernden Lagune schwamm, befahl sie Filippo, eine Geschichte zu erzählen. Sie lag auf dem schwarzen Pfühle ausgestreckt, der Zwerg kauerte ihr gegenüber am Boden, den Rücken dem hohen Schnabel der Gondel zugewendet. Die Sonne hing am Rande der fernen Berge, die vor rosigem Dunst kaum sichtbar waren; auf Murano begannen einige Glocken zu läuten. Der Gondelier bewegte, von der Wärme betäubt, lässig und halbschlafend sein langes Ruder, und seine gebückte Gestalt samt der Gondel spiegelte sich in dem von Tang durchzogenen Wasser. Zuweilen fuhr in der Nähe eine Frachtbarke vorüber oder eine Fischerbarke mit einem lateinischen Segel, dessen spitziges Dreieck für einen Augenblick die fernen Türme der Stadt verdeckte.

»Erzähl mir eine Geschichte!« befahl Margherita, und Filippo neigte seinen schweren Kopf, spielte mit den Goldfransen seines seidenen Leibrocks, sann eine Weile nach und erzählte dann folgende Begebenheit:

»Eine merkwürdige und ungewöhnliche Sache erlebte einst mein Vater zu der Zeit, da er noch in Byzanz lebte, lang ehe ich geboren wurde. Er betrieb damals das Geschäft eines Arztes und Ratgebers in schwierigen Fällen, wie er denn sowohl die Heilkunde wie die Magie von einem Perser, der in Smyrna lebte, erlernt und in beiden große Kenntnisse erworben hatte. Da er aber ein ehrlicher Mann war und sich weder auf Betrügereien noch auf Schmeicheleien, sondern einzig auf seine Kunst verließ, hatte er vom Neid mancher Schwindler und Kurpfuscher viel zu leiden und sehnte sich schon lange nach einer Gelegenheit, in seine Heimat zurückzukehren. Doch wollte mein armer Vater das durchaus nicht eher tun, als bis er sich wenigstens ein geringes Vermögen in der Fremde erworben hätte, denn er wußte zu Hause die Seinigen in ärmlichen Verhältnissen schmachten. Je weniger daher sein Glück in Byzanz blühen wollte, während er doch manche Betrüger und Nichtskönner ohne Mühe zu Reichtümern gelangen sah, desto trauriger wurde mein guter Vater und verzweifelte nahezu an der Möglichkeit, ohne marktschreierische Mittel sich aus dieser Not zu ziehen. Denn es fehlte ihm keineswegs an Klienten, und er hat Hunderten in den schwierigsten Lagen geholfen, aber es waren zumeist arme und geringe Leute, von denen er sich geschämt hätte, mehr als eine Kleinigkeit für seine Dienste anzunehmen.

In so betrübter Lage war mein Vater schon entschlossen, die Stadt zu Fuß und ohne Geld zu verlassen oder Dienste auf einem Schiff zu suchen. Doch nahm er sich vor, noch einen Monat zu warten, denn es schien ihm nach den Regeln der Astrologie wohl möglich, daß ihm innerhalb dieser Frist ein Glücksfall begegne. Aber auch diese Zeit verstrich, ohne daß etwas Derartiges geschehen wäre. Traurig packte er also am letzten Tage seine wenigen Habseligkeiten zusammen und beschloß, am nächsten Morgen aufzubrechen.

Am Abend des letzten Tages wandelte er außerhalb der Stadt am Meeresstrande hin und her, und man kann sich denken, daß seine Gedanken dabei recht trostlos waren. Die Sonne war längst untergegangen, und schon breiteten die Sterne ihr weißes Licht über das ruhige Meer.

Da vernahm mein Vater plötzlich in nächster Nähe ein lautes klägliches Seufzen. Er schaute rings um sich, und da er niemand erblicken konnte, erschrak er gewaltig, denn er nahm es als böses Vorzeichen für seine Abreise. Als jedoch das Klagen und Seufzen sich noch lauter wiederholte, ermannte er sich und rief: ›Wer ist da?‹ Und sogleich hörte er ein Plätschern am Meeresufer, und als er sich dorthin wandte, sah er im blassen Schimmer der Sterne eine helle Gestalt daliegen. Vermeinend, es sei ein Schiffbrüchiger oder Badender, trat er hilfreich hinzu und sah nun mit Erstaunen die schönste, schlanke und schneeweiße Wasserfrau mit halbem Leibe aus dem Wasser ragen. Wer aber beschreibt seine Verwunderung, als nun die Nereide ihn mit flehender Stimme anredet: ›Bist du nicht der griechische Magier, welcher in der gelben Gasse wohnt?‹

›Der bin ich‹, antwortete er aufs freundlichste, ›was wollt Ihr von mir?‹

Da begann das junge Meerweib von neuem zu klagen und ihre schönen Arme zu recken und bat unter vielen Seufzern, mein Vater möge doch ihrer Sehnsucht barmherzig sein und ihr einen starken Liebestrank bereiten, da sie sich in vergeblichem Verlangen nach ihrem Geliebten verzehre. Dazu blickte sie ihn aus ihren schönen Augen so flehentlich und traurig an, daß es ihm das Herz bewegte. Er beschloß sogleich, ihr zu helfen; doch fragte er zuvor, auf welche Weise sie ihn belohnen wolle. Da versprach sie ihm eine Kette von Perlen, so lang, daß ein Weib sie achtmal um den Hals zu schlingen vermöge. ›Aber diesen Schatz‹, fuhr sie fort, ›sollst du nicht eher erhalten, als bis ich gesehen habe, daß dein Zauber seine Wirkung getan hat.‹

Darum brauchte sich nun mein Vater nicht zu sorgen, seiner Kunst war er sicher. Er eilte in die Stadt zurück, brach seine wohlverpackten Bündel wieder auf und bereitete den gewünschten Liebestrank in solcher Eile, daß er schon bald nach Mitternacht wieder an jener Stelle des Ufers war, wo die Meerfrau auf ihn wartete. Er händigte ihr eine winzig kleine Phiole mit dem kostbaren Safte ein, und unter lebhaften Danksagungen forderte sie ihn auf, in der folgenden Nacht sich wieder einzufinden, um die versprochene reiche Belohnung in Empfang zu nehmen. Er ging davon und brachte die Nacht und den Tag in der stärksten Erwartung zu. Denn wenn er auch an der Kraft und Wirkung seines Trankes keinerlei Zweifel hegte, so wußte er doch nicht, ob auf das Wort der Nixe Verlaß sein werde. In solchen Gedanken verfügte er sich bei Einbruch der folgenden Nacht wieder an denselben Ort, und er brauchte nicht lange zu warten, bis auch das Meerweib in seiner Nähe aus den Wellen tauchte. Wie erschrak jedoch mein armer Vater, als er sah, was er mit seiner Kunst angerichtet hatte! Als nämlich die Nixe lächelnd näherkam und ihm in der Rechten die schwere Perlenkette entgegenhielt, erblickte er in ihrem Arme den Leichnam eines ungewöhnlich schönen Jünglings, welchen er an seiner Kleidung als einen griechischen Schiffer erkannte. Sein Gesicht war totenblaß, und seine Locken schwammen auf den Wellen, die Nixe drückte ihn zärtlich an sich und wiegte ihn wie einen kleinen Knaben auf den Armen.

Sobald mein Vater dies gesehen hatte, tat er einen lauten Schrei und verwünschte sich und seine Kunst, worauf das Weib mit ihrem toten Geliebten plötzlich in die Tiefe versank. Auf dem Sand des Ufers aber lag die Perlenkette, und da nun doch das Unheil nicht wiedergutzumachen war, nahm er sie an sich und trug sie unter dem Mantel in seine Wohnung, wo er sie zertrennte, um die Perlen einzeln zu verkaufen. Mit dem erlösten Gelde begab er sich auf ein nach Cypern abgehendes Schiff und glaubte nun, aller Not für immer entronnen zu sein. Allein das an dem Gelde hängende Blut eines Unschuldigen brachte ihn von einem Unglück ins andere, so daß er, durch Stürme und Seeräuber aller seiner Habe beraubt, seine Heimat erst nach zwei Jahren als ein schiffbrüchiger Bettler erreichte.«

Während dieser ganzen Erzählung lag die Herrin auf ihrem Polster und hörte mit großer Aufmerksamkeit zu. Als der Zwerg zu Ende war und schwieg, sprach auch sie kein Wort und verharrte in tiefem Nachdenken, bis der Ruderer innehielt und auf den Befehl zur Heimkehr wartete. Dann schrak sie wie aus einem Traume auf, winkte dem Gondelier und zog die Vorhänge vor sich zusammen. Das Ruder drehte sich eilig, die Gondel flog wie ein schwarzer Vogel der Stadt entgegen, und der allein dahockende Zwerg blickte ruhig und ernsthaft über die dunkelnde Lagune, als sänne er schon wieder einer neuen Geschichte nach. In Bälde war die Stadt erreicht, und die Gondel eilte durch den Rio Panada und mehrere kleine Kanäle nach Hause.

In dieser Nacht schlief Margherita sehr unruhig. Durch die Geschichte vom Liebestrank war sie, wie der Zwerg vorausgesehen hatte, auf den Gedanken gekommen, sich desselben Mittels zu bedienen, um das Herz ihres Verlobten sicher an sich zu fesseln. Am nächsten Tage begann sie mit Filippo darüber zu reden, aber nicht geradeheraus, sondern indem sie aus Scheu allerlei Fragen stellte. Sie legte Neugierde an den Tag, zu erfahren, wie denn ein solcher Liebestrank beschaffen sei, ob wohl heute noch jemand das Geheimnis seiner Zubereitung kenne, ob er keine giftigen und schädlichen Säfte enthalte und ob sein Geschmack nicht derart sei, daß der Trinkende Argwohn schöpfen müsse. Der schlaue Filippo gab auf alle diese Fragen gleichgültig Antwort und tat, als merke er nichts von den geheimen Wünschen seiner Herrin, so daß diese immer deutlicher reden mußte und ihn schließlich geradezu fragte, ob sich wohl in Venedig jemand finden würde, der imstande wäre, jenen Trank herzustellen.

Da lachte der Zwerg und rief: »Ihr scheint mir sehr wenig Fertigkeit zuzutrauen, meine Herrin, wenn Ihr glaubt, daß ich von meinem Vater, der ein so großer Weiser war, nicht einmal diese einfachsten Anfänge der Magie erlernt habe.«

»Also vermöchtest du selbst einen solchen Liebestrank zu bereiten?« rief die Dame mit großer Freude.

»Nichts leichter als dieses«, erwiderte Filippo. »Nur kann ich allerdings nicht einsehen, wozu Ihr meiner Kunst bedürfen solltet, da Ihr doch am Ziel Eurer Wünsche seid und einen der schönsten und reichsten Männer zum Verlobten habt.«

Aber die Schöne ließ nicht nach, in ihn zu dringen, und am Ende fügte er sich unter scheinbarem Widerstreben. Der Zwerg erhielt Geld zur Beschaffung der nötigen Gewürze und geheimen Mittel, und für später, wenn alles gelungen wäre, wurde ihm ein ansehnliches Geschenk versprochen.

Er war schon nach zwei Tagen mit seinen Vorbereitungen fertig und trug den Zaubertrank in einem kleinen blauen Glasfläschchen, das vom Spiegeltisch seiner Herrin genommen war, bei sich. Da die Abreise des Herrn Baldassare nach Cypern schon nahe bevorstand, war Eile geboten. Als nun an einem der folgenden Tage Baldassare seiner Braut eine heimliche Lustfahrt am Nachmittag vorschlug, wo der Hitze wegen in dieser Jahreszeit sonst niemand Spazierfahrten unternahm, da schien dies sowohl Margheriten wie dem Zwerge die geeignete Gelegenheit zu sein.

Als zur bezeichneten Stunde am hintern Tor des Hauses Baldassares Gondel vorfuhr, stand Margherita schon bereit und hatte Filippo bei sich, welcher eine Weinflasche und ein Körbchen Pfirsiche in das Boot brachte und, nachdem die

Herrschaften eingestiegen waren, sich gleichfalls in die Gondel verfügte und hinten zu den Füßen des Ruderers Platz nahm. Dem jungen Herrn mißfiel es, daß Filippo mitfuhr, doch enthielt er sich, etwas darüber zu sagen, da er in diesen letzten Tagen vor seiner Abreise mehr als sonst den Wünschen seiner Geliebten nachzugeben für gut hielt.

Der Ruderer stieß ab. Baldassare zog die Vorhänge dicht zusammen und koste im versteckten und überdachten Sitzraum mit seiner Braut. Der Zwerg saß ruhig im Hinterteil der Gondel und betrachtete die alten, hohen und finsteren Häuser des Rio dei Barcaroli, durch welchen der Ruderer das Fahrzeug trieb, bis es beim alten Palazzo Giustiniani, neben welchem damals noch ein kleiner Garten lag, die Lagune am Ausgang des Canale Grande erreichte. Heute steht, wie jedermann weiß, an jener Ecke der schöne Palazzo Barozzi.

Zuweilen drang aus dem verschlossenen Raume ein gedämpftes Gelächter oder das leise Geräusch eines Kusses oder das Bruchstück eines Gesprächs. Filippo war nicht neugierig. Er blickte übers Wasser bald nach der sonnigen Riva, bald nach dem schlanken Turm von San Giorgio Maggiore, bald rückwärts gegen die Löwensäule der Piazzetta. Zuweilen blinzelte er dem fleißig arbeitenden Ruderer zu, zuweilen plätscherte er mit einer dünnen Weidengerte, die er am Boden gefunden hatte, im Wasser. Sein Gesicht war so häßlich und unbeweglich wie immer und spiegelte nichts von seinen Gedanken wider. Er dachte eben an sein ertrunkenes Hündchen Fino und an den erdrosselten Papagei und erwog bei sich, wie allen Wesen, Tieren wie Menschen, beständig das Verderben so nahe ist und daß wir auf dieser Welt nichts vorhersehen und -wissen können als den sicheren Tod. Er dachte seines Vaters und seiner Heimat und seines ganzen Lebens, und ein Spott überflog sein Gesicht, da er bedachte, wie fast überall die Weisen im Dienste der Narren stehen und wie das Leben der meisten Menschen einer schlechten Komödie gleicht. Er lächelte, indem er an seinem reichen seidenen Kleide niedersah.

Und während er noch stille saß und lächelte, geschah das, worauf er schon die ganze Zeit gewartet hatte. Unter dem Gondeldach erklang die Stimme Baldassares und gleich darauf die Margheritas, welche rief: »Wo hast du den Wein und den Becher, Filippo?« Herr Baldassare hatte Durst, und es war nun die Zeit, ihm mit dem Weine jenen Trank beizubringen.

Er öffnete sein kleines blaues Fläschchen, goß den Saft in einen Trinkbecher und füllte ihn mit rotem Wein nach. Margherita öffnete die Vorhänge, und der Zwerg bediente sie, indem er der Dame die Pfirsiche, dem Bräutigam aber den Becher darbot. Sie warf ihm fragende Blicke zu und schien von Unruhe erfüllt.

Herr Baldassare hob den Becher und führte ihn zum Munde. Da fiel sein Blick auf den noch vor ihm stehenden Zwerg, und plötzlich stieg ein Argwohn in seiner Seele auf.

»Halt«, rief er, »Schlingeln von deiner Art ist nie zu trauen. Ehe ich trinke, will ich dich vorkosten sehen.«

Filippo verzog keine Miene. »Der Wein ist gut«, sagte er höflich.

Aber jener blieb mißtrauisch. »Wagst du etwa nicht zu trinken, Kerl?« fragte er böse.

»Verzeihet, Herr«, erwiderte der Zwerg, »ich bin nicht gewohnt, Wein zu trinken.«

»So befehle ich es dir. Ehe du nicht davon getrunken hast, soll mir kein Tropfen über die Lippen kommen.«

»Habet keine Sorge«, lächelte Filippo, verneigte sich, nahm den Becher aus Baldassares Händen, trank einen Schluck daraus und gab ihn zurück. Baldassare sah ihm zu, dann trank er den Rest des Weines mit einem starken Zuge aus.

Es war heiß, die Lagune glänzte mit blendendem Schimmer. Die Liebenden suchten wieder den Schatten der Gardinen auf, der Zwerg aber setzte sich seitwärts auf den Boden der Gondel, fuhr sich mit der Hand über die breite Stirn und kniff seinen häßlichen Mund zusammen wie im Schmerz.

Er wußte, daß er in einer Stunde nicht mehr am Leben sein würde. Der Trank war Gift gewesen. Eine seltsame Erwartung bemächtigte sich seiner Seele, die so nahe vor dem Tor des Todes stand. Er blickte nach der Stadt zurück und erinnerte sich der Gedanken, denen er sich vor kurzem hingegeben hatte. Schweigend starrte er über die gleißende Wasserfläche und überdachte sein Leben. Es war eintönig und arm gewesen – ein Weiser im Dienste von Narren, eine schale Komödie. Als er spürte, daß sein Herzschlag ungleich wurde und seine Stirn sich mit Schweiß bedeckte, stieß er ein bitteres Gelächter aus.

Niemand hörte darauf. Der Ruderer stand halb im Schlaf, und hinter den Vorhängen war die schöne Margherita erschrocken um den plötzlich erkrankten Baldassare beschäftigt, der ihr in den Armen starb und kalt wurde. Mit einem lauten Weheschrei stürzte sie hervor. Da lag ihr Zwerg, als wäre er eingeschlummert, in seinem prächtigen Seidenkleide tot am Boden der Gondel.

Das war Filippos Rache für den Tod seines Hündleins. Die Heimkehr der unseligen Gondel mit den beiden Toten brachte ganz Venedig in Entsetzen.

Donna Margherita verfiel in Wahnsinn, lebte aber noch manche Jahre. Zuweilen saß sie an der Brüstung ihres Balkons und rief jeder vorüberfahrenden Gondel oder Barke zu: »Rettet ihn! Rettet den Hund! Rettet den kleinen Fino!« Aber man kannte sie schon und achtete nicht darauf.

(1903)

Karl Eugen Eiselein

Schorsch Eiselein, Kolonialwarenhändler in Gerbersau, besaß einen Kaufladen, von dem er anständig und bequem leben konnte und der ihm wenig Sorgen machte, und eine kluge kleine Frau, mit der er überaus zufrieden war, ferner einen kleinen Sohn, der vom Vater sowohl wie von der Vorsehung zu Höherem bestimmt war und ihm darum viele Sorgen machte.

Dieser Sohn hieß Karl Eugen Eiselein, und es wollte etwas bedeuten, daß er von klein auf nicht Karl oder Eugen, sondern stets mit dem fürstlichen Doppelnamen Karleugen gerufen ward. Dementsprechend gab der Kleine auch für zwei zu tun und zu sorgen, schrie für zwei und brauchte Windeln und Kleider für zwei, bis er allmählich in das Alter trat, wo die Erzeuger an ihren Sprößlingen eine gewisse Freude zu erleben wünschen. Daran ließ es denn der Knabe auch nicht fehlen; es zeigte sich, daß er nicht zu den Dummen gehöre und wohl einer höhern Ausbildung fähig sei.

Herr Eiselein war sehr glücklich. Ihm selbst waren die Gefilde der klassischen Bildung zu seinem Schmerze unerschlossen geblieben; desto sehnlicher wünschte er, seinen Sohn in dieser fremden Welt sich tummeln zu sehen. Er legte daher eines Tages einen Festrock, gestickte Weste und reinen Hemdkragen an, strich dem Knäblein zärtlich über den glatten blonden Scheitel und führte es zur Lateinschule, wo er es der Obhut des Kollaborators Wurster übergab.

Von da an ging der junge Karl Eugen den gewohnten Weg eines Gerbersauer Lateiners. Ein Jahr lang regierte ihn der Kollaborator Wurster, ein sanfter lächelnder Mann mit altmodischen Löcklein und engen Hosen; dann gab ihn dieser an den Präzeptor Dilger weiter, einen feisten Wüterich mit langem Meerrohr und furchtbarer Stirnrunzel, und wieder nach einem Jahr übernahm ihn Doktor Müller, ein eleganter Stutzer von feinen Manieren.

Der Bub erwies sich als gescheit und kam glatt von einer Klasse in die andere. Nicht so glatt und tadellos ging er aus manchen langwierigen Affären und Untersuchungen hervor, welche Apfeldiebstähle, Unehrerbietigkeiten gegen die Lehrer, Schulschwänzereien und schlechtes Betragen beim Kirchenbesuch zum Gegenstande hatten. Zwar verstand er die Kunst, sich hinter andere zu bergen und einleuchtende mildernde Umstände beizubringen, vortrefflich; trotzdem verbüßte er manchen sonnigen Mittwoch nachmittag im Klassenarrest und kam oft genug geprügelt und gescholten und jammervoll nach Hause, wo der Vater ihn mit Trost und Teilnahme empfing und jedesmal schnell wieder einer freundlicheren Betrachtung des Lebens entgegenführte.

Nichtsdestoweniger war Karl Eugen Eiselein in seinem elften Lebensjahr eines Tages spurlos verschwunden, samt vier Talern aus seines Vaters Ladenkasse, einem halben Zuckerhut und zwei Schulkameraden, deren bestürzte Eltern ihre Klagen mit denen des Kolonialwarenhändlers vereinigten.

Als die Knaben gegen Abend noch immer fehlten, wurden nach allen Seiten Boten ausgesandt, der ganze Fluß ward mit Stangen abgestochen und bei jedem Stiche schauderte die zuschauende Kinderschar zusammen, gewärtig, im nächsten Augenblick einen der Ertrunkenen am Spieße zu sehen. Es kam aber keiner zum Vorschein.

Herr Eiselein war in seiner Not den ganzen Abend herumgelaufen. Er kehrte spät und trostlos heim und schob den Suppenteller, den die Frau ihm warmgestellt hatte, traurig zurück. Aber die kleine Frau, so ruhig und nachgiebig sie sonst war, stellte ihm den Teller sogleich wieder hin, zwang ihm den Löffel in die Hand und sagte sehr bestimmt: »Für nix will ich's Essen nicht gewärmt haben, iß du jetzt nur. Der Lausbub wird wohl wiederkommen, wenn er Hunger kriegt. Sei jetzt so gut und iß!« Und der Vater war so gebrochen und widerstandslos, daß er nicht einmal aufbegehrte, sondern ganz still den Löffel nahm und aß, bis nichts mehr da war. Das hatte die Frau doch nicht erwartet, und da sie daraus seine Verzweiflung ersah, wurde jetzt auch sie beklommen und angstvoll, und beide saßen den ganzen Abend beisammen am Tisch, sagten nichts und gaben sich düsteren Gedanken hin.

Nachts nach elf Uhr geschah ein kurzes schwaches Läuten an der Hausglocke und gleich darauf ein stärkeres, kühneres, und an der Pforte stand und wartete und schämte sich Karl

Eugen. Nachdem man ihm abgefragt hatte, daß auch seine Kameraden wieder da und noch am Leben seien, ließ man ihn schlafen. Ehe der aufatmende Vater vom Bette aus nach dem Kerzenlöscher griff, hustete seine kühn gewordene Frau und sagte: »Schorsch, wenn du morgen dem Bub nicht eine gesalzene Portion gibst, dann geb' ich sie ihm.« Er seufzte, löschte das Licht und konnte noch lang nicht einschlafen.

Am anderen Tag kam alles sauber an das Licht und als Hauptverführer ward der gefährliche Fennimore Cooper entdeckt. Die Knäblein hatten beschlossen, miteinander die langweilige alte Welt zu verlassen und die Heimat der Mohikaner aufzusuchen, wo statt Meerrohr und Grammatik Skalpmesser, Kriegsbeil und Flinte die Begleiter der Jugend sind. Auch wäre alles gut gegangen, aber die Nacht war so kalt und sie hatten im Walde nimmer aus noch ein gewußt, obwohl der eine von ihnen Pfadfinder, der zweite Falkenauge und der dritte Waldläufer hieß. Von den vier Talern waren drei Batzen für eine Blechpistole und sieben für ein grausam langes Sackmesser ausgegeben worden, der Rest fand sich unversehrt vor und nur der Verbleib des Zuckerhutes blieb ein Rätsel.

Diesen ganzen Tag lief Karl Eugens Mutter in Spannung umher, und als bis zum Abendessen noch nichts geschehen war, ging sie zum Vater in den Laden hinunter. »Eh' der Kleine seine Prügel nicht hat, kriegt er auch nix zu essen«, sagte sie mit Nachdruck, und der Gatte sah ein, daß es Pflichten gibt, denen niemand sich entziehen kann, und Weltgesetze, denen wir widerstandslos unterliegen. Gleich darauf machte das Söhnchen dieselbe Erfahrung; während jedoch der Vater sich mit Seufzen begnügte, ließ jener nach Art der Jugend seinen Gefühlen und Tränen freien Lauf, ja erhob ein so erschütterndes Wehegeschrei, daß der Züchtiger schon nach wenigen Streichen innehielt und froh war, als Karl Eugen nur wieder aufstand und sich zum Essen bewegen ließ.

Dieses Abenteuer hatte zur Folge, daß in der Lateinschule über dreißig Indianerbücher konfisziert wurden, daß die drei Amerikaner zuerst vom Klassenlehrer eine angemessene Strafpredigt samt Arrest zugeteilt erhielten und dann noch dem schonungslosen Spott der Schulkameraden anheimfielen, und daß der kleine Eiselein für eine Weile in sich ging und mehrere Wochen lang ein Musterschüler war. Allmählich wurden die kassierten Bücher durch neue ersetzt, die Strafrede und der Arrest verschmerzt, auch der Musterschüler verschwand wieder wie ein Nebelbild und nur der Schülerspott hielt noch lange Zeit vor.

Es kamen die Jahre heran, in welchen es sich zu zeigen pflegt, ob ein Schüler Lust und Beruf zu den höheren Studien habe oder ob es geratener sei, ihn sein Latein in einem Kaufladen oder in einer Schreibstube vergessen zu lassen. Beim jungen Eiselein war es unzweifelhaft, daß er zu ersterem bestimmt sei. Seine Hefte waren sauber und wiesen gute Zeugnisse auf, seine Aufsätze hatten Schwung und Feuer, ebenso seine Deklamationen, und bei der Entlassungsfeier der obersten Klasse trug er, nun fünfzehnjährig, eine selbstgefertigte Rede vor, bei der dem Rektor ein Schmunzeln auf die Lippen und dem andächtig zuhörenden Kolonialwarenhändler eine Träne ins Vaterauge trat. Es war beschlossen, ihn in die Residenz auf das Gymnasium zu tun.

Vorher waren noch ein paar Wochen Ferien, und in dieser Zeit legte Karl Eugen die ersten Zeugnisse seiner Dichterbegabung ab. Es fand nämlich der Geburtstag einer Großtante statt, die Familie Eiselein war eingeladen, und beim Kaffee trat der Jüngling mit einem Gedicht hervor, dessen Schönheit und Länge die ganze Festgesellschaft in Erstaunen setzte. Seinem Vater gab der Bengel auf Befragen zur Antwort, er habe schon seit einem Jahr oder noch länger eine Masse Gedichte gemacht und wisse schon längst, daß er zum Dichter und nur zum Dichter geboren sei. Dies hörte der überraschte Papa mit ebensoviel Befremdung als Stolz. Denn wenn er auch nie an den außerordentlichen Gaben seines Sohnes gezweifelt hatte, so war doch dieser frühe und kühne Flug des jungen Adlers ihm eigentümlich überraschend. Teils um ihn zu belohnen, teils vielleicht auch um ihn in gute Bahnen zu lenken, kaufte und schenkte er dem Jungen Theodor Körners Werke in rot Leinen gebunden und eine ebenfalls schön gebundene, jedoch im Preis herabgesetzte ältere Lebensbeschreibung Gotthold Ephraim Lessings.

Um die Zeit dieser Ereignisse hatte der inzwischen auch schon konfirmierte Karl Eugen das Äußere eines Knaben vollkommen abgelegt, Pausbacken sowohl wie kurze Hosen, und sich in einen schlanken, stillen und wohlgekleideten Jüngling verwandelt, der etwas auf sich hielt und jedem, der ihn etwa noch als Bub zu behandeln und mit du anzureden wagte, eine ironische Haltung entgegenzusetzen wußte, deren Wirkung, obwohl er selbst sie überschätzte, nicht zu leugnen war. Seine Schuhe waren stets blank, sein Gang gemessen, sein Scheitel glatt und gepflegt. Das hauptstädtische Gymnasium würde sich seiner nicht zu schämen brauchen. Vorwegnehmend drang er auch schon in den Ferien tief in die homerische Welt ein und las die halbe Odyssee, allerdings in der Vossischen Übersetzung. Er hätte sie ganz gelesen, wenn nicht der rotleinene Körner dazwischen gekommen wäre.

Die Ferienzeit erreichte ihr Ende, diesmal nicht zum Leidwesen Karl Eugens, welcher vielmehr die Reise nach der Stadt und den Eintritt in das Gymnasium mit freudigster Ungeduld erwartete. Während in den letzten Tagen Herr Eiselein seinen Sohn mit verdoppelter Zärtlichkeit und Sorgfalt behandelte und schon im voraus ein mit Stolz gemischtes Abschiedsweh empfand, war die Mutter still und emsig mit dem Einkaufen und Packen, Waschen und Glätten, Flicken und Bürsten des Notwendigsten beschäftigt. Am vorletzten Tage machte der Gymnasiast in seinem schwarzen Konfirmandenrock eine Reihe von Abschiedsbesuchen bei Verwandten, Gevattern, Lehrern und guten Freunden, nahm Ratschläge, Geschenke und Glückwünsche, Händedrücke und Scherzworte mit manierlichem Lächeln entgegen und trug die Gefühle eines in rühmliche Kriegsdienste abgehenden jungen Fähnrichs in seiner Brust. Der feste Vorsatz, schon in die ersten Ferien verändert, gealtert und vornehmer heimzukommen, verlieh ihm dabei eine zurückhaltende Überlegenheit von delikater Nuance.

Alsdann kam die Stunde des Abschieds und der Abreise. Der Vorsteher einer Knabenpension in der Hauptstadt, in dessen Hause Karl Eugen unterkommen sollte, war gekommen, um ihn abzuholen. Die Mutter lächelte, gab noch einige gute Winke und Ratschläge, sah nach dem Gepäck und warf prüfende Blicke auf den Pensionsherrn. Dieser benahm sich sehr gemessen, sehr höflich und sehr fein. Der Vater hingegen war traurig, seinen Liebling zu verlieren und doch aber auch stolz, ihn einer glänzenden Laufbahn und Zukunft entgegenschreiten zu sehen, und die Mischung dieser Gefühle arbeitete in seinen Zügen so heftig, daß sein Gesicht ganz bläulich anlief und so mitgenommen aussah, als hätte der brave Herr die unverantwortlichsten Ausschweifungen zu bereuen.

»Also, geehrter Herr, seien Sie ohne Sorgen, Ihr Sohn kommt in gute Hände«, versicherte der fremde höfliche Herr des öftern, wobei Vater Eiselein ihn mit einem Blicke ansah, als hätte jener ihm seine Teilnahme bei einem Todesfall ausgesprochen.

Und der Fremde zog höflich den Hut, und ein letzter inbrünstiger Händedruck machte den Sohn erbeben. Und der Zug hielt an und man stieg ein, und der Zug pfiff und stank nach Rauch und Öl und lief wieder davon, so schnell, daß er schon fast außer Sicht gerückt war, als Eiselein sein farbiges Taschentuch gefunden, herausgezogen und ausgebreitet hatte, um nachzuwinken. Nun flatterte das stattliche Tuch wie ein Fähnlein in den Lüften und sah mit seinem goldgelben Grund und weißen und roten Muster so fröhlich und erquicklich aus, als sei dem Hause Eiselein heute eitel Freude widerfahren. Während sein Knabe im Wagen nicht ohne peinliche Gefühle der Unterhaltung des Herrn standhielt, dessen Höflichkeit und Lächeln auf dem verlassenen Bahnhof liegengeblieben schienen, wandelten die Eltern langsam und in Gedanken, aber in Gedanken verschiedener Art, in die Stadt und in ihren Spezereiwarenladen zurück.

»Du, der Pensionsherr gefällt mir nicht übel«, sagte sie.

»Ja, ja, er war ja sehr freundlich. Jawohl«, sagte er.

Sie schwieg. Im stillen baute sie aber ihre Hoffnungen durchaus nicht auf die Freundlichkeit jenes Herrn, sondern auf das, was sie von Strenge und schneidiger Art an ihm bemerkt zu haben glaubte. Und als auch sie nun einen Seufzer ausstieß, dachte sie dabei vorwiegend an das sündliche Geld, das ihr Bub nun kosten würde, denn die Pension war nicht billig.

Nach der Abreise des Knaben trat im Hause eine große Ruhe ein und zugleich ein Stillstand in der begonnenen langsamen Verschiebung der Machtverteilung. Seit der Indianergeschichte nämlich hatte sich des öftern der Fall wiederholt, daß Frau Eiselein den Buben männlicher anfaßte als ihr Gemahl und eine Lanze zur Rettung der elterlichen Autorität einlegte. Dabei war von den bis dahin unbestrittenen hausherrlichen Machtbefugnissen jedesmal ein Körnlein der Waagschale ihres Mannes entglitten und auf die ihrige gefallen, so daß das Zünglein unmerklich, aber sicher nach ihrer Seite hinüberstrebte.

Nach acht Tagen kam der erste Brief aus der Hauptstadt. Er enthielt vornehmlich eine Aufzählung der schönsten Straßen und Denkmäler, eine etwas unklare Abhandlung über die Sprache Homers und die Bitte um etwas mehr Taschengeld, da man so mancherlei Kleinigkeiten in und außer der Schule brauche.

Die Mutter fand das unnötig, der Vater aber begriff den Wunsch vollkommen und bestand darauf, daß dem Buben, da er jetzt unter fremden Leuten leben müsse, nicht gleich die erste kleine Bitte abgeschlagen werde. Doch verlangte dafür die Mutter, daß Karl Eugen ein Büchlein über seine Ausgaben führe und monatlich darüber Bericht ablege. Sie schrieb ihm das. Der Gymnasiast antwortete, es sei ihm unmöglich, seine Zeit an eine solche Pfennigklauberei zu wenden, er sei doch kein Krämer. Die Worte Krämer und Pfennigklauberei waren unterstrichen.

Da schrieb die Mama kurz und klar ohne Unterstreichungen zurück, unter diesen Umständen müsse es eben beim alten Betrage bleiben. Es blieb aber nicht dabei, sondern das Söhnlein führte nun sauber Buch und verfehlte nicht, rechtzeitig seine Abrechnungen vorzulegen, deren Inhalt freilich zuweilen Zweifel und Kopfschütteln erregte.

»Mit den Bleistiften und Linealen, die er da wieder gebraucht haben will, könnte man ein Öfele heizen«, seufzte die Mutter.

Sie seufzte noch ganz anders, als im nächsten Frühjahr für den Sohn ein neuer teurer Anzug zu bezahlen war, der das Doppelte von dem kostete, was man zu Hause dafür hätte aufwenden müssen. Karl Eugen hatte ihn ungefragt machen lassen und antwortete auf einen entrüsteten Brief der Mutter sehr ruhig, Kleider seien in unserem nördlichen Klima nun eben einmal etwas Notwendiges und er könnte nicht nackt und auch nicht wie ein Strolch herumlaufen.

Wie ein Strolch sah er auch gar nicht aus, als er bald darauf in die Osterferien heimkam. Den eleganten neuen Anzug vervollständigten ein feiner weicher Hut, ein paar Manschetten und ein steifer Stehkragen. Als die Mama über diese feinen teuren Sachen schalt und Rechenschaft verlangte, zuckte der Schlingel die Achseln und machte ein ergebenes Gesicht. »Was will man machen?« meinte er bedauernd. »Die Sachen sind ja noch recht einfach. In meiner Pension ist einer, der zahlt achtzig und neunzig Mark für jeden Anzug.« Es gelang dem Eleganten denn auch, wenigstens den Papa so zu berücken, daß nicht weiter davon die Rede war. Er führte sich zierlich auf, plauderte und erzählte sehr nett und hatte ordentliche Zeugnisse mitgebracht. Einen großen Teil des Tages dichtete er, jedoch insgeheim und ohne jemand seine Leistungen zu zeigen. Auf der Straße grüßte er alle Bekannten mit einer fast herzlichen Höflichkeit und sah Gassen, Häuser und Leute mit einem freundlich sorglosen Interesse an, ganz wie ein Fremder, den der Zufall für eine kurze Zeit in das altmodische kleine Nest geführt hat.

In diese Ostervakanz fiel auch Karl Eugens merkwürdige erste Verliebtheit. Eines Tages erzählte ihm ein Schulkamerad, es sei bei seiner Schwester ein sechzehnjähriges Mädchen aus Karlsruhe zu Besuch, »was Feines, sag' ich dir, und kolossal schön«. Von da an trachtete er danach, diese Augenweide selbst zu erleben, und war schon im voraus ganz bereit, sich in sie zu verlieben. Doch hatte er Pech, und als die schöne Karlsruherin nach einigen Tagen wieder abreiste, hatte er sie nicht zu sehen bekommen. Aber sein Verlangen war nun einmal erwacht, seine Gedanken hingen nun einmal an jener Fremden, verliebt sein schien ihm ohnehin für einen jungen Dichter löblich und nützlich zu sein, und so verliebte er sich in die Niegesehene nicht schlechter und nicht weniger als andere Buben in ihre Mädchen. Die Versmappe schwoll wie ein Alpenbach im Frühjahr, barst schließlich und mußte durch eine größere ersetzt werden.

Ich sah dich nicht und dennoch kenn' ich dich,
Ich kenn' dich nicht und dennoch lieb' ich dich – usw.

Einigemal weinte er sogar beim Schreiben. Es war ein Elend. Das fand auch Herr Eiselein, als einige von den Blättern ihm zufällig in die Hände fielen. Zwei davon hatte er schon zum Einwickeln von Salami verwendet, beim dritten fiel ihm die Handschrift auf, er erkannte *ex ungue leonem* und las die Liebesverse seines Sohnes mit steigendem Entsetzen, denn Karl Eugen nannte sich darin einen unseliger Leidenschaft rettungslos Verfallenen, einen tief im Tale des Elends Wandelnden usw. Die Aussprache war für beide Teile peinlich. Der Vater mußte bekennen, daß zwei von diesen Gedichten, wenn auch auf eine seltsam schlichte Weise, den Weg ins Volk gefunden hätten; der Sohn hingegen mußte sich stellen, als seien die feurigen und mit Tränen benetzten Beweise seiner Leidenschaft nichts weiter als Stilübungen. Frau Eiselein erfuhr nichts davon. Als der Dichter den ersten Schrecken überstanden hatte, träumte er hold verschämt davon, wie es wäre, wenn seine Salamigedichte nun doch ihren Weg zu irgendeiner jungen Schönen und Gnade bei ihr fänden, und wäre in diesem Falle sehr gerne bereit gewesen, seine Gefühle auf selbige zu übertragen. Da dies ein Traum blieb, war er froh, als die Ferien zu Ende gingen. Er packte seine schwere Mappe sorgfältig ein und kehrte etwas stiller, als er gekommen war, in die Stadt und Schule zurück.

Seine Briefe begannen in dieser Zeit eine großartige und manchmal schwer verständliche Sprache anzunehmen. Zuzeiten ließen sie auch lange auf sich warten, bis die Mutter mahnte.

Und wieder kam Karl Eugen in die Ferien. Er war jetzt ausgewachsen, trug sich sehr elegant und hatte völlig erwachsene Manieren. Unter anderm kam er gleich am zweiten Tage lächelnd in den Laden herunter, suchte sich mit Umsicht eine Zigarre aus und zündete sie an. »Ja, seit wann rauchst du denn?« fragte der Papa; da war Karl Eugen erstaunt und fast entrüstet, daß man das nicht selbstverständlich fand. Leicht und zierlich schenkte er sich, während der Vater mit ihm sprach, einen Magenbitter aus der Flasche und setzte jenen dadurch vollends so in Erstaunen, daß er verstummte. In seiner Stube lagen die Werke von Heinrich Heine und ein paar moderne Romane herum, statt der dicken Versmappe hatte er ein Heftlein mitgebracht mit dem Titel: »Schlamm. Ein Schauspiel von K. E. Eiselein.« Auf der nächsten Seite stand ein ellenlanges Personenverzeichnis.

Die Ferien verliefen still und heiter. Das folgende Schuljahr aber brachte einen kleinen Sturm. Es kam ein Schreiben des Pensionsherrn – des Inhalts, der Bursche sei auf schlimmen Wegen, habe sich wiederholt nachts aus dem Hause entfernt, sei kürzlich in einer Kneipe getroffen worden und stehe sogar im Verdacht, Umgang mit einer Kellnerin zu haben. Und während die erschrockenen Eltern noch trostlos und ratlos über diese Greuel nachdachten, kam ein Brieflein vom Sohn selber, liederlich auf einen Fetzen gekritzelt, darin stand: »Ich brauche bis Mittwoch zwölf Mark 50 Pf. Wenn Ihr mir's nicht geben könnt, erschieße ich mich. Karl Eugen.«

Das war also der Schlamm. Doch verlief diese Sache ruhiger, als man gedacht hätte. Die Mutter reiste in die Hauptstadt, die Kneipschulden des Buben wurden bezahlt, er selber kam unter strenge Aufsicht, zeigte echte Reue und legte eine Zeitlang eine musterhafte Bescheidenheit an den Tag. Dann fing er allmählich wieder an, den Feinen zu spielen, und bezeichnete gelegentlich in Gesprächen und Briefen jene böse Affäre als einen komischen und verzeihlichen Jugendstreich gleich jener Amerikafahrt.

Je näher der Abschluß der Gymnasialjahre heranrückte, desto häufiger und deutlicher erinnerte Karl Eugen daran, daß er zum Dichter geboren sei und daher unmöglich ein Brotstudium ergreifen könne. Geschichte und Philosophie waren die einzigen Fächer, denen er einen bedingungsweisen Wert zugestehen konnte. Aber hier zeigte sich zum erstenmal der Vater zäh, und auch nachdem er einige Gedichte seines Sohnes gelesen hatte, beharrte er fest dabei, daß dieser ein solides Studium und einen bestimmten Beruf erwähle. Als Karl Eugen sah, daß er diesmal in einen lecken Kübel schöpfe, machte er eine entgegenkommende Schwenkung und erklärte sich bereit, Philologie zu studieren unter der Bedingung, daß er dann in eine Burschenschaft eintreten dürfe. Und obwohl jetzt die Mutter in den Kampf eingriff und sich mächtig dagegen stemmte, drang er dennoch durch.

Die Eltern aber machten bekümmerte Gesichter. Das Geschäft rentierte sich neuerdings schlechter als je, seit an jeder Ecke irgendein neues Lädchen aufgegangen war, und der Sohn hatte schon als Schüler so stattlich verbraucht, daß die Eltern sich ziemlich hatten einschränken müssen und mit Sorgen in die kommenden Zeiten blickten.

Das erste Semester mit Kollegiengeldern, Büchern, Burschenschaft, Reitkurs und Hauboden wurde denn auch sträflich teuer. Aber stolz und froh waren die Alten doch, auch die strenge Mutter, als der Student in die ersten Ferien kam, schön und stark, heiter und ritterlich, mit Schnurrbart und Reitstiefeln. Alle Mädchen der Stadt wurden unruhig, und die Bürgergesellschaft, zu deren Kegelabend der Vater ihn mitbrachte, empfing ihn mit Achtung und gratulierte dem Alten zu seinem stattlichen Burschen. Einige schwere Seufzer konnten ihm freilich doch nicht erspart werden, auch nicht eine peinliche, zögernd geführte Unterredung über den starken Geldverbrauch. Ein so kostspieliges Semester durfte nicht wiederkommen, die Geschäfte gingen schwach, und es mußte doch auch für nachher etwas übrig bleiben.

Überhaupt wurde im Verkehr mit den Eltern, mündlich und brieflich, das leidige Geld mehr und mehr zum Kardinal- und Angelpunkt. Daß Herr Eiselein sich stark verrechnet hatte, konnte bald jeder Beobachter merken.

Es gibt kaum etwas so peinlich Rührendes, als wenn ein ehrenhafter Bürger, der bislang zu den Wohlhabenden zählte, allmählich mehr und mehr in ein armseliges Sparen hineingerät. Er könnte sehr gut einen neuen schwarzen Rock brauchen, aber der alte muß weiter dienen und wird nach und nach zum Sinnbild des ganzen rückwärtsgehenden Hauswesens. Er wird immer ein wenig brauner, ein wenig fettiger, die Schulternähte werden deutlicher und schärfer wie zunehmende Sorgenfalten, die Ärmel beginnen auszufransen, bis eine aufgenähte Litze dem Verfall vorläufig Einhalt tut und als erstes Notflickwerk entstellend in den Baustil des Kleides eingreift.

Ganz so weit war es mit Eiselein noch nicht, aber die Vorzeichen häuften sich. Für seinen Stand und sein Städtchen war er wohlhabend gewesen, der Laden hätte auch noch ein paar Kinder bequemlich mit ernährt, aber der in immer fremdere und großartigere Verhältnisse hineinwachsende Sohn fraß alles auf. Es blieb nicht aus, daß er das stets häufiger zu hören bekam und daß das Verhältnis zwischen Sohn und Eltern allmählich in einen vorsichtigen, zähen, fast erbitterten Krieg ums Geld ausartete.

Unterdessen folgte dem ersten Semester das zweite, dazwischen Ferien voll unbehaglich schwüler Stimmung, und das Geldausgeben nahm eher zu statt ab. Im dritten Semester meldete aber der Sohn plötzlich, er sei aus der Burschenschaft ausgetreten, deren geistloses Leben ihn seinen literarischen Studien zu sehr entzogen und entfremdet habe. Die Reitkurse, Dedikationen, Ausflüge, Mützen und Bänder und dergleichen verschwanden vom Budget und machten starken Buchhändlerrechnungen Platz. Und eines Tages kam unter Kreuzband die neueste Nummer einer merkwürdigen Zeitschrift und enthielt ein langes Gedicht von Karl Eugen. Das Blatt hieß »Der Abgrund«, erschien zweimal im Monat, kostete jährlich zwanzig Mark und hatte sich die Aufgabe gestellt, bedeutenden jungen Talenten der neuesten literarischen Richtung den Weg in die Öffentlichkeit zu bahnen. Herr Eiselein verstand weder das Gedicht seines Sohnes noch die anderen Beiträge, freute sich aber doch dieses ersten Erfolges und nahm an, daß eine so vornehme, fettgedruckte und teure Zeitschrift jedenfalls ihre Mitarbeiter auch ordentlich bezahlen werde. Er schrieb in diesem Sinne an den Studenten, bekam aber keine Antwort.

Als dieser wieder einmal für ein paar Wochen heimkehrte, hatte er sich erheblich verändert. Die Eleganz der Kleidung war verschwunden und statt ihrer trat eine zwischen stromerhaft und künstlermäßig schwankende geniale Nachlässigkeit zutage. Ein paar große Flecken auf den Rockärmeln schienen ihn gar nicht zu stören, nur auf die Farben und Schlingung seiner großen selbstgeknüpften Flatterschlipse legte er noch Wert. Sein Hut war schwarz und weich und hatte Ränder von mehr als italienischer Breite. Statt der Zigarren rauchte er jetzt grobe, kurze Pfeifchen aus Holz oder Ton. Sein Benehmen war ironisch schlicht. Da auch seine Rechnungen diesmal etwas schlichter waren, fanden die Eltern keinen Grund, diese Veränderung zu tadeln, sondern hofften nun einen bescheidenen und fleißigen Kandidaten aus ihm werden zu sehen. Er hütete sich auch, diese Träume zu stören oder gar zu erzählen, welche Wege die unter dem Titel von Kollegiengeldern bezogenen Summen gegangen waren. Wenn etwa einmal von Examen und dergleichen Dingen die Rede war, schmückte ein ernstes, schwermütiges Lächeln seine Lippen, welche jetzt ein ungepflegter Stoppelbart umrahmte. Alle vierzehn Tage aber brachte die Post den »Abgrund«, und mehrmals enthielt er Gedichte des Studenten. Es war merkwürdig – der junge Mann schien durchaus gesund, verständig und harmlos zu sein, diese Gedichte aber waren zumeist krank, unverständlich und todeselend, als wäre es wirklich ein Abgrund, der ihn verschlungen hätte. Die andern waren nicht besser, alles klang wie ein spukhaft idiotisches Gewinsel, dessen Sinn nur besonderen Eingeweihten zugänglich war. Es tönte darin von Tempeln, Einsamkeiten, wüsten Meeren, Zypressenhainen, welche stets von einem zagen Jüngling unter schweren Seufzern besucht wurden. Man begriff wohl, daß es symbolisch gemeint war, aber damit war wenig gewonnen.

In der Universitätsstadt verbrachte Karl Eugen die Abende, die ihm das Dichten übrig ließ, meist in derselben kleinen Kneipe in der Nähe der Reitschule, wo bei Wein und Knobelbecher einige fallitgegangene Studentchen ihre Jugend vertrauerten. Es waren lauter geniale Kerle, Leute, die einen ganzen Hörsaal voll Streber aufwogen, die auf Gott und die Welt flöteten und dem Leben seine paar Geheimnisse längst abgezwungen hatten. Eben darum taten sie auch nichts mehr als dasitzen, trinken und knobeln, die Partie um zehn Pfennig.

Der Dichter stand im fünften Semester. Da kam einstmals ein schwüler Tag – Widersacher, Weiber, Schulden –, die Widersacher aber waren die Professoren, denen Karl Eugens längeres Verweilen an der hohen Schule weder notwendig noch erwünscht erschien. Und der Abgründige setzte sich hin und schrieb an Herrn Georg Eiselein, Kolonialwarenhändler in Gerbersau, einen Brief:

Lieber Vater!

Dieser Tage – ich bin schon am Packen – komme ich zu Euch nach Hause und denke längere Zeit zu bleiben. Es ist

Zeit für mich, an ein ernstes Schaffen zu gehen, dazu kommt man hier ja nie. Bitte räumt mir meine Ferienstube ein. Führst Du den feineren holländischen Tabak eigentlich noch im Laden, oder muß ich von hier mitbringen? Alles weitere mündlich. Dein Sohn K. E.

Noch nie war ein so sanfter Brief von ihm gekommen, so entschlossen, still und männlich. Der Vater war hoch erfreut, bestellte eine Sendung von dem Tabak, den er nicht mehr hatte führen wollen, und bat Frau Eiselein, die Stube für den Heimkehrenden bereit zu machen. Es wurde gescheuert, gekratzt, gerückt und geklopft, der Lehnstuhl neu überzogen, die Fenster gewaschen und mit frischen Vorhängen versehen. Man konnte sich das jetzt leisten – ein wohlig tiefes Aufatmen ging durch das gedrückte Hauswesen, da seine Kräfte aufhören sollten, für den Entfernten zu verbluten.

Es kam ein Koffer mit Kleidern und zwei schwere Bücherkisten, und am nächsten Tage kam der Sohn selber. Der Alte war ganz gerührt, ihn zu sehen, wie still und ernst er geworden war. Dankbar bezog jener die behagliche Stube, stellte Bücher auf und hängte Pfeifen und Bilder an die Wände, darunter das Porträt eines Dichters, dessen Werke für die Jünger des »Abgrundes« eine Art Bibel waren. Es war ein Brustbild in modernster Schwarzweißmanier, sichtlich gewaltig übertrieben, und stellte einen jungen Mann mit bösartigen Augen, sorgenvoller Stirne und ungemein hochmütigem Munde vor, Kragen und Binde von der allermodischsten Fasson. Im Hintergrunde war man erstaunt, die Abbildung eines berühmten Reiterstandbildes aus der schönen wilden Kondottierizeit zu erblicken, dessen kühle Kühnheit den vorne abgebildeten Nervenkünstler zu verhöhnen schien. Die umfangreiche Büchersammlung enthielt einige Griechen und Lateiner, ein paar Grammatiken und Wörterbücher aus der Schulzeit her, Zellers Geschichte der griechischen Philosophie und zwei Bände aus dem Handbuch für klassische Philologie, alles andere war »schöne Literatur«. Hier sah man die Werke junger Autoren, die aber schon viel geschrieben hatten, in Umschlägen von dämonisch lodernder Farbe, mit geheimnisvollen Linearkünsten von ebenso jungen und fleißigen Malern bedeckt, und wer die Sprache dieser Farben und Linien nicht verstand, der konnte aus den Titeln auf die Fülle und Tiefe des Inhalts schließen. Das All. Eine Trilogie – Violette Nächte – Mysterien der Seele – Die vierzehn geheimen Tröstungen der Schönheit. Das waren einige davon. Die meisten waren mit Widmungen des einen Dichters an den andern versehen, eines aber war der Schlange Zarathustras und ein anderes dem sechsten Erdteil gewidmet. Die paar gewöhnlichen Schweinereien »aus der Demimonde« und dergleichen, die sich irgendwie in diese stolzen Kreise verirrt hatten und deren Umschläge minder schön, aber viel deutlicher als die der anderen waren, krochen schmal und schamhaft zusammen. Ein teilweise aufgeschnittener Dante lehnte sich an einen ganz aufgeschnittenen deutschen Boccaccio. Ein paar Bände des Zürchers Meyer erweckten im Beschauer den Verdacht, es möchten sich von den verstorbenen biederen und schlichten Poeten der vormodernen Epoche noch mehrere vorfinden. Dies erwies sich jedoch als unbegründet.

Es war Hochsommer und Karl Eugen ging manchmal, mit einem Buch in der Tasche, in den Tannenwald hinaus, um dort im Schatten zu lesen. Der Wald selber interessierte ihn nicht. Die Freude an der rohen Natur, die von jeher nicht sehr stark in ihm gewesen war, hatte ihm jener Kondottiere-Dichter vollends abgewöhnt, und in der feinen Schule des Engländers Oscar Wilde hatte er gelernt, daß die Natur stets nur das Mittelmäßige zu schaffen vermag, im Gegensatze zur Kunst, deren neidische Feindin sie ist. Zu Hause hielt er sich stets beiseite in seinem Zimmer; die Umgebung dort, namentlich der Laden mit seinen Geräuschen und Gerüchen, war allzu stillos und vulgär. Er saß da, rauchte, schrieb und las in jenen Büchern mit den sonderbaren Titeln und Umschlägen. Mit Vorliebe las er die beiden Bücher von Oscar Wilde, die er besaß. Sie waren übersetzt; Englisch konnte er nicht. Das eine davon hatte er noch als Burschenschafter kennengelernt und gekauft, und einst hatte es bittere Händel mit einem Bundesbruder gegeben, der das Buch verrückt fand und den Verfasser eine Zeitlang den »wilden Oskar« nannte. Es war nicht zu sagen, wie viel er diesem Engländer verdankte.

Es mochte von dieser Lektüre herrühren, daß seine eigene Arbeit nicht recht gedeihen wollte. Er hatte die Absicht, ein ausbündig tiefes und feines Buch zu schreiben in einer Art lyrischer Prosa, deren Vorbilder die Lieder im Zarathustra waren. Aber die beständige Beschäftigung mit so raffinierten Büchern machte ihn immer wieder unfähig, sie raubte ihm Zeit und Kräfte und machte ihn manchmal ganz mutlos, da es ihm vorkam, das Auserlesenste und Feinste sei alles längst von anderen gesagt. Es fehlte ihm nicht an Gedanken, aber den einen hatte Nietzsche, den andern Dehmel, den dritten Maeterlinck schon ausgesprochen. Und auch seine Stimmungen, seine Leiden, seine Sehnsucht – alles stand schon da und dort in schönen Büchern, gesungen, geseufzt oder gestammelt. Und wenn er sich selber ironisch betrachten wollte, worauf er gut eingeübt war, so kam wieder ein Bild heraus, das auch schon – sei es von Verlaine, sei es von Bierbaum oder einem andern – wiederholt und gut gezeichnet längst vorhanden war. Vielleicht hätte er daraus den Schluß ziehen sollen, daß er eben nichts Neues zu sagen wisse und darum besser tue, das Papier zu sparen und sich auf anderes zu verlegen.

Aber das hatte allerdings einen Haken. Von einer Rückkehr zum Brotstudium konnte wohl nicht die Rede sein, weil keinerlei Anfang da war. Er hatte nie zu studieren begonnen. Und es fror ihn, wenn er an den unentrinnbaren Tag dachte, an dem diese schmerzliche Wahrheit aufhören würde sein Geheimnis zu sein. Bisher hatte er immer gehofft, eines Tages plötzlich mit »seinem Werk« hervorzutreten und dadurch die verbummelten Jahre zu rechtfertigen. Er hoffte es auch jetzt noch, aber mit weniger Zuversicht. Zwar druckte »Der Abgrund« immer wieder Gedichte von ihm ab, aber er zahlte nichts dafür und die Bedingung, daß nur von Abonnenten unter Einsendung der Abonnementsquittung Beiträge aufgenommen wurden, kam ihm neuestens nicht mehr so harmlos vor wie im Anfang. Andere Zeitschriften, an die er sich wandte, gaben keine Antwort oder schickten ihm seine Verse eiligst zurück, manchmal sogar mit höhnischen Glossen.

Wenn er hätte schreiben wollen wie diese altmodischen Romanfabrikanten und derartige Leute, dachte er, würde der Erfolg nicht ausbleiben! Aber wer nur das Eigenste, Innerste, Persönlichste darbot, wer seinen Stolz in die Prägung neuer Formen, in die Pflege einer priesterlich reinen, feiertäglichen Sprache setzte, mußte natürlich zum Märtyrer des Ideals werden. Nein, wenn auch nie Erfolg und Ruhm ihn belohnte, er würde doch niemals von etwas anderem reden und singen als von den erlesenen tiefen Stimmungen und Visionen seiner innerlichsten Stunden.

Eines Tages tauchte eine neue Hoffnung in ihm auf. Er schrieb Briefe an die beiden Dichter, die er am meisten verehrte. Darin schilderte er, wie ihre Werke ihm Offenbarungen gewesen seien, drückte seine kniefällige Verehrung aus und schloß mit der Bitte um Rat in seinen Dichternöten, fügte auch eine »Abgrund«-Nummer und einige Gedichte bei.

Und siehe, beide Größen antworteten. Der eine schrieb im feierlichsten Stil, die Kunst sei allerdings ein Martyrium, es sei aber Ehre, die schwere Last tragen zu dürfen, und was heute keine Anerkennung finde, werde vielleicht in einer späteren Epoche erkannt und zum gebührenden Ruhm erhoben werden. Er ermahnte den Jünger, treu zu bleiben und niemals das alte *ars longa, vita brevis* zu vergessen. Der zweite Dichter schrieb einen ganz gewöhnlichen Briefstil. Er danke schön für die herrlichen Worte und sende die hübschen Verse anbei zurück; übrigens scheine Herr Eiselein, wenn er nicht irre, in der angenehmen Lage eines Privatmannes zu sein, der zu seinem Vergnügen dichte und das Elend derer nicht kenne, die davon leben müssen. In diesem Falle möchte er Herrn Eiselein, dessen Brief und Gedichte einen so feinsinnigen Kunstfreund verraten, um ein Darlehen von zweihundert Mark ersuchen, da er zur Zeit sehr in der Klemme sei. Man könne sich das Leben eines Dichters nicht traurig genug vorstellen; von dem von Herrn Eiselein so enthusiastisch verehrten Buche »Das All, eine Trilogie« zum Beispiel habe er in den drei Jahren seit seinem Erscheinen an Tantiemen den baren Betrag von 24 Mark 75 Pfg. eingenommen, und wenn er nicht nebenher die Sportsberichte für ein Tageblatt besorgen würde, wäre er längst verhungert.

Der enttäuschte Karl Eugen legte beide Briefe zuunterst in die Schublade. Oft hatte er schon früher darüber mitgeschimpft, daß das deutsche Volk seine Dichter darben lasse, doch blickte er in diesen Jammer jetzt zum ersten Mal so nah und klar hinein. Er hatte in seinem Leben noch wenig anderes getan, als Gedichte gemacht – – woher hätte er wissen sollen, daß die meisten Leute, auch wenn sie wirklich Bücher lasen, Wichtigeres kannten und lesen wollten als die Träume und schwankenden Stimmungen von ein paar Schwärmern? Freilich, er glaubte das Leben zu kennen; er wußte es nicht, daß er abseits desselben in einer unfruchtbaren Wüste lebte und daß drüben, im wirklichen Leben, jeder Tag Wunder gebar, neben denen die raffiniertesten Symbolistenkünste harmlos und farblos waren.

Ohne daß er viel tat außer Lesen, flossen die Tage weg. Der Sommer wurde braun und neigte zur Welke, Septemberregen wuschen den Staub vom Grünen, es gab schon farbige Blätter, kühle Nächte und neblige Morgenfrühen. Und mit dem fallenden Laube des großen Ahorns wehte ein Brief zur Türe des Ladens herein, lag mit der übrigen Post auf der Tischecke, ward von Herrn Eiselein mit ins Kontor hineingenommen, gelesen, wieder gelesen, mit einem hoffnungslosen Seufzer weggelegt und schließlich vom Herrn selber zur Mama hinaufgebracht. Der Brief kam von einem Kaufmann in der Universitätsstadt und brachte die Enthüllung, daß Karl Eugen daselbst noch viele Schulden habe, von denen der Vater keine Ahnung gehabt hatte.

Der Sohn war morgens im Laden gewesen, um seinen Tabaksbeutel zu füllen. Er hatte den Brief dort liegen sehen und erkannt, und war stark in Versuchung gekommen, ihn wegzunehmen. Aber schließlich mußte es doch einmal an den Tag kommen und da hatte es ihm besser geschienen, den Zusammenbruch jetzt zu erleben, als noch länger die Angst in sich herumzutragen. Seither saß er in seiner Stube, von Augenblick zu Augenblick das Eintreten der Eltern erwartend und fürchtend, und jede Minute kam ihm so lang wie ein Wintersemester vor. In dieser Stunde fühlte, erlebte und litt er mehr, als in allen seinen Gedichten stand, und seine freie, heitere Künstlermoral schmolz zu einem wehmütigen und gequälten Trotz zusammen. Es kam aber niemand. Es wurde Zeit zum Mittagessen und nach einigem Zögern faßte er Mut und ging ins Eßzimmer hinüber. Dort fand er nur seinen Vater, der schon an der Suppe saß und nicht aufschaute. Die Suppe wurde abgetragen, das Rindfleisch und das Gemüse wurde gebracht und schweigend verzehrt, und Karl Eugen verging fast vor Angst und Spannung.

»Wo ist denn die Mutter?« fragte er schließlich beklommen.

»Verreist.«

»Wohin denn?«

»Wirst's dann schon hören.«

Er fragte nicht weiter. Aber er sah im Geist seine kleine, schneidige Mutter durch die Gassen der Universitätsstadt laufen und seine Versäumnisse, Schandtaten und Schulden aufspüren, eins ums andere. Sie ging in seine ehemalige Wohnung, sie ging zu den Kaufleuten und Gastwirten, zum Buchhändler und zum Juden Werzburger, und ach, sie ging auch zu den Professoren, deren Ausspruch sein Schicksal vollends besiegelte und ihm den Hals abdrehte.

Der arme Versmacher wußte nun, welche Stunde es geschlagen habe. Wenn wenigstens der Vater hingereist wäre! Aber die Mutter! Sie würde nichts vergessen, ihr würde nichts verborgen bleiben, sogar über die vergessenen und vergebenen ersten Semester würden ihr blutrote Lichter aufgehen.

Vier stille, scheue, bange Tage vergingen, voll Mißtrauen und Zweifel für den Vater und voll Spannung und Qual für den Jungen. Sie sprachen nicht miteinander, obwohl beide den Wunsch dazu in sich trugen. Der Sohn mochte nichts sagen, ehe er wußte, wie viele seiner Sünden entdeckt seien. Der Vater war zum ersten Mal unversöhnlich und tief empört, da er auf die scheinbare Besserung Karl Eugens, die sich nun als Komödienspiel erwies, heimlich schon wieder herrliche Hoffnungen gebaut hatte.

Am fünften Tage kam Frau Eiselein zurück, und jede verschwiegene kleine Hoffnung, die der Alte und der Junge etwa noch genährt hatten, sank in Staub und Trümmer. Sie wußte nicht nur genau, wieviel Schulden ihr Sohn noch hatte, sie wußte auch alles andere. Daß es mit dem Studium aus und vorbei und das Geld für all die Semester weggeworfen und verloren war. Daß der Studiosus aus der Burschenschaft nicht ausgetreten, sondern gewimmelt worden war. Daß er sein Zimmer mit einer japanischen Tapete und unzüchtigen Bildwerken geschmückt, daß er Verhältnisse mit schlimmen Weibern gehabt und für eine vom Theater eine Brosche gekauft hatte. Und vieles andere von dieser Art.

Nachdem sie vor dem betretenen Sünder und dem gebrochenen Vater alles sachlich und geläufig berichtet und hergezählt hatte, setzte sich die Mutter auf einen Stuhl, blickte ihren Sohn durch und durch und sagte: »So, was sagst du dazu? Ist's wahr oder nicht?«

»Es ist wahr«, bestätigte er leise.

»Bist du ein Lump oder nicht?«

»Mama –«

»Ja oder nein!«

»Ja«, flüsterte er und wurde fuchsrot.

»Jetzt kannst du mit ihm reden, Schorsch«, sagte sie zum Papa, dessen Entrüstung nun verzweifelt losbrach. Alle Kraftworte, die er früher an dem Buben gespart hatte, stürzten nun verspätet und hitzig hervor, so daß der Malefikant seinen Vater kaum mehr kannte, während zu seinem Erstaunen die Mutter ruhig sitzen blieb und mit merkwürdigem Mienenspiel das Losheulen, Wüten und Verrollen des großen Donnerwetters beobachtete.

»Du kannst uns jetzt allein lassen«, sagte sie ruhig zu Karl Eugen, als der Vater verstummte, in seinen Sessel sank und mit dem Ersticken rang. Wieder hatte sich das Zünglein der Waage bewegt und von diesem Tage an hatte die kluge, entschlossene Frau den Schwerpunkt der häuslichen Macht auf ihre Seite gebracht. Es wurden keine Worte darüber verloren, aber Eiselein senior tat nun vollends gar nichts mehr, ohne sie vorher mit stummer Frage anzublicken, und der junior witterte und begriff, daß er von nun an seinen Wandel allein vor den Augen der Mutter zu führen und zu rechtfertigen haben werde. Darum fügte er sich ihr schweigend und wartete lautlos, bis die Reihe an ihn käme, mit ihr zu reden.

Das geschah denn auch bald und gründlich. Er bekam nichts geschenkt, vom Indianerzug bis zur japanischen Tapete fand er seine Vergehen und Laster treu gezählt und gebucht, und die Abrechnung schloß für ihn mit einem bodenlosen Minus. Zugleich hielt die Mutter es jetzt für angezeigt, ihm die verschlimmerte Lage des väterlichen Handels und Vermögens zu eröffnen, versteht sich nicht ohne nachdrücklich darauf hinzuweisen, wie erheblich er, der Sohn, an diesem Rückgange mitschuldig war.

»So stehen die Sachen«, schloß sie endlich, »und an deinen Schulden haben wir mindestens noch vier, fünf Jahre zu büßen. Was soll jetzt mit dir werden?«

Karl Eugen hatte mehrmals Miene gemacht, die lebhafte, aber sachliche Darlegung seiner Mutter zu unterbrechen, war aber streng zur Ruhe verwiesen worden. Nun saß er da, geschlagen und vernichtet, und sollte Antwort geben. Mit finsterer Miene erhob er sich, rückte den Stuhl und sagte: »Ich weiß nichts zu sagen, du würdest mich doch nicht verstehen. Es ist besser, ich gehe jetzt fort; wenn ich mein Ziel erreiche, hört ihr wieder von mir, im andern Falle bin ich nicht der erste, der so zugrunde gegangen ist.«

Und schon näherte er sich der Tür, fast stolz auf sein Elend und auf den tragischen Ton, in dem er seine Worte vorgebracht hatte. Aber die Mutter rief ihn zurück.

»Du bleibst gefälligst sitzen«, sagte sie, »bis ich fertig bin.«

Er nahm leise wieder Platz. Sie lachte vor sich hin.

»Soll denn die Theaterspielerei gar nicht aufhören, dummer Bub? Wo willst du denn hin? Hast du denn Geld? Du bist gar nicht der Mann, mir was vorzuspielen, und für das Verzweifelttun geb' ich dir keinen Kreuzer. Oder willst du dir etwa das Leben nehmen? O du! Tust's ja doch nicht, ich kenn' dich schon. Nun, du bist nun einmal leider Gottes unser Bub und wir müssen sehen, daß noch was aus dir wird. Fortgereist wird jetzt nimmer, also mach' keine Komödie und sag', was du zu sagen hast. Ob ich's dann versteh' oder nicht versteh', ist meine Sache. Warum soll ich dich durchaus nicht verstehen? Du hast doch meiner Seel' nicht so viel studiert. Also los!«

Im Herzen war der Jüngling froh, daß sie ihn nicht hatte laufen lassen, und trotz der Beschämung begann er ein wenig Vertrauen zu ihr zu fassen. Er hustete also ein bißchen, seufzte und schnitt die vorbereitenden Grimassen, und dann begann er zu erzählen und zu erklären, daß er von jeher ein Dichter habe werden wollen. Er habe, man möge es glauben oder nicht, genug Studien gemacht und viel gelernt, und er sei jetzt auf dem Sprung, sein erstes Werk zu schaffen. Wenn er jetzt davon ablassen müsse, so wäre all die schöne Zeit doppelt verloren; vielleicht glücke es ihm damit und dann sei alles wettgemacht. Er begann von Schriftstellern zu erzählen, die Landhäuser besitzen und erster Klasse reisen; von den Briefen der beiden Symbolisten sagte er nichts. Sie unterbrach ihn und meinte, er könne schon zufrieden sein, wenn es hinreiche, seine Schulden zu zahlen. Bis wann er denn sein Werk fertigmachen wolle, wenn es in all den Semestern nicht fertig geworden sei? Da wurde er wieder lebhaft und erklärte ihr, welche Reife so etwas erfordere. »Reife!« lächelte sie. Jetzt aber sei er so weit; wenn er nur noch diesen Winter zur Arbeit frei habe, würde er fertig.

Ich will noch drüber schlafen«, sagte sie, »es kommt jetzt vollends auf einen Tag nimmer an. Wir reden morgen weiter. Daß du Tabak und Schnaps nach Belieben aus dem Laden holst, muß aber schon heut ein Ende haben, denk dran!«

Als der junge Mensch in seiner Stube saß und die Sache überdachte, kam er sich zwar erbärmlich klein und gedemütigt vor und schämte sich fast vor den stolzen Büchertiteln an der Wand; aber froh war er doch, die Angst vom Halse und wieder Boden unter seinen Füßen zu haben. Er zog das dicke Heft hervor, in welchem die paar ersten Zeilen seiner großen Dichtung standen. »Das Tal der bleichen Seelen« stand auf dem Umschlag, und der Titel schien ihm gut, ein kleines Meisterwerkchen. Er war eine Offenbarung und ihm vor einem Vierteljahr auf dem Heimweg von einer einsamen Kneiperei eingefallen, und seither glaubte er an sein Werk und hatte ein Gefühl, als sei das Schwerste, Entscheidende daran schon getan. Auch die Widmung war schon fertig. Sie war an jenen Dichter, der ihm den Märtyrerbrief geschrieben hatte, gerichtet, kurz und schön, in feiner Mischung von Stolz und Demut, das ehrerbietige Sichneigen vor dem auserwählten Geiste ausdrückend.

Herr Eiselein hatte noch am selben Abend eine zweite Unterredung mit seiner Frau. Er wußte durchaus keinen Rat, stöhnte und fluchte abwechselnd und wurde desto elender, je lebhafter die Frau ihn um Vorschläge drängte.

»Du weißt also nichts?« sagte sie dann am Ende freundlich.

Wütend sprang er auf und lief in der Stube hin und her wie ein Eingesperrter.
»Nach Amerika schick' ich ihn, den Gutedel!« schrie er zornig.
»Damit er vollends ein Lump wird? Und meinst du, die Reise kostet nichts? Nein, er soll schön dableiben, bis er seine Streiche abverdienen kann. Man hat schon Schlimmere wieder zuwege gebracht.«
»Ja, aber wie denn?«
»Wenn dir's recht ist, will ich sehen, was zu machen ist. Geduld wird's schon brauchen. Überlaß ihn nur mir!«
Dabei blieb es, denn der Hausherr wehrte sich nicht. Er fühlte, ohne daß sie etwas weiteres sagte, den Sinn dieses Abkommens wohl heraus. »Du hast ihn verlottern lassen«, meinte sie, »ich will ihn wieder kurieren, du aber laß die Finger davon.«
Folgenden Tags rief sie den bange harrenden Sohn zu sich und gab ihm ihre Entschlüsse kund.
»Ich habe mit Papa über dich beraten«, sagte sie. »An deine Dichterei hab ich keinen rechten Glauben. Damit du aber nicht sagen kannst, wir hätten dich mit Gewalt von deinem Glück abgehalten, sollst du deinen Willen noch einmal haben, aber zum letztenmal. Du kannst also diesen Winter dichten so viel du willst. Wir sind jetzt im Oktober, da kannst du bis zum Frühjahr schon was hinter dich bringen. Aber wenn es dann nichts damit ist, hat das Bummeln ein Ende und du mußt dann endlich daran glauben und eine solide Arbeit anfangen. Ist's dir so recht?«
Es war ihm recht und er ließ es nicht an Dankesworten fehlen. Das Herz schlug ihm vor Lust, daß er nun nicht mehr heimlich, sondern erlaubter- und anerkannterweise das Leben eines Dichters führen sollte. Der Druck der Angst und des bösen Gewissens war von ihm genommen, er atmete wieder legitime Lebensluft, nachdem er so lang auf dem dünnen Glasboden einer rechtlosen Scheinexistenz gewandelt war. Nun hoffte er einen neuen Aufschwung und freute sich darauf, tüchtig zu arbeiten. Denn von Arbeiten redet ja niemand lieber als Dichter, Künstler und dergleichen Müßiggänger. Freudig stieg er die schmale Stiege zu seiner Stube hinauf, warf sich aufatmend in den Lehnsessel, steckte eine

Pfeife an und griff nach den »Violetten Nächten«, einem seiner Lieblingsbücher, in dessen dunkle, reimlose Verse er sich mit Wollust vertiefte.

Das Tal der bleichen Seelen war einstweilen immer noch ein dickes Quartheft mit weißen Blättern. Der Dichter hütete sich wohl, diese harrende unbeschriebene Fläche zu entweihen. Auf ihr sollte nur etwas Kostbares, Delikates Platz finden, Züge bleicher Seelen sollten über sie hinweg schauern wie Herbstwolken, zart und düster, abwechselnd mit tieftönigen, farbig lodernden Träumen im Stile des Gabriele d'Annunzio, der seit einiger Zeit für Karl Eugen die Rolle des Vermittlers romanischer Kultur spielte. Selber hatte er nie das Glück gehabt, Italien oder italienische Kunstwerke zu sehen, doch hatte die Lektüre dieses Italieners ihn so erzogen, daß er mühelos Vergleiche und Bilder anwenden konnte wie »vornehm gleich den Gesten einer Madonna des Carlo Crivelli« oder »kühn wie eine Form des göttlichen Benvenuto Cellini« oder »ein Lächeln von lionardesker Lieblichkeit«. So häufte er spielend die Schönheiten alter und fremder Kulturen; er gab seinem Stil bald die Glut des d'Annunzio, bald die welke Reife von Huysmans, bald die träumerische Märchenfarbe Maeterlincks oder die weiche Süßigkeit Hofmannsthals. Noch ein wenig Zeit, ein wenig Reife, und es mußte daraus etwas berückend Köstliches entstehen.

Er wartete ab, las in seinen Büchern, liebkoste das leere Papier und setzte sich in Bereitschaft, die bleichen Seelen würdig und feierlich durch symbolische Traumländer zu geleiten. Sie sollten von allem reden, was schön und fern und seltsam ist, und an alles erinnern, was in einsamen Nächten die schauernde Seele eines Ästheten berührt und entzückt und traurig gemacht hat. Von den Wänden schauten erwartungsvoll und segnend die Bücherreihen, die Tabakspfeifen und das Bildnis des Dichters mit dem Kondottiere herab. Zuweilen schien es ihm, als seien dies alles Dinge, welche überwunden oder doch überboten werden könnten. Dann strich er sich leise mit der Rechten übers Haar, blickte sinnend und lächelnd vor sich nieder und träumte von den wunderbaren, reichen, schöpferischen Stunden, in denen er im Sinnbilde der bleichen Seelen alles Wunderbare und

Unerhörte aus dem Reich der Schönheit erfassen und in adlige Formen schöpfen würde.

Nach einer solchen Stunde war es ihm immer doppelt peinlich, wenn er im Laden, wo er sich mit irgendeiner Stärkung versehen wollte, dem strafenden Blick des Vaters oder gar der Mutter begegnete und unverrichteterdinge wieder abziehen oder ein paar Zigarren und dergleichen durch lange, demütige Bitten und Reden erkämpfen mußte. Doch wußte er sich in diese Mißlichkeiten fast immer mit Ergebung und freundlicher Ruhe zu finden oder für die Stillung seiner Bedürfnisse unbewachte Minuten zu benützen.

Der November brachte noch eine Reihe von sonnig blauen Tagen, und am Rande der Tannenwälder leuchtete noch immer rot und gelbes Laubgebüsch. Um diese Zeit begann der »Abgrund« seine Leser zur schleunigen Erneuerung ihres Abonnements aufzufordern, was eine Zwiesprache zwischen Mutter und Sohn zur Folge hatte, worin er den kürzeren zog, so daß er sich darein schicken mußte, die Tröstung, sich je und je gedruckt zu sehen, künftig zu entbehren.

Dann kam ein tagelanger schwerer Regen, und eines Morgens lag auf den völlig entblätterten Büschen im Garten der erste leichte Reif.

Kaum hatte den der Dichter erblickt, so stieg er in den Keller und holte sich ein Becken voll Kohlen und einen Arm voll Holz herauf. Das wiederholte er am Nachmittag und acht Tage lang täglich zweimal, bis an einem Abend, während es im Ofen knallte und krachte, Frau Eiselein in die Stube trat.

»Du bist wohl verrückt«, sagte sie und deutete auf den glühenden Ofen. »So heizen kann man zur Not bei zehn Grad Frost. Das ist auch so eine Studentenmode. Du weißt wahrscheinlich nicht, was die Kohlen kosten? Drunten müssen wir jeden Pfennig sauer verdienen und du verbrennst das Zeug da gleich zentnerweise.«

Karl Eugen war aufgestanden und blickte scheu herüber.

»Ungesund ist die übertriebene Heizerei auch noch«, fuhr sie fort. »Frieren sollst du nicht, aber auch nicht das Dreifache verbrennen wie andere Leute. Künftig findest du jeden Morgen ein Becken voll Kohlen und das nötige Holz dazu parat gemacht. Damit kommst du aus, wenn du Vernunft hast. Das Selberholen muß aber aufhören.«

Des Sohnes Vorstellungen waren erfolglos und er blieb schmollend in seiner Stube. Vierzehn Tage lang behalf er sich mit dem zugemessenen Vorrat; da er aber die Gewohnheit hatte, zu überheizen und weit in die Nacht hinein lesend aufzubleiben, reichte er bald damit nimmer aus. Morgens einmal, als er noch das ganze Haus schlafend glaubte, stand er fröstelnd auf und schlich in den Keller, fand aber zu seinem nicht geringen Ärger und Schrecken den Kohleverschlag wohlverschlossen. Noch größer war seine Verlegenheit, als er beim Hinaufsteigen in der Tür die Mutter stehen sah, die ihm guten Morgen wünschte.

»Machst dir ein bißchen Bewegung?« rief sie lächelnd. »Ja, ja, Frühaufstehen ist gesund.«

»Du, Mutter«, sagte er flehend, »mit dem bißchen komm' ich nicht aus. Leg ein paar Schaufeln zu!«

»Tut mir leid«, war die Antwort, »tut mir leid, junger Herr. Wer nichts verdient, muß wenigstens sparen können. Wenn du aber durchaus mehr brauchst, so weißt du ja den Weg in den Wald, wo du als Bub schon oft genug Tannenzapfen aufgelesen hast. Wenn du jeden Morgen so zeitig aufstehst wie heute und statt in den Keller in den Wald gehst, kannst du leicht einen Korb voll oder zwei zusammenbringen. Arme Leute heizen mit nichts anderem.«

Am nächsten Morgen blieb er zum Trotz recht lang im Bett liegen. Am übernächsten stand er in der Frühe leise auf, nahm einen Sack mit und ging in den Wald. Das Lesen kam ihm schrecklich mühsam vor, nach einer guten Stunde war der Sack aber voll und er konnte ihn noch heimtragen, eh' die Gassen sich belebten. Von da an ging er täglich und die Mutter tat, als nehme sie keine Notiz davon. Bald kannte er im Walde die guten Reviere, vermied die Kiefernwälder und die jungen Bestände und hielt sich an den alten Tannenforst, wo das dichte Moos voll Zapfen lag. Dabei wurde er immer so warm, daß er nachher kaum mehr zu heizen brauchte. Die harsche Herbstmorgenluft tat ihm sichtlich gut und allmählich lernte er, zum erstenmal seit seiner Schulbubenzeit, auch wieder ein Auge auf das Waldleben haben. Er sah die Sonne aus dem Nebel steigen, gewöhnte sich dran, aufs Wetter zu achten, jagte bald einen Hasen, bald ein Wildhuhn aus dem Schlaf, und da er doch einmal mit den verdammten Zapfen zu tun hatte, lernte er sie allmählich nach Form und Herkunft kennen und die dunklen harzreichen von den leichten und dürren, die der Weißtannen von den rottannenen unterscheiden. Anfangs verbarg er sich, sooft ein armes Weiblein, ein Forsthüter oder Bauer daherkam, nach und nach wurde er weniger scheu und schließlich trug er im Notfall, wenn auch ungern, seinen Sack vor jedermanns Augen heim.

Es kam ein Tag, noch im November, da gab er seinen letzten, aus den üppigen Zeiten her übriggebliebenen Batzen aus. Zaghaft wandte er sich an die Mutter um ein wenig Taschengeld.

»Was brauchst du denn?« fragte sie. »Du hast doch alles Nötige.«

Nun ja, er brauchte eigentlich nichts, aber man mußte doch für alle Fälle ein paar Groschen im Sack haben.

»Ach so.« Die Mutter nickte. »Zu einem Glas Bier oder so, nicht wahr? Ist ganz recht. Leider hab' ich für solche Sachen gar nichts übrig – aber wenn dir neben dem Dichten etwa eine Stunde übrigbleibt, kannst du dir ja leicht ein bißchen was verdienen. Für den Sack Tannenzapfen, den du mir bringst, geb' ich fünfzig Pfennig. Oder wenn du morgen vormittag mit dem Vater Kisten packen willst, kannst du auch eine Mark verdienen.«

Er war einverstanden, und wenn er künftig für sein wohlverdientes Geld im Adler oder Sternen einen Schoppen trank oder eine Kegelpartie mitmachte, schmeckte es ihm besser als früher bei manchem Kommers.

Kurz vor Weihnachten fiel ein wenig Schnee und gleich darauf trat Frost ein, so daß es mit der Waldarbeit plötzlich ein Ende hatte. Dem Dichter tat es fast leid um die gewohnte Morgenbeschäftigung, als aber Weihnachten kam und vorüberging, fiel es ihm plötzlich auf die Seele, wie schnell die Zeit verstrich und wie notwendig es nun war, seine Dichtung ernstlich vorwärts zu bringen. Säcke holen, Kisten packen, Holz spalten und dergleichen hatte ihn in der letzten Zeit ganz davon abgebracht.

Als er zum erstenmal das Tal der bleichen Seelen wieder zur Hand nahm, gefiel der Titel ihm nicht mehr so ganz und er suchte einen neuen zu finden, aber es fiel ihm keiner ein. Mißmutig lief er eine Zeitlang herum, ging öfter als sonst zu einem Bier und Billard und sah sich daher bald wieder ohne Taschengeld. Diesmal half er beim Ausschreiben der Neujahrsrechnungen und saß drei Tage beim Papa im Kontor. Er bekam ein paar Mark dafür, aber seine Dichtung wurde davon nicht fett. Vielmehr war es merkwürdig, wie nach jeder solchen Arbeit die Gedanken ausblieben, statt zu kommen. Während er das Widmungsblatt nochmals überlas und sich daran begeistern wollte, geschah es, daß er plötzlich daran denken mußte, daß der reiche Direktor Selbiger seinem Vater die letzte Halbjahresrechnung noch immer schuldig geblieben war. Ob es wohl anging, den Mann zu mahnen? Bei Tische sprach er mit dem Alten darüber, aber der war entschieden fürs Abwarten.

Und immer öfter nahm Eugen mit Verzweiflung wahr, daß er mit jedem Schritt, den er im tätigen Leben machte, seiner Dichtung ferner kam und Abbruch tat. Er zwang sich nun gewaltsam und schrieb ein paar Seiten, die ihn aber nicht befriedigten. Die Sprache war gequält und steif, es kam kein Leben hinein. Ärgerlich warf er das Heft dann in die Schublade und ging zu einem Kartenspiel im »Hecht«, verlor ziemlich und bot sich wieder für zwei Tage zum Mithelfen im Laden an.

Dann suchte er bei seinen Büchern Trost, die er in letzter Zeit vernachlässigt hatte. Und nun erlebte er es zum erstenmal, daß sie ihn im Stich ließen, ihm keine Stimmung gaben und ihm sogar fast langweilig vorkamen. Er hätte jetzt ein Dichterwerk gebraucht, das seine gegenwärtige Not erfaßt und ausgesprochen und tröstlich verklärt hätte. Aber d'Annunzio betrachtete griechische Gemmen und streichelte die Schultern schöner Baronessen, Oscar Wilde roch an exotischen Blumen und analysierte sein Nervenleben, und der Kondottiere-Dichter besang eine »blaue Stunde« und einen leierspielenden Knaben.

Eine leise erste Ahnung stieg bitter in ihm auf, daß alle diese schönen Bücher vielleicht eben nur Bücher, nur ein Luxus für Glückliche und Reiche und Zufriedene seien, mit dem Leben und seiner Not aber keine Berührung hatten und haben wollten – Olympier an goldenen Tischen, welche von unten her, aus dem Wirrsal des Menschlichen, kein Klagelaut erreichte. Sie waren schön gewesen, als er sie in üppigen, faulen Zeiten genossen hatte. Und jetzt, da das Leben seine Hände nach ihm ausstreckte, schwiegen sie und wollten nichts von ihm wissen. Der Dichter des »All« fiel ihm ein, der keine Trilogien mehr, sondern Sportberichte für ein Tageblatt schrieb. Und er warf das Buch, das er gerade in der Hand hielt, zornig und traurig an die Wand.

Im Februar tat Frau Eiselein die erste behutsame Frage nach dem Gedeihen der Dichtung. Karl Eugen hatte gerade ein Faß Petroleum hereingerollt. Er drückte sich um die Antwort. Und als sie neugierig war, wenigstens den Titel zu erfahren, rückte und schob er unmutig an dem Faß herum und brummte: »Den Titel macht man immer zuletzt.« Doch wurde er rot dabei.

Ende März klopfte die Mama wieder an, trat zu dem Dichter an den Schreibtisch und verlangte sein Werk zu sehen.

»Es ist nicht fertig«, sagte er in unbehaglichem Ton.

»Dann ist's eben halbfertig«, beharrte sie. »Ich gehe nicht aus der Stube, bis ich's gesehen habe. Sei vernünftig, du kennst mich doch.«

O ja, er kannte sie. Dennoch zögerte er noch eine ganze Weile, ehe er die Lade herauszog und sein Heft vorlegte.

»Das Tal der bleichen Seelen! Schau, jetzt ist ja doch der Titel da, freilich ein komischer.«

Es folgten etwa zehn beschriebene Blätter, auf denen aber das meiste wieder durchgestrichen war.

»Ist das alles?« fragte sie ruhig.

»Das ist alles . . . Ich wollte – –«

»Laß nur, 's ist schon gut.«

Da die Frau das schmerzliche Gesicht ihres Sohnes sah, hielt sie an sich und brach erst nachher auf der Treppe in ein kräftiges Gelächter aus.

Als sie später den Dichter auf den Kopf fragte, bis wann sein Werk wohl Hoffnung habe, fertig zu werden, senkte er den Kopf und gestand: »Ich glaube, nie.«

Im April trat Karl Eugen in das Geschäft seines Vaters ein. Im nächsten Jahre ging er als Volontär in ein auswärtiges

Kaufhaus, von wo er mit guten Zeugnissen zurückkam, und als nach einigen weitern Jahren der alte Herr anfing kränklich zu werden, übernahm er den Laden allein und überließ dem Vater nur noch die Korrespondenzen.

Während dieser Jahre fiel das Geniewesen in aller Stille vollends von ihm ab wie eine Schlangenhaut, und es zeigte sich, daß unter der Hülle recht viele väterliche und mütterliche Erbstücke unverloren geschlummert hatten. Die erstarkten nun und traten bald auch äußerlich zutage. Wie mit dem Lesen und Dichten der Weltschmerz, so war mit dem Schlips und den Geniemanieren auch die falsche Bedeutsamkeit und Wichtigkeit des Auftretens verschwunden und der absonderliche Apfel also doch nahe beim Stamm gefallen. Und der vom milden Stachel täglicher Arbeit aus dem Traum geweckte Jüngling sah allmählich ein, daß seine vermeintliche Frühreife weit eher ein ungewöhnlich langes Kapriolenmachen der Jugendlichkeit gewesen war. Aber desto gründlicher faßte er die Arbeit und Umkehr an.

Die Zeit ging hin, er heiratete und wurde Vater, das Geschäft ging nicht übel und seine Schulden waren alle längst bezahlt. Zuweilen nahm er etwa einmal abends eines der Bücher von damals in die Hand, blätterte darin hin und her, schüttelte nachdenklich den Kopf und stellte es an seinen Ort zurück. Das Dichterbildnis aber hing noch immer an der Wand: der Jüngling im modischen Kragen blickte stolz und verachtend aus dem Rahmen und hinter ihm saß unerschüttert der kühne Kondottiere auf seinem ehernen Roß.

(1903)

Der Erzähler

In einem hochgelegenen Kloster im toskanischen Apennin, dessen Gast er war, saß am Fenster seiner wohnlichen Stube ein greiser geistlicher Herr. Draußen glühte die Frühsommersonne auf den Mauern, auf dem schmalen, festungsartigen Hofe, den steinernen Treppen und dem steilen, gepflasterten Fahrweg, der vom grünen Tale heiß und mühsam bergan zum Kloster führte. Weiter hinaus lagen grüne, fruchtbare Täler, in deren Gärten Oliven, Mais, Obst und Reben gediehen, lichte kleine Weiler mit hellen Mauern und schlanken Türmen, dahinter die hohen, kahlen, rötlichen Berge, da und dort mit mauerumschlossenen Meierhöfen und kleinen weißen Landhäusern besetzt.

Auf dem breiten Gesimse hatte der alte Herr ein kleines Buch vor sich liegen. Es war in ein Stück Pergamentmanuskript gebunden, dessen Zinnoberinitialen kräftig leuchteten. Er hatte darin gelesen und strich nun spielend mit der weißen Hand über das Büchlein, nachdenklich lächelnd und mit leisem Kopfschütteln. Das Bändchen war nicht etwa der Klosterbibliothek entnommen, hätte dorthin auch nicht gepaßt; denn es enthielt weder Gebete noch Meditationen noch die *Vitae Patrum*, sondern eine Sammlung von Novellen. Es war ein Novellino in italienischer Sprache, erst kürzlich erschienen, und auf seinen schön gedruckten Blättern stand allerlei Feines und Grobes, zarte Ritter- und Freundschaftshistorien neben durchtriebenen Schelmenstücklein und saftigen Hahnreigeschichten.

Trotz seinem milden Aussehen und trotz seinen höheren kirchlichen Würden hatte Herr Piero keine Ursache, an diesen weltlich derben Geschichten und Schwänken Anstoß zu nehmen. Er hatte selber ein flottes Stück Welt gesehen und genossen, und er war selber ein Verfasser von zahlreichen Novellen, in denen die Heikelkeit der Stoffe mit der Delikatesse der Darstellung wetteiferte. So gut er es in jungen Jahren verstanden hatte, hübschen Frauen den Hof zu machen und verbotene Fenster zu erklimmen, so gut und bündig hatte er später gelernt, seine und fremde Abenteuer zu erzählen. Obwohl er nie ein Buch veröffentlicht hatte, kannte man ihn und seine Geschichten durch ganz Italien. Er liebte eine feinere Art der Darbietung: er ließ seine Opuscula, jedes kleine Stück für sich, zierlich abschreiben und sandte ein solches Blatt oder Heft bald dem, bald jenem von seinen Freunden zum Geschenk, stets mit einer schmeichelhaften oder witzigen Widmung versehen. Diese kostbaren Pergamente gingen zunächst an den Bischofssitzen und Höfen von Hand zu Hand, wurden nacherzählt und wieder und wieder abgeschrieben und fanden ihren Weg in stille, entlegene Kastelle, in Reisewagen und Schiffe, in Klöster und Pfarrhöfe, in Malerwerkstätten und Bauhütten.

Nun war es allerdings schon einige Jahre her, seit die letzte galante Novelle von seinem Pult ins Weite gegangen war, und es gab schon in mehreren Städten Buchdrucker, die gleich den Wölfen auf seinen Tod warteten, um dann sogleich Sammlungen der Novellen zu veranstalten. Herr Piero war alt geworden, und das Schreiben war ihm entleidet. Auch hatte mit dem Altwerden sein Gemüt sich nach und nach von den galanten und witzigen Stoffen abgewandt und neigte zwar nicht zur Askese, aber doch zu einem tieferen, nachdenklichen Betrachten des Ganzen und Einzelnen. Ein glückliches und ausgefülltes Leben hatte bisher seinen Verstand durchaus mit Wirklichkeit gesättigt und vom Grübeln ferngehalten; nun kam gelegentlich eine Stunde, da er statt der kleinen bunten Welt des Zeitlichen die großen Räume des Ewigen ins Auge faßte und über das seltsam und unlöslich ins Unendliche verflochtene Endliche in stille Bewunderung versank. Heiter und freimütig wie sein früheres Denken waren auch diese Betrachtungen; er fühlte ohne Klagen seine Ruhezeit gekommen und den Herbst angebrochen, da die reife Frucht ihres Strebens satt wird und sich, müde werdend, der mütterlichen Erde zuneigt.

So blickte er vom Buche hinweg sinnend und genießend in die heitere Sommerlandschaft. Er sah Bauern im Felde arbeiten, angeschirrte Pferde vor halbbeladenen Wagen an den Toren der Gärten stehen, sah einen struppigen Bettler auf der langen weißen Straße wandern. Lächelnd nahm er sich vor, diesem Bettler etwas zu schenken, wenn er zum Kloster heraufkäme, und aufstehend überblickte er mit spielerischem Mitleiden die Straße mit ihrer großen Windung um

Bach und Mühle herum und den steilen warmen Steinweg vor der Pforte, auf dem ein einsames Huhn träumerisch und unstet wandelte und an dessen glühenden Mauern die Eidechsen spielten. Sie liefen hastig, blieben still atmend stehen, bewegten leise und suchend die schönen Hälse und die dunklen harten Augen, sogen die von Wärme zitternde Luft mit Behagen ein und eilten plötzlich wieder, von unbekannten Entschlüssen getrieben, blitzschnell von hinnen, verschwanden in schmale Steinritzen und ließen die langen Schwänze heraushängen. Darüber wandelte den Zuschauer ein Durst an. Er verließ die Stube und schritt durch die kühlen Dormente in den verschlafenen Kreuzgang hinüber. Dienstfertig zog ihm der Bruder Gärtner den schweren Eimer aus der kalten Zisternentiefe, in der die fallenden Tropfen unsichtbar auf eine klingende Wasserfläche schlugen. Er füllte sich einen Becher, pflückte aus den wohlgehaltenen Limonenbüschen eine gelbe reife Frucht und drückte ihren Saft in sein Trinkwasser. Dann trank er in langsamen Zügen.

In seine Stube und an das Fenster zurückgekehrt, ließ er still genießende Blicke über die Täler, Gärten und Bergzüge wandern. Erlangte sein Blick ein sanft am Hange gelegenes Gehöft, so malte er sich im Geist einen sonnigen Torweg aus, unter dem Knechte mit gefüllten Körben, schwitzende Zugpferde und breitmäulige Ochsen, schreiende Kinder, eilige Hühner, freche Gänse, rosige Mägde ein und aus gingen. Kam ihm hoch auf einem Grat ein stattliches, steil emporflammendes Zypressenpaar zu Gesicht, so stellte er sich vor, er säße als ein Wanderer rastend darunter, eine Feder auf dem Hut, ein amüsantes Büchlein in der Tasche und ein Lied auf den Lippen. Wo ein Waldrand seinen gezackten Schatten auf eine lichte Wiese breitete, rastete sein Blick in der Vorstellung einer Sommergesellschaft: er sah junge Leute in den Anemonen lagern und sich die Zeit mit Plauderei und Liebesgetändel vertreiben, sah am Waldrand große flache Körbe mit kalten Speisen und Obst bereitliegen und in die kühle Walderde halb eingesenkt schmalhalsige Weinkrüge, in die man außerdem zu Hause Eisstückchen gelegt hatte.

Er war gewohnt, sich am Betrachten der sichtbaren Welt zu ergötzen, so daß ihm, wenn andere Unterhaltung mangelte, jedes Stück Land oder Welt, vom Fenster oder Reisewagen aus gesehen, zu einem Zeitvertreib wurde, wobei die mannigfaltigen Beschäftigungen und Umtriebe der Menschen ihn als überlegenen Zuschauer zum Lächeln brachten. Denn er gönnte jedem das, was einer besaß und galt, hatte auch gute Gründe zu glauben, daß vor Gottes Augen ein Kirchenfürst wenig mehr als irgendein armer Knecht oder ein Bauernkind bedeute. Und während er, seit kurzem erst der Stadt entronnen, sein Auge an der grünen Freiheit weidete, kehrte sein beweglicher Geist nach mancherlei Flügen heim in die fröhlichen Gefilde der Jugendzeit, als sähe er sie im Bilde der lichten Landschaft zu behaglicher Altersrückschau vor sich ausgebreitet. Mit Nachfreude erinnerte er sich an manchen Tag der Lust, an manche fröhliche Jagd, da er noch keine Röcke trug, an heiße rasche Ritte auf sonnigen Straßen, an Nächte voll Gesang und Geplauder und Bechergeläut, an Donna Maria die Stolze, an Marietta die Müllerin und an die Herbstabende, da er die blonde Giuglietta in Prato besuchte.

Niedersitzend behielt er den rotbraunen Kranz der hohen Berge im Blick, als verweile dort in der Ferne sichtbar noch ein Glanz und Duft von damals, als brenne dort eine lang untergegangene Sonne noch fort. Sein Gedächtnis kehrte in die Zeit zurück, da er kein Knabe mehr und doch noch kein Jüngling war. Dies allein hatte er unrettbar verloren; das war das einzige, was sich nie im Leben wiederholt hatte und was auch die Erinnerung nicht mehr völlig zu beschwören mächtig war – jenes frühlingshafte, sehnsüchtige Werdegefühl. Wie hatte er da nach Wissen gehungert, nach einer sicheren Kunde von der Welt und vom Mannesleben, vom Wesen der Frau und der Liebe! Und wie war er reich und unbewußt glücklich in jenem schmerzlich dürstenden Sehnen gewesen! Was er später sah und genoß, war schön, war süß; aber schöner und süßer und seliger war jenes phantastische Träumen und Ahnen und Sehnen gewesen.

Ein Heimweh dort hinüber beschlich den alten Herrn. Nur eine von den Stunden noch einmal zu haben, da er tastend vor dem Vorhang des Lebens und der Liebe stand, noch unwissend, was er dahinter fände und ob es zu wünschen oder zu fürchten sei! Noch einmal errötend die Gespräche der älteren Freunde zu belauschen und beim Gruß jeder

Frau, von deren Liebesleben man irgend etwas wußte oder ahnte, bis ins Herz hinein zu zittern!

Piero war nicht der Mann, um Erinnerungen zu trauern und sein Wohlsein einer Jagd nach Träumen zu opfern. Mit einer plötzlichen Grimasse begann er leise die Melodie einer alten lustigen Kanzone durch die Zähne zu pfeifen. Dann griff er von neuem nach dem Novellino und fand seine Freude daran, in dem farbenreichen Dichtergarten zu lustwandeln, wo es von prächtigen Kostümen glänzte, während die Bekken der Springbrunnen vom Gekreische badender Mädchen widerhallten und in den Gebüschen das Gekose verliebter Paare zu hören war. Da und dort nickte er einem guten Wortspiel erkennend und befriedigt zu, da und dort schien ihm eine Pointe gelungen, ein Kraftwort gut angebracht, ein kleiner lasziver Nebensatz geschickt und reizend durch scheinbares Verstecken ins Licht gerückt; je und je auch dachte er mit korrigierender Gebärde: das hätte ich anders gemacht. Manchen Satz las er halblaut, den Tonfall ausprobend. Heiterkeit überflog sein kluges Gesicht und entzündete kleine fröhliche Feuer in seinen Augen.

Wie es aber geschehen kann, daß ungewollt ein Teil unserer Seele, während wir dies oder jenes treiben, durch entlegene Gebiete irrt und bei Vorstellungen verweilt, die mehr als Phantasien und weniger als Erinnerungen sind, so war ein Teil seiner Gedanken, ohne daß er recht darum wußte, in jener fernen Vorfrühlingszeit seiner Jugend geblieben und flatterte unsicher um ihre ruhenden Geheimnisse, wie die Abendfalter um ein erleuchtetes und geschlossenes Fenster schwirren.

Und als nach einer Stunde das lustige Buch von neuem weggeschoben auf dem Stuhle lag, waren diese verirrten Gedanken noch nicht zurückgekehrt, und um sie heimzurufen, ging er ihnen so weit in die Ferne nach, daß es ihn gelüstete, dort nochmals eine Weile zu rasten. Mit spielender Hand ergriff er ein daliegendes Streifchen Papier, nahm vom Schreibtisch einen Kiel und begann feine Linien zu kritzeln. Eine lange schmale Frauengestalt erwuchs auf dem Papier, mit stiller Freude streichelte die weiße weiche Priesterhand liebevoll an Falten und Säumen; nur das Gesicht war und blieb eine blöde Maske, dazu reichte seine Fertigkeit nicht aus. Während er kopfschüttelnd die starren Linien des Mundes und der Augen statt lebendiger nur schwärzer und steifer werden sah, veränderte das Tageslicht sich mehr und mehr, und endlich aufblickend, sah Herr Piero die Berge rot umleuchtet. Er lehnte sich ins Fenster, sah im goldenen Staubgeflimmer der Straße Vieh und Wagen, Bauern und Weiber heimkehren, hörte in nahen Dörfern anhebendes Geläut und, als dies verklungen war, ganz fern und fein noch ein tiefes Summen tönen, aus irgendeiner entfernteren Stadt, vielleicht aus Florenz. Im Tal stand ein rosenfarbener Abendduft, und mit dem Herankommen der Dämmerung wurden die Höhen plötzlich sammetblau und der Himmel opalfarbig. Herr Piero nickte zu den dunkelnden Bergen hinüber, erwog zugleich, daß es nun Zeit zum Abendessen sei, und verfügte sich mit bequemen Schritten treppauf in das Speisezimmer des Abtes.

Sich nähernd, hörte er ungewohnte frohe Töne, die auf Gäste deuteten, und bei seinem Eintritt erhoben sich zwei Fremde aus ihren Sesseln. Der Abt stand gleichfalls auf.

»Du kommst spät, Piero«, sagte er. »Ihr Herren, da ist der Erwartete. Ich bitte dich, Piero – hier ist Herr Luigi Giustiniani aus Venedig und sein Vetter, der junge Herr Giambattista. Die Herrschaften kommen von Rom und Florenz und hätten mein Bergnest schwerlich gefunden, wenn nicht deine berühmte Gegenwart, die man ihnen in Florenz verriet, sie hergezogen hätte.«

»Wirklich?« lachte Piero. »Vielleicht ist es doch anders, und die Herren gehorchten einfach der Stimme ihres Blutes, die sie an keinem Kloster vorübergehen lassen sollte.«

»Warum denn?« fragte der Abt verwundert, und Luigi lachte.

»Herr Piero scheint allwissend«, sagte er fröhlich, »daß er uns so unvermutet mit alten Familiengeschichten bewirtet.«

Nun erzählte er dem Abt in Kürze die merkwürdige Geschichte seines Urahnen. Dieser sah sich nämlich als ganz junger, noch nicht lange eingekleideter Mönch eines Tages als der einzige männliche Träger seines Namens übriggeblieben, da der gesamte männliche Stamm der Giustiniani vor Byzanz zugrunde gegangen war. Damit die Familie nicht absterbe, entband ihn der Papst seines Gelübdes und vermählte ihn mit der Tochter des Dogen. Er bekam mit dieser drei Söhne; aber kaum waren diese erwachsen und an Frauen aus den mächtigsten Häusern verheiratet, so ging der Vater in sein Kloster zurück, wo er in strengster Buße lebte.

Piero hatte sich an seinen Ehrenplatz gesetzt und erwiderte die Artigkeiten, die den weichsprechenden Venezianern wie Öl vom Munde liefen, auf seine vornehme Weise. Er war ein wenig müde, doch ließ er davon nichts merken, und während dem Fisch das Geflügel und dem lichten herben Bologneser ein kraftvoller alter Chianti folgte, ward er zusehends lebhafter.

Als die Schüsseln abgetragen waren und neben den Bechern nur noch der Weinkrug und eine Schale mit Früchten auf dem Tische stand, war es im Zimmer beinahe schon dunkel. Durch die schmalen, schwer gemauerten Fensterbogen blaute der Nachthimmel herein, und auch als die Leuchter angezündet waren, blieb sein Schimmer noch lange sichtbar. Unter den Fenstern ward aus der Taltiefe je und je ein Sommernachtgeräusch hörbar, bald ein fernes Hundegebell, bald von der Mühle ein Gelächter, Gesang oder Lautenschlagen, bald auf der Straße der langsame Doppelschritt eines Liebespaares. In ruhigen Wogen floß die laue, nach den Feldern duftende Luft herein, kleines Nachtgeflügel mit grauen, silberstaubigen Sammetflügeln kreiste irrend um die Kerzen, an denen das Wachs zu dicken Bärten niedertropfte.

Am Tische gingen Scherzreden, Wortspiele und Anekdoten um. Das Gespräch, das mit politischen Neuigkeiten und den neuesten vatikanischen Witzen begonnen, dann eine Wendung zum Literarischen genommen hatte, blieb schließlich bei Liebesfragen und Liebeserlebnissen hängen, wobei die jungen Gäste ein Beispiel ums andere anführten, zu denen der Abt schweigend nickte, Piero aber Anmerkungen und Überblicke gab, deren Wesen ebenso sachkundig gründlich wie ihre Form präzise war. Doch legte er mehr Gewicht auf vergnügliche Abwechslung als auf strenge Konsequenz, und kaum hatte er die Behauptung gewagt, ein kundiger Mann könne auch in der dicksten Finsternis an untrüglichen Merkmalen erkennen, ob eine Frau blond oder dunkel sei, so schien er sich zu widersprechen mit dem nächsten Axiom, daß nämlich bei Weibern und in der Liebe drei gerade und hell dunkel sei.

Die Venezianer brannten darauf, ihm irgendein Histörchen zu entlocken, und wandten alle Künste an, ihn unvermerkt zum Erzählen zu verführen. Der Alte blieb aber ruhig und beschränkte sich darauf, Theorien und Sentenzen ins Gespräch zu werfen, wodurch er den Gästen spielend eine Geschichte um die andere entlockte, deren jede er belustigt dem Schatze eines unheimlich reichen Gedächtnisses einreihte. Er hörte dabei auch manchen ihm längst wohlbekannten Stoff in neuer persönlicher Verkleidung vortragen, ohne den Plagiator zu entlarven; er war alt und klug genug, um zu wissen, daß gute alte Geschichten niemals schöner und lustiger sind, als wenn ein Neuling sie selber erlebt zu haben glaubt.

Am Ende aber wurde der junge Giambattista ungeduldig. Er nahm einen Schluck von dem dunkelroten Wein, stieß den Becher auf den Tisch und wandte sich an den Alten. »Hochwürdiger Herr«, rief er, »Ihr wisset so gut wie ich, daß wir alle vor Begierde sterben, eine Erzählung aus Eurem Munde zu hören. Ihr habt uns nun verlockt, daß wir Euch mindestens schon ein Dutzend Geschichten erzählt haben, immer in der Hoffnung, Ihr würdet eine bessere auftischen, wäre es auch nur, um uns zu beschämen. Tut uns die Liebe und erfreut uns mit irgendeiner alten oder neuen Novelle!«

Piero verzehrte bedächtig einen in Wein getauchten Feigenschnitz und überlegte, während er daran schlürfte. »Ihr vergesset, werter Herr, daß ich kein leichtsinniger Novellist mehr bin, sondern ein alter Mann, dem nur noch ein Epigramm für seinen Grabstein zu verfassen übrigbleibt.«

»Mit Verlaub«, fiel Giambattista ein, »Ihr habt noch vor Augenblicken Worte über die Liebe gesagt, auf die jeder Jüngling stolz sein dürfte.«

Auch Luigi fing an zu bitten. Piero lächelte sonderbar. Er hatte beschlossen, nachzugeben, jedoch eine Geschichte zu erzählen, von der er erwarten durfte, sie würde die jungen Männer enttäuschen. Ruhig schob er den dreiflammigen Leuchter weiter von sich, besann sich ein wenig, wartete, bis alle still wurden und ihre Becher gefüllt hatten, und begann zu sprechen.

Die Kerzen warfen eckige Schatten auf die breite Tafel, auf der einzelne braune und grüne Feigen und gelbe Limonen verstreut lagen. Durch die hohen Fensterbogen atmete, kühler werdend, die Nacht, die indes den lichten Himmel dunkel gemacht und mit Gestirnen bedeckt hatte. Die drei Zuhörenden hatten sich in die tiefen Sessel zurückgesetzt und blickten vor sich nieder auf den roten Steinboden, auf dem der Schatten des Tafeltuches sich leise wallend bewegte. In der Mühle und weit im Tal war alles verstummt, und es war so still, daß man in weiter Ferne auf der harten Straße ein müdes Pferd im Schritt gehen hörte – so langsam, daß man nicht unterscheiden konnte, ob es näherkomme oder sich entferne.

Piero erzählte:

Wir haben diesen Abend mehrmals über das Küssen gesprochen und darüber gestritten, welche Art des Kusses die beglückendste sei. Es ist die Sache der Jugend, das zu beantworten; wir alten Leute sind über das Versuchen und Erproben hinaus und können über dergleichen wichtige Dinge nur noch unsere trübgewordene Erinnerung befragen. Aus meiner bescheidenen Erinnerung will ich euch also die Geschichte zweier Küsse erzählen, von welchen mir jeder zugleich als der süßeste und bitterste in meinem Leben erschienen ist.

Als ich zwischen sechzehn und siebzehn alt war, besaß mein Vater noch ein Landhaus auf der Bologneser Seite des Apennin, in dem ich den größten Teil meiner Knabenjahre verlebt habe, vor allem jene Zeit zwischen Knabentum und Jünglingtum, die mir heute – möget ihr es verstehen oder nicht – als die schönste im ganzen Leben erscheint. Längst hätte ich jenes Haus einmal wieder aufgesucht oder es als Ruhesitz für mich erworben, wäre es nicht durch eine unerfreuliche Erbschaft an einen meiner Vettern gefallen, mit dem ich beinah schon von Kind auf mich schlecht vertrug und der übrigens eine Hauptrolle in meiner Geschichte spielt.

Es war ein schöner, nicht allzu heißer Sommer, und mein Vater bewohnte mit mir und mit ebenjenem Vetter, den er zu Gast geladen hatte, das kleine Landhaus. Meine Mutter lebte damals schon lange nicht mehr. Der Vater war noch in guten Jahren, ein wohlbeschaffener Edelmann, der uns Jungen im Reiten und Jagen, Fechten und Spielen, in *artibus vivendi et amandi* zum Vorbild diente. Er bewegte sich noch immer leicht und fast jugendlich, war schön und kräftig gewachsen und hat bald nach jener Zeit zum zweitenmal geheiratet.

Der Vetter, der Alvise hieß, war damals dreiundzwanzigjährig und, wie ich gestehen muß, ein schöner junger Mann. Nicht nur war er schlank und gut gebaut, trug schöne lange Locken und hatte ein frisches, rotwangiges Gesicht, sondern er bewegte sich auch mit Eleganz und Anmut, war ein brauchbarer Plauderer und Sänger, tanzte recht gut und genoß schon damals den Ruf eines der beneidetsten Frauengünstlinge unserer Gegend. Daß wir einander durchaus nicht leiden mochten, hatte seine guten Ursachen. Er behandelte mich hochmütig oder mit einem unleidlich ironischen Wohlwollen, und da mein Verstand über meine Jahre entwickelt war, beleidigte mich diese geringschätzige Art, mit mir umzugehen, fortwährend aufs bitterste. Auch hatte ich als ein guter Beobachter manche seiner Intrigen und Heimlichkeiten entdeckt, was natürlich wiederum ihm recht unlieb war. Einigemal versuchte er mich durch ein geheuchelt freundschaftliches Benehmen zu gewinnen, doch ging ich nicht darauf ein. Wäre ich ein klein wenig älter und klüger gewesen, so hätte ich ihn durch verdoppelte Artigkeit eingefangen und bei guter Gelegenheit zu Fall gebracht – erfolgreiche und verwöhnte Leute sind ja so leicht zu täuschen! So aber war ich zwar erwachsen genug, um ihn zu hassen, aber noch zu sehr Kind, um andere Waffen als Sprödigkeit und Trotz zu kennen, und statt ihm seine Pfeile zierlich vergiftet wieder zuzuwerfen, trieb ich sie mir durch meine machtlose Entrüstung nur selber noch tiefer ins Fleisch. Mein Vater, dem unsere gegenseitige Abneigung natürlich nicht verborgen geblieben war, lachte dazu und neckte uns damit. Er hatte den schönen und eleganten Alvise gern und ließ sich durch mein feindliches Verhalten nicht daran hindern, ihn häufig einzuladen.

So lebten wir auch jenen Sommer zusammen. Unser Landhaus lag schön am Hügel und blickte über Weinberge hinweg gegen die entfernte Ebene. Erbaut wurde es, soviel ich weiß, von einem unter der Herrschaft der Albizzi verbannten Florentiner. Ein hübscher Garten lag darum her; mein Vater hatte rund um ihn eine neue Mauer errichten lassen, und sein Wappen war auf dem Portal in Stein ausgehauen, während über der Tür des Hauses noch immer das Wappen des ersten Besitzers hing, das aus einem brüchigen Stein gearbeitet und kaum mehr kenntlich war. Weiter gegen das Gebirge hinein gab es eine sehr gute Jagd; dort ging oder ritt ich fast alle Tage umher, sei es allein oder mit meinem Vater, der mich damals in der Falkenbeize unterrichtete.

Wie gesagt, ich war beinah noch ein Knabe. Aber doch war ich keiner mehr, sondern stand mitten in jener kurzen, sonderbaren Zeit, da zwischen der verlorenen Kindesheiterkeit und der noch unerfüllten Mannbarkeit die jungen Leute wie zwischen zwei verschlossenen Gärten auf einer heißen Straße wandeln, lüstern ohne Grund, traurig ohne Grund. Natürlich schrieb ich eine Menge Terzinen und dergleichen, war aber noch nie in etwas anderes als in poetische Traumbilder verliebt gewesen, obwohl ich vor Sehnsucht nach einer wirklichen Liebe zu sterben meinte. So lief ich in einem beständigen Fieber herum, liebte die Einsamkeit und kam mir unsäglich unglücklich vor. Es verdoppelte meine Leiden der Umstand, daß ich sie sorgfältig verborgen halten mußte. Denn weder mein Vater noch der verhaßte Alvise hätten mich, wie ich genau wußte, mit ihrem Spott verschont. Auch meine schönen Gedichte verbarg ich vorsorglicher als ein Geizhals seine Dukaten, und wenn mir die Truhe nicht mehr sicher genug erscheinen wollte, trug ich die Kapsel mit den Papieren in den Wald und vergrub sie dort, schaute aber jeden Tag nach, ob sie noch da sei.

Bei einem solchen Schatzgräbergang sah ich einst zufällig meinen Vetter am Rande des Waldes stehen. Ich schlug sogleich eine andere Richtung ein, da er mich noch nicht gesehen hatte, behielt ihn aber im Auge; denn ich hatte mir ebensosehr aus Neugierde wie aus Feindschaft angewöhnt, ihn beständig zu beobachten. Nach einiger Zeit sah ich aus den Feldern eine junge Magd, die zu unserm Haushalt gehörte, hervorkommen und sich dem wartenden Alvise nähern. Er schlang den Arm um ihre Hüfte, drückte sie an sich und verschwand so mit ihr im Walde.

Da erfaßte mich ein gewisses Fieber und zugleich ein glühender Neid gegen den älteren Vetter, den ich Früchte pflücken sah, die für mich noch zu hoch hingen. Bei der Abendmahlzeit faßte ich ihn scharf ins Auge, denn ich glaubte, man müsse es irgendwie seinen Augen oder seinen Lippen ansehen, daß er geküßt und Liebe genossen hatte. Er sah jedoch aus wie sonst und war auch ebenso heiter und gesprächig. Von da an konnte ich weder jene Magd noch Alvise ansehen, ohne einen lüsternen Schauder zu spüren, der mir ebenso wohl wie wehe tat.

Um diese Zeit – es ging gegen den Hochsommer – brachte eines Tages mein Vetter die Nachricht, wir hätten Nachbarn bekommen. Ein reicher Herr aus Bologna mit seiner schönen jungen Frau, die Alvise beide schon seit längerer Zeit kannte, hatten ihr Landhaus bezogen, das keine halbe Stunde von unserm entfernt und etwas tiefer am Berge lag.

Dieser Herr war auch mit meinem Vater bekannt, und ich glaube, er war sogar ein entfernter Verwandter meiner verstorbenen Mutter, die aus dem Hause der Pepoli stammte; doch weiß ich dies nicht gewiß. Sein Haus in Bologna stand nahe beim Collegio di Spagna. Das Landhaus aber war ein Besitztum seiner Frau. Sie und er und auch schon ihre drei Kinder, von denen damals noch keines geboren war, sind nun alle gestorben, wie denn außer mir von allen den damals Versammelten nur noch mein Vetter Alvise am Leben ist, und auch er und ich sind jetzt Greise, ohne daß wir uns freilich deshalb lieber geworden wären.

Schon am folgenden Tage begegneten wir auf einem Ausritt jenem Bolognesen. Wir begrüßten ihn, und mein Vater forderte ihn auf, er möge ihn, samt seiner Frau, in Bälde besuchen. Der Herr schien mir nicht älter als mein Vater zu sein; doch ging es nicht an, diese beiden Männer miteinander zu vergleichen, denn mein Vater war groß und von edelstem Wuchse, jener aber klein und unschön. Er erwies meinem Vater alle Artigkeit, sagte auch zu mir einige Worte und versprach, er wolle uns am nächsten Tage besuchen, worauf mein Vater ihn sogleich aufs freundlichste zu Tische lud. Der Nachbar dankte, und wir schieden mit vielen Komplimenten und in der größten Zufriedenheit voneinander.

Tags darauf ließ mein Vater ein gutes Mahl bestellen und

auch, der fremden Dame zu Ehren, einen Blumenkranz auf den Tisch legen. Wir erwarteten unsere Gäste in großer Freude und Spannung, und als sie ankamen, ging mein Vater ihnen bis unter das Tor entgegen und hob die Dame selber vom Pferde. Wir setzten uns darauf alle fröhlich zu Tisch, und ich bewunderte während der Mahlzeit Alvise noch mehr als meinen Vater. Er wußte den Fremden, zumal der Dame, so viele drollige schmeichelhafte und ergötzliche Dinge zu sagen, daß alle vergnügt wurden und das Gespräch und Gelächter keinen Augenblick stockte. Bei diesem Anlaß nahm ich mir vor, diese wertvolle Kunst auch zu lernen.

Am meisten aber beschäftigte mich der Anblick der jungen Edeldame. Sie war ausnehmend schön, groß und schlank, prächtig gekleidet, und ihre Bewegungen waren natürlich und reizend. Genau erinnere ich mich, daß sie an ihrer mir zugewendeten linken Hand drei Goldringe mit großen Steinen und am Halse ein dreifaches goldenes Kettchen mit Platten von florentinischer Arbeit trug. Als das Mahl sich zu Ende neigte und ich sie genugsam betrachtet hatte, war auch ich schon zum Sterben in sie verliebt und empfand zum erstenmal diese süße und verderbliche Leidenschaft, von der ich schon viel geträumt und gedichtet hatte, in aller Wirklichkeit.

Nach aufgehobener Tafel ruhten wir alle eine Weile aus. Alsdann begaben wir uns in den Garten, saßen daselbst im Schatten und ergötzten uns an mancherlei Gesprächen, wobei ich eine lateinische Ode hersagte und ein wenig Lob erntete. Am Abend speisten wir in der Loggia, und als es anfing dunkler zu werden, machten sich die Gäste auf den Heimweg. Ich erbot mich sogleich, sie zu begleiten; aber Alvise hatte schon sein Pferd vorführen lassen. Man verabschiedete sich, die drei Pferde setzten sich in Schritt, und ich hatte das Nachsehen.

An jenem Abend und in jener Nacht hatte ich denn zum erstenmal Gelegenheit, etwas vom Wesen der Liebe zu erfahren. So hochbeglückt ich den ganzen Tag beim Anblick der Dame gewesen war, so elend und untröstlich wurde ich von der Stunde an, da sie unser Haus wieder verlassen hatte. Mit Schmerz und Neid hörte ich nach einer Stunde den

Vetter heimkehren, die Pforte verschließen und sein Schlafzimmer aufsuchen. Dann lag ich die ganze Nacht, ohne schlafen zu können, seufzend und unruhig in meinem Bette. Ich suchte mich des Aussehens der Dame genau zu erinnern, ihrer Augen, Haare und Lippen, ihrer Hände und Finger und jedes Wortes, das sie gesprochen hatte. Ich flüsterte ihren Namen Isabella mehr als hundertmal zärtlich und traurig vor mich hin, und es war ein Wunder, daß niemand am folgenden Tage mein verstörtes Aussehen bemerkte. Den ganzen Tag wußte ich nichts anderes zu tun, als mich auf Listen und Mittel zu besinnen, um die Dame wiederzusehen und womöglich irgendeine Freundlichkeit von ihr zu erlangen. Natürlich quälte ich mich vergeblich, ich hatte keine Erfahrung, und in der Liebe beginnt ein jeder, auch der Glücklichste, notwendig mit einer Niederlage.

Einen Tag später wagte ich es, zu jenem Landhause hinüberzugehen, was ich sehr leicht heimlich tun konnte, denn es lag nahe am Walde. Am Rande des Waldes verbarg ich mich behutsam und spähte mehrere Stunden lang hinüber, ohne etwas anderes zu Gesicht zu bekommen als einen trägen, feisten Pfau, eine singende Magd und einen Flug weißer Tauben. Und nun lief ich jeden lieben Tag dorthin, hatte auch zwei- oder dreimal das Vergnügen, Donna Isabella im Garten lustwandeln oder an einem Fenster stehen zu sehen.

Allmählich wurde ich kühner und drang mehrmals bis in den Garten vor, dessen Tor fast immer geöffnet und durch hohe Gebüsche geschützt war. Unter diesen versteckte ich mich so, daß ich mehrere Wege überschauen konnte, mich auch ganz nahe bei einem kleinen Lusthäuschen befand, worin Isabella sich am Vormittag gerne aufhielt. Dort stand ich halbe Tage, ohne Hunger oder Ermattung zu fühlen, und zitterte jedesmal vor Wonne und Angst, sobald ich die schöne Frau zu sehen bekam.

Eines Tages war mir im Walde der Bolognese begegnet, und ich lief mit doppelter Freude an meinen Posten, da ich ihn nicht zu Hause wußte. Aus demselben Grunde wagte ich mich diesmal auch weiter als sonst in den Garten und verbarg mich dicht neben jenem Pavillon in einem dunklen Lorbeergebüsch. Da ich im Innern Geräusch vernahm, wußte ich, daß Isabella zugegen war. Einmal glaubte ich auch ihre Stimme zu hören, jedoch so leise, daß ich dessen nicht sicher war. Geduldig wartete ich in meinem mühseligen Hinterhalt, bis ich sie zu Gesicht bekäme, und war zugleich beständig in Furcht, ihr Gatte möchte heimkehren und mich zufällig entdecken. Das mir zugewendete Fenster des Lusthäuschens war zu meinem großen Bedauern und Ärger mit einem blauen Vorhang aus Seide verhangen, so daß ich nicht hineinsehen konnte. Dagegen beruhigte es mich ein wenig, daß ich an dieser Stelle von der Villa her nicht gesehen werden konnte.

Nachdem ich länger als eine Stunde gewartet hatte, schien es mir, als finge der blaue Vorhang an, sich zu bewegen, wie wenn jemand dahinter stände und durch die Ritze in den Garten hinauszuspähen versuchte. Ich hielt mich gut verborgen und wartete in größter Erregung, was nun geschehen würde, denn ich war keine drei Schritt von jenem Fenster entfernt. Der Schweiß lief mir über die Stirn, und mein Herz pochte so stark, daß ich fürchtete, man könne es hören.

Was sich nun begab, traf mich schlimmer als ein Pfeilschuß in mein unerfahrenes Herz. Der Vorhang flog mit einem heftigen Ruck beiseite, und blitzschnell, aber ganz leise, sprang ein Mann aus dem Fenster. Kaum hatte ich mich von meiner namenlosen Bestürzung erholt, so fiel ich schon in eine neue; denn im nächsten Augenblick erkannte ich in dem kühnen Manne meinen Feind und Vetter. Wie ein Wetterleuchten kam plötzlich das Verständnis über mich. Ich zitterte vor Wut und Eifersucht und war nahe daran, aufzuspringen und mich auf ihn zu stürzen.

Alvise hatte sich vom Boden aufgerichtet, lächelte und schaute vorsichtig um sich her. Gleich darauf trat Isabella, die den Pavillon vorn durch die Tür verlassen hatte, um die Ecke und auf ihn zu, lachte ihn an und flüsterte leise und zärtlich: »Geh nun, Alvise, geh! Addio!«

Zugleich bog sie sich ihm entgegen, er umfaßte sie und drückte seinen Mund auf den ihren. Sie küßten sich nur ein einziges Mal, aber so lang und begierig und glühend, daß mein Herz in dieser Minute wohl tausend Schläge tat. Nie hatte ich die Leidenschaft, die ich bis dahin eigentlich nur aus Versen und Erzählungen kannte, aus solcher Nähe gesehen, und der Anblick meiner Donna, deren rote Lippen dürstend und gierig am Munde meines Vetters hingen, brachte mich nahezu um den Verstand.

Dieser Kuß, meine Herrschaften, war zugleich für mich süßer und bitterer als irgendeiner, den ich selber je gegeben oder empfangen habe – einen einzigen vielleicht ausgenommen, von dem ihr sogleich auch hören sollt.

Noch am selben Tage, während meine Seele noch wie ein verwundeter Vogel zitterte, wurden wir eingeladen, morgen bei dem Bolognesen zu Gaste zu sein. Ich wollte nicht mitgehen, aber mein Vater befahl es mir. So lag ich wieder eine Nacht schlaflos und in Qualen. Dann bestiegen wir die Pferde und ritten gemächlich hinüber, durch das Tor und den Garten, den ich so oft heimlich betreten hatte. Während aber mir höchst bang und elend zumute war, betrachtete Alvise das Gartenhäuschen und die Lorbeergebüsche mit einem Lächeln, das mich toll machte.

Zwar hingen bei Tisch auch diesmal meine Augen ohne Unterlaß an Donna Isabella, aber jeder Blick bereitete mir Höllenpein, denn ihr gegenüber saß der verhaßte Alvise am Tisch, und ich konnte die schöne Dame nicht mehr ansehen, ohne mir aufs deutlichste die Szene von gestern vorzustellen. Dennoch sah ich fortwährend auf ihre reizenden Lippen. Die Tafel war mit Speisen und Weinen vortrefflich besetzt, das Gespräch lief heiter und lebhaft dahin; aber mir schmeckte kein Bissen, und ich wagte an den Unterhaltungen nicht mit einem Wörtchen teilzunehmen. Der Nachmittag kam mir, während alle andern so fröhlich waren, so lang und schlimm wie eine Bußwoche vor.

Während der Abendmahlzeit meldete der Diener, es stehe ein Bote im Hof, der den Hausherrn sprechen wolle. Also entschuldigte sich dieser, versprach, bald zurückzukehren, und ging. Mein Vetter führte wieder hauptsächlich die Unterhaltung. Aber mein Vater hatte, wie ich glaube, ihn und Isabella durchschaut und machte sich das Vergnügen, sie ein wenig durch Anspielungen und sonderbare Fragen zu nekken. Unter anderm fragte er die Dame scherzend: »Saget doch, Donna, welchem von uns dreien würdet Ihr am liebsten einen Kuß geben?«

Da lachte die schöne Frau laut auf und sagte ganz eifrig: »Am liebsten diesem hübschen Knaben dort!« Sie war auch schon von ihrem Sessel aufgestanden, hatte mich an sich gezogen und gab mir einen Kuß – aber er war nicht wie jener gestrige lang und brennend, sondern leicht und kühl.

Und ich glaube, dies war der Kuß, der für mich mehr Lust und Leid als jemals irgendein anderer enthielt, den ich von einer geliebten Frau empfing.

Piero trank seinen Becher aus, stand auf und erwiderte die Höflichkeiten der Venezianer; dann ergriff er einen von den Leuchtern, nickte dem Abte gute Nacht und ging hinaus. Es war ziemlich spät geworden, und auch die beiden Fremden gingen nun sogleich zu Bett.

»Wie gefiel er dir?« fragte Luigi, als sie schon im Dunkeln lagen.

»Schade, er wird alt«, sagte Giambattista und gähnte. »Ich bin wirklich enttäuscht. Statt einer guten Novelle kramt er Kindererinnerungen aus!«

»Ja, das ist bei alten Leuten so«, erwiderte Luigi und streckte sich unterm Linnen. »Immerhin spricht er glänzend, und erstaunlich ist auch, was für ein gutes Gedächtnis er hat.«

Zur selben Zeit begab sich der alte Piero zu Bett. Er war müde geworden. Auch bereute seine Eitelkeit es jetzt, daß er nicht etwas anderes zum besten gegeben hatte, was er ja leicht hätte tun können.

Das eine aber erfreute ihn und machte ihn herzlich lächeln, daß seine Improvisatorgabe doch immer noch ungeschwächt war. Denn seine Geschichte samt Landhaus, Vetter, Magd, Donna, Lorbeergebüsch und beiden Küssen war nichts als eine Fabel gewesen, im Augenblick für den Augenblick erfunden.

(1903)

In der alten Sonne

[ab Reclam-Heft 7557]

Wenn im Frühling oder Sommer oder auch noch im Frühherbst ein linder Tag ist und eine angenehme, auch wieder nicht zu heftige Wärme den Aufenthalt im Freien zu einem Vergnügen macht, dann ist die ausschweifend gebogene halbrunde Straßenkehle am Allpacher Weg, vor den letzten hochgelegenen Häusern der Stadt, ein prächtiger Winkel. Auf der berghinan sich schlängelnden Straße sammelt sich die schöne Sonnenwärme stetig an, die Lage ist vor jedem Winde wohl beschützt, ein paar krumme alte Obstbäume spenden ein wenig Schatten, und der Straßenrand, ein breiter, sanfter, rasiger Rain, verlockt mit seiner wohlig sich schmiegenden Krümmung freundlich zum Sitzen oder Liegen. Das weiße Sträßlein glänzt im Lichte und hebt sich schön langsam bergan, schickt jedem Bauernwagen oder Landauer oder Postkarren ein dünnes Stäublein nach und schaut über eine schiefe, von Baumkronen da und dort unterbrochene Flucht von schwärzlichen Dächern hinweg gerade ins Herz der Stadt, auf den Marktplatz, der von hier aus gesehen freilich an Stattlichkeit stark verliert und nur als ein sonderbar verschobenes Viereck mit krummen Häusern und herausspringenden Vortreppen und Kellerhälsen erscheint.

An solchen sonnig milden Tagen ist der wohlige Rain jener hohen Bergstraßenkrümmung unwandelbar stets von einer kleinen Schar ausruhender Männer besetzt, deren kühne und verwitterte Gesichter nicht recht zu ihren zahmen und trägen Gebärden passen und von denen der Jüngste mindestens ein hoher Fünfziger ist. Sie sitzen und liegen bequem in der Wärme, schweigen oder führen kurze, brummende und knurrende Gespräche untereinander, rauchen kleine schwarze Pfeifenstrünke und spucken häufig weltverächterisch in kühnem Bogen bergabwärts. Die etwa vorübertapernden Handwerksburschen werden von ihnen scharf begutachtet und je nach Befund mit einem wohlwollend zugenickten »Servus, Kunde!« begrüßt oder schweigend verachtet.

Der Fremdling, der die alten Männlein so hocken sah und

sich in der nächsten Gasse über das seltsame Häuflein grauer Bärenhäuter erkundigte, konnte von jedem Kinde erfahren, daß dieses die Sonnenbrüder seien, und mancher schaute dann noch einmal zurück, sah die müde Schar träg in die Sonne blinzeln und wunderte sich, woher ihr wohl ein so hoher, wohllautender und dichterischer Name gekommen sei. Das Gestirn aber, nach welchem die Sonnenbrüder genannt wurden, stand längst an keinem Himmel mehr, sondern war nur der Schildname eines ärmlichen und schon vor manchen Jahren eingegangenen Wirtshauses gewesen, dessen Schild und Glanz dahin waren, denn das Haus diente neuerdings als Spittel, das heißt als städtisches Armenasyl, und beherbergte freilich manche Gäste, die das Abendrot der vom Schild genommenen Sonne noch erlebt und sich hinter dem Schenktisch derselben die Anwartschaft auf ihre Bevormundung und jetzige Unterkunft erschöppelt hatten.

Das Häuschen stand, als vorletztes der steilen Gasse und der Stadt, zunächst jenem sonnigen Straßenrand, bot ein windschiefes und ermüdetes Ansehen, als mache das Aufrechtstehen ihm viele Beschwerde, und ließ sich nichts mehr davon anmerken, wieviel Lust und Gläserklang, Witz und Gelächter und flotte Freinächte es erlebt hatte, die fröhlichen Raufereien und Messergeschichten gar nicht zu rechnen. Seit der alte rosenrote Verputz der Vorderseite vollends erblaßt und in rissigen Feldern abgeblättert war, entsprach die alte Lotterfalle in ihrem Äußeren vollkommen ihrer Bestimmung, was bei städtischen Bauten unserer Zeit eine Seltenheit ist. Ehrlich und deutlich gab sie zu erkennen, daß sie ein Unterschlupf und Notdächlein für Schiffbrüchige und Zurückgebliebene war, das betrübliche Ende einer geringen Sackgasse, von wo aus keine Pläne und verborgenen Kräfte mehr ins Leben zurückstreben mögen.

Von der Melancholie solcher Betrachtungen war im Kreis der Sonnenbrüder meistens nur wenig zu finden. Vielmehr lebten sie fast alle nach Menschenart ihre späten Tage hin, als ginge es noch immer aus dem vollen, bliesen ihre kleinen Gezänke und Lustbarkeiten und Spielereien nach Kräften zu wichtigen Angelegenheiten und Staatsaktionen auf und nahmen zwar nicht einander, aber doch jeder sich selber so ernst wie möglich. Ja, sie taten, als fange jetzt, da sie sich aus den geräuschvollen Gassen des tätigen Lebens beiseite gedrückt hatten, der Hallo erst recht an, und betrieben ihre jetzigen unbedeutenden Affären mit einer Wucht und Zähigkeit, welche sie in ihren früheren Betätigungen leider meist hatten vermissen lassen. Gleich manchem anderen Völklein glaubten sie, obwohl sie vom Spittelvater absolut monarchisch und als rechtlose Scheinexistenzen regiert wurden, eine kleine Republik zu sein, in welcher jeder freie Bürger den andern genau um Rang und Stellung ansah und emsig darauf bedacht war, ja nirgends um ein Haarbreit zuwenig ästimiert zu werden.

Auch das hatten die Sonnenbrüder mit anderen Leuten gemein, daß sie die Mehrzahl ihrer Schicksale, Befriedigungen, Freuden und Schmerzen mehr in der Einbildung als in Wirklichkeit erlebten. Ein frivoler Mensch könnte ja überhaupt den Unterschied zwischen dem Dasein dieser Ausrangierten und Steckengebliebenen und demjenigen der tätigen Bürger als lediglich in der Einbildung begründet hinstellen, indem diese wie jene ihre Geschäfte und Taten mit derselben Wichtigkeit verrichten und schließlich doch vor Gottes Augen so ein armer Spittelgast möglicherweise nicht schlechter dasteht als mancher große und geehrte Herr. Aber auch ohne so weit zu gehen, kann man wohl finden, daß für den behaglichen Zuschauer das Leben dieser Sonnenbrüder kein unwürdiger Gegenstand der Betrachtung sei.

Je näher die Zeiten heranrücken, da das jetzt aufwachsende Geschlecht den Namen der ehemaligen Sonne und der Sonnenbrüder vergessen und seine Armen und Auswürflinge anders und in anderen Räumen versorgen wird, desto wünschenswerter wäre es, eine Geschichte des alten Hauses und seiner Gäste zu haben. Als chronistischer Beitrag zu einer solchen soll auf diesen Blättern einiges vom Leben der ersten Sonnenbrüder berichtet werden.

In den Zeiten, da die heutigen Jungbürger von Gebersau noch kurze Hosen oder gar noch Röckchen trugen und da über der Haustüre des nachmaligen Spittels noch aus der rosenroten Fassade ein schmiedeeiserner Schildarm mit der blechernen Sonne in die Gasse hinaus prangte, kehrte an einem Tage spät im Herbste Karl Hürlin, ein Sohn des vor vielen Jahren verstorbenen Schlossers Hürlin in der Senfgasse, in seine Heimatstadt zurück. Er war etwas über die Vierzig hinaus, und niemand kannte ihn mehr, da er seinerzeit als ein blutjunges Bürschlein weggewandert und seither nie mehr in der Stadt erblickt worden war. Nun trug er einen sehr guten und reinen Anzug, Knebelbart und kurzgeschnittenes Haar, eine silberne Uhrkette, einen steifen Hut und hohe Hemdkragen. Er besuchte einige von den ehemaligen Bekannten und Kollegen und trat überall als ein fremd und vornehm gewordener Mann auf, der sich seines Wertes ohne Überhebung bewußt ist. Dann ging er aufs Rathaus, wies seine Papiere vor und erklärte, sich hierorts niederlassen zu wollen. Nun entfaltete Herr Hürlin eine geheimnisvolle Tätigkeit und Korrespondenz, unternahm öftere kleine Reisen, kaufte ein Grundstück im Talgrunde und begann daselbst an Stelle einer abgebrannten Ölmühle ein neues Haus aus Backsteinen zu erbauen und neben dem Hause einen Schuppen und zwischen Haus und Schuppen einen gewaltigen backsteinernen Schlot. Zwischendrein sah man ihn in der Stadt gelegentlich bei einem Abendschoppen, wobei er zwar anfangs still und vornehm tat, nach wenigen Gläsern aber laut und mächtig redete und nicht damit hinterm Berge hielt, wie er zwar Geld genug im Sack habe, um sich ein schönes Herrenleben zu gönnen, doch sei der eine ein Faulpelz und Dickkopf, ein anderer aber ein Genie und Geschäftsgeist, und was ihn betreffe, so gehöre er zur letzteren Sorte und habe nicht im Sinn, sich zur Ruhe zu setzen, ehe er sechs Nullen hinter die Ziffer seines Vermögens setzen könne.

Geschäftsleute, bei denen er Kredit zu genießen wünschte, taten sich nach seiner Vergangenheit um und brachten in Erfahrung, daß Hürlin zwar bisher nirgends eine erhebliche Rolle gespielt hatte, sondern da und dort in Werkstätten und Fabriken, zuletzt als Aufseher gearbeitet, vor kurzem hingegen eine erkleckliche Erbschaft gemacht hatte. Also ließ man ihn gewähren und gönnte ihm ein bestimmtes Maß von Respekt, einige unternehmende Leute steckten auch noch Geld in seine Sache, so daß bald eine mäßig große Fabrik samt Wohnhäuschen im Tale erstand, in welcher Hürlin gewisse für die Wollwebeindustrie notwendige Walzen und Maschinenteile herzustellen gedachte. Die Aufträge blieben nicht aus, der große Schlot rauchte Tag und Nacht, und ein paar Jahre lang florierten Hürlin und seine Fabrik auf das erfreulichste und genoß Ansehen und ausgiebigen Kredit.

Damit war sein Ideal erreicht und sein alter Lieblingstraum in Erfüllung gegangen. Wohl hatte er schon in jüngeren Jahren des öfteren Anläufe zum Reichwerden gemacht, aber erst jene ihm fast unerwartet zugefallene Erbschaft hatte ihn flott gemacht und ihm erlaubt, seine alten kühnen Pläne auszuführen. Übrigens war der Reichtum nicht sein einziges Sehnen gewesen, sondern seine heißesten Wünsche hatten zeitlebens dahin gezielt, eine gebietende und große Stellung einzunehmen. Er wäre als Indianerhäuptling oder als Regierungsrat oder auch als berittener Landjäger ganz ebenso in seinem Element gewesen, doch schien ihm nun das Leben eines Fabrikbesitzers sowohl bequemer als selbstherrlicher. Eine Zigarre im Mundwinkel und ein sorgenvoll gewichtiges Lächeln im Gesicht, am Fenster stehend oder am Schreibtisch sitzend allerlei Befehle zu erteilen, Verträge zu unterzeichnen, Vorschläge und Bitten anzuhören, mit der faltigen Miene des Vielbeschäftigten eine gelassene Behaglichkeit zu vereinigen, bald unnahbar streng, bald gutmütig herablassend zu sein und bei allem stets zu fühlen, daß er ein Hauptkerl sei und daß viel in der Welt auf ihn ankomme, das war seine erst spät zu ihrem vollen Recht gekommene Gabe. Nun hatte er das alles reichlich, konnte tun, was er mochte, Leute anstellen und entlassen, wohlige Seufzer des sorgenschweren Reichtums ausstoßen und sich von vielen beneiden lassen. Das alles genoß und übte er auch mit Kennerschaft und Hingabe, er wiegte sich weich im Glücke und fühlte sich endlich vom Schicksal an den ihm gebührenden Platz gestellt.

Inzwischen hatte aber ein Konkurrent eine neue Erfindung gemacht, nach deren Einführung mehrere der früheren Artikel teils entbehrlich, teils viel wohlfeiler wurden, und da Hürlin trotz seiner Versicherungen eben kein Genie war und nur das Äußerliche seines Geschäftes verstand, sank er anfänglich langsam, dann aber immer schneller von seiner Höhe und konnte am Ende nicht verbergen, daß er abgewirtschaftet habe. Er versuchte es in der Verzweiflung noch mit ein paar waghalsigen Finanzkünsten, durch welche er sich selber und mit ihm eine Reihe von Kreditoren schließlich in einen unsauberen Bankrott hineinritt. Er entfloh, wurde aber eingebracht, verurteilt und ins Loch gesteckt, und als er nach mehreren Jahren wieder in der Stadt erschien, war er ein entwerteter und lahmer Mensch, mit dem nichts mehr anzufangen war.

Eine Zeitlang drückte er sich in unbedeutenden Stellungen herum; doch hatte er schon in den schwülen Zeiten, da er den Krach herankommen sah, sich zum heimlichen Trinker entwickelt, und was damals heimlich gewesen und wenig beachtet worden war, wurde nun öffentlich und zu einem Ärgernis. Aus einer mageren Schreiberstelle wegen Unzuverlässigkeit entlassen, ward er Agent einer Versicherungsgesellschaft, trieb sich als solcher in allen Schenken der Gegend herum, wurde auch da wieder entlassen und fiel, als auch ein Hausierhandel mit Zündhölzern und Bleistiften nichts abwerfen wollte, am Ende der Stadt zur Last. Er war in diesen Jahren schnell vollends alt und elend geworden, hatte aber aus seiner fallitgegangenen Herrlichkeit einen Vorrat kleiner Künste und Äußerlichkeiten herübergerettet, die ihm über das Gröbste hinweghalfen und in geringeren Wirtshäusern noch immer einige Wirkung taten. Er brachte gewisse schwungvoll großartige Gesten und nicht wenige wohltönende Redensarten in die Kneipen mit, die ihm längst nur noch äußerlich anhafteten, auf Grund deren er aber doch noch immer eine Schätzung unter den Lumpen der Stadt genoß.

Damals gab es in Gerbersau noch kein Armenhaus, sondern die Unbrauchbaren wurden gegen eine geringe Entschädigung aus dem Stadtsäckel da und dort in Familien als Kostgänger gegeben, wo man sie mit dem Notwendigsten versah und nach Möglichkeit zu kleinen häuslichen Arbeiten anhielt. Da nun hieraus in letzter Zeit allerlei Unzuträglichkeiten entstanden waren und da den verkommenen Fabrikanten, der den Haß der Bevölkerung genoß, durchaus niemand aufnehmen wollte, sah sich die Gemeinde genötigt, ein besonderes Haus als Asyl zu beschaffen. Und da gerade das ärmliche alte Wirtshaus zur Sonne unter den Hammer kam, erwarb es die Stadt und setzte nebst einem Hausvater als ersten Gast den Hürlin hinein, dem in Kürze mehrere andere folgten. Diese nannte man die Sonnenbrüder.

Nun hatte Hürlin schon lange zur Sonne nahe Beziehungen gehabt, denn seit seinem Niedergang war er nach und nach in immer kleinere und ärmere Schenken gelaufen und schließlich am meisten in die Sonne, wo er zu den täglichen Gästen gehörte und beim Abendschnaps mit manchen Kumpanen am selben Tische saß, die ihm später, als auch ihre Zeit gekommen war, als Spittelbrüder und verachtete Stadtarme in ebendasselbe Haus nachfolgen sollten. Ihn freute es, gerade dorthin zu wohnen zu kommen, und in den Tagen nach der Gant, als Zimmermann und Schreiner das alte Schankhaus für seinen neuen Zweck eilig und bescheiden zurichteten, stand er von früh bis spät dabei und hatte Maulaffen feil.

Eines Morgens, als es schön mild und sonnig war, hatte er sich wieder daselbst eingefunden, stellte sich neben die Haustüre und sah dem Hantieren der Arbeiter im Innern zu. Er guckte hingerissen und freudig zu und überhörte gern die bösartigen Bemerkungen der Arbeiter, hielt die Fäuste in den tiefen Taschen seines schmierigen Rockes und warf mit seinen geschenkten, viel zu langen und zu weiten Beinkleidern spiralförmige Falten, in denen seine Beine wie Zapfenzieher aussahen. Der bevorstehende Einzug in die neue Bude, von dem er sich ein bequemes und schöneres Leben versprach, erfüllte den Alten mit glücklicher Neugierde und Unruhe.

Indem er dem Legen der neuen Stiegenbretter zuschaute und stillschweigend die dünnen tannenen Dielen abschätzte, fühlte er sich plötzlich beiseite geschoben, und als er sich gegen die Straße umkehrte, stand da ein Schlossergeselle mit einer großen Bockleiter, die er mit großer Mühe und vielen untergelegten Bretterstücken auf dem abschüssigen Straßenboden aufzustellen versuchte. Hürlin verfügte sich auf die andere Seite der Gasse hinüber, lehnte sich an den Prellstein und verfolgte die Tätigkeit des Schlossers mit großer Aufmerksamkeit. Dieser hatte nun seine Leiter aufgerichtet und gesichert, stieg hinauf und begann über der Haustüre am Mörtel herumzukratzen, um das alte Wirtsschild hinwegzunehmen. Seine Bemühungen erfüllten den Exfabrikanten mit Spannung und auch mit Wehmut, indem er der vielen unter diesem Wahrzeichen genossenen Schoppen und Schnäpse und der früheren Zeiten überhaupt gedachte. Es bereitete ihm keine kleine Freude, daß der schmiedeeiserne Schildarm so fest in der Wand saß und daß der Schlossergesell sich so damit abmühen mußte, ihn herunterzubringen. Es war doch unter dem armen alten Schilde oft heillos munter zugegangen! Als der Schlosser zu fluchen begann, schmunzelte der Alte, und als jener wieder daran zog und bog und wand und zerrte, in Schweiß geriet und fast von der Leiter stürzte, empfand der Zuschauer eine nicht geringe Genugtuung. Da ging der Geselle fort und kam nach einer Viertelstunde mit einer Eisensäge wieder. Hürlin sah wohl, daß es nun um den ehrwürdigen Zierat geschehen sei. Die Säge pfiff klingend in dem guten Eisen, und nach wenigen Augenblicken bog sich der eiserne Arm klagend ein wenig abwärts und fiel gleich darauf klingend und rasselnd aufs Pflaster.

Da kam Hürlin herüber. »Du, Schlosser«, bat er demütig, »gib mir das Ding! 's hat ja keinen Wert mehr.«

»Warum auch? Wer bist du denn?« schnauzte der Bursch.

»Ich bin doch von der gleichen Religion«, flehte Hürlin, »mein Alter war Schlosser, und ich bin auch einer gewesen. Gelt, gib's her!«

Der Geselle hatte indessen das Schild aufgehoben und betrachtet.

»Der Arm ist noch gut«, entschied er, »das war zu seiner Zeit keine schlechte Arbeit. Aber wenn du das Blechzeug willst, das hat keinen Wert mehr.«

Er riß den grünbemalten blechernen Blätterkranz, in welchem mit kupferig gewordenen und verbeulten Strahlen die goldene Sonne hing, herunter und gab ihn her. Der Alte bedankte sich und machte sich mit seiner Beute davon, um sie weiter oben im dicken Holdergebüsche vor fremder Habgier und Schaulust zu verbergen. So verbirgt nach verlorener Schlacht ein Paladin die Insignien der Herrschaft, um sie für bessere Tage und neue Glorien zu retten.

Wenige Tage darauf fand ohne viel Sang und Klang die Einweihung des dürftig hergerichteten neuen Armenhauses statt. Es waren ein paar Betten beschafft worden, der übrige Haushalt stammte noch von der Wirtsgant her, außerdem hatte ein Gönner in jedes der drei Schlafstüblein einen von gemalten Blumengewinden umgebenen Bibelspruch auf Pappdeckel gestiftet. Zu der ausgeschriebenen Hausvaterstelle hatten sich nicht viele Bewerber gemeldet, und die Wahl war sogleich auf Herrn Andreas Sauberle gefallen, einen verwitweten Wollenstricker, der seinen Strickstuhl mitbrachte und sein Gewerbe weiter betrieb, denn die Stelle reichte knapp zum Leben aus, und er hatte keine Lust, auf seine alten Tage einmal selber ein Sonnenbruder zu werden.

Als der alte Hürlin seine Stube angewiesen bekam, unterzog er sie sogleich einer genauen Besichtigung. Er fand ein gegen das Höflein gehendes Fenster, zwei Türen, ein Bett, eine Truhe, zwei Stühle, einen Nachttopf, einen Kehrbesen und einen Staubwischlappen vor, ferner ein mit Wachstuch bezogenes Eckbrett, auf welchem ein Wasserglas, ein blechernes Waschbecken, eine Kleiderbürste und ein Neues Testament lagen und standen. Er befühlte das solide Bettzeug, probierte die Bürste an seinem Hut, hielt Glas und Becken prüfend gegen das Tageslicht, setzte sich versuchsweise auf beide Stühle und fand, es sei alles befriedigend und in Ordnung. Nur der stattliche Wandspruch mit den Blumen wurde von ihm mißbilligt. Er sah ihn eine Weile höhnisch an, las die Worte: »Kindlein, liebet euch untereinander!« und schüttelte unzufrieden den struppigen Kopf. Dann riß er das Ding herunter und hängte mit vieler Sorgfalt an dessen Stelle das alte Sonnenschild auf, das er als einziges Wertstück in die neue Wohnung mitgebracht hatte. Aber da kam gerade der Hausvater wieder herein und gebot ihm scheltend, den Spruch wieder an seinen Platz zu hängen. Die Sonne wollte er mitnehmen und wegwerfen, aber Karl Hürlin klammerte sich ingrimmig daran, trotzte zeternd auf sein Eigentumsrecht und verbarg nachher die Trophäe schimpfend unter der Bettstatt.

Das Leben, das mit dem folgenden Tage seinen Anfang nahm, entsprach nicht ganz seinen Erwartungen und gefiel ihm zunächst keineswegs. Er mußte des Morgens um sieben Uhr aufstehen und zum Kaffee in die Stube des Strickers kommen, dann sollte das Bett gemacht, das Waschbecken gereinigt, die Stiefel geputzt und die Stube sauber aufgeräumt werden. Um zehn Uhr gab es ein Stück Schwarzbrot, und dann sollte die gefürchtete Spittelarbeit losgehen. Es war im Hof eine große Ladung buchenes Holz angefahren, das sollte gesägt und gespalten werden.

Da es noch weit hin bis zum Winter war, hatte es Hürlin mit dem Holz nicht eben eilig. Langsam und vorsichtig legte er ein Buchenscheit auf den Bock, rückte es sorgfältig und umständlich zurecht und besann sich eine Weile, wo er es zuerst ansägen solle, rechts oder links oder in der Mitte. Dann setzte er behutsam die Säge an, stellte sie noch einmal weg, spuckte in die Hände und nahm dann die Säge wieder vor. Nun tat er drei, vier Striche, etwa eine Fingerbreite tief ins Holz, zog aber sogleich die Säge wieder weg und prüfte sie aufs peinlichste, drehte am Strick, befühlte das Sägeblatt, stellte es etwas schiefer, hielt es lange blinzelnd vors Auge, seufzte alsdann tief auf und rastete ein wenig. Hierauf begann er von neuem und sägte einen halben Zoll tief, aber da wurde es ihm unerträglich warm, und er mußte seinen Rock ausziehen. Das vollführte er langsam und mit Bedacht, suchte auch eine gute Weile nach einem sauberen und sicheren Ort, um den Rock dahin zu legen. Als dies doch endlich geschehen war, fing er wieder an zu sägen, jedoch nicht lange, denn nun war die Sonne übers Dach gestiegen und schien ihm gerade ins Gesicht. Also mußte er den Bock und das Scheit und die Säge, jedes Stück einzeln, an einen anderen Platz tragen, wo noch Schatten war; dies brachte ihn in Schweiß, und nun brauchte er sein Sacktuch, um sich die Stirne abzuwischen. Das Tuch war aber in keiner Tasche, und da fiel ihm ein, er habe es ja im Rock gehabt, und so ging er denn dort hinüber, wo der Rock lag, breitete ihn säuberlich auseinander, suchte und fand das farbige Nastuch, wischte den Schweiß ab und schneuzte auch gleich, brachte das Tuch wieder unter, legte den Rock mit Aufmerksamkeit zusammen und kehrte erfrischt zum Sägebock zurück. Hier fand er nun bald, er habe vorher das Sägeblatt vielleicht doch allzu schräg gestellt, daher operierte er von neuem lange daran herum und sägte schließlich unter großem Stöhnen das Scheit vollends durch. Aber nun war es Mittag geworden und läutete vom Turm, und eilig zog er den Rock an, stellte die Säge beiseite und verfügte sich ins Haus zum Essen.

»Pünktlich seid Ihr, das muß man Euch lassen«, sagte der Stricker. Die Lauffrau trug die Suppe herein, danach gab es noch Wirsing und eine Scheibe Speck, und Hürlin langte fleißig zu. Nach Tisch sollte das Sägen wieder losgehen, aber da weigerte er sich entschieden.

»Das bin ich nicht gewöhnt«, sagte er entrüstet und blieb dabei. »Ich bin jetzt todmüd und muß nun auch eine Ruhe haben.«

Der Stricker zuckte die Achseln und meinte: »Tut, was Ihr möget, aber wer nichts arbeitet, bekommt auch kein Vesper. Um vier Uhr gibt's Most und Brot, wenn Ihr gesägt habet, im anderen Fall nichts mehr bis zur Abendsuppe.«

Most und Brot, dachte Hürlin und besann sich in schweren Zweifeln. Er ging auch hinunter und holte die Säge wieder hervor, aber da graute ihm doch vor der heißen mittäglichen Arbeit, und er ließ das Holz liegen, ging auf die Gasse hinaus, fand einen Zigarrenstumpen auf dem Pflaster, steckte ihn zu sich und stieg langsam die fünfzig Schritte bis zur Wegebiegung hinan. Dort hielt er veratmend an, setzte sich abseits der Straße an den schön erwärmten Rain, sah auf die vielen Dächer und auf den Marktplatz hinunter, konnte im Talgrund auch seine ehemalige Fabrik liegen sehen und weihte also diesen Platz als erster Sonnenbruder ein, an welchem seither bis auf heute so viele von seinen Kameraden und Nachfolgern ihre Sommernachmittage und oft auch die Vormittage und Abende versessen haben.

Die Beschaulichkeit eines von Sorgen und Plagen befreiten Alters, die er sich vom Aufenthalt im Spittel versprochen hatte und die ihm am Morgen bei der sauren Arbeit wie ein schönes Trugbild zerronnen war, fand sich nun allmählich ein. Die Gefühle eines für Lebzeiten vor Sorge, Hunger und Obdachlosigkeit gesicherten Pensionärs im Busen, beharrte er mollig faul im Rasen, fühlte auf seiner welken Haut die schöne Sonnenwärme, überschaute weithin den Schauplatz seiner früheren Umtriebe, Arbeit und Leiden und wartete ohne Ungeduld, bis jemand käme, den er um Feuer für seinen Zigarrenstumpen bitten könnte. Das schrille Blechgehämmer einer Spenglerwerkstatt, das ferne Amboßgeläut einer Schmiede, das leise Knarren entfernter Lastwagen stieg, mit einigem Straßenstaub und dünnem Rauch aus großen und kleinen Schornsteinen vermischt, zur Höhe herauf und zeigte an, daß drunten in der Stadt brav gehämmert, gefeilt, gearbeitet und geschwitzt würde, während Karl Hürlin in vornehmer Entrücktheit darüber thronte.

Um vier Uhr trat er leise in die Stube des Hausvaters, der den Hebel seiner kleinen Strickmaschine taktmäßig hin und her bewegte. Er wartete eine Weile, ob es nicht doch am Ende Most und Brot gäbe, aber der Stricker lachte ihn aus und schickte ihn weg. Da ging er enttäuscht an seinen Ruheplatz zurück, brummte vor sich hin, verbrachte eine Stunde oder mehr im Halbschlaf und schaute dann dem Abendwerden im engen Tale zu. Es war droben noch so warm und behaglich wie zuvor, aber seine gute Stimmung ließ mehr und mehr nach, denn trotz seiner Trägheit überfiel ihn die Langeweile, auch kehrten seine Gedanken unaufhörlich zu dem entgangenen Vesper zurück. Er sah ein hohes Schoppenglas voll Most vor sich stehen, gelb und glänzend und mit süßer Herbe duftend. Er stellte sich vor, wie er es in die Hand nähme, das kühle runde Glas, und wie er es ansetzte, und wie er zuerst einen vollen starken Schluck nehmen, dann aber langsam sparend schlürfen würde. Wütend seufzte er auf, sooft er aus dem schönen Traum erwachte, und sein ganzer Zorn richtete sich gegen den unbarmherzigen Hausvater, den Stricker, den elenden Knauser, Knorzer, Schinder, Seelenverkäufer und Giftjuden. Nachdem er genug getobt hatte, fing er an sich selber leid zu tun und wurde weinerlich, schließlich aber beschloß er, morgen zu arbeiten.

Er sah nicht, wie das Tal bleicher und von zarten Schatten erfüllt und wie die Wolken rosig wurden, noch die abendmilde, süße Färbung des Himmels und das heimliche Blauwerden der entfernteren Berge; er sah nur das ihm entgangene Glas Most, die morgen unabwendbar seiner harrende Arbeit und die Härte seines Schicksals. Denn in derartige Betrachtungen verfiel er jedesmal, wenn er einen Tag lang nichts zu trinken bekommen hatte. Wie es wäre, jetzt einen Schnaps zu haben, daran durfte er gar nicht denken.

Gebeugt und verdrossen stieg er zur Abendessenszeit ins Haus hinunter und setzte sich mürrisch an den Tisch. Es gab Suppe, Brot und Zwiebeln, und er aß grimmig, solange etwas in der Schüssel war, aber zu trinken gab es nichts. Und nach dem Essen saß er verlassen da und wußte nicht, was anfangen. Nichts zu trinken, nichts zu rauchen, nichts zu schwätzen! Der Stricker nämlich arbeitete bei Lampenlicht geschäftig weiter, um Hürlin unbekümmert.

Dieser saß eine halbe Stunde lang am leeren Tische, horchte auf Sauberles klappernde Maschine, starrte in die gelbe Flamme der Hängelampe und versank in Abgründe von Unzufriedenheit, Selbstbedauern, Neid, Zorn und Bosheit, aus denen er keinen Ausweg fand noch suchte. Endlich überwältigte ihn die stille Wut und Hoffnungslosigkeit. Hoch ausholend hieb er mit der Faust auf die Tischplatte, daß es knallte, und rief: »Himmelsternkreuzteufelsludernoch'nmal!«

»Holla«, rief der Stricker und kam herüber, »was ist denn wieder los? Geflucht wird bei mir fein nicht!«

»Ja, was ins heiligs Teufels Namen soll man denn anfangen?«

»Ja so, Langeweile? Ihr dürfet ins Bett.«

»So, auch noch? Um die Zeit schickt man kleine Buben ins Bett, nicht mich.«

»Dann will ich Euch eine kleine Arbeit holen.«

»Arbeit? Danke für die Schinderei, Ihr Sklavenhändler, Ihr!«

»Oha, nur kalt Blut! Aber da, leset was!«

Er legte ihm ein paar Bände aus dem dürftig besetzten Wandregal hin und ging wieder an sein Geschäft. Hürlin hatte durchaus keine Lust zum Lesen, nahm aber doch eins von den Büchern in die Hand und machte es auf. Es war ein Kalender, und er begann die Bilder darin anzusehen. Auf dem ersten Blatt war irgendeine phantastisch gekleidete ideale Frauen- oder Mädchengestalt als Titelfigur abgebildet, mit bloßen Füßen und offenen Locken. Hürlin erinnerte sich sogleich an ein Restlein Bleistift, das er besaß. Er zog es aus der Tasche, machte es naß und malte dem Frauenzimmer zwei große runde Brüste aufs Mieder, die er so lange mit immer wieder benetztem Bleistift nachfuhr, bis das Papier mürb war und zu reißen drohte. Er wendete das Blatt um und sah mit Befriedigung, daß der Abdruck seiner Zeichnung durch viele Seiten sichtbar war. Das nächste Bild, auf das er stieß, gehörte zu einem Märchen und stellte einen Kobold oder Wüterich mit bösen Augen, gefährlich kriegerischem Schnauzbart und aufgesperrtem Riesenmaul vor. Begierig netzte der Alte seinen Bleistift an der Lippe und schrieb mit großen deutlichen Buchstaben neben den Unhold die Worte: »Das ist der Stricker Sauberle, Hausvater.«

Er beschloß, womöglich das ganze Buch so zu vermalen und verschweinigeln. Aber die folgende Abbildung fesselte ihn so stark, und er vergaß sich darüber. Sie zeigte die Explosion einer Fabrik und bestand fast nur aus einem mächtigen Dampf- und Feuerkegel, um welchen und über welchem halbe und ganze Menschenleiber, Mauerstücke, Ziegel, Stühle, Balken und Latten durch die Lüfte sausten. Das zog ihn an und zwang ihn, sich die ganze Geschichte dazu auszudenken und sich namentlich vorzustellen, wie es den Emporgeschleuderten im Augenblick des Ausbruches zumut gewesen sein möchte. Darin lag ein Reiz und eine Befriedigung, die ihn lange in Atem hielten.

Als er seine Einbildungskraft an diesem aufregenden Bilde erschöpft hatte, fuhr er fort zu blättern und stieß bald auf ein Bildlein, das ihn wieder festhielt, aber auf eine ganz andere Art. Es war ein lichter, freundlicher Holzschnitt: eine schöne Laube, an deren äußerstem Zweige ein Schenkenstern aushing, und über dem Sterne saß mit geschwelltem Hals und offenem Schnäblein und sang ein kleiner Vogel. In der Laube aber erblickte man um einen Gartentisch eine kleine Gesellschaft junger Männer, Studenten oder Wanderburschen, die plauderten und tranken aus heiteren Glasflaschen einen guten Wein. Seitwärts sah man am Rande des Bildchens eine zerfallene Feste mit Tor und Türmen in den Himmel stehen, und in den Hintergrund hinein verlor sich eine schöne Landschaft, etwa das Rheintal, mit Strom und Schiffen und fernhin entschwindenden Höhenzügen. Die Zecher waren lauter junge, hübsche Leute, glatt oder mit jugendlichen Bärten, liebenswürdige und heitere Burschen, welche offenbar mit ihrem Wein die Freundschaft und die Liebe, den alten Rhein und Gottes blauen Sommerhimmel priesen.

Zunächst erinnerte dieser Holzschnitt den einsamen und mürrischen Betrachter an seine besseren Zeiten, da er sich noch Wein hatte leisten können, und an die zahlreichen Gläser und Becher guten Getränkes, die er damals genossen hatte. Dann aber wollte es ihm vorkommen, so vergnügt und herzlich heiter wie diese jungen Zecher sei er doch niemals gewesen, selbst nicht vorzeiten in den leichtblütigen Wanderjahren, da er noch als junger Schlossergeselle unterwegs gewesen war. Diese sommerliche Fröhlichkeit in der Laube, diese hellen, guten und freudigen Jünglingsgesichter machten ihn traurig und zornig; er zweifelte, ob alles nur die Erfindung eines Malers sei, verschönert und verlogen, oder ob es auch in Wirklichkeit etwa irgendwo solche Lauben und so hübsche, frohe und sorgenlose junge Leute gebe. Ihr heiterer Anblick erfüllte ihn mit Neid und Sehnsucht, und je länger er sie anschaute, desto mehr hatte er die Empfindung, er blicke durch ein schmales Fensterlein für Augenblicke in eine andere Welt, in ein schöneres Land und zu freieren und gütigeren Menschen hinüber, als ihm jemals im Leben begegnet waren. Er wußte nicht, in was für ein fremdes Reich er hineinschaue und daß er dieselbe Art von Gefühlen habe wie Leute, die in Dichtungen lesen. Diese Gefühle als etwas Süßes auszukosten, verstand er vollends nicht, also klappte er das Büchlein zu, schmiß es zornig auf den Tisch, brummte unwillig gut Nacht und begab sich in seine Stube hinüber, wo über Bett und Diele und Truhe das Mondzwielicht hingebreitet lag und in dem gefüllten Waschbecken leise leuchtete. Die große Stille zu der noch frühen Stunde, das ruhige Mondlicht und das leere, für eine bloße Schlafstelle fast zu große Zimmer riefen in dem alten Rauhbein ein Gefühl von unerträglicher Vereinsamung hervor, dem er leise murmelnd und fluchend erst spät in das Land des Schlummers entrann.

Es kamen nun Tage, an denen er Holz sägte und Most und Brot bekam, wechselnd mit Tagen, an denen er faulenzte und ohne Vesper blieb. Oft saß er oben am Straßenrain, giftig und ganz mit Bosheit geladen, spuckte auf die Stadt hinab und trug Groll und Verbitterung in seinem Herzen. Das ersehnte Gefühl, bequem in einem sicheren Hafen zu liegen, blieb aus, und statt dessen kam er sich verkauft und verraten vor, führte Gewaltszenen mit dem Stricker auf oder fraß das Gefühl der Zurücksetzung und Unlust und Langeweile still in sich hinein.

Mittlerweile lief der Pensionstermin eines der in Privathäusern versorgten Stadtarmen ab, und eines Tages rückte in der

»Sonne« als zweiter Gast der frühere Seilermeister Lukas Heller ein.

Wenn die schlechten Geschäfte aus Hürlin einen Trinker gemacht hatten, war es mit diesem Heller umgekehrt gegangen. Auch war er nicht wie jener plötzlich aus Pracht und Reichtum herabgestürzt, sondern hatte sich langsam und stetig vom bescheidenen Handwerksmann zum unbescheidenen Lumpen heruntergetrunken, wovor ihn auch sein tüchtiges und energisches Weib nicht hatte retten können. Vielmehr war sie, die ihm an Kräften weit überlegen schien, dem nutzlosen Kampf erlegen und längst gestorben, während ihr nichtsnutziger Mann sich einer zähen Gesundheit erfreute. Natürlich war er überzeugt, daß er mit dem Weib so gut wie mit der Seilerei ein unbegreifliches Pech gehabt und nach seinen Gaben und Leistungen ein ganz anderes Schicksal verdient habe.

Hürlin hatte die Ankunft dieses Mannes mit der sehnlichsten Spannung erwartet, denn er war nachgerade des Alleinseins unsäglich müd geworden. Als Heller aber anrückte, tat der Fabrikant vornehm und machte sich kaum mit ihm zu schaffen. Er schimpfte sogar darüber, daß Hellers Bett in seine Stube gestellt wurde, obwohl er heimlich froh daran war.

Nach der Abendsuppe griff der Seiler, da sein Kamerad so störrisch schweigsam war, zu einem Buch und fing zu lesen an. Hürlin saß ihm gegenüber und warf ihm mißtrauisch beobachtende Blicke zu. Einmal, als der Lesende über irgend etwas Witziges lachen mußte, hatte der andere große Lust, ihn danach zu fragen. Aber als Heller im gleichen Augenblick vom Buch aufschaute, offenbar bereit, den Witz zu erzählen, schnitt Hürlin sofort ein finsteres Gesicht und tat, als sei er ganz in die Betrachtung einer über den Tisch hinwegkriechenden Mücke versunken.

So blieben sie hocken, den ganzen langen Abend. Der eine las und blickte zuweilen plaudersüchtig auf, der andere beobachtete ihn ohne Pause, wandte aber den Blick stolz zur Seite, sooft jener herüberschaute. Der Hausvater strickte unverdrossen in die Nacht hinein. Hürlins Mienenspiel wurde immer verbissener, obwohl er eigentlich seelenfroh war, nun nicht mehr allein in der Schlafstube liegen zu müssen. Als es zehn Uhr schlug, sagte der Hausvater: »Jetzt könntet ihr auch ins Bett gehen, ihr zwei.« Beide standen auf und gingen hinüber.

Während die beiden Männlein in der halbdunklen Stube sich langsam und steif entkleideten, schien Hürlin die rechte Zeit gekommen, um ein prüfendes Gespräch anzubinden und über den langersehnten Haus- und Leidensgenossen ins klare zu kommen.

»Also jetzt sind wir zu zweit«, fing er an und warf seine Weste auf den Stuhl.

»Ja«, sagte Heller.

»Eine Saubude ist's«, fuhr der andere fort.

»So? Weißt's gewiß?«

»Ob ich's weiß! – Aber jetzt muß ein Leben reinkommen, sag ich, jetzt! Jawohl.«

»Du«, fragte Heller, »ziehst du 's Hemd aus in der Nacht oder behältst 's an?«

»Im Sommer zieh ich's aus.«

Auch Heller zog sein Hemd aus und legte sich nackt ins krachende Bett. Er begann laut zu schnaufen. Aber Hürlin wollte noch mehr erfahren.

»Schlafst schon, Heller?«

»Nein.«

»Pressiert auch nicht so. – Gelt, du bist'n Seiler?«

»Gewesen, ja. Meister bin ich gewesen.«

»Und jetzt?«

»Und jetzt – kannst du mich gern haben, wenn du dumme Fragen tust.«

»Jerum, so spritzig! Narr, du bist wohl Meister gewesen, aber das ist noch lange nichts. Ich bin Fabrikant gewesen. Fabrikant, verstanden?«

»Mußt nicht so schreien, ich weiß schon lang. Und nachher, was hast denn nachher fabriziert?«

»Wieso nachher?«

»Frag auch noch! Im Zuchthaus mein ich.«

Hürlin meckerte belustigt.

»Du bist wohl'n Frommer, was. So ein Hallelujazapfen?«

»Ich? Das fehlt gerad noch! Fromm bin ich nicht, aber im Zuchthaus bin ich auch noch nicht gewesen.«

»Hättest auch nicht hineingepaßt. Da sind meistens ganz feine Herren.«

»O jegerle, so feine Herren wie du einer bist? Freilich, da hätt ich mich geniert.«

»'s redet ein jeder, wie er's versteht oder nicht versteht.«

»Ja, das mein ich auch.«

»Also sei gescheit, du! Warum hast du die Seilerei aufgesteckt?«

»Ach, laß mich in Ruh! Die Seilerei war schon recht, der Teufel ist aber ganz woanders gesessen. Das Weib war schuld.«

»Das Weib? – Hat sie gesoffen?«

»Das hätte noch gefehlt! Nein, gesoffen hab ich, wie's der Brauch ist, und nicht das Weib. Aber sie ist schuld gewesen.«

»So? Was hat sie denn angestellt?«

»Frag nicht so viel!«

»Hast auch Kinder?«

»Ein Bub. In Amerika.«

»Der hat recht. Dem geht's besser als uns.«

»Ja, wenn's nur wahr wär. Um Geld schreibt er, der Dackel! Hat auch geheiratet. Wie er fortgegangen ist, sag ich zu ihm: Frieder, sag ich, mach's gut und bleib gesund; hantier, was du magst, aber wenn du heiratest, geht's Elend los. – Jetzt hockt er drin. Gelt, du hast kein Weib gehabt?«

»Nein. Siehst, man kann auch ohne Weib ins Pech kommen. Was meinst?«

»Danach man einer ist. Ich wäre heut noch Meister, wenn die Dundersfrau nicht gewesen wär.«

»Na ja!«

»Hast du was gesagt?«

Hürlin schwieg still und tat so, als wäre er eingeschlafen. Eine warnende Ahnung sagte ihm, daß der Seiler, wenn er erst einmal recht angefangen habe, über sein Weib loszuziehen, kein Ende finden würde.

»Schlaf nur, Dickkopf!« rief Heller herüber. Er ließ sich aber nimmer reizen, sondern stieß eine Weile künstliche große Atemzüge aus, bis er wirklich schlief.

Der Seiler, der mit seinen sechzig Jahren schon einen kürzeren Schlummer hatte, wachte am folgenden Morgen zuerst auf. Eine halbe Stunde blieb er liegen und starrte die weiße Stubendecke an. Dann stieg er, der sonst schwerfällig und steif von Gliedern erschien, leise wie ein Morgenlüftchen aus seinem Bette, lief barfuß und unhörbar zu Hürlins Lagerstatt hinüber und machte sich an dessen über den Stuhl gebreiteten Kleidern zu schaffen. Er durchsuchte sie mit Vorsicht, fand aber nichts darin, als das Bleistiftstümpchen in der Westentasche, das er herausnahm und für sich behielt. Ein Loch im Strumpf seines Schlafkameraden vergrößerte er mit Hilfe beider Daumen um ein Beträchtliches. Sodann kehrte er sachte in sein warmes Bett zurück und regte sich erst wieder, als Hürlin schon erwacht und aufgestanden war und ihm ein paar Wassertropfen ins Gesicht spritzte, da sprang er hurtig auf, kroch in die Hosen und sagte guten Morgen. Mit dem Ankleiden hatte er es gar nicht eilig, und als der Fabrikant ihn antrieb, vorwärts zu machen, rief er behaglich: »Ja, geh nur einstweilen hinüber, ich komm schon auch bald.« Der andere ging, und Heller atmete erleichtert auf. Er griff behende zum Waschbecken und leerte das klare Wasser zum Fenster in den Hof hinaus, denn vor dem Waschen hatte er ein tiefes Grauen. Als er sich dieser ihm widerstrebenden Handlung entzogen hatte, war er im Umsehen mit dem Ankleiden fertig und hatte es eilig, zum Kaffee zu kommen.

Bettmachen, Zimmeraufräumen und Stiefelputzen ward besorgt, natürlich ohne Hast und mit reichlichen Plauderpausen. Dem Fabrikanten schien das alles zu zweien doch freundlicher und bequemer zu gehen als früher allein. Sogar die unentrinnbar bevorstehende Arbeit flößte ihm heute etwas weniger Schrecken ein als sonst, und er ging, wenn auch zögernd, mit fast heiterer Miene auf die Mahnung des Hausvaters mit dem Seiler ins Höflein hinunter.

Trotz heftiger Entrüstungsausbrüche des Strickers und trotz seines zähen Kampfes mit der Unlust des Pfleglings war in den vergangenen paar Wochen an dem Holzvorrat kaum eine wahrnehmbare Veränderung vor sich gegangen. Die Beuge schien noch so groß und so hoch wie je, und das in der Ecke liegende Häuflein zersägter Rollen, kaum zwei Dutzend, erinnerte etwa an die in einer Laune begonnene und in einer neuen Laune liegengelassene spielerische Arbeit eines Kindes.

Nun sollten die beiden Grauköpfe zu zweien daran arbeiten; es galt, sich ineinander zu finden und einander in die

Hände zu schaffen, denn es war nur ein einziger Sägbock und auch nur eine Säge vorhanden. Nach einigen vorbereitenden Gebärden, Seufzern und Redensarten überwanden die Leutlein denn auch ihr inneres Sträuben und schickten sich an, das Geschäft in die Hand zu nehmen. Und nun zeigte sich leider, daß Karl Hürlins frohe Hoffnungen eitel Träume gewesen waren, denn sogleich trat in der Arbeitsweise der beiden ein tiefer Wesensunterschied zutage.

Jeder von ihnen hatte seine besondere Art, tätig zu sein. In beider Seelen mahnte nämlich, neben der eingebornen Trägheit, ein Rest von Gewissen schüchtern zum Fleißigsein; wenigstens wollten beide zwar nicht wirklich arbeiten, aber doch vor sich selber den Anschein gewinnen, als seien sie etwas nütze. Dies erstrebten sie nun auf durchaus verschiedene Weise, und es trat hier in diesen abgenützten und scheinbar vom Schicksal zu Brüdern gemachten Männern ein unerwarteter Zwiespalt der Anlagen und Neigungen hervor.

Hürlin hatte die Methode, zwar so gut wie nichts zu leisten, aber doch fortwährend sehr beschäftigt zu sein oder zu scheinen. Ein einfacher Handgriff wurde bei ihm zu einem höchst verwickelten Manöver, indem mit jeder noch so kleinen Bewegung ein sparsam zähes Ritardando verschwistert war; überdies erfand und übte er zwischen zwei einfachen Bewegungen, beispielsweise zwischen dem Ergreifen und dem Ansetzen der Säge, beständig ganze Reihen von wertlosen und mühelosen Zwischentätigkeiten und war immer vollauf beschäftigt, sich durch solche unnütze Plempereien die eigentliche Arbeit möglichst noch ein wenig vom Leibe zu halten. Darin glich er einem Verurteilten, der dies und das und immer noch etwas ausheckt, was noch geschehen und stattfinden und getan und besorgt werden muß, ehe es ans Erleiden des Unvermeidlichen geht. Und so gelang es ihm wirklich, die vorgeschriebenen Stunden mit einer ununterbrochenen Geschäftigkeit auszufüllen und es zu einem Schimmer von ehrlichem Schweiß zu bringen, ohne doch eine nennenswerte Arbeit zu tun.

In diesem eigentümlichen, jedoch praktischen System hatte er gehofft, von Heller verstanden und unterstützt zu werden, und fand sich nun völlig enttäuscht. Der Seiler nämlich befolgte, seinem inneren Wesen entsprechend, eine entgegengesetzte Methode. Er steigerte sich durch krampfhaften Entschluß in einen schäumenden Furor hinein, stürzte sich mit Todesverachtung in die Arbeit und wütete, daß der Schweiß rann und die Späne flogen. Aber das hielt nur Minuten an, dann war er erschöpft, hatte sein Gewissen befriedigt und rastete tatenlos zusammengesunken, bis nach geraumer Zeit der Raptus wieder kam und wieder wütete und verrauchte. Die Resultate dieser Arbeitsart übertrafen die des Fabrikanten nicht erheblich.

Unter solchen Umständen mußte von den beiden jeder dem andern zum schweren Hindernis und Ärgernis werden. Die gewaltsame und hastige, ruckweise einsetzende Art des Heller war dem Fabrikanten im Innersten zuwider, während dessen stetig träges Schäffeln wieder jenem ein Greuel war. Wenn der Seiler einen seiner wütenden Anfälle von Fleiß bekam, zog sich der erschreckte Hürlin einige Schritte weit zurück und schaute verächtlich zu, indessen jener keuchend und schwitzend sich abmühte und doch noch einen Rest von Atem übrigbehielt, um Hürlin seine Faulenzerei vorzuwerfen.

»Guck nur«, schrie er ihn an, »guck nur, faules Luder, Tagdieb du! Gelt, das gefällt dir, wenn sich andere Leut für dich abschinden? Natürlich, der Herr ist ja Fabrikant! Ich glaub, du wärst imstand und tätest vier Wochen am gleichen Scheit herumsägen.«

Weder die Ehrenrührigkeit noch die Wahrheit dieser Vorwürfe regte Hürlin stark auf, dennoch blieb er dem Seiler nichts schuldig. Sobald Heller ermattet beiseite hockte, gab er ihm sein Schimpfen heim. Er nannte ihn Dickkopf, Ladstock, Hauderer, Seilersdackel, Turmspitzenvergolder, Kartoffelkönig, Allerweltsdreckler, Schoote, Schlangenfänger, Mohrenhäuptling, alte Schnapsbouteille und erbot sich mit herausfordernden Gesten, ihm so lang auf seinen Wasserkopf zu hauen, bis er die Welt für ein Erdäpfelgemüs und die zwölf Apostel für eine Räuberbande ansähe. Zur Ausführung solcher Drohungen kam es natürlich nie, sie waren rein oratorische Leistungen und wurden auch vom Gegner als nichts anderes betrachtet. Ein paarmal verklagten sie einander beim Hausvater, aber Sauberle war gescheit genug, sich das gründlich zu verbitten.

»Kerle«, sagte er ärgerlich, »ihr seid doch keine Schulbuben mehr. Auf so Stänkereien laß ich mich nicht ein; fertig, basta!«

Trotzdem kamen beide wieder, jeder für sich, um einander zu verklagen. Da bekam beim Mittagessen der Fabrikant kein Fleisch, und als er trotzig aufbegehrte, meinte der Stricker: »Regt Euch nicht so auf. Hürlin, Strafe muß sein. Der Heller hat mir erzählt, was Ihr heut wieder für Reden geführt habt.« Der Seiler triumphierte über diesen unerwarteten Erfolg nicht wenig. Aber abends ging es umgekehrt. Heller bekam keine Suppe, und die zwei Schlaumeier merkten, daß sie überlistet waren. Von da an hatte die Angeberei ein Ende.

Untereinander aber ließen sie sich keine Ruhe. Nur selten einmal, wenn sie nebeneinander am Rain droben kauerten und den Vorübergehenden ihre faltigen Hälse nachstreckten, spann sich vielleicht für eine Stunde eine flüchtige Seelengemeinschaft zwischen ihnen an, indem sie miteinander über den Lauf der Welt, über den Stricker, über die Armenpflege und über den dünnen Kaffee im Spittel räsonierten oder ihre kleinen idealen Güter austauschten, welche bei dem Seiler in einer bündigen Psychologie über Weiber, bei Hürlin hingegen aus Wandererinnerungen und phantastischen Plänen zu Finanzspekulationen großen Stils bestanden.

»Siehst du, wenn halt einer heiratet –«, fing es bei Heller allemal an. Und Hürlin, wenn an ihm die Reihe war, begann stets: »Tausend Mark wenn mir einer lehnte –« oder: »Wie ich dazumal in Solingen drunten war.« Drei Monate hatte er vor Jahren einmal dort gearbeitet, aber es war erstaunlich, was ihm alles gerade in Solingen passiert und zu Gesicht gekommen war.

Wenn sie sich müdgesprochen hatten, nagten sie schweigend an ihren meistens kalten Pfeifen, legten die Arme auf die spitzen Knie, spuckten in ungleichen Zwischenräumen auf die Straße und stierten an den krummen alten Apfelbaumstämmen vorüber in die Stadt hinunter, deren Auswürflinge sie waren und der sie Schuld an ihrem Unglück gaben. Da wurden sie wehmütig, seufzten, machten mutlose Handbewegungen und fühlten, daß sie alt und erloschen seien. Dieses dauerte stets so lange, bis die Wehmut wieder in

Bosheit umschlug, wozu meistens eine halbe Stunde hinreichte. Dann war es gewöhnlich Lukas Heller, der den Reigen eröffnete, zuerst mit irgendeiner Neckerei.

»Sieh einmal da drunten!« rief er und deutete talwärts.

»Was denn?« brummte der andere.

»Mußt auch noch fragen! Ich weiß, was ich sehe.«

»Also was, zum Dreihenker?«

»Ich sehe die sogenannte Walzenfabrik von weiland Hürlin und Schwindelmeier, jetzt Dalles und Kompanie. Reiche Leute das, reiche Leute!«

»Kannst mich im ›Adler‹ treffen!« murmelte Hürlin.

»So? Danke schön.«

»Willst mich falsch machen?«

»Tut gar nicht not, bist's schon.«

»Dreckiger Seilersknorze, du!«

»Zuchthäusler!«

»Schnapslump!«

»Selber einer! Du hast's grad nötig, daß du ordentliche Leute schimpfst.«

»Ich schlag dir sieben Zähne ein.«

»Und ich hau dich lahm, du Bankröttler, du naseweiser!«

Damit war das Gefecht eröffnet. Nach Erschöpfung der ortsüblichen Schimpfnamen und Schandwörter erging sich die Phantasie der beiden Hanswürste in üppigen Neubildungen von verwegenem Klange, bis auch dies Kapitel aufgebraucht war und die zwei Kampfhähne erschöpft und erbittert hintereinander her ins Haus zurückzottelten.

Jeder hatte keinen anderen Wunsch, als den Kameraden möglichst unterzukriegen und sich ihm überlegen zu fühlen, aber wenn Hürlin der Gescheitere war, so war Heller der Schlauere, und da der Stricker keine Partei nahm, wollte keinem ein rechter Trumpf gelingen. Die geachtetere und angenehmere Stellung im Spittel einzunehmen, war beider sehnliches Verlangen; sie verwandten darauf so viel Nachdenken und Zähigkeit, daß mit der Hälfte davon ein jeder, wenn er sie seinerzeit nicht gespart hätte, sein Schifflein hätte flott erhalten können, anstatt ein Sonnenbruder zu werden.

Unterdessen war die große Holzladung im Hof langsam kleiner geworden. Den Rest hatte man für später liegen lassen und einstweilen andere Geschäfte vorgenommen. Heller arbeitete tagweise in des Stadtschultheißen Garten, und Hürlin war unter hausväterlicher Aufsicht mit friedlichen Tätigkeiten, wie Salatputzen, Linsenlesen, Bohnenschnitzeln und dergleichen, beschäftigt, wobei er sich nicht zu übernehmen brauchte und doch etwas nütze sein konnte. Darüber schien die Feindschaft der Spittelbrüder langsam heilen zu wollen, da sie nicht mehr den ganzen Tag beisammen waren. Auch bildete jeder sich ein, man habe ihm gerade diese Arbeit seiner besonderen Vorzüge wegen zugeteilt und ihm damit über den andern einen Vorrang zugestanden. So zog sich der Sommer hin, bis schon das Laub braun anzulaufen begann.

Da begegnete es dem Fabrikanten, als er eines Nachmittags allein im Torgang saß und sich schläfrig die Welt betrachtete, daß ein Fremder den Berg herunterkam, vor der »Sonne« stehenblieb und ihn fragte, wo es zum Rathaus gehe. Hürlin lief zwei Gassen weit mit, stand dem Fremden Rede und bekam für seine Mühe zwei Zigarren geschenkt. Er bat den nächsten Fuhrmann um Feuer, steckte eine an und kehrte an seinen Schattenplatz bei der Haustüre zurück, wo er mit überschwenglichen Lustgefühlen sich dem lang entbehrten Genusse der guten Zigarre hingab, deren letzten Rest er schließlich noch im Pfeiflein aufrauchte, bis nur noch Asche und ein paar braune Tropfen übrig waren. Am Abend, da der Seiler vom Schulzengarten kam und wie gewöhnlich viel davon zu erzählen wußte, was für feinen Birnenmost und Weißbrot und Rettiche er zum Vesper gekriegt und wie nobel man ihn behandelt hatte, da berichtete Hürlin auch sein Abenteuer mit ausführlicher Beredsamkeit, zu Hellers großem Neide.

»Und wo hast denn jetzt die Zigarren?« fragte dieser alsbald mit Interesse.

»Geraucht hab ich sie«, lachte Hürlin protzig.

»Alle beide?«

»Jawohl, alter Schwed, alle beide.«

»Auf einmal?«

»Nein, du Narr, sondern auf zweimal, eine hinter der anderen.«

»Ist's wahr?«

»Was soll's nicht wahr sein?«

»So«, meinte der Seiler, der es nicht glaubte, listig, »dann will ich dir was sagen. Du bist nämlich ein Rindvieh, und das kein kleines.«

»So? Warum denn?«

»Hättest eine aufgehebt, dann hättest morgen auch was gehabt. Was hast jetzt davon?«

Das hielt der Fabrikant nicht aus. Grinsend zog er die noch übrige Zigarre aus der Brusttasche und hielt sie dem neidischen Seiler vors Auge, um ihn vollends recht zu ärgern.

»Siehst was? Ja gelt, so gottverlassen dumm bin ich auch nicht, wie du meinst.«

»So so. Also da ist noch eine. Zeig einmal!«

»Halt da, wenn ich nur wüßte!«

»Ach was, bloß ansehen! Ich versteh mich darauf, ob's eine feine ist. Du kriegst sie gleich wieder.«

Da gab ihm Hürlin die Zigarre hin, er drehte sie in den Fingern herum, hielt sie an die Nase, roch daran und sagte, indem er sie ungern zurückgab, mitleidig: »Da, nimm sie nur wieder. Von der Sorte bekommt man zwei für den Kreuzer.«

Es entspann sich nun ein Streiten um die Güte und den Preis der Zigarre, das bis zum Bettgehen dauerte. Beim Auskleiden legte Hürlin den Schatz auf sein Kopfkissen und bewachte ihn ängstlich. Heller höhnte: »Ja, nimm sie nur mit ins Bett! Vielleicht kriegt sie Junge.« Der Fabrikant gab keine Antwort, und als jener im Bett lag, legte er die Zigarre behutsam auf den Fenstersimsen und stieg dann gleichfalls zu Nest. Wohlig streckte er sich aus und durchkostete vor dem Einschlafen noch einmal in der Erinnerung den Genuß vom Nachmittag, wo er den feinen Rauch so stolz und prahlend in die Sonne geblasen hatte und wo mit dem guten Dufte ein Rest seiner früheren Herrlichkeit und Großmannsgefühle in ihm aufgewacht war. Und dann schlief er ein, und während der Traum ihm das Bild jener versunkenen Glanzzeit vollends in aller Glorie zurückbeschwor, streckte er schlafend seine gerötete Nase mit der Weltverachtung seiner besten Zeiten in die Lüfte.

Allein mitten in der Nacht wachte er ganz wider alle Gewohnheit plötzlich auf, und da sah er im halben Licht den Seilersmann zu Häupten seines Bettes stehen und die magere Hand nach der auf dem Simsen liegenden Zigarre ausstrecken.

Mit einem Wutschrei warf er sich aus dem Bett und versperrte dem Missetäter den Rückweg. Eine Weile wurde kein Wort gesprochen, sondern die beiden Feinde standen einander regungslos und faselnackend gegenüber, musterten sich mit durchbohrenden Zornblicken und wußten selber nicht, war es Angst oder Übermaß der Überraschung, daß sie einander nicht schon an den Haaren hatten.

»Leg die Zigarre weg!« rief endlich Hürlin keuchend.

Der Seiler rührte sich nicht.

»Weg legst sie!« schrie der andere noch einmal, und als Heller wieder nicht folgte, holte er aus und hätte ihm ohne Zweifel eine saftige Ohrfeige gegeben, wenn der Seiler sich nicht beizeiten gebückt hätte. Dabei entfiel demselben aber die Zigarre, Hürlin wollte eiligst nach ihr langen, da trat Heller mit der Ferse drauf, daß sie mit leisem Knistern in Stücke ging. Jetzt bekam er vom Fabrikanten einen Puff in die Rippen, und es begann eine Balgerei. Es war zum erstenmal, daß die beiden handgemein wurden, aber die Feigheit wog den Zorn so ziemlich auf, und es kam nichts Erkleckliches dabei heraus. Bald trat der eine einen Schritt vor und bald der andere, so schoben die nackten Alten ohne viel Geräusch in der Stube herum, als übten sie einen Tanz, und jeder war ein Held, und keiner bekam Hiebe. Das ging so lange, bis in einem günstigen Augenblick dem Fabrikanten seine leere Waschschüssel in die Hand geriet; er schwang sie wild über sich durch die Luft und ließ sie machtvoll auf den Schädel seines unbewaffneten Feindes herabsausen. Dieser Hauptschlag mit der Blechschüssel gab einen so kriegerisch schmetternden Klang durchs ganze Haus, daß sogleich die Türe ging, der Hausvater im Hemd hereintrat und mit Schimpfen und Lachen vor den Zweikämpfern stehenblieb.

»Ihr seid doch die reinen Lausbuben«, rief er scharf, »boxt euch da splitternackt in der Bude herum, so zwei alte Geißböcke! Packt euch ins Bett, und wenn ich noch einen Ton hör, könnt ihr euch gratulieren.«

»Gestohlen hat er« – schrie Hürlin, vor Zorn und Beleidigung fast heulend. Er ward aber sofort unterbrochen und zur Ruhe verwiesen. Die Geißböcke zogen sich murrend in ihre Betten zurück, der Stricker horchte noch eine kleine Weile vor der Türe, und auch als er fort war, blieb in der Stube alles still. Neben dem Waschbecken lagen die Trümmer der Zigarre am Boden, durchs Fenster sah die blasse Spätsommernacht herein, und über den beiden tödlich ergrimmten Taugenichtsen hing an der Wand von Blumen umrankt der Spruch: »Kindlein, liebet euch untereinander!«

Wenigstens einen kleinen Triumph trug Hürlin am andern Tage aus dieser Affäre davon. Er weigerte sich standhaft, fernerhin mit dem Seiler nachts die Stube zu teilen, und nach hartnäckigem Widerstand mußte der Stricker sich dazu verstehen, jenem das andere Stübchen anzuweisen. So war der Fabrikant wieder zum Einsiedler geworden, und so gerne er die Gesellschaft des Seilermeisters los war, machte es ihn doch schwermütig, so daß er zum erstenmal deutlich spürte, in was für eine hoffnungslose Sackgasse ihn das Schicksal auf seine alten Tage gestoßen hatte.

Das waren keine fröhlichen Vorstellungen. Früher war er, ging es wie es mochte, doch wenigstens frei gewesen, hatte auch in den elendesten Zeiten je und je noch ein paar Batzen fürs Wirtshaus gehabt und konnte, wenn er nur wollte, jeden Tag wieder auf die Wanderschaft gehen. Jetzt aber saß er da, rechtlos und bevogtet, bekam niemals einen blutigen Batzen zu sehen und hatte in der Welt nichts mehr vor sich, als vollends alt und mürb zu werden und zu seiner Zeit sich hinzulegen.

Er begann, was er sonst nie getan hatte, von seiner hohen Warte am Straßenrain über die Stadt hinweg das Tal hinab und hinauf zu äugen, die weißen Landstraßen mit dem Blick zu messen und den fliegenden Vögeln und Wolken, den vorbeifahrenden Wagen und den ab- und zugehenden Fußwanderern mit Sehnsucht nachzublicken. Für die Abende gewöhnte er sich nun sogar das Lesen an, aber aus den erbaulichen Geschichten der Kalender und frommen Zeitschriften heraus hob er oft fremd und bedrückt den Blick, erinnerte sich an seine jungen Jahre, an Solingen, an seine Fabrik, ans Zuchthaus, an die Abende in der ehemaligen

»Sonne« und dachte immer wieder daran, daß er nun allein sei, hoffnungslos allein.

Der Seiler Heller musterte ihn mit bösartigen Seitenblikken, versuchte aber nach einiger Zeit doch den Verkehr wieder ins Geleise zu bringen. So daß er etwa gelegentlich, wenn er den Fabrikanten draußen am Ruheplatz antraf, ein freundliches Gesicht schnitt und ihm zurief: »Schönes Wetter, Hürlin! Das gibt einen guten Herbst, was meinst?« Aber Hürlin sah ihn nur an, nickte träg und gab keinen Ton von sich.

Vermutlich hätte sich allmählich trotzdem wieder irgendein Faden zwischen den Trutzköpfen angesponnen, denn aus seinem Tiefsinn und Gram heraus hätte Hürlin doch ums Leben gern nach dem nächsten besten Menschenwesen gegriffen, um nur das elende Gefühl der Vereinsamung und Leere zeitweise loszuwerden. Der Hausvater, dem des Fabrikanten stilles Schwermüteln gar nicht gefiel, tat auch, was er konnte, um seine beiden Pfleglinge wieder aneinander zu bringen.

Da rückten kurz hintereinander im Laufe des September zwei neue Ankömmlinge ein, und zwar zwei sehr verschiedene.

Der eine hieß Louis Kellerhals, doch kannte kein Mensch in der Stadt diesen Namen, da Louis schon seit Jahrzehnten den Beinamen Holdria trug, dessen Ursprung unerfindlich ist. Er war, da er schon viele Jahre her der Stadt zur Last fiel, bei einem freundlichen Handwerker untergebracht gewesen, wo er es gut hatte und mit zur Familie zählte. Dieser Handwerker war nun gestorben, und da der Pflegling nicht zur Erbschaft mitgerechnet werden konnte, mußte ihn jetzt der Spittel übernehmen. Er hielt seinen Einzug mit einem wohlgefüllten Leinwandsäcklein, einem ungeheuren blauen Regenschirm und einem grünbemalten Holzkäfig, darin saß ein sehr feister Sperling und ließ sich durch den Umzug wenig aufregen. Der Holdria kam lächelnd, herzlich und strahlend, schüttelte jedermann die Hand, sprach kein Wort und fragte nach nichts, glänzte vor Wonne und Herzensgüte, sooft jemand ihn anredete oder ansah, und hätte, auch wenn er nicht schon längst eine überall bekannte Figur gewesen wäre, es keine Viertelstunde lang verbergen können, daß er ein ungefährlicher Schwachsinniger war.

Der zweite, der etwa eine Woche später seinen Einzug hielt, kam nicht minder lebensfroh und wohlwollend daher, war aber keineswegs schwach im Kopfe, sondern ein zwar harmloser, aber durchtriebener Pfiffikus. Er hieß Stefan Finkenbein und stammte aus der in der ganzen Stadt und Gegend von alters her wohlbekannten Landstreicher- und Bettlerdynastie der Finkenbeine, deren komplizierte Familie in vielerlei Zweigen in Gerbersau ansässig und anhängig war. Die Finkenbeine waren alle fast ohne Ausnahme helle und lebhafte Köpfe, dennoch hatte es niemals einer von ihnen zu etwas gebracht, denn von ihrem ganzen Wesen und Dasein war die Vogelfreiheit und der Humor des Nichtshabens ganz unzertrennlich.

Besagter Stefan war noch keine sechzig alt und erfreute sich einer fehlerlosen Gesundheit. Er war etwas mager und zart von Gliedern, aber zäh und stets wohlauf und rüstig, und auf welche schlaue Weise es ihm gelungen war, sich bei der Gemeinde als Anwärter auf einen Spittelsitz einzuschmuggeln und durchzusetzen, war rätselhaft. Es gab Ältere, Elendere und sogar Ärmere genug in der Stadt. Allein seit der Gründung dieser Anstalt hatte es ihm keine Ruhe gelassen, er fühlte sich zum Sonnenbruder geboren und wollte und mußte einer werden. Und nun war er da, ebenso lächelnd und liebenswürdig wie der treffliche Holdria, aber mit wesentlich leichterem Gepäck, denn außer dem, was er am Leibe trug, brachte er einzig einen zwar nicht in der Farbe, aber doch in der Form wohlerhaltenen steifen Sonntagshut von altväterischer Form mit. Wenn er ihn aufsetzte und ein wenig nach hinten rückte, war Stefan Finkenbein ein klassischer Vertreter des Typus Bruder Straubinger.

Er führte sich als einen weltgewandten, spaßhaften Gesellschafter ein und wurde, da der Holdria schon in Hürlins Stube gesteckt worden war, beim Seiler Heller untergebracht. Alles schien ihm gut und lobenswert zu sein, nur die Schweigsamkeit seiner Kameraden gefiel ihm nicht. Eine Stunde vor dem Abendessen, als alle viere draußen beisammen im Freien saßen, fing der Finkenbein plötzlich an: »Hör du, Herr Fabrikant, ist das bei euch denn alleweil so trübselig? Ihr seid ja lauter Trauerwedel.«

»Ach laß mich.«

»Na, wo fehlt's denn bei dir? Überhaupt, warum hocken wir alle so fad da herum? Man könnte doch wenigstens einen Schnaps trinken, oder nicht?«

Hürlin horchte einen Augenblick entzückt auf und ließ seine müden Äuglein glänzen, aber dann schüttelte er verzweifelt den Kopf, drehte seine leeren Hosentaschen um und machte ein leidendes Gesicht.

»Ach so, hast kein Moos?« rief Finkenbein lachend. »Lieber Gott, ich hab immer gedacht, so ein Fabrikant, der hat's alleweil im Sack herumklimpern. Aber heut ist doch mein Antrittsfest, das darf nicht so trocken vorbeigehen. Kommt nur, ihr Leute, der Finkenbein hat zur Not schon noch ein paar Kapitalien im Ziehamlederle.«

Da sprangen die beiden Trauerwedel behend auf die Füße. Den Schwachsinnigen ließen sie sitzen, die drei anderen stolperten im Eilmarsch nach dem »Sternen« und saßen bald auf der Wandbank jeder vor einem Glas Korn. Hürlin, der seit Wochen und Monaten keine Wirtsstube mehr von innen gesehen hatte, kam in die freudigste Aufregung. Er atmete in tiefen Zügen den lang entbehrten Dunst des Ortes ein und genoß den Kornschnaps in kleinen, sparsamen, scheuen Schlücken. Wie einer, der aus schweren Träumen erwacht ist, fühlte er sich dem Leben wiedergeschenkt und von der wohlbekannten Umgebung heimatlich angezogen. Er holte die vergessenen kühnen Gesten seiner ehemaligen Kneipenzeit eine um die andere wieder hervor, schlug auf den Tisch, schnippte mit den Fingern, spuckte vor sich hin auf die Diele und scharrte tönend mit der Sohle darüber. Auch seine Redeweise nahm einen plötzlichen Aufschwung, und die volltönenden Kraftausdrücke aus den Jahren seiner Herrlichkeit klangen noch einmal fast mit der alten brutalen Sicherheit von seinen blauen Lippen.

Während der Fabrikant sich dieser maßen verjüngte, blinzelte Lukas Heller nachdenklich in sein Gläschen und hielt die Zeit für gekommen, wo er dem Stolzen seine Beleidigungen und den entehrenden Blechhieb aus jener Nacht heimzahlen könnte. Er hielt sich still und wartete aufmerksam, bis der rechte Augenblick da wäre.

Inzwischen hatte Hürlin, wie es früher seine Art gewesen war, beim zweiten Glase angefangen ein Ohr auf die Gespräche der Leute am Nebentisch zu haben, mit Kopfnicken, Räuspern und Mienenspiel daran teilzunehmen und schließlich auch zwischenein ein freundschaftliches Jaja oder Soso dareinzugeben. Er fühlte sich ganz in das schöne Ehemals zurückversetzt, und als nun das Gespräch nebenan lebhafter wurde, drehte er sich mehr und mehr dort hinüber, und nach seiner alten Leidenschaft stürzte er sich bald mit Feuer in das Wogen und Aneinanderbranden der Meinungen. Die Redenden achteten im Anfang nicht darauf, bis einer von ihnen, ein Fuhrknecht, plötzlich rief: »Jeses, der Fabrikant! Ja, was willst denn du da, alter Lump? Sei so gut und halt du deinen Schnabel, sonst schwätz ich deutsch mit dir.«

Betrübt wendete der Angeschnauzte sich ab, aber da gab ihm der Seiler einen Ellbogenstoß und flüsterte eifrig: »Laß dir doch von dem Jockel das Maul nicht verbieten! Sag's ihm, dem Drallewatsch!«

Diese Ermunterung entflammte sogleich das Ehrgefühl des Fabrikanten zu neuem Bewußtsein. Trotzig hieb er auf den Tisch, rückte noch mehr gegen die Sprecher hinüber, warf kühne Blicke um sich und rief mit tiefem Brustton: »Nur etwas manierlicher, du, bitt ich mir aus! Du weißt scheint's nicht, was der Brauch ist.«

Einige lachten. Der Fuhrknecht drohte noch einmal gutmütig: »Paß Achtung, Fabrikantle! Dein Maul wenn du nicht hältst, kannst was erleben.«

»Ich brauch nichts zu erleben«, sagte Hürlin, von Heller wieder durch einen Stoß angefeuert, mit Würde und Nachdruck, »ich bin so gut da und kann mitreden wie ein anderer. So, jetzt weißt du's.«

Der Knecht, der seinem Tisch eine Runde bezahlt hatte und dort den Herrn spielte, stand auf und kam herüber. Er war der Kläfferei müde. »Geh heim ins Spittel, wo du hingehörst!« schrie er Hürlin an, nahm den Erschrockenen am Kragen, schleppte ihn zur Stubentüre und half ihm mit einem Tritt hinaus. Die Leute lachten und fanden, es geschehe dem Spektakler recht. Damit war der kleine Zwischenfall abgetan, und sie fuhren mit Schwören und Schreien in ihren wichtigen Gesprächen fort.

Der Seilermeister war selig. Er veranlaßte Finkenbein, noch ein letztes Gläschen zu spenden. Und da er den Wert dieses neuen Genossen erkannt hatte, bemühte er sich nach Kräften, sich mit ihm anzufreunden, was Finkenbein sich lächelnd gefallen ließ. Dieser war vorzeiten einmal im Hürlinschen Anwesen betteln gegangen und von dem Herrn Fabrikanten streng hinausgewiesen worden. Trotzdem hatte er nichts gegen ihn und stimmte den Beschimpfungen, die Heller dem Abwesenden jetzt antat, mit keinem Worte bei. Er war besser als diese aus glücklicheren Umständen Herabgesunkenen daran gewöhnt, der Welt ihren Lauf zu lassen und an den Besonderheiten der Leute seinen Spaß zu haben.

»Laß nur, Seiler«, sagte er abwehrend. »Der Hürlin ist freilich ein Narr, aber noch lang keiner von den übelsten. Da dank ich doch schön dafür, daß wir da droben auch noch Händel miteinander haben sollen.«

Heller merkte sich das und ging gefügig auf diesen versöhnlichen Ton ein. Es war nun auch Zeit zum Aufbrechen, so gingen sie denn und kamen gerade recht zum Nachtessen heim. Der Tisch, an dem nunmehr fünf Leute saßen, bot einen ganz stattlichen Anblick. Obenan saß der Stricker, dann kam auf der einen Seite der rotwangige Holdria neben dem hageren, verfallen und grämlich aussehenden Hürlin, ihnen gegenüber der dünn behaarte, pfiffige Seiler neben dem fidelen, helläugigen Finkenbein. Dieser unterhielt den Hausvater vortrefflich und brachte ihn in gute Laune, zwischenein machte er ein paar Späße mit dem Blöden, der geschmeichelt grinste, und als der Tisch abgeräumt und abgewaschen war, zog er Spielkarten heraus und schlug eine Partie vor. Der Stricker wollte es verbieten, gab es aber am Ende unter der Bedingung zu, daß »um nichts« gespielt werde. Finkenbein lachte laut.

»Natürlich um nichts, Herr Sauberle. Um was denn sonst? Ich bin ja freilich von Haus aus Millionär, aber das ist alles in Hürlinschen Aktien draufgegangen – nichts für ungut, Herr Fabrikant!«

Sie begannen denn, und das Spiel ging auch eine Weile ganz fröhlich seinen Gang, durch zahlreiche Kartenwitze des Finkenbein und durch einen von demselben Finkenbein entdeckten und vereitelten Mogelversuch des Seilermeisters anregend unterbrochen. Aber da stach den Seiler der Haber, daß er mit geheimnisvollen Andeutungen immer wieder des

Abenteuers im »Sternen« gedenken mußte. Hürlin überhörte es zuerst, dann winkte er ärgerlich ab. Da lachte der Seiler auf eine schadenfrohe Art dem Finkenbein zu. Hürlin blickte auf, sah das unangenehme Lachen und Blinzeln, und plötzlich wurde ihm klar, daß dieser an der Hinauswerferei schuld war und sich auf seine Kosten lustig mache. Das ging ihm durch und durch. Er verzog den Mund, warf mitten im Spiel seine Karten auf den Tisch und war nicht zum Weiterspielen zu bewegen. Heller merkte sofort, was los war, er hielt sich vorsichtig still und gab sich doppelt Mühe, auf einem recht brüderlichen Fuß mit Finkenbein zu bleiben.

Es war also zwischen den beiden alten Gegnern wieder alles verschüttet, und desto schlimmer, weil Hürlin überzeugt war. Finkenbein habe um den Streich gewußt und ihn anstiften helfen. Dieser benahm sich unverändert lustig und kameradschaftlich, da aber Hürlin ihn nun einmal beargwöhnte und seine Späße und Titulaturen wie Kommerzienrat, Herr von Hürlin und so weiter ruppig aufnahm, zerfiel in Bälde die Sonnenbrüderschaft in zwei Parteien. Denn der Fabrikant hatte sich als Schlafkamerad schnell an den blöden Holdria gewöhnt und ihn zu seinem Freund gemacht.

Von Zeit zu Zeit brachte Finkenbein, der aus irgendwelchen verborgenen Quellen her immer wieder ein bißchen kleines Geld im Sack hatte, wieder einen gemeinsamen Kneipengang in Vorschlag. Aber Hürlin, so gewaltig die Verlockung für ihn war, hielt sich stramm und ging niemals mehr mit, obwohl es ihn empörte zu denken, daß Heller desto besser dabei wegkomme. Statt dessen hockte er beim Holdria, der ihm mit verklärtem Lächeln oder mit ängstlich großen Augen zuhörte, wenn er klagte und schimpfte oder darüber phantasierte, was er tun würde, wenn ihm jemand tausend Mark liehe.

Lukas Heller dagegen hielt es klüglich mit dem Finkenbein. Freilich hatte er gleich im Anfang die neue Freundschaft in Gefahr gebracht. Er war des Nachts einmal nach seiner Gewohnheit über den Kleidern seines Schlafkameraden gewesen und hatte dreißig Pfennige darin gefunden und an sich gebracht. Der Beraubte aber, der nicht schlief, sah ruhig durch halbgeschlossene Lider zu. Am Morgen gratulierte er dem Seiler zu seiner Fingerfertigkeit, forderte ihm das Geld wieder ab und tat, als wäre es nur ein guter Scherz gewesen. Damit hatte er vollends Macht über Heller gewonnen, und wenn dieser an ihm einen guten Kameraden hatte, konnte er ihm doch nicht so unverwehrt seine Klagelieder vorsingen wie Hürlin dem seinigen. Namentlich seine Reden über die Weiber wurden dem Finkenbein bald langweilig.

»'s ist gut, sag ich, Seilersmann, 's ist gut. Du bist auch so eine Drehorgel mit einer ewigen Leier, hast keine Reservewalze. Was die Weiber angeht, hast du meinetwegen recht. Aber was zuviel ist, ist zuviel. Mußt dir eine Reservewalze anschaffen – mal was anderes, weißt du, sonst kannst du mir gestohlen werden.«

Vor solchen Erklärungen war der Fabrikant sicher. Und das war zwar bequem, aber es tat ihm nicht gut. Je geduldiger sein Zuhörer war, desto tiefer wühlte er in seinem Elend. Noch ein paarmal steckte ihn die souveräne Lustigkeit des Taugenichts Finkenbein für eine halbe Stunde an, daß er nochmals die großartigen Handbewegungen und Kennworte seiner goldenen Zeit hervorlangte und übte, aber seine Hände waren doch allmählich ziemlich steif geworden, und es kam ihm nimmer von innen heraus. In den letzten sonnigen Herbsttagen saß er zuweilen noch unter den welkenden Apfelbäumen, aber er schaute auf Stadt und Tal nimmer mit Neid oder mit Verlangen, sondern fremd, wie wenn all dieses ihn nichts mehr anginge oder ihm fernläge. Es ging ihn auch nichts mehr an, denn er war sichtlich am Abrüsten und hatte hinter sich nichts mehr zu suchen.

Das war merkwürdig schnell über ihn gekommen. Zwar war er schon bald nach seinem Sturze, in den dürftigen Zeiten, da die »Sonne« ihm vertraut zu werden begann, grau geworden und hatte angefangen, die Beweglichkeit zu verlieren. Aber er hätte sich noch jahrelang herumschlagen und manchesmal das große Wort am Wirtstisch oder auf der Gasse führen können. Es war nur der Spittel, der ihm in die Knie geschlagen hatte. Als er damals froh gewesen war, ins Asyl zu kommen, hatte er nicht bedacht, daß er sich damit selber seinen besten Faden abschneide. Denn ohne Projekte und ohne Aussicht auf allerlei Umtrieb und Spektakel zu leben, dazu hatte er keine Gabe, und daß er damals der Müdigkeit und dem Hunger nachgegeben und sich zur Ruhe gesetzt hatte, das war erst sein eigentlicher Bankrott gewesen. Nun blieb ihm nichts mehr, als sein Zeitlein vollends abzuleben.

Es kam dazu, daß Hürlin allzu lange eine Wirtshausexistenz geführt hatte. Alte Gewohnheiten, auch wenn sie Laster sind, legt ein Grauhaariger nicht ohne Schaden ab. Die Einsamkeit und die Händel mit Heller halfen mit, ihn vollends still zu machen, und wenn ein alter Blagueur und Schreier einmal still wird, so ist das schon der halbe Weg zum Kirchhof.

Es war vielerlei, was jetzt an dieser rüden und übel erzogenen Seele zu rütteln und zu nagen kam, und es zeigte sich, daß sie ungeachtet ihrer früheren Starrheit und Selbstherrlichkeit recht wenig befestigt war. Der Hausvater war der erste, der seinen Zustand erkannte. Zum Stadtpfarrer, als dieser einmal seinen Besuch machte, sagte er achselzuckend: »Der Hürlin kann einem schier leid tun. Seit er so drunten ist, zwing ich ihn ja zu keiner Arbeit mehr, aber was hilft's, das sitzt bei ihm anderwärts. Er sinniert und studiert zu viel, und wenn ich diese Sorte nicht kennen täte, würd ich sagen, 's ist das schlechte Gewissen und geschieht ihm recht. Aber weit gefehlt! Es frißt ihn von innen, das ist's, und das hält einer in dem Alter nicht lang aus, wir werden's sehen.« Auf das hin saß der Stadtpfarrer ein paarmal beim Fabrikanten auf seiner Stube neben dem grünen Spatzenkäfig des Holdria und sprach mit ihm vom Leben und Sterben und versuchte irgendein Licht in seine Finsternis zu bringen, aber vergebens. Hürlin hörte zu oder hörte nicht zu, nickte oder brummte, sprach aber nichts und wurde immer fahriger und wunderlicher. Von den Witzen des Finkenbein tat ihm zuzeiten einer gut, dann lachte er leis und trocken, schlug auf den Tisch und nickte billigend, um gleich darauf wieder in sich hinein auf die verworrenen Stimmen zu horchen.

Nach außen zeigte er nur ein stilleres und weinerlich gewordenes Wesen, und jedermann ging mit ihm um wie sonst. Nur dem Schwachsinnigen, wenn er eben nicht ohne Verstand gewesen wäre, hätte ein Licht über Hürlins Zustand und Verfall aufgehen können und zugleich ein Grauen. Denn dieser ewig freundliche und friedfertige Holdria war des Fabrikanten Gesellschafter und Freund geworden. Sie hockten zusammen vor dem Holzkäfig, streckten dem fetten Spatzen die Finger hinein und ließen sich picken, lehnten morgens bei dem jetzt langsam herankommenden Winterwetter am geheizten Ofen und sahen einander so verständnisvoll in die Augen, als wären sie zwei Weise. Man sieht manchmal, daß zwei gemeinsam eingesperrte Waldestiere einander so anblicken.

Was am heftigsten an Hürlin zehrte, das war die auf Hellers Anstiften im »Sternen« erfahrene Demütigung und Schande. An dem Wirtstisch, wo er lange Zeiten fast täglich gesessen war, wo er seine letzten Heller hatte liegenlassen, wo er ein guter Gast und Wortführer gewesen war, da hatten Wirt und Gäste mit Gelächter zugesehen, wie er hinausgeworfen wurde. Er hatte es an den eigenen Knochen erfahren und spüren müssen, daß er nimmer dorthin gehöre, nimmer mitzähle, daß er vergessen und ausgestrichen war und keinen Schatten von Recht mehr besaß.

Für jeden anderen bösen Streich hätte er gewiß an Heller bei der ersten Gelegenheit Rache genommen. Aber diesmal brachte er nicht einmal die gewohnten Schimpfworte, die ihm so locker in der Gurgel saßen, heraus. Was sollte er ihm sagen? Der Seiler war ja ganz im Recht. Wenn er noch der alte Kerl und noch irgend etwas wert wäre, hätte man nicht gewagt, ihn im »Sternen« an die Luft zu setzen. Er war fertig und konnte einpacken.

Und nun schaute er vorwärts, die ihm bestimmte schmale und gerade Straße, an ungezählten Reihen von leeren Tagen vorbei dem Sterben entgegen. Da war alles festgesetzt, angenagelt und vorgeschrieben, selbstverständlich und unerbittlich. Da war nicht die Möglichkeit, eine Bilanz und ein Papierchen zu fälschen, sich in eine Aktiengesellschaft zu verwandeln oder in Gottes Namen sich durch Bankrott und Zuchthaus auf Umwegen wieder ins Leben hineinzuschleichen. Und wenn der Fabrikant auf vielerlei Umstände und Lebenslagen eingerichtet war und sich in sie zu finden wußte, so war er doch auf diese nicht eingerichtet und wußte sich nicht in sie zu finden.

Der gute Finkenbein gab ihm nicht selten ein ermunterndes

Wort oder klopfte ihm mit gutmütig tröstendem Lachen auf die Schulter.

»Du, Oberkommerzienrat, studier nicht soviel, du bist allweg gescheit genug, hast soviel reiche und gescheite Leut seinerzeit eingeseift, oder nicht? – Nicht brummen, Herr Millionär, 's ist nicht bös gemeint. Ist das ein Spritzigtun – Mann Gottes, denk doch an den heiligen Vers über deiner Bettlade.«

Und er breitete mit pastoraler Würde die Arme aus wie zum Segnen und sprach mit Salbung: »Kindlein, liebet euch untereinander!«

»Oder paß auf, wir fangen jetzt eine Sparkasse an, und wenn sie voll ist, kaufen wir der Stadt ihren schäbigen Spittel ab und tun das Schild raus und machen die alte ›Sonne‹ wieder auf, daß Öl in die kranke Maschine kommt. Was meinst?«

»Fünftausend Mark wenn wir hätten –«, fing Hürlin zu rechnen an, aber da lachten die anderen; er brach ab, seufzte und fiel in sein Brüten und Stieren zurück.

Er hatte die Gewohnheit angenommen, tagaus, tagein in der Stube hin und her zu traben, einmal grimmig, einmal angstvoll, ein andermal lauernd und tückisch. Sonst aber störte er niemand. Der Holdria leistete ihm häufig Gesellschaft, schloß sich in gleichem Tritt seinen Dauerläufen durchs Zimmer an und beantwortete nach Kräften die Blicke, Gestikulationen und Seufzer des unruhigen Wanderers, der beständig vor dem bösen Geiste auf der Flucht war, den er doch in sich trug. Wenn er sein Leben lang schwindelhafte Rollen geliebt und mit wechselndem Glücke gespielt hatte, so war er nun dazu verurteilt, ein trauriges Ende mit seinen hanswurstmäßigen Manieren durchspielen zu müssen.

Zu den Sprüngen und Kapriolen des aus dem Geleise Gekommenen gehörte es, daß er neuerdings mehrmals am Tage unter seine Bettstatt kroch, das alte Sonnenschild hervorholte und einen sehnsüchtig närrischen Kultus damit trieb, indem er es bald feierlich vor sich hertrug wie ein heiliges Schaustück, bald vor sich aufpflanzte und mit verzückten Augen betrachtete, bald wütend mit Fäusten schlug, um es dann sogleich wieder sorglich zu wiegen, zu liebkosen und endlich an seinen Ort zurückzubringen. Als er diese symbolischen Possen anfing, verlor er seinen Rest von Kredit bei den Sonnenbrüdern und wurde gleich seinem Freunde Holdria als völliger Narr behandelt. Namentlich der Seiler sah ihn mit unverhohlener Verachtung an, hänselte und demütigte ihn, wo er konnte, und ärgerte sich, daß Hürlin das kaum zu merken schien.

Einmal nahm er ihm sein Sonnenschild und versteckte es in einer anderen Stube. Als Hürlin es holen wollte und nicht fand, irrte er eine Zeit im Haus umher, dann suchte er wiederholt am alten Orte danach, dann bedrohte er der Reihe nach alle Hausgenossen, den Stricker nicht ausgenommen, mit machtlos wütenden Reden und Lufthieben, und als alles das nichts half, setzte er sich an den Tisch, legte den Kopf in die Hände und brach in ein jammervolles Heulen aus, das eine halbe Stunde dauerte. Das war dem mitleidigen Finkenbein zuviel. Er gab dem zu Tod erschreckenden Seiler einen mächtigen Fausthieb und zwang ihn, das versteckte Kleinod sogleich herbeizubringen.

Der zähe Fabrikant hätte trotz seiner fast weiß gewordenen Haare noch manche Jahre leben können. Aber der Wille zum Sterben, der in ihm arbeitete, fand bald einen Ausweg. In einer Dezembernacht konnte der alte Mann nicht schlafen. Im Bett aufsitzend gab er sich seinen öden Gedanken hin, stierte über die dunklen Wände hin und kam sich verlassener vor als je. In Langeweile, Angst und Trostlosigkeit stand er schließlich auf, ohne recht zu wissen, was er tue, nestelte seinen hanfenen Hosenträger los und hängte sich damit geräuschlos an der Türangel auf. So fanden ihn am Morgen der Holdria und der auf des Narren ängstliches Geschrei herübergekommene Hausvater. Das Gesicht war ein wenig bläulicher geworden, sonst war wenig daran zu entstellen gewesen.

Schrecken und Überraschung waren nicht klein, aber von sehr kurzer Dauer. Nur der Schwachsinnige flennte leise in seinen Kaffeetopf hinein, alle anderen wußten oder fühlten, daß dieses Ende nicht zur unrechten Zeit gekommen war und daß es weder zur Klage noch zur Entrüstung Veranlassung biete. Auch hatte ihn ja niemand lieb gehabt.

Wie seinerzeit der Finkenbein als vierter Gast in den Spittel gekommen war, hatte man in der Stadt einige Klagen darüber vernommen, daß das kaum gegründete Asyl sich so ungehörig rasch bevölkere. Nun war schon einer von den Überzähligen verschwunden. Und wenn es wahr ist, daß die Armenhäusler meistens merkwürdig gedeihen und zu hohen Jahren kommen, so ist es doch ebenso wahr, daß selten ein Loch bleibt, wie es ist, sondern um sich fressen muß. So ging es auch hier; in der kaum erblühten Lumpenkolonie war nun einmal der Schwund ausgebrochen und wirkte weiter.

Zunächst schien freilich der Fabrikant vergessen und alles beim alten zu sein, Lukas Heller führte, soweit Finkenbein es zuließ, das große Wort, machte dem Stricker das Leben sauer und wußte von seinem bißchen Arbeit noch die Hälfte dem willigen Holdria aufzuhalsen. So fühlte er sich wohl und heiter. Er war nun der älteste von den Sonnenbrüdern, fühlte sich ganz heimisch und hatte nie in seinem Leben sich so im Einklang mit seiner Umgebung und Lebensstellung befunden, deren Ruhe und Trägheit ihm Zeit ließ, sich zu dehnen und zu fühlen und sich als ein achtungswerter und nicht unwesentlicher Teil der Gesellschaft, der Stadt und des Weltganzen vorzukommen.

Anders erging es dem Finkenbein. Das Bild, das seine lebhafte Phantasie sich einst vom Leben eines Sonnenbruders erdacht und herrlich ausgemalt hatte, war ganz anders gewesen, als was er in Wirklichkeit hier gefunden und gesehen hatte. Zwar blieb er dem Ansehen nach der alte Leichtfuß und Spaßmacher, genoß das gute Bett, den warmen Ofen und die reichliche Kost und schien keinen Mangel zu empfinden. Er brachte auch immer wieder von geheimnisvollen Ausflügen in die Stadt ein paar Nickel für Schnaps und Tabak mit, an welchen Gütern er den Seiler ohne Geiz teilhaben ließ. Auch fehlte es ihm selten an einem Zeitvertreib, da er gaßauf, gaßab jedes Gesicht kannte und wohlgelitten war, so daß er in jedem Torgang und vor jeder Ladentüre, auf Brücke und Steg, neben Lastfuhren und Schiebkarren her jederzeit mit jedermann sich des Plauderns erfreuen konnte.

Trotzdem aber war ihm nicht recht wohl in seiner Haut.

Denn einmal waren Heller und Holdria als tägliche Kameraden von geringem Wert für ihn, und dann drückte ihn je länger je mehr die Regelmäßigkeit dieses Lebens, das für Aufstehen, Essen, Arbeiten und Zubettgehen feste Stunden vorschrieb. Schließlich, und das war die Hauptsache, war dies Leben zu gut und zu bequem für ihn. Er war gewohnt, Hungertage mit Schlemmertagen zu wechseln, bald auf Linnen und bald auf Stroh zu schlafen, bald bewundert und bald angeschnauzt zu werden. Er war gewohnt, nach Belieben umherzustreifen, die Polizei zu fürchten, kleine Geschäfte und Streiche an der Kunkel zu haben und von jedem lieben Tag etwas Neues zu erwarten. Diese Freiheit, Armut, Beweglichkeit und beständige Spannung fehlte ihm hier vollkommen, und bald sah er ein, daß der Eintritt in den Spittel nicht, wie er gemeint hatte, sein Meisterstück, sondern ein dummer Streich mit betrüblichen und lebenslangen Folgen gewesen war.

Freilich, wenn es in dieser Hinsicht dem Finkenbein wenig anders erging als vorher dem Fabrikanten, so war er in allem übrigen dessen fertiges Gegenteil. Vor allem ließ er den Kopf nicht hängen wie jener und ließ die Gedanken nicht ewig auf demselben leeren Felde der Trauer und Ungenüge grasen, sondern hielt sich munter, ließ die Zukunft möglichst außer Augen und tändelte sich leichtfüßig von einem Tag in den andern. Er gewann dem Stricker, dem Simpel, dem Seiler Heller, dem fetten Sperling und der ganzen Sachlage nach Möglichkeit die fidele Seite ab. Und das tat nicht ihm allein, sondern dem ganzen Hause gut, dessen tägliches Leben durch ihn einen Hauch von Freisinn und Heiterkeit bekam. Den konnte es freilich nötig brauchen, denn zur Erheiterung und Verschönerung der gleichförmigen Tage hatten Sauberle und Heller aus eigenen Mitteln ungefähr so wenig wie der gute Holdria beizusteuern.

Es liefen also die Tage und Wochen so leidlich hin. Der Hausvater schaffte und sorgte sich müd und mager, der Seiler genoß eifersüchtig sein billiges Wohlsein, der Finkenbein drückte ein Auge zu und hielt sich an der Oberfläche, der Holdria blühte in ewigem Seelenfrieden und nahm an Liebenswürdigkeit, gutem Appetit und Beleibtheit täglich zu. Das Idyll wäre fertig gewesen. Allein es ging inmitten dieses nahrhaften Friedens der hagere Geist des toten Fabrikanten um. Das Loch mußte um sich fressen.

Und so geschah es an einem Mittwoch im Februar, daß Lukas Heller morgens eine Arbeit im Holzstall zu tun hatte, und da er noch immer nicht anders als ruckweise fleißig sein konnte, kam er in Schweiß, ruhte unter der Türe aus und bekam Husten und Kopfweh. Zu Mittag aß er kaum die Hälfte wie sonst, nachmittags blieb er beim Ofen und zankte, hustete und fluchte, und abends legte er sich schon um acht ins Bett. Am andern Morgen holte man den Doktor. Diesmal aß Heller um Mittag gar nichts, etwas später ging das Fieber los, in der Nacht mußten der Finkenbein und der Hausvater abwechselnd bei ihm wachen. Tags darauf starb der Seiler, und die Stadt war wieder einen Kostgänger losgeworden.

Es brach im März ein ungewöhnlich frühes Sommerwetter und Wachstum an. Die großen Berge und die kleinen Straßengräben wurden grün und jung, die Straße war von plötzlich aufgetauchten Hühnern, Enten und Handwerksburschen fröhlich bevölkert, und durch die Lüfte stürzten sich mit freudigem Schwunge große und kleine Vögel.

Dem Finkenbein war es in der zunehmenden Vereinsamung und Stille des Hauses immer enger und bänglicher ums Herz geworden. Die beiden Sterbefälle schienen ihm bedenklich, und er kam sich immer mehr wie einer vor, der auf einem untersinkenden Schiffe als letzter am Leben blieb. Nun roch und lugte er stündlich zum Fenster hinaus in die Wärme und milde Frühjahrsbläue. Es gärte ihm in allen Gliedern, und sein jung gebliebenes Herz, da es den lieben Frühling witterte, gedachte alter Zeiten.

Eines Tages brachte er aus der Stadt nicht nur ein Päcklein Tabak und einige neueste Neuigkeiten, sondern auch in einem schäbig alten Wachstüchlein zwei neue Papiere mit, welche zwar schöne Schnörkel und feierliche blaue Amtsstempel trugen, aber nicht vom Rathaus geholt waren. Wie sollte auch ein so alter und kühner Landfahrer und Türklinkenputzer die zarte und geheimnisvolle Kunst nicht verstehen, auf sauber geschriebene Papiere beliebige alte oder neue Stempel zu übertragen. Nicht jeder kann und weiß es, und es gehören feine Finger und gute Übung dazu, von einem frischen Ei die dünne innere Haut zu lösen und makellos auszubreiten, die Stempel eines alten Heimatscheins und Wanderpasses darauf abzudrücken und reinlich von der feuchten Haut aufs neue Papier zu übertragen.

Und wieder eines Tages war Stefan Finkenbein ohne Sang und Klang aus Stadt und Gegend verschwunden. Er hatte auf die Reise seinen hohen, steifen Straubingerhut mitgenommen und seine alte Wollenkappe als einziges Andenken zurückgelassen. Die Behörde stellte eine kleine vorsichtige Untersuchung an. Da man aber bald gerüchtweise vernahm, er sei in einem benachbarten Oberamt lebendig und vergnügt in einer beliebten Kundenherberge erblickt worden, und da man kein Interesse daran hatte, ihn ohne Not zurückzuholen, seinem etwaigen Glücke im Weg zu stehen und ihn auf Stadtkosten weiter zu füttern, wurde auf fernere Nachforschungen klug verzichtet, und man ließ den losen Vogel mit den besten Wünschen fliegen, wohin er mochte. Es kam auch nach sechs Wochen eine Postkarte von ihm aus dem Bayrischen, worin er dem Stricker schrieb: »Geehrter Herr Sauberle, ich bin in Bayern. Es ist hier ziemlich kälter. Wissen Sie was? Nehmen Sie den Holdria und seinen Spatz und lassen sie für Geld sehen. Wir können dann mitnander drauf reisen. Wir hängen dann dem Hürlin selig sein Schild raus. Ihr getreuer Stefan Finkenbein, Turmspitzenvergolder.«

Es sind seit Hellers Tode und Finkenbeins Auszug fünfzehn Jahre vergangen, und Holdria haust noch immer feist und rotbackig in der ehemaligen »Sonne«. Er ist zuerst eine Zeitlang allein geblieben. Die Aspiranten hielten sich zurück, denn der schauervolle Tod des Fabrikanten, das schnelle Wegsterben des Seilers und die Flucht Finkenbeins hatten sich zur allbekannten Moritat gestaltet und umgaben etwa ein halbes Jahr lang das Haus mit blutrünstigen Sagen. Allein nach dieser Zeit trieben die Not und die Trägheit wieder manche Gäste in die alte »Sonne« hinauf, und der Holdria ist von da an nie mehr allein dort gesessen. Kuriose und langweilige Brüder hat er kommen, mitessen und sterben sehen und ist zur Zeit der Senior einer Hausgenossenschaft von sieben Kumpanen, den Hausvater nicht mitgerechnet. An warmen, angenehmen Tagen sieht man sie häufig vollzählig am Rain des Bergsträßleins hocken, kleine Stummelpfeifen rauchen und mit verwitterten Gesichtern auf die inzwischen talauf- und talabwärts etwas größer gewordene Stadt hinunterblicken.

(1904)

in H. H.: Unterwegs.

Die Marmorsäge

Es war so ein Prachtsommer, in dem man das schöne Wetter nicht nach Tagen, sondern nach Wochen rechnete, und es war noch Juni, und man hatte gerade das Heu eingebracht.

Für manche Leute gibt es nichts Schöneres als einen solchen Sommer, wo noch im feuchtesten Ried das Schilf verbrennt und einem die Hitze bis in die Knochen geht. Diese Leute saugen, sobald ihre Zeit gekommen ist, so viel Wärme und Behagen ein und werden ihres meist ohnehin nicht sehr betriebsamen Daseins so schlaraffisch froh, wie es andern Leuten nie zuteil wird. Zu dieser Menschenklasse gehöre auch ich; darum war mir in jenem Sommersanfang auch so mächtig wohl, freilich mit starken Unterbrechungen, von denen ich nachher erzählen werde.

Es war vielleicht der üppigste Juni, den ich je erlebt habe, und es wäre bald Zeit, daß wieder so einer käme. Der kleine Blumengarten vor meines Vetters Haus an der Dorfstraße duftete und blühte ganz unbändig; die Georginen, die den schadhaften Zaun versteckten, standen dick und hoch und hatten feiste und runde Knospen angesetzt, aus deren Ritzen gelb und rot und lila die jungen Blütenblätter strebten. Der Goldlack brannte so überschwenglich honigbraun und duftete so ausgelassen und sehnlich, als wüßte er wohl, daß seine Zeit schon nahe war, da er verblühen und den dicht wuchernden Reseden Platz machen mußte. Still und brütend standen die steifen Balsaminen auf dicken, gläsernen Stengeln, schlank und träumerisch die Schwertlilien, fröhlich hellrot die verwildernden Rosenbüsche. Man sah kaum eine Handbreit Erde mehr, als sei der ganze Garten nur ein großer, bunter und fröhlicher Strauß, der aus einer zu schmalen Vase hervorquoll, an dessen Rändern die Kapuziner in den Rosen fast erstickten und in dessen Mitte der prahlerisch emporflammende Türkenbund mit seinen großen geilen Blüten sich frech und gewalttätig breitmachte.

Mir gefiel das ungemein, aber mein Vetter und die Bauersleute sahen es kaum. Denen fängt der Garten erst an, ein wenig Freude zu machen, wenn es dann herbstelt und in den Beeten nur noch letzte Spätrosen, Strohblumen und Astern übrig sind. Jetzt waren sie alle tagtäglich von früh bis spät im Feld und fielen am Abend müde und schwer wie umgeworfene Bleisoldaten in die Betten. Und doch wird in jedem Herbst und in jedem Frühjahr der Garten wieder treulich besorgt und hergerichtet, der nichts einbringt und den sie in seiner schönsten Zeit kaum ansehen.

Seit zwei Wochen stand ein heißer, blauer Himmel über dem Land, am Morgen rein und lachend, am Nachmittag stets von niederen, langsam wachsenden gedrängten Wolkenballen umlagert. Nachts gingen nah und fern Gewitter nieder, aber jeden Morgen, wenn man – noch den Donner im Ohr – erwachte, glänzte die Höhe blau und sonnig herab und war schon wieder ganz von Licht und Hitze durchtränkt. Dann begann ich froh und ohne Hast meine Art von Sommerleben: kurze Gänge auf glühenden und durstig klaffenden Feldwegen durch warm atmende, hohe gilbende Ährenfelder, aus denen Mohn und Kornblumen, Wicken, Kornraden und Winden lachten, sodann lange, stundenlange Rasten im hohen Gras an Waldsäumen, über mir Käfergoldgeflimmer, Bienengesang, windstill ruhendes Gezweige im tiefen Himmel; gegen Abend alsdann ein wohlig träger Heimweg durch Sonnenstaub und rötliches Ackergold, durch eine Luft voll Reife und Müdigkeit und sehnsüchtigem Kuhgebrüll, und am Ende lange, laue Stunden bis Mitternacht, versessen unter Ahorn und Linde allein oder mit irgendeinem Bekannten bei gelbem Wein, ein zufriedenes, lässiges Plaudern in die warme Nacht hinein, bis fern irgendwo das Donnern begann und unter erschrocken aufrauschenden Windschauern erste, langsam und wollüstig aus den Lüften sinkende Tropfen schwer und weich und kaum hörbar in den dicken Staub fielen.

»Nein, so was Faules wie du!« meinte mein lieber Vetter mit ratlosem Kopfschütteln, »daß dir nur keine Glieder abfallen!«

»Sie hängen noch gut«, beruhigte ich. Und ich freute mich daran, wie müde und schweißig und steifgeschafft er war. Ich wußte mich in meinem guten Recht; ein Examen und eine lange Reihe von sauren Monaten lagen hinter mir, in denen ich meine Bequemlichkeit täglich schwer genug gekreuzigt und geopfert hatte.

Vetter Kilian war auch gar nicht so, daß er mir meine Lust nicht gegönnt hätte. Vor meiner Gelehrtheit hatte er tiefen Respekt, sie umgab mich für sein Auge mit einem geheiligten Faltenwurf, und ich warf natürlich die Falten so, daß die mancherlei Löcher nicht gerade obenhin kamen.

Es war mir so wohl wie noch nie. Still und langsam schlenderte ich in Feld und Wiesenland, durch Korn und Heu und hohen Schierling, lag regungslos und atmend wie eine Schlange in der schönen Wärme und genoß die brütend stillen Stunden.

Und dann diese Sommertöne! Diese Töne, bei denen einem wohl und traurig wird und die ich so lieb habe: das unendliche, bis über Mitternacht anhaltende Zikadenläuten, an das man sich völlig verlieren kann wie an den Anblick des Meeres – das satte Rauschen der wogenden Ähren – das beständig auf der Lauer liegende entfernte leise Donnern – abends das Mückengeschwärme und das fernhin rufende, ergreifende Sensendengeln – nachts der schwellende, warme Wind und das leidenschaftliche Stürzen plötzlicher Regengüsse.

Und wie in diesen kurzen, stolzen Wochen alles inbrünstiger blüht und atmet, tiefer lebt und duftet, sehnlicher und inniger lodert! Wie der überreiche Lindenduft in weichen Schwaden ganze Täler füllt, und wie neben den müden, reifenden Kornähren die farbigen Ackerblumen gierig leben und sich brüsten, wie sie verdoppelt glühen und fiebern in der Hast der Augenblicke, bis ihnen viel zu früh die Sichel rauscht!

Ich war vierundzwanzig Jahre alt, fand die Welt und mich selber sehr wohlbeschaffen und betrieb das Leben als eine ergötzliche Liebhaberkunst, vorwiegend nach ästhetischen Gesichtspunkten. Nur das Verliebtsein kam und verlief ganz ohne meine Wahl nach den althergebrachten Regeln. Doch hätte mir das niemand sagen dürfen! Ich hatte mich nach den nötigen Zweifeln und Schwankungen einer das Leben bejahenden Philosophie ergeben und mir nach mehrfachen schweren Erfahrungen, wie mir schien, eine ruhige und sachliche Betrachtung der Dinge erworben. Außerdem hatte ich mein Examen bestanden, ein nettes Taschengeld im Sack und zwei Monate Ferien vor mir liegen.

Es gibt wahrscheinlich in jedem Leben solche Zeiten: weit vor sich sieht man glatte Bahn, kein Hindernis, keine Wolke am Himmel, keine Pfütze im Weg. Da wiegt man sich gar stattlich im Wipfel und glaubt mehr und mehr zu erkennen, daß es eben doch kein Glück und keinen Zufall gibt, sondern daß man das alles und noch eine halbe Zukunft ehrlich verdient und erworben habe, einfach weil man der Kerl dazu war. Und man tut wohl daran, sich dieser Erkenntnis zu freuen, denn auf ihr beruht das Glück der Märchenprinzen ebenso wie das Glück der Spatzen auf dem Mist, und es dauert ja nie zu lange.

Von den zwei schönen Ferienmonaten waren mir erst ein paar Tage durch die Finger geglitten. Bequem und elastisch wie ein heiterer Weiser wandelte ich in den Tälern hin und her, eine Zigarre im Mund, eine Ackerschnalle am Hut, ein Pfund Kirschen und ein gutes Büchlein in der Tasche. Ich tauschte kluge Worte mit den Gutsbesitzern, sprach da und dort den Leuten im Felde freundlich zu, ließ mich zu allen großen und kleinen Festlichkeiten, Zusammenkünften und Schmäusen, Taufen und Bockbierabenden einladen, tat gelegentlich am Spätnachmittag einen Trunk mit dem Pfarrer, ging mit den Fabrikherren und Wasserpächtern zum Forellenangeln, bewegte mich maßvoll fröhlich und schnalzte innerlich mit der Zunge, wenn irgend so ein feister, erfahrener Mann mich ganz wie seinesgleichen behandelte und keine Anspielungen auf meine große Jugend machte. Denn wirklich, ich war nur äußerlich so lächerlich jung. Seit einiger Zeit hatte ich entdeckt, daß ich nun über die Spielereien hinausgekommen und ein Mann geworden sei; mit stiller Wonne ward ich stündlich meiner Reife froh und brauchte gern den Ausdruck, das Leben sei ein Roß, ein flottes, kräftiges Roß, und wie ein Reiter müsse man es behandeln, kühn und auch vorsichtig.

Und da lag die Erde in ihrer Sommerschönheit, die Kornfelder fingen an gelb zu werden, die Luft war noch voll Heugeruch, und das Laub hatte noch lichte, heftige Farben. Die Kinder trugen Brot und Most ins Feld, die Bauern waren eilig und fröhlich, und abends liefen die jungen Mädchen in Reihen über die Gasse, ohne Grund plötzlich hinauslachend und ohne Vereinbarung plötzlich ihre weichmütigen Volkslieder anstimmend. Vom Gipfel meiner jungen Mannesreife herab sah ich freundlich zu, gönnte den Kindern und den Bauern und den Mädchen ihre Lust von Herzen und glaubte das alles wohl zu verstehen.

In der kühlen Waldschlucht des Sattelbachs, der alle paar hundert Schritt eine Mühle treiben muß, lag stattlich und sauber ein Marmorsägewerk: Schuppen, Sägeraum, Stellfalle, Hof, Wohnhaus und Gärtchen, alles einfach, solid und erfreulich aussehend, weder verwittert noch allzu neu. Da wurden Marmorblöcke langsam und tadellos in Platten und Scheiben zersägt, gewaschen und geschliffen, ein stiller und reinlicher Betrieb, an dem jeder Zuschauer seine Lust haben mußte. Fremdartig, aber hübsch und anziehend war es, mitten in dem engen und gewundenen Tale zwischen Tannen und Buchen und schmalen Wiesenbändern den Sägehof daliegen zu sehen, angefüllt mit großen Marmorblöcken, weißen, bläulichgrauen und buntgeäderten, mit fertigen Platten von jeder Größe, mit Marmorabfällen und feinem, glänzendem Marmorstaub. Als ich das erstemal diesen Hof nach einem Neugierbesuch verließ, nahm ich ein kleines, einseitig poliertes Stückchen weißen Marmors in der Tasche mit; das besaß ich jahrelang und hatte es als Briefbeschwerer auf meinem Schreibtisch liegen.

Der Besitzer dieser Marmorschleiferei hieß Lampart und schien mir von den Originalen jener ergiebigen Gegend eines der eigentümlichsten zu sein. Er war früh verwitwet und hatte teils durch sein ungeselliges Leben, teils durch sein eigenartiges Gewerbe, das mit der Umgebung und mit dem Leben der Leute ringsum ohne Berührung blieb, einen besonderen Anstrich bekommen. Er galt für sehr wohlhabend, doch wußte das keiner gewiß, denn es gab weit herum niemand, der irgendein ähnliches Geschäft und einen Einblick in dessen Gang und Ertrag gehabt hätte. Worin seine Besonderheit bestand, hatte ich noch nicht ergründet. Sie war aber da und nötigte einen, mit Herrn Lampart anders als mit andern Leuten umzugehen. Wer zu ihm kam, war willkommen und fand einen freundlichen Empfang, aber daß der Marmorsäger jemand wiederbesuchte, ist nie vorgekommen. Erschien er einmal – es geschah selten – bei einer öffentlichen Feier im Dorf oder zu einer Jagd oder in irgendeiner Kommission, so behandelte man ihn sehr höflich, tastete aber verlegen nach der rechten Begrüßung, denn er kam so ruhig daher und blickte jedem so gleichmütig ernst ins Gesicht wie ein Einsiedler, der aus dem Wald hervorgekommen ist und bald wieder hineingehen wird.

Man fragte ihn, wie die Geschäfte gingen. »Danke, es tut sich«, sagte er, aber er tat keine Gegenfrage. Man erkundigte sich, ob die letzte Überschwemmung oder der letzte Wassermangel ihn geschädigt habe. »Danke, nicht besonders«, sagte er, aber er fuhr nicht fort: »Und bei Ihnen?«

Nach dem Äußeren zu urteilen, war er ein Mann, der viele Sorgen gehabt hat und vielleicht noch hat, der aber gewohnt ist, sie mit niemand zu teilen.

In jenem Sommer war es mir zu einer Gewohnheit geworden, sehr oft beim Marmormüller einzukehren. Oft trat ich nur im Vorüberbummeln für eine Viertelstunde in den Hof und in die kühle dämmerige Schleiferei, wo blanke Stahlbänder taktmäßig auf und nieder stiegen, Sandkörner knirschten und rieselten, schweigsame Männer am Werk standen und unter dem Bretterboden das Wasser plätscherte. Ich schaute den paar Rädern und Riemen zu, setzte mich auf einen Steinblock, drehte mit den Sohlen eine Holzrolle hin und her oder ließ die Marmorkörner und Splitter unter ihnen knirschen, horchte auf das Wasser, steckte eine Zigarre an, genoß eine kleine Weile die Stille und Kühle und lief wieder weg. Den Herrn traf ich dann fast nie. Wenn ich zu ihm wollte, und das wollte ich sehr oft, dann trat ich in das kleine, immer schlummerstille Wohnhaus, kratzte im Gang die Stiefel ab und hustete dazu, bis entweder Herr Lampart oder seine Tochter herunterkam, die Tür einer lichten Wohnstube öffnete und mir einen Stuhl und ein Glas Wein hinstellte.

Da saß ich am schweren Tisch, nippte am Glas, drehte meine Finger umeinander und brauchte immer eine Weile, bis ein Gespräch im Lauf war; denn weder der Hausherr noch die Tochter, die aber sehr selten beide zugleich da waren, machten je den Anfang, und mir schien diesen Leuten gegenüber und in diesem Haus niemals irgendein Thema, das man sonst etwa vornimmt, am Platze zu sein. Nach einer guten halben Stunde, wenn dann längst eine Unterhaltung beieinander war, hatte ich meistens, trotz aller Behutsamkeit, mein Weinglas leer. Ein zweites wurde nicht angeboten, darum bitten mochte ich nicht, vor dem leeren Glase dazusitzen war mir ein wenig peinlich, also stand ich auf, gab die Hand und setzte den Hut auf.

Was die Tochter betrifft, so war mir im Anfang nichts aufgefallen, als daß sie dem Vater so merkwürdig ähnlich war. Sie war so groß gewachsen, aufrecht und dunkelhaarig wie er, sie hatte seine matten schwarzen Augen, seine gerade, klar und scharf geformte Nase, seinen stillen, schönen Mund. Sie hatte auch seinen Gang, soweit ein Weib eines Mannes Gang haben kann, und dieselbe gute und ernste Stimme. Sie streckte einem die Hand mit derselben Geste entgegen wie ihr Vater, wartete ebenso wie er ab, was man zu sagen habe, und sie gab auf gleichgültige Höflichkeitsfragen ebenso sachlich, kurz und ein wenig wie verwundert Antwort.

Sie war von einer Art Schönheit, die man in alemannischen Grenzlanden öfters antrifft und die wesentlich auf einer ebenmäßigen Kraft und Wucht der Erscheinung beruht, auch unzertrennlich ist von großem, hohem Wuchs und bräunlicher Gesichtsfarbe. Ich hatte sie anfänglich wie ein hübsches Bild betrachtet, dann aber fesselte die Sicherheit und Reife des schönen Mädchens mich mehr und mehr. So fing meine Verliebtheit an, und sie wuchs bald zu einer Leidenschaft, die ich bisher noch nicht gekannt hatte. Sie wäre wohl bald sichtbar geworden, wenn nicht die gemessene Art des Mädchens und die ruhig-kühle Luft des ganzen Hauses mich, sobald ich dort war, wie eine leichte Lähmung umfangen und zahm gemacht hätten.

Wenn ich ihr oder ihrem Vater gegenübersaß, kroch mein ganzes Feuer sogleich zu einem scheuen Flämmlein zusammen, das ich vorsichtig verbarg. Die Stube sah auch durchaus nicht einer Bühne ähnlich, auf der junge Liebesritter mit Erfolg sich ins Knie niederlassen, sondern glich mehr einer Stätte der Mäßigung und Ergebung, wo ruhige Kräfte walten und ein ernstes Stück Leben ernst erlebt und ertragen wird. Trotz alledem spürte ich hinter dem stillen Hinleben des Mädchens eine gebändigte Lebensfülle und Erregbarkeit, die nur selten hervorbrach und auch dann nur in einer raschen

Geste oder einem plötzlich aufglühenden Blick, wenn ein Gespräch sie lebhaft mitriß.

Oft genug besann ich mich darüber, wie wohl das eigentliche Wesen des schönen und strengen Mädchens aussehen möge. Sie konnte im Grunde leidenschaftlich sein, oder auch melancholisch, oder auch wirklich gleichmütig. Jedenfalls war das, was man an ihr zu sehen bekam, nicht ganz ihre wahre Natur. Über sie, die so frei zu urteilen und so selbständig zu leben schien, hatte ihr Vater eine unbeschränkte Macht, und ich fühlte, daß ihre wahre innere Natur nicht ungestraft durch den väterlichen Einfluß, wenn auch in Liebe, von früh auf unterdrückt und in andere Formen gezwungen worden war. Wenn ich sie beide beisammen sah, was freilich sehr selten vorkam, glaubte ich diesen vielleicht ungewollt tyrannischen Einfluß mitzufühlen und hatte die unklare Empfindung, es müsse zwischen ihnen einmal einen zähen und tödlichen Kampf geben. Wenn ich aber dachte, daß dies vielleicht einmal um mich geschehen könne, schlug mir das Herz, und ich konnte ein leises Grauen nicht unterdrücken.

Machte meine Freundschaft mit Herrn Lampart keine Fortschritte, so gedieh mein Verkehr mit Gustav Becker, dem Verwalter des Rippacher Hofes, desto erfreulicher. Wir hatten sogar vor kurzem, nach stundenlangen Gesprächen, Brüderschaft getrunken, und ich war nicht wenig stolz darauf, trotz der entschiedenen Mißbilligung meines Vetters. Becker war ein studierter Mann, vielleicht zweiunddreißig alt, und ein gewiegter, schlauer Patron. Von ihm beleidigte es mich nicht, daß er meine schönen Manneswort meistens mit einem ironischen Lächeln anhörte, denn ich sah ihn mit dem gleichen Lächeln viel älteren und würdigeren Leuten aufwarten. Er konnte es sich erlauben, denn er war nicht nur der selbständige Verwalter und vielleicht künftige Käufer des größten Gutes in der Gegend, sondern auch innerlich den meisten Existenzen seiner Umgebung stark überlegen. Man nannte ihn anerkennend einen höllisch gescheiten Kerl, aber sehr lieb hatte man ihn nicht. Ich bildete mir ein, er fühle sich von den Leuten gemieden und gebe sich deshalb so viel mit mir ab.

Freilich brachte er mich oft zur Verzweiflung. Meine Sätze

über das Leben und die Menschen machte er häufig ohne Worte, bloß durch ein grausam ausdrucksvolles Grinsen, mir selber zweifelhaft, und manchmal wagte er es direkt, jede Art von Weltweisheit für etwas Lächerliches zu erklären.

Eines Abends saß ich mit Gustav Becker im Adlergarten bei einem Glas Bier. Wir saßen an einem Tisch gegen die Wiese hin ungestört und ganz allein. Es war so ein trockener, heißer Abend, wo alles voll von goldigem Staub ist, der Lindenduft war fast betäubend, und das Licht schien weder zu- noch abzunehmen.

»Du, du kennst doch den Marmorsäger drüben im Sattelbachtal?« fragte ich meinen Freund.

Er sah nicht vom Pfeifenstopfen auf und nickte nur.

»Ja, sag mal, was ist nun das für ein Mensch?«

Becker lachte und stieß die Pfeifenpatrone in die Westentasche.

»Ein ganz gescheiter Mann ist er«, sagte er dann. »Darum hält er auch immer das Maul. Was geht er dich an?«

»Nichts, ich dachte nur so. Er macht doch einen besonderen Eindruck.«

»Das tun gescheite Leute immer; es gibt nicht so viele.«

»Sonst nichts? Weißt du nichts über ihn?«

»Er hat ein schönes Mädel.«

»Ja. Das mein ich nicht. Warum kommt er nie zu Leuten?«

»Was soll er dort?«

»Ach, einerlei. Ich denke, vielleicht hat er was Besonderes erlebt, oder so.«

»Aha, so was Romantisches? Stille Mühle im Tal? Marmor? Schweigsamer Eremit? Begrabenes Lebensglück? Tut mir leid, aber damit ist's nichts. Er ist ein vorzüglicher Geschäftsmann.«

»Weißt du das?«

»Er hat's hinter den Ohren. Der Mann macht Geld.«

Da mußte er gehen. Es gab noch zu tun. Er zahlte sein Bier und ging direkt über die gemähte Wiese, und als er hinter dem nächsten Bühel schon eine Weile verschwunden war, kam noch ein langer Strich Pfeifenrauch von dorther, denn Becker lief gegen den Wind. Im Stall fingen die Kühe satt und langsam zu brüllen an, auf der Dorfstraße tauchten die ersten Feierabendgestalten auf, und als ich nach einer kleinen Weile um mich schaute, waren die Berge schon blauschwarz, und der Himmel war nimmer rot, sondern grünlichblau und sah aus, als müßte jeden Augenblick der erste Stern herauskommen.

Das kurze Gespräch mit dem Verwalter hatte meinem Denkerstolz einen leisen Tritt versetzt, und da es so ein schöner Abend und doch schon ein Loch in meinem Selbstbewußtsein war, kam meine Liebe zu der Marmormüllerin plötzlich über mich und ließ mich fühlen, daß mit Leidenschaften nicht zu spielen sei. Ich trank noch manche Halbe aus, und als nun wirklich die Sterne herauswaren und als von der Gasse so ein rührendes Volkslied herüberklang, da hatte ich meine Weisheit und meinen Hut auf der Bank liegen lassen, lief langsam in die dunkeln Felder hinein und ließ im Gehen die Tränen laufen, wie sie wollten.

Aber durch die Tränen hindurch sah ich das sommernächtige Land daliegen, die mächtige Flucht der Ackerfelder schwoll am Horizont wie eine starke und weiche Woge in den Himmel, seitwärts schlief atmend der weithin gestreckte Wald, und hinter mir lag fast verschwunden das Dorf, mit wenig Lichtlein und wenigen leisen und fernen Tönen. Himmel, Ackerland, Wald und Dorf samt den vielerlei Wiesendüften und dem vereinzelt noch hörbaren Grillengeläut floß alles ineinander und umgab mich lau und sprach zu mir wie eine schöne, froh und traurig machende Melodie. Nur die Sterne ruhten klar und unbewegt in halbdunkeln Höhen. Ein scheues und doch brennendes Begehren, eine Sehnsucht rang sich in mir auf; ich wußte nicht, war es ein Hindrängen zu neuen, unbekannten Freuden und Schmerzen oder ein Verlangen, rückwärts in die Kinderheimat zu wandern, mich an den väterlichen Gartenzaun zu lehnen, die Stimmen der toten Eltern und das Kläffen unseres toten Hundes noch einmal zu hören und mich auszuweinen.

Ohne es zu wollen, kam ich in den Wald und durch dürres Gezweige und schwüle Finsternis, bis es vor mir plötzlich geräumig und helle ward, und dann stand ich lange zwischen den hohen Tannen über dem engen Sattelbachtal, und drunten lag das Lampartsche Anwesen mit den blassen Marmorhaufen und dem dunkel brausenden schmalen Wehr. Bis ich mich schämte und querfeldein den nächsten Heimweg nahm.

Am nächsten Tage hatte Gustav Becker mein Geheimnis schon heraus.

»Mach doch keine Redensarten«, sagte er, »du bist ja einfach in die Lampart verschossen. Das Unglück ist ja nicht so groß. Du bist in dem Alter, daß dir dergleichen ohne Zweifel noch öfter passieren wird.«

Mein Stolz regte sich schon wieder mächtig.

»Nein, mein Lieber«, sagte ich, »da hast du mich doch unterschätzt. Über so knabenhafte Liebeleien sind wir hinaus. Ich hab mir alles wohl überlegt und finde, ich könnte gar keine bessere Heirat tun.«

»Heiraten?« lachte Becker. »Junge, du bist reizend.«

Da wurde ich ernstlich zornig, lief aber doch nicht fort, sondern ließ mich darauf ein, dem Verwalter meine Gedanken und Pläne in dieser Sache weitläufig zu erzählen.

»Du vergißt eine Hauptsache«, sagte er dann ernsthaft und nachdrücklich. »Die Lamparts sind nichts für dich, das sind Leute von einem schweren Kaliber. Verlieben kann man sich ja in wen man will, aber heiraten darf man nur jemanden, mit dem man nachher auch fertig werden und Tempo einhalten kann.«

Da ich Gesichter schnitt und ihn heftig unterbrechen wollte, lachte er plötzlich wieder und meinte: »Na, dann tummle dich, mein Sohn, und auch viel Glück dazu!«

Von da an sprach ich eine Zeitlang oft mit ihm darüber. Da er selten von der Sommerarbeit abkommen konnte, führten wir fast alle diese Gespräche unterwegs im Felde oder in Stall und Scheuer. Und je mehr ich redete, desto klarer und abgerundeter stand die ganze Sache vor mir.

Nur wenn ich in der Marmorsäge saß, fühlte ich mich bedrückt und merkte wieder, wie weit ich noch vom Ziele war. Das Mädchen war stets von derselben freundlich stillen Art, mit einem Anflug von Männlichkeit, der mir köstlich schien und mich doch schüchtern machte. Zuweilen wollte es mir scheinen, sie sähe mich gern und habe mich heimlich lieb; sie konnte mich je und je so selbstvergessen und prüfend ansehen, wie etwas, woran man Freude hat. Auch ging sie ganz ernsthaft auf meine klugen Reden ein, schien aber im Hintergrund eine unumstößlich andre Meinung zu haben.

Einmal sagte sie: »Für die Frauen oder wenigstens für mich

sieht das Leben doch anders aus. Wir müssen vieles tun und geschehen lassen, was ein Mann anders machen könnte. Wir sind nicht so frei. . .«

Ich sprach davon, daß jedermann sein Schicksal in der Hand habe und sich ein Leben schaffen müsse, das ganz sein Werk sei und ihm gehöre.

»Ein Mann kann das vielleicht«, meinte sie. »Das weiß ich nicht. Aber bei uns ist das anders. Auch wir können etwas aus unserm Leben machen, aber es gilt da mehr, das Notwendige mit Vernunft zu tragen, als eigne Schritte zu tun.«

Und als ich nochmals widersprach und eine hübsche kleine Rede losließ, wurde sie wärmer und sagte fast leidenschaftlich:

»Bleiben Sie bei Ihrem Glauben und lassen Sie mir meinen! Sich das Schönste vom Leben heraussuchen, wenn man die Wahl hat, ist keine so große Kunst. Aber wer hat denn die Wahl? Wenn Sie heute oder morgen unter ein Wagenrad kommen und Arme und Beine verlieren, was fangen Sie dann mit Ihren Luftschlössern an? Dann wären Sie froh, Sie hätten gelernt, mit dem, was über Sie verhängt ist, auszukommen. Aber fangen Sie nur das Glück, ich gönne es Ihnen, fangen Sie's nur!«

Sie war nie so lebhaft gewesen. Dann wurde sie still, lächelte sonderbar und hielt mich nicht, als ich aufstand und für heute Abschied nahm. Ihre Worte beschäftigten mich nun öfters und gingen mir meistens in ganz unpassenden Augenblicken wieder durch den Kopf. Ich hatte im Sinn, mit meinem Freunde auf dem Rippacher Hof darüber zu reden; doch wenn ich Beckers kühle Augen und spottbereit zuckende Lippen ansah, verging mir immer die Lust. Überhaupt kam es allmählich so, daß ich, je mehr meine Gespräche mit Fräulein Lampart persönlicher und merkwürdiger wurden, desto weniger über sie mit dem Verwalter sprach. Auch schien die Sache ihm nimmer wichtig zu sein. Höchstens fragte er hier und da, ob ich auch fleißig ins Marmorwerk laufe, neckte mich ein wenig und ließ es wieder gut sein, wie es in seinem Wesen lag.

Einmal traf ich ihn zu meinem Erstaunen in der Lampartschen Einsiedelei. Er saß, als ich eintrat, in der Wohnstube beim Hausherrn, das übliche Glas Wein vor sich. Als er es leer hatte, war es mir eine Art Genugtuung, zu sehen, daß auch ihm kein zweites angeboten wurde. Er brach bald auf, und da Lampart beschäftigt schien und die Tochter nicht da war, schloß ich mich an.

»Was führt denn dich daher?« fragte ich ihn, als wir auf der Straße waren. »Du scheinst den Lampart ja ganz gut zu kennen.«

»'s geht an.«

»Hast du Geschäfte mit ihm?«

»Geldgeschäfte, ja. Und das Lämmlein ist heute nicht dagewesen, wie? Dein Besuch war so kurz.«

»Ach laß doch!«

Ich war mit dem Mädchen in eine ganz vertrauliche Freundschaftlichkeit gekommen, ohne indessen je mit Wissen etwas von meiner stetig zunehmenden Verliebtheit merken zu lassen. Jetzt nahm sie wider all mein Erwarten plötzlich wieder ein andres Wesen an, das mir fürs erste wieder alle Hoffnung raubte. Scheu war sie eigentlich nicht, aber sie schien einen Weg in das frühere Fremdsein zurück zu suchen und bemühte sich, unsere Unterhaltung an äußere und allgemeine Dinge zu fesseln und den angefangenen herzlichen Verkehr mit mir nicht weiter gedeihen zu lassen.

Ich grübelte nach, lief im Wald herum und kam auf tausend dumme Vermutungen, wurde nun selber noch unsicherer in meinem Benehmen gegen sie und kam in ein kümmerliches Sorgen und Zweifeln hinein, das ein Hohn auf meine ganze Glücksphilosophie war. Mittlerweile war auch mehr als die Hälfte meiner Ferienzeit verstrichen, und ich fing an, die Tage zu zählen und jedem unnütz verbummelten mit Neid und Verzweiflung nachzublicken, als wäre jedesmal gerade der unendlich wichtig und unwiederbringlich.

Zwischenhinein kam ein Tag, an dem ich aufatmend und fast erschrocken alles gewonnen glaubte und einen Augenblick vor dem offenen Tor des Glücksgartens stand. Ich kam bei der Sägerei vorüber und sah Helene im Gärtchen zwischen den hohen Dahlienbüschen stehen. Da ging ich hinein, grüßte und half ihr eine liegende Staude anpfählen und aufbinden. Es war höchstens eine Viertelstunde, daß ich dort blieb. Mein Hereinkommen hatte sie überrascht, sie war viel befangener und scheuer als sonst, und in ihrem Scheusein lag etwas, das ich wie eine deutliche Schrift glaubte lesen zu können. Sie hat mich lieb, fühlte ich durch und durch, und da wurde ich plötzlich sicher und froh, sah auf das große, stattliche Mädchen zärtlich und fast mit Mitleid, wollte ihre Befangenheit schonen und tat, als sähe ich nichts, kam mir auch wie ein Held vor, als ich nach kurzer Zeit ihr die Hand gab und weiterging, ohne nur zurückzusehen. Sie hat mich lieb, empfand ich mit allen Sinnen, und morgen wird alles gut werden.

Es war wieder ein prachtvoller Tag. Über den Sorgen und Aufregungen hatte ich für eine Weile fast den Sinn für die schöne Jahreszeit verloren und war ohne Augen herumgelaufen. Nun war wieder der Wald von Licht durchzittert, der Bach war wieder schwarz, braun und silbern, die Ferne licht und zart, auf den Feldwegen lachten rot und blau die Röcke der Bauernweiber. Ich war so andächtig froh, ich hätte keinen Schmetterling verjagen mögen. Am oberen Waldrande, nach einem heißen Steigen, legte ich mich hin, übersah die fruchtbare Weite bis zum fernen runden Staufen hin, gab mich der Mittagssonne preis und war mit der schönen Welt und mit mir und allem von Herzen zufrieden.

Es war gut, daß ich diesen Tag nach Kräften genoß, verträumte und versang. Abends trank ich sogar im Adlergarten einen Schoppen vom besten alten Roten.

Als ich tags darauf bei den Marmorleuten vorsprach, war dort alles im alten kühlen Zustande. Vor dem Anblick der Wohnstube, der Möbel und der ruhig-ernsten Helene stob meine Sicherheit und mein Siegesmut davon, ich saß da, wie ein armer Reisender auf der Treppe sitzt, und ging nachher davon wie ein nasser Hund, jammervoll nüchtern. Passiert war nichts. Helene war sogar ganz freundlich gewesen. Aber von dem gestrigen Gefühl war nichts mehr da.

An diesem Tage begann die Sache für mich bitter ernst zu werden. Ich hatte eine Ahnung vom Glücke vorausgeschmeckt.

Nun verzehrte mich die Sehnsucht wie ein gieriger Hunger, Schlaf und Seelenruhe waren dahin. Die Welt versank um mich her, und ich blieb abgetrennt in einer Einsamkeit und Stille zurück, in der ich nichts vernahm als das leise und laute Schreien meiner Leidenschaft. Mir hatte geträumt, das große, schöne, ernste Mädchen käme zu mir und lege sich an meine Brust; jetzt streckte ich weinend und fluchend die Arme ins Leere aus und schlich bei Tag und Nacht um die Marmormühle, wo ich kaum mehr einzukehren wagte.

Es half nichts, daß ich mir vom Verwalter Becker ohne Widerspruch die spöttische Predigt einer glaubenslosen Nüchternheit gefallen ließ. Es half nichts, daß ich Stunden auf Stunden durch die Bruthitze über Feld lief oder mich in die kalten Waldbäche legte, bis mir die Zähne klapperten. Es half auch nichts, daß ich am Samstagabend mich an einem Raufhandel im Dorfe beteiligte und den Leib voller Beulen gehauen bekam.

Und die Zeit lief weg wie Wasser. Noch vierzehn Tage Ferien! Noch zwölf Tage! Noch zehn! Zweimal in dieser Zeit ging ich in die Sägerei. Das eine Mal traf ich nur den Vater an, ging mit ihm zur Säge und sah stumpfsinnig zu, wie ein neuer Block eingespannt wurde. Herr Lampart ging in den Vorratsschuppen hinüber, um irgend etwas zu besorgen, und als er nicht gleich wiederkam, lief ich fort und hatte im Sinn, nimmer herzukommen.

Trotzdem stand ich nach zwei Tagen wieder da. Helene empfing mich wie immer, und ich konnte den Blick nicht von ihr lassen. In meiner fahrigen und haltlosen Stimmung kramte ich gedankenlos eine Menge von dummen Witzen, Redensarten und Anekdoten aus, die sie sichtlich ärgerten.

»Warum sind Sie heut so?« fragte sie schließlich und sah mich so schön und offen an, daß mir das Herz zu schlagen begann.

»Wie denn?« fragte ich, und der Teufel wollte, daß ich dabei zu lachen versuchte.

Das mißglückte Lachen gefiel ihr nicht, sie zuckte die Achseln und sah traurig aus. Mir war einen Augenblick, sie habe mich gern gehabt und mir entgegenkommen wollen und sei nun darum betrübt. Eine Minute lang schwieg ich beklommen, da war der Teufel wieder da, daß ich in die vorige Narrenstimmung zurückfiel und wieder ins Geschwätz geriet, von dem jedes Wort mir selber weh tat und das Mädchen ärgern mußte. Und ich war jung und dumm genug, meinen Schmerz und meine widersinnige Narrheit fast wie ein Schauspiel zu genießen und im Bubentrotz die Kluft zwischen mir und ihr wissentlich zu vergrößern, statt mir lieber die Zunge abzubeißen oder Helene ehrlich um Verzeihung zu bitten.

Dann verschluckte ich mich in der Hast am Wein, mußte husten und verließ Stube und Haus elender als jemals.

Nun waren von meiner Ferienzeit nur noch acht Tage übrig.

Es war ein so schöner Sommer, es hatte alles so verheißungsvoll und heiter angefangen. Jetzt war meine Freude dahin – was sollte ich noch mit den acht Tagen anfangen? Ich war entschlossen, schon morgen abzureisen.

Aber vorher mußte ich noch einmal in ihr Haus. Ich mußte noch einmal hingehen, ihre kraftvoll edle Schönheit anschauen und ihr sagen: Ich habe dich lieb, warum hast du mit mir gespielt?

Zunächst ging ich zu Gustav Becker auf den Rippacher Hof, den ich neuerdings etwas vernachlässigt hatte. Er stand in seiner großen, kahlen Stube an einem lächerlich schmalen Stehpult und schrieb Briefe.

»Ich will dir adieu sagen«, sagte ich, »wahrscheinlich geh ich schon morgen fort. Weißt du, es muß jetzt wieder an ein strammes Arbeiten gehen.«

Zu meiner Verwunderung machte der Verwalter gar keine Witze. Er schlug mir auf die Schulter, lächelte fast mitleidig und sagte: »So, so. Ja, dann geh in Gottes Namen, Junge!«

Und als ich schon unter der Tür war, zog er mich noch einmal in die Stube zurück und sagte: »Du, hör mal, du tust mir leid. Aber daß das mit dem Mädel nichts werden würde, hab ich gleich gewußt. Du hast da so je und je deine Weisheitssprüche verzapft – halte dich jetzt dran und bleib im Sattel, wenn dir auch der Schädel brummt!«

Das war vor Mittag.

Den Nachmittag saß ich im Moos am Abhang, steil über der Sattelbachschlucht, und schaute auf den Bach und die Werke und auch auf das Lampartsche Haus hinunter. Ich ließ mir Zeit, Abschied zu nehmen und zu träumen und nachzudenken, namentlich über das, was Becker mir gesagt hatte. Mit Schmerzen sah ich die Schlucht und die paar Dächer unten liegen, den Bach glänzen und die weiße Fahrstraße im leichten Winde stäuben; ich bedachte, daß ich nun für eine lange Zeit nicht hierher zurückkommen würde, während hier Bach und Mühlwerke und Menschen ihren stetigen Lauf weitergingen. Vielleicht wird Helene einmal ihre Resignation und Schicksalsruhe wegwerfen und ihrem inneren Verlangen nach ein kräftiges Glück oder Leid ergreifen und sich daran ersättigen? Vielleicht, wer weiß, wird auch mein eigner Weg noch einmal sich aus Schluchten und Talgewirre hervorwinden und in ein klares, weites Land der Ruhe führen? – Wer weiß?

Ich glaubte nicht daran. Mich hatte zum erstenmal eine echte Leidenschaft in die Arme genommen, und ich wußte keine Macht in mir stark und edel genug, sie zu besiegen.

Es kam mir der Gedanke, lieber abzureisen, ohne noch einmal mit Helene zu sprechen. Das war gewiß das beste. Ich nickte ihrem Haus und Garten zu, beschloß, sie nicht mehr sehen zu wollen, und blieb Abschied nehmend bis gegen den Abend in der Höhe liegen.

Träumerisch ging ich weg, waldabwärts, oft in der Steile strauchelnd, und erwachte erst mit heftigem Erschrecken aus meiner Versunkenheit, als meine Schritte auf den Marmorsplittern des Hofes krachten und ich mich vor der Tür stehen fand, die ich nicht mehr hatte sehen und anrühren wollen. Nun war es zu spät.

Ohne zu wissen, wie ich hereingekommen war, saß ich dann innen in der Dämmerung am Tisch, und Helene saß mir gegenüber, mit dem Rücken gegen das Fenster, schwieg und sah in die Stube hinein. Es kam mir vor, ich sitze schon lange so da und habe schon stundenlang gehockt und geschwiegen. Und indem ich jetzt aufschrak, kam mir plötzlich zum Bewußtsein, es sei das letztemal.

»Ja«, sagte ich, »ich bin nun am Adieusagen. Meine Ferien sind aus.«

»Ach?«

Und wieder war alles still. Man hörte die Arbeiter im Schuppen hantieren, auf der Straße fuhr ein Lastwagen langsam vorbei, und ich horchte ihm nach, bis er um die Biegung war und verklang. Ich hätte gern dem Wagen noch lange, lange nachgelauscht. Nun riß es mich vom Stuhl auf, ich wollte gehen.

Ich trat zum Fenster hinüber. Auch sie stand auf und sah

mich an. Ihr Blick war fest und ernst und wich mir eine ganze lange Weile nicht aus.

»Wissen Sie nimmer«, sagte ich, »damals im Garten?«

»Ja, ich weiß.«

»Helene, damals meinte ich, Sie hätten mich lieb. Und jetzt muß ich gehen.«

Sie nahm meine ausgestreckte Hand und zog mich ans Fenster.

»Lassen Sie sich noch einmal ansehen«, sagte sie und bog mit der linken Hand mein Gesicht in die Höhe. Dann näherte sie ihre Augen den meinen und sah mich seltsam fest und steinern an. Und da mir nun ihr Gesicht so nahe war, konnte ich nicht anders und legte meinen Mund auf ihren. Da schloß sie die Augen und gab mir den Kuß zurück, und ich legte den Arm um sie, zog sie fest an mich und fragte leise: »Schatz, warum erst heut?«

»Nicht reden!« sagte sie. »Geh jetzt fort und komm in einer Stunde wieder. Ich muß drüben nach den Leuten sehen. Der Vater ist heut nicht da.«

Ich ging und schritt davon, talabwärts durch unbekannte, merkwürdige Gegenden, zwischen blendend lichten Wolkenbildern, hörte nur wie im Traume zuweilen den Sattelbach rauschen und dachte an lauter ganz entfernte, wesenlose Dinge – an kleine drollige oder rührende Szenen aus meiner Kleinkinderzeit und dergleichen Geschichten, die aus den Wolken heraus mit halbem Umriß erstanden und, ehe ich sie ganz erkennen konnte, wieder untergingen. Ich sang auch im Gehen ein Lied vor mich hin, aber es war ein gewöhnlicher Gassenhauer. So irrte ich in fremden Räumen, bis eine seltsame, süße Wärme mich wohlig durchdrang und die große, kräftige Gestalt Helenes vor meinen Gedanken stand. Da kam ich zu mir, fand mich weit unten im Tal bei anbrechender Dämmerung und eilte nun schnell und freudig zurück.

Sie wartete schon, ließ mich durch Haustor und Stubentür ein, da setzten wir uns beide auf den Tischrand, hielten unsre Hände ineinander und sprachen kein Wort. Es war lau und dunkel, ein Fenster stand offen, in dessen Höhe über dem Bergwald ein schmaler Strich des blassen Himmels schimmerte, von spitzigen Tannenkronen schwarz durchschnitten.

Wir spielten jedes mit des andern Fingern, und mich überlief bei jedem leichten Druck ein Schauer von Glück.

»Helene!«

»Ja?«

»O du!«

Und unsere Finger tasteten aneinander, bis sie stille wurden und ruhig ineinanderlagen. Ich schaute auf den bleichen Himmelsspalt, und nach einer Zeit, als ich mich umwandte, sah ich auch sie dorthin blicken und sah mitten im Dunkel ein schwaches Licht von dorther in ihren Augen und in zwei großen, unbeweglich an ihren Lidern hängenden Tränen widerglänzen. Die küßte ich langsam hinweg und wunderte mich, wie kühl und salzig sie schmeckten. Da zog sie mich an sich, küßte mich lang und mächtig und stand auf.

»Es ist Zeit. Jetzt mußt du gehen.«

Und als wir unter der Tür standen, küßte sie mich plötzlich noch einmal mit heftiger Leidenschaft, und dann zitterte sie so, daß es auch mich schüttelte, und sagte mit einer kaum mehr hörbaren, erstickenden Stimme:

»Geh, geh! Hörst du, geh jetzt!« Und als ich draußen stand: »Adieu, du! Komm nimmer, komm nicht wieder! Adieu!«

Ehe ich etwas sagen konnte, hatte sie die Tür zugezogen. Mir war bang und unklar ums Herz, doch überwog mein großes Glücksgefühl, das mich auf dem Heimweg wie ein Flügelbrausen umgab. Ich ging mit schallenden Tritten, ohne es doch zu spüren, und daheim tat ich die Kleider ab und legte mich im Hemd ins Fenster.

So eine Nacht möchte ich noch einmal haben. Der laue Wind tat mir wie eine Mutterhand, vor dem hochgelegenen Fensterchen flüsterten und dunkelten die großen, runden Kastanienbäume, ein leichter Felderduft wehte hin und wieder durch die Nacht, und in der Ferne flog das Wetterleuchten golden zitternd über den schweren Himmel. Ein leises fernes Donnern tönte je und je herüber, schwach und von fremdartigem Klang, als ob irgendwo weit weg die Wälder und Berge im Schlafe sich regten und schwere, müde Traumworte lallten. Das alles sah und hörte ich wie ein König von meiner hohen Glücksburg herab, es gehörte mir und war nur da, um meiner tiefen Lust ein schöner Rastort zu sein. Mein Wesen atmete in Wonne auf und verlor sich wie ein Liebesvers hinströmend und doch unerschöpft in die Nachtweite über das schlafende Land, an die ferne leuchtenden Wolken streifend, von jedem aus der Schwärze sich wölbenden Baum und von jedem matten Hügelfirst wie von Liebeshänden berührt. Es ist nichts, um es mit Worten zu sagen, aber es lebt noch unverloren in mir weiter, und ich könnte, wenn es dafür eine Sprache gäbe, jede in die Dunkelheit verlaufende Bodenwelle, jedes Wipfelgeräusch, die Adern der entfernten Blitze und den geheimen Rhythmus des Donners noch genau beschreiben.

Nein, ich kann es nicht beschreiben. Das Schönste und Innerlichste und Köstlichste kann man ja nicht sagen. Aber ich wollte, jene Nacht käme mir noch einmal wieder.

Wenn ich vom Verwalter Becker nicht schon Abschied genommen hätte, wäre ich gewiß am folgenden Morgen zu ihm gegangen. Statt dessen trieb ich mich im Dorf herum und schrieb dann einen langen Brief an Helene. Ich meldete mich auf den Abend an und machte ihr eine Menge Vorschläge, setzte ihr genau und ernsthaft meine Umstände und Aussichten auseinander und fragte, ob sie es für gut halte, daß ich gleich mit ihrem Vater rede, oder ob wir damit noch warten wollten, bis ich der in Aussicht stehenden Anstellung und damit der nächsten Zukunft sicher wäre. Und abends ging ich zu ihr. Der Vater war wieder nicht da; es war seit einigen Tagen einer seiner Lieferanten in der Gegend, der ihn in Anspruch nahm.

Ich küßte meinen schönen Schatz, zog ihn in die Stube und fragte nach meinem Brief. Ja, sie hatte ihn erhalten. Und was sie denn darüber denke? Sie schwieg und sah mich flehentlich an, und da ich in sie drang, legte sie mir die Hand auf den Mund, küßte mich auf die Stirn und stöhnte leise, aber so jammervoll, daß ich mir nicht zu helfen wußte. Auf all mein zärtliches Fragen schüttelte sie nur den Kopf, lächelte dann aus ihrem Schmerz heraus merkwürdig weich und fein, schlang den Arm um mich und saß wieder mit mir, ganz wie gestern, schweigend und hingegeben. Sie lehnte sich fest an mich, legte den Kopf an meine Brust, und ich küßte sie langsam, ohne etwas denken zu können, auf Haar und Stirn und Wange und Nacken, bis mir schwindelte. Ich sprang auf.

»Also soll ich morgen mit deinem Vater reden oder nicht?«

»Nein«, sagte sie, »bitte, nicht.«
»Warum denn? Hast du Angst?«
Sie schüttelte den Kopf.
»Also warum denn?«
»Laß nur, laß! Rede nicht davon. Wir haben noch eine Viertelstunde Zeit.«
Da saßen wir und hielten uns still umfangen, und während sie sich an mich schmiegte und bei jeder Liebkosung den Atem anhielt und schauerte, ging ihre Bedrücktheit und Schwermut auf mich über. Ich wollte mich wehren und redete ihr zu, an mich und an unser Glück zu glauben.
»Ja, ja«, nickte sie, »nicht davon reden! Wir sind ja jetzt glücklich.«
Darauf küßte sie mich mehrmals mit stummer Kraft und Glut und hing dann erschlaffend und müde in meinem Arm. Und als ich gehen mußte, und als sie mir in der Tür mit der Hand übers Haar strich, sagte sie mit halber Stimme: »Adieu, Schatz. Komm morgen nicht! Komm gar nicht wieder, bitte! Du siehst doch, daß es mich unglücklich macht.«
Mit einem quälenden Zwiespalt im Herzen ging ich heim und vergrübelte die halbe Nacht. Warum wollte sie nicht glauben und glücklich sein? Ich mußte an das denken, was sie mir schon vor einigen Wochen einmal gesagt hatte: »Wir Frauen sind nicht so frei wir ihr; man muß tragen lernen, was über einen verhängt ist.« Was war denn über sie verhängt?
Das mußte ich jedenfalls wissen, und darum schickte ich ihr am Vormittag einen Zettel und wartete abends, als das Werk stillstand und die Arbeiter alle gegangen waren, hinter dem Schuppen bei den Marmorblöcken. Sie kam spät und zögernd herüber.
»Warum bist du gekommen? Laß es jetzt genug sein. Der Vater ist drinnen.«
»Nein«, sagte ich, »du mußt mir jetzt sagen, was du auf dem Herzen hast, alles und alles, ich gehe nicht eher weg.«
Helene sah mich ruhig an und war so blaß wie die Steinplatten, vor denen sie stand.
»Quäl mich nicht«, flüsterte sie mühsam. »Ich kann dir nichts sagen, ich will nicht. Ich kann dir nur sagen – reise ab, heut oder morgen, und vergiß das, was jetzt ist. Ich kann nicht dir gehören.«

Sie schien trotz der lauen Juliabendluft zu frieren, so zitterte sie. Schwerlich habe ich je eine ähnliche Qual empfunden wie in diesen Augenblicken. Aber so konnte ich nicht gehen.

»Sag mir jetzt alles«, wiederholte ich, »ich muß es wissen.«

Sie sah mich an, daß mir alles weh tat. Aber ich konnte nicht anders.

»Rede«, sagte ich fast rauh, »sonst geh ich jetzt im Augenblick zu deinem Vater hinüber.«

Sie richtete sich unwillig auf und war in ihrer Blässe bei dem Dämmerlicht von einer traurigen und großartigen Schönheit. Sie sprach ohne Leidenschaft, aber lauter als vorher.

»Also. Ich bin nicht frei, und du kannst mich nicht haben. Es ist schon ein andrer da. Ist das genug?«

»Nein«, sagte ich, »das ist nicht genug. Hast du denn den andern lieb? Lieber als mich?«

»O du!« rief sie heftig. »Nein, nein, ich habe ihn ja nicht lieb. Aber ich bin ihm versprochen, und daran ist nichts zu ändern.«

»Warum nicht? Wenn du ihn nicht magst!«

»Damals wußte ich ja noch nichts von dir. Er gefiel mir; lieb hatte ich ihn nicht, aber es war ein rechter Mann, und ich kannte keinen andern. Da hab ich ja gesagt, und jetzt ist es so und muß so bleiben.«

»Es muß nicht, Helene. So etwas kann man doch zurücknehmen.«

»Ja, schon. Aber es ist nicht um jenen, es ist um den Vater. Dem darf ich nicht untreu werden –«

»Aber ich will mit ihm reden –«

»O du Kindskopf! Verstehst du denn gar nichts –?«

Ich sah sie an. Sie lachte fast.

»Verkauft bin ich, von meinem Vater und mit meinem Willen verkauft, für Geld. Im Winter ist Hochzeit.«

Sie wendete sich ab, ging ein paar Schritte weit und kehrte wieder um.

Und sagte: »Schatz, sei tapfer! Du darfst nicht mehr kommen, du darfst nicht –«

»Und bloß ums Geld?« mußte ich fragen.

Sie zuckte die Achseln.

»Was liegt daran? Mein Vater kann nimmer zurück, er ist so fest angebunden wie ich. Du kennst ihn nicht! Wenn ich ihn im Stich lasse, gibt es ein Unglück. Also sei brav, sei gescheit, du Kind!«

Und dann brach sie plötzlich aus: »Versteh doch, du, und bring mich nicht um! – Jetzt kann ich noch, wie ich will. Aber wenn du mich noch einmal anrührst – ich halte das nimmer aus . . . Ich kann dir keinen Kuß mehr geben, sonst gehen wir alle verloren.«

Einen Augenblick war alles stille, so stille, daß man im Haus drüben den Vater auf und ab gehen hörte.

»Ich kann heute nichts entscheiden«, war meine Antwort. »Willst du mir nicht noch sagen – wer es ist?«

»Der andere? Nein, es ist besser, du weißt es nicht. Oh, komm jetzt nicht wieder – mir zulieb!«

Sie ging ins Haus, und ich sah ihr nach. Ich wollte fortgehen, vergaß es aber und setzte mich auf die kühlen weißen Steine, hörte dem Wasser zu und fühlte nichts als ein Gleiten, Gleiten und Hinwegströmen ohne Ende. Es war, als liefe mein Leben und Helenens Leben und viele ungezählte Schicksale an mir vorbei dahin, schluchtabwärts ins Dunkle, gleichgültig und wortlos wie Wasser. Wie Wasser . . .

Spät und todmüde kam ich nach Haus, schlief und stand am Morgen wieder auf, beschloß, den Koffer zu packen, vergaß es wieder und schlenderte nach dem Frühstück in den Wald. Es wurde kein Gedanke in mir fertig, sie stiegen nur wie Blasen aus einem stillen Wasser in mir auf und platzten und waren nichts mehr, sobald sie sichtbar geworden waren.

Also jetzt ist alles aus, dachte ich hier und da, aber es war kein Bild, keine Vorstellung dabei; es war nur ein Wort, ich konnte dazu aufatmen und mit dem Kopf nicken, war aber so klug wie vorher.

Erst im Verlauf des Nachmittags wachten die Liebe und das Elend in mir auf und drohten mich zu überwältigen. Auch dieser Zustand war kein Boden für gute und klare Gedanken, und statt mich zu zwingen und eine besonnene Stunde abzuwarten, ließ ich mich fortreißen und legte mich in der Nähe des Marmorwerks auf die Lauer, bis ich den Herrn Lampart das Haus verlassen und talaufwärts auf der Landstraße gegen das Dorf hin verschwinden sah.

Da ging ich hinüber.

Als ich eintrat, schrie Helene auf und sah mich tief verwundet an.

»Warum?« stöhnte sie. »Warum noch einmal?«

Ich war ratlos und beschämt und bin mir nie so jämmerlich vorgekommen wie da. Die Tür hatte ich noch in der Hand, aber es ließ mich nicht fort, so ging ich langsam zu ihr hin, die mich mit angstvollen, leidenden Blicken ansah.

»Verzeih, Helene«, sagte ich nun.

Sie nickte vielemal, blickte zu Boden und wieder auf, wiederholte immer: »Warum? O du! O du!« In Gesicht und Gebärden schien sie älter und reifer und mächtiger geworden zu sein, ich erschien mir daneben fast wie ein Knabe.

»Nun, also?« fragte sie schließlich und versuchte zu lächeln.

»Sag mir noch etwas«, bat ich beklommen, »damit ich gehen kann.«

Ihr Gesicht zuckte, ich glaubte, sie würde jetzt in Tränen ausbrechen. Aber da lächelte sie unversehens, ich kann nicht sagen wie weich und aus Qualen heraus, und richtete sich auf und sagte ganz flüsternd: »Komm doch, warum stehst du so steif da!« Und ich tat einen Schritt und nahm sie in die Arme. Wir hielten uns mit allen Kräften umklammert, und während bei mir die Lust sich immer mehr mit Bangigkeit und Schrekken und verhaltenem Schluchzen mischte, wurde sie zusehends heiter, streichelte mich wie ein Kind, nannte mich mit phantastischen Kosenamen, biß mich in die Hand und war erfinderisch in kleinen Liebestorheiten. In mir kämpfte ein tiefes Angstgefühl gegen die treibende Leidenschaft, ich fand keine Worte und hielt Helene an mich gezogen, während sie mich mutwillig und schließlich lachend liebkoste und neckte.

»Sei doch ein bißchen froh, du Eiszapfen!« rief sie mir zu und zog mich am Schnurrbart.

Und ich fragte ängstlich: »Ja, glaubst du jetzt, daß es doch noch gut wird? Wenn du doch nicht mir gehören kannst –«

Sie faßte meinen Kopf mit ihren beiden Händen, sah mir ganz nah ins Gesicht und sagte: »Ja, nun wird alles gut.«

»Dann darf ich hierbleiben und morgen wiederkommen und mit deinem Vater sprechen?«

»Ja, dummer Bub, das darfst du alles. Du darfst sogar im Gehrock kommen, wenn du einen hast. Morgen ist sowieso Sonntag.«

»Jawohl, ich hab einen«, lachte ich und war auf einmal so kindisch froh, daß ich sie mitriß und ein paarmal mit ihr durch das Zimmer walzte. Dann strandeten wir an der Tischecke, ich hob sie auf meinen Schoß, sie legte die Stirn an meine Wange, und ich spielte mit ihrem dunkeln, dicken Haar, bis sie aufsprang und zurücktrat und ihr Haar wieder aufsteckte, mir mit dem Finger drohte und rief: »Jeden Augenblick kann der Vater kommen. Sind wir Kindsköpfe!«

Ich bekam noch einen Kuß und noch einen und aus dem Strauß vom Fenstersims eine Resede an den Hut. Es ging gegen den Abend, und da es Samstag war, fand ich im Adler allerlei Gesellschaft, trank einen Schoppen, schob eine Partie Kegel mit und ging dann zeitig heim. Dort holte ich den Gehrock aus dem Schrank, hängte ihn über die Stuhllehne und betrachtete ihn mit Wohlgefallen. Er war so gut wie neu, seinerzeit zum Examen gekauft und seither fast nie getragen. Das schwarze, glänzende Tuch erweckte lauter feierliche und würdevolle Gedanken in mir. Statt ins Bett zu gehen, setzte ich mich hin und überlegte, was ich morgen Helenens Vater zu sagen hätte. Genau und deutlich stellte ich mir vor, wie ich vor ihn treten würde, bescheiden und doch mit Würde, malte mir seine Einwände, meine Erwiderungen, ja auch seine und meine Gedanken und Gebärden aus. Ich sprach sogar laut, wie ein sich übender Prediger, und machte die nötigen Gesten dazu, und noch als ich schon im Bette lag und nahe am Einschlafen war, deklamierte ich einzelne Sätze aus der mutmaßlichen Unterredung von morgen her.

Dann war es Sonntagmorgen. Ich blieb, um nochmals in Ruhe nachzudenken, im Bett liegen, bis die Kirchenglocken läuteten. Während der Kirchzeit zog ich mein Staatskleid an, mindestens so umständlich und peinlich wie damals vor dem Examen, rasierte mich, trank meine Morgenmilch und hatte Herzklopfen. Unruhig wartete ich, bis der Gottesdienst aus war, und schritt, als kaum das Ausläuten vertönt hatte, langsam und ernsthaft und die staubigen Wegstellen vermeidend, durch den schon heißen, dunstigen Vormittag die Straße zum Sattelbach und talabwärts meinem Ziel entgegen. Trotz meiner Behutsamkeit geriet ich in dem Gehrock und hohen Kragen in ein leises Schwitzen.

Als ich die Marmorsäge erreichte, standen im Weg und auf

dem Hofe zu meinem Erstaunen und Unbehagen einige Leute aus dem Dorf herum, auf irgend etwas wartend und in kleinen Gruppen leise redend, wie etwa bei einer Gant.

Doch mochte ich niemand fragen, was das bedeute, und ging an den Leuten vorbei zur Haustür, verwundert und beklommen wie in einem ängstlich sonderbaren Traume. Eintretend stieß ich in dem Flur auf den Verwalter Becker, den ich kurz und verlegen grüßte. Es war mir peinlich, ihn da zu treffen, da er doch glauben mußte, ich sei längst abgereist. Doch schien er daran nimmer zu denken. Er sah angestrengt und müde aus, auch blaß?

»So, kommst du auch?« sagte er nickend und mit ziemlich bissiger Stimme. »Ich fürchte, Teuerster, du bist heute hier entbehrlich.«

»Herr Lampart ist doch da?« fragte ich dagegen.

»Jawohl, wo soll er sonst sein?«

»Und das Fräulein?«

Er deutete auf die Stubentür.

»Da drinnen?«

Becker nickte und ich wollte eben anklopfen, als die Tür aufging und ein Mann herauskam. Dabei sah ich, daß mehrere Besucher in dem Zimmer herumstanden und daß die Möbel teilweise umgestellt waren.

Jetzt wurde ich stutzig.

»Becker, du, was ist hier geschehen? Was wollen die Leute? Und du, warum bist du hier?«

Der Verwalter drehte sich um und sah mich sonderbar an.

»Weißt du's denn nicht?« fragte er mit veränderter Stimme.

»Was denn? Nein.«

Er stellte sich vor mich hin und sah mir ins Gesicht.

»Dann geh nur wieder heim, Junge«, sagte er leise und fast weich und legte mir die Hand auf den Arm. Mir stieg im Hals ein Würgen auf, eine namenlose Angst flog mir durch alle Glieder.

Und Becker sah mich noch einmal so merkwürdig prüfend an. Dann fragte er leise: »Hast du gestern mit dem Mädchen gesprochen?« Und als ich rot wurde, hustete er gewaltsam, es klang aber wie ein Stöhnen.

»Was ist mit Helene? Wo ist sie?« schrie ich angstvoll heraus.

Becker ging auf und ab und schien mich vergessen zu haben. Ich lehnte am Pfosten des Treppengeländers und fühlte mich von fremden, blutlosen Gestalten beengend und höhnisch umflattert. Nun ging Becker wieder an mir vorbei, sagte: »Komm!« und stieg die Treppe hinauf, bis wo sie eine Biegung machte. Dort setzte er sich auf eine Stufe, und ich setzte mich neben ihn, meinen Gehrock rücksichtslos zerknitternd. Einen Augenblick war es totenstill durchs ganze Haus, dann fing Becker zu sprechen an.

»Nimm dein Herz in die Hand und beiß auf die Zähne, Kleiner. Also die Helene Lampart ist tot, und zwar haben wir sie heut morgen vor der unteren Stellfalle aus dem Bach gezogen. – Sei still, sag nichts! Und nicht umfallen! Du bist nicht der einzige, dem das kein Spaß ist. Probier's jetzt und drück die Männlichkeit durch. Jetzt liegt sie in der Stube dort und sieht wieder schön genug aus, aber wie wir sie herausgeholt haben – das war bös, du, das war bös . . .«

Er hielt inne und schüttelte den Kopf.

»Sei still! Nichts sagen! Später ist zum Reden Zeit genug. Es geht mich näher an als dich. – Oder nein, lassen wir's; ich sag dir das alles dann morgen.«

»Nein«, bat ich, »Becker, sag mir's! Ich muß alles wissen.«

»Nun ja. Kommentar und so weiter steht dir jederzeit zu Diensten. Ich kann jetzt nur sagen, es war gut mit dir gemeint, daß ich dich all die Zeit hier ins Haus laufen ließ. Man weiß ja nie vorher. – Also, ich bin mit der Helene verlobt gewesen. Noch nicht öffentlich, aber –«

Im Augenblick meinte ich, ich müsse aufstehen und dem Verwalter mit aller Kraft ins Gesicht hauen. Er schien es zu merken.

»Nicht so!« sagte er ruhig und sah mich an. »Wie gesagt, zu Erklärungen ist ein andermal Zeit.«

Wir saßen schweigend. Wie eine Gespensterjagd flog die ganze Geschichte zwischen Helene und Becker und mir an mir vorbei, so klar wie schnell. Warum hatte ich das nicht früher erfahren, warum nicht selber gemerkt? Wieviel Möglichkeiten hätte es da noch gegeben! Nur ein Wort, nur eine Ahnung, und ich wäre still meiner Wege gegangen, und sie läge jetzt nicht dort drinnen.

Mein Zorn war schon erstickt. Ich fühlte wohl, daß Becker

die Wahrheit ahnen mußte, und ich begriff, welche Last nun auf ihm lag, da er in seiner Sicherheit mich hatte spielen lassen und nun den größeren Teil der Schuld auf seiner Seele hatte. Jetzt mußte ich noch eine Frage tun.

»Du, Becker – hast du sie lieb gehabt? Ernstlich lieb gehabt?«

Er wollte etwas sagen, aber die Stimme brach ihm ab. Er nickte nur, zweimal, dreimal. Und als ich ihn nicken sah, und als ich sah, wie diesem zähen und harten Menschen die Stimme versagte und wie auf seinem übernächtigten Gesicht die Muskeln so deutlich redend zuckten, da fiel mich das ganze Weh erst an.

Nach einer guten Weile, da ich durch die versiegenden Tränen aufschaute, stand jener vor mir und hielt mir die Hand hingestreckt. Ich nahm sie an und drückte sie, er stieg langsam vor mir her die steile Treppe hinunter und öffnete leise die Tür des Wohnzimmers, in dem Helene lag und das ich mit tiefem Grauen an jenem Morgen zum letztenmal betrat.

(1904)

Aus Kinderzeiten

Der ferne braune Wald hat seit wenigen Tagen einen heiteren Schimmer von jungem Grün; am Lettensteg fand ich heute die erste halberschlossene Primelblüte; am feuchten klaren Himmel träumen die sanften Aprilwolken, und die weiten, kaum gepflügten Äcker sind so glänzend braun und breiten sich der lauen Luft so verlangend entgegen, als hätten sie Sehnsucht, zu empfangen und zu treiben und ihre stummen Kräfte in tausend grünen Keimen und aufstrebenden Halmen zu erproben, zu fühlen und wegzuschenken. Alles wartet, alles bereitet sich vor, alles träumt und sproßt in einem feinen, zärtlich drängenden Werdefieber – der Keim der Sonne, die Wolke dem Acker, das junge Gras den Lüften entgegen. Von Jahr zu Jahr steh ich um diese Zeit mit Ungeduld und Sehnsucht auf der Lauer, als müßte ein besonderer Augenblick mir das Wunder der Neugeburt erschließen, als müsse es geschehen, daß ich einmal, eine Stunde lang, die Offenbarung der Kraft und der Schönheit ganz sähe und begriffe und miterlebte, wie das Leben lachend aus der Erde springt und junge große Augen zum Lichte aufschlägt. Jahr für Jahr auch tönt und duftet das Wunder an mir vorbei, geliebt und angebetet – und unverstanden; es ist da, und ich sah es nicht kommen, ich sah nicht die Hülle des Keimes brechen und den ersten zarten Quell im Lichte zittern. Blumen stehen plötzlich allerorten, Bäume glänzen mit lichtem Laube oder mit schaumig weißer Blust, und Vögel werfen sich jubelnd in schönen Bogen durch die warme Bläue. Das Wunder ist erfüllt, ob ich es auch nicht gesehen habe, Wälder wölben sich, und ferne Gipfel rufen, und es ist Zeit, Stiefel und Tasche, Angelstock und Ruderzeug zu rüsten und sich mit allen Sinnen des jungen Jahres zu freuen, das jedesmal schöner ist, als es jemals war, und das jedesmal eiliger zu schreiten scheint. – Wie lang, wie unerschöpflich lang ist ein Frühling vorzeiten gewesen, als ich noch ein Knabe war!

Und wenn die Stunde es gönnt und mein Herz guter Dinge ist, leg ich mich lang ins feuchte Gras oder klettere den nächsten tüchtigen Stamm hinan, wiege mich im Geäste, rieche den Knospenduft und das frische Harz, sehe Zweigenetz und Grün und Blau sich über mir verwirren und trete traumwandelnd als ein stiller Gast in den seligen Garten meiner Knabenzeit. Das gelingt so selten und ist so köstlich, einmal wieder sich dort hinüberzuschwingen und die klare Morgenluft der ersten Jugend zu atmen und noch einmal, für Augenblicke, die Welt so zu sehen, wie sie aus Gottes Händen kam und wie wir alle sie in Kinderzeiten gesehen haben, da in uns selber das Wunder der Kraft und der Schönheit sich entfaltete.

Da stiegen die Bäume so freudig und trotzig in die Lüfte, da sproß im Garten Narziß und Hyazinth so glanzvoll schön; und die Menschen, die wir noch so wenig kannten, begegneten uns zart und gütig, weil sie auf unserer glatten Stirn noch den Hauch des Göttlichen fühlten, von dem wir nichts wußten und das uns ungewollt und ungewußt im Drang des Wachsens abhanden kam. Was war ich für ein wilder und ungebändigter Bub, wieviel Sorgen hat der Vater von klein auf um mich gehabt und wieviel Angst und Seufzer die Mutter! – und doch lag auch auf meiner Stirne Gottes Glanz, und was ich ansah, war schön und lebendig, und in meinen Gedanken und Träumen, auch wenn sie gar nicht frommer Art waren, gingen Engel und Wunder und Märchen geschwisterlich aus und ein.

Mir ist aus Kinderzeiten her mit dem Geruch des frischgepflügten Ackerlandes und mit dem keimenden Grün der Wälder eine Erinnerung verknüpft, die mich in jedem Frühling heimsucht und mich nötigt, jene halbvergessene und unbegriffene Zeit für Stunden wieder zu leben. Auch jetzt denke ich daran und will versuchen, wenn es möglich ist, davon zu erzählen.

In unserer Schlafkammer waren die Läden zu, und ich lag im Dunkel halbwach, hörte meinen kleinen Bruder neben mir in festen, gleichen Zügen atmen und wunderte mich wieder darüber, daß ich bei geschlossenen Augen statt des schwarzen Dunkels lauter Farben sah, violette und trübdunkelrote Kreise, die beständig weiter wurden und in die Finsternis zerflossen und beständig von innen her quellend sich erneuerten, jeder von einem dünnen gelben Streifen umrändert.

Auch horchte ich auf den Wind, der von den Bergen her in lauen, lässigen Stößen kam und weich in den großen Pappeln wühlte und sich zuzeiten schwer gegen das ächzende Dach lehnte. Es tat mir wieder so leid, daß Kinder nachts nicht aufbleiben und hinausgehen oder wenigstens am Fenster sein dürfen, und ich dachte an eine Nacht, in der die Mutter vergessen hatte, die Läden zu schließen.

Da war ich mitten in der Nacht aufgewacht und leise aufgestanden und mit Zagen ans Fenster gegangen, und vor dem Fenster war es seltsam hell, gar nicht schwarz und todesfinster, wie ich mir vorgestellt hatte. Es sah alles dumpf und verwischt und traurig aus, große Wolken stöhnten über den ganzen Himmel und die bläulich-schwarzen Berge schienen mitzufluten, als hätten sie alle Angst und strebten davon, um einem nahenden Unglück zu entrinnen. Die Pappeln schliefen und sahen ganz matt aus wie etwas Totes oder Erloschenes, auf dem Hof aber stand wie sonst die Bank und der Brunnentrog und der junge Kastanienbaum, auch sie ein wenig müd und trüb. Ich wußte nicht, ob es kurz oder lang war, daß ich im Fenster saß und in die bleiche verwandelte Welt hinüberschaute; da fing in der Nähe ein Tier zu klagen an, ängstlich und weinerlich. Es konnte ein Hund oder auch ein Schaf oder Kalb sein, das erwacht war und im Dunkeln Angst verspürte. Sie faßte auch mich, und ich floh in meine Kammer und in mein Bett zurück, ungewiß, ob ich weinen sollte oder nicht. Aber ehe ich dazu kam, war ich eingeschlafen.

Das alles lag jetzt wieder rätselhaft und lauernd draußen, hinter den verschlossenen Läden, und es wäre so schön und gefährlich gewesen, wieder hinauszusehen. Ich stellte mir die trüben Bäume wieder vor, das müde, ungewisse Licht, den verstummten Hof, die samt den Wolken fortfliehenden Berge, die fahlen Streifen am Himmel und die bleiche, undeutlich in die graue Weite verschimmernde Landstraße. Da schlich nun, in einen großen, schwarzen Mantel verhüllt, ein Dieb, oder ein Mörder, oder war jemand verirrt und lief dort hin und her, von der Nacht geängstigt und von Tieren verfolgt. Es war vielleicht ein Knabe, so alt wie ich, der verlorengegangen oder fortgelaufen oder geraubt worden oder ohne Eltern war, und wenn er auch Mut hatte, so konnte doch der nächste Nachtgeist ihn umbringen oder der Wolf ihn holen. Vielleicht nahmen ihn auch die Räuber mit in den Wald, und er wurde selber ein Räuber, bekam ein Schwert oder eine zweiläufige Pistole, einen großen Hut und hohe Reiterstiefel.

Von hier war es nur noch ein Schritt, ein willenloses Sichfallenlassen, und ich stand im Träumeland und konnte alles mit Augen sehen und mit Händen anfassen, was jetzt noch Erinnerung und Gedanke und Phantasie war.

Ich schlief aber nicht ein, denn in diesem Augenblick floß durch das Schlüsselloch der Kammertür, aus der Schlafstube der Eltern her, ein dünner, roter Lichtstrom zu mir herein, füllte die Dunkelheit mit einer schwachen zitternden Ahnung von Licht und malte auf die plötzlich matt aufschimmernde Tür des Kleiderkastens einen gelben, zackigen Fleck. Ich wußte, daß jetzt der Vater ins Bett ging. Sachte hörte ich ihn in Strümpfen herumlaufen, und gleich darauf vernahm ich auch seine gedämpfte tiefe Stimme. Er sprach noch ein wenig mit der Mutter.

»Schlafen die Kinder?« hörte ich ihn fragen.

»Ja, schon lang«, sagte die Mutter, und ich schämte mich, daß ich nun doch wach war. Dann war es eine Weile still, aber das Licht brannte fort. Die Zeit wurde mir lang, und der Schlummer wollte mir schon bis in die Augen steigen, da fing die Mutter noch einmal an.

»Hast auch nach dem Brosi gefragt?«

»Ich hab ihn selber besucht«, sagte der Vater. »Am Abend bin ich dort gewesen. Der kann einem leid tun.«

»Geht's denn so schlecht?«

»Ganz schlecht. Du wirst sehen, wenn's Frühjahr kommt, wird es ihn wegnehmen. Er hat schon den Tod im Gesicht.«

»Was denkst du«, sagt die Mutter, »soll ich den Buben einmal hinschicken? Es könnt vielleicht gut tun.«

»Wie du willst«, meinte der Vater, »aber nötig ist's nicht. Was versteht so ein klein Kind davon?«

»Also gut Nacht.«

»Ja, gut Nacht.«

Das Licht ging aus, die Luft hörte auf zu zittern, Boden und Kastentür waren wieder dunkel, und wenn ich die Augen zumachte, konnte ich wieder violette und dunkelrote Ringe mit einem gelben Rand wogen und wachsen sehen.

Aber während die Eltern einschliefen und alles stille war, arbeitete meine plötzlich erregte Seele mächtig in die Nacht hinein. Das halbverstandene Gespräch war in sie gefallen wie eine Frucht in den Teich, und nun liefen schnellwachsende Kreise eilig und ängstlich über sie hinweg und machten sie vor banger Neugierde zittern.

Der Brosi, von dem die Eltern gesprochen hatten, war fast aus meinem Gesichtskreis verloren gewesen, höchstens war er noch eine matte, beinahe schon verglühte Erinnerung. Nun rang er sich, dessen Namen ich kaum mehr gewußt hatte, langsam kämpfend empor und wurde wieder zu einem lebendigen Bilde. Zuerst wußte ich nur, daß ich diesen Namen früher einmal oft gehört und selber gerufen habe. Dann fiel ein Herbsttag mir ein, an dem ich von jemand Äpfel geschenkt bekommen hatte. Da erinnerte ich mich, daß das Brosis Vater gewesen sei, und da wußte ich plötzlich alles wieder.

Ich sah also einen hübschen Knaben, ein Jahr älter, aber nicht größer als ich, der hieß Brosi. Vielleicht vor einem Jahre war sein Vater unser Nachbar und der Bub mein Kamerad geworden; doch reichte mein Gedächtnis nimmer dahin zurück. Ich sah ihn wieder deutlich: er trug eine gestrickte blaue Wollenkappe mit zwei merkwürdigen Hörnern, und er hatte immer Äpfel oder Schnitzbrot im Sack, und er hatte gewöhnlich einen Einfall und ein Spiel und einen Vorschlag parat, wenn es anfangen wollte, langweilig zu werden. Er trug eine Weste, auch werktags, worum ich ihn sehr beneidete, und früher hatte ich ihm fast gar keine Kraft zugetraut, aber da hieb er einmal den Schmiedsbarzle vom Dorf, der ihn wegen seiner Hörnerkappe verhöhnte (und die Kappe war von seiner Mutter gestrickt), jämmerlich durch, und dann hatte ich eine Zeitlang Angst vor ihm. Er besaß einen zahmen Raben, der hatte aber im Herbst zu viel junge Kartoffeln ins Futter bekommen und war gestorben, und wir hatten ihn begraben. Der Sarg war eine Schachtel, aber sie war zu klein, und der Deckel ging nimmer drüber, und ich hielt eine Grabrede wie ein Pfarrer, und als der Brosi dabei anfing zu weinen, mußte mein kleiner Bruder lachen; da schlug ihn der Brosi, da schlug ich ihn wieder, der Kleine heulte, und wir liefen auseinander, und nachher kam Brosis Mutter zu uns herüber und sagte, es täte ihm leid, und wenn wir morgen nachmittag zu ihr kommen wollten, so gäbe es Kaffee und Hefenkranz, er sei schon im Ofen. Und bei dem Kaffee erzählte der Brosi uns eine Geschichte, die fing mittendrin immer wieder von vorne an, und obwohl ich die Geschichte nie behalten konnte, mußte ich doch lachen, sooft ich daran dachte.

Das war aber nur der Anfang. Es fielen mir zu gleicher Zeit tausend Erlebnisse ein, alle aus dem Sommer und Herbst, wo Brosi mein Kamerad gewesen war, und alle hatte ich in den paar Monaten, seit er nimmer kam, so gut wie vergessen. Nun drangen sie von allen Seiten her, wie Vögel, wenn man im Winter Körner wirft, alle zugleich, ein ganzes Gewölk.

Es fiel mir der glänzende Herbsttag wieder ein, an dem des Dachtelbauers Turmfalk aus der Remise durchgegangen war. Der beschnittene Flügel war ihm gewachsen, das messingene Fußkettlein hatte er durchgerieben und den engen finsteren Schuppen verlassen. Jetzt saß er dem Haus gegenüber ruhig auf einem Apfelbaum, und wohl ein Dutzend Leute stand auf der Straße davor, schaute hinauf und redete und machte Vorschläge. Da war uns Buben sonderbar beklommen zumute, dem Brosi und mir, wie wir mit allen anderen Leuten dastanden und den Vogel anschauten, der still im Baume saß und scharf und kühn herabäugte. »Der kommt nicht wieder«, rief einer. Aber der Knecht Gottlob sagte: »Fliegen wann er noch könnt, dann wär er schon lang über Berg und Tal.« Der Falk probierte, ohne den Ast mit den Krallen loszulassen, mehrmals seine großen Flügel; wir waren schrecklich aufgeregt, und ich wußte selber nicht, was mich mehr freuen würde, wenn man ihn finge oder wenn er davonkäme. Schließlich wurde vom Gottlob eine Leiter angelegt, der Dachtelbauer stieg selber hinauf und streckte die Hand nach seinem Falken aus. Da ließ der Vogel den Ast fahren und fing an, stark mit den Flügeln zu flattern. Da schlug uns Knaben das Herz so laut, daß wir kaum atmen konnten; wir starrten bezaubert auf den schönen, flügelschlagenden Vogel, und dann kam der herrliche Augenblick, daß der Falke ein paar große Stöße tat, und wie er sah, daß er noch fliegen konnte, stieg er langsam und stolz in großen Kreisen höher und höher in die Luft, bis er so klein wie eine Feldlerche war und still im flimmernden Himmel verschwand. Wir aber, als die Leute schon lang verlaufen waren, standen noch immer da, hatten die Köpfe nach oben gestreckt und suchten den ganzen Himmel ab, und da tat der Brosi plötzlich einen hohen Freudensatz in die Luft und schrie dem Vogel nach: »Flieg du, flieg du, jetzt bist du wieder frei.«

Auch an den Karrenschuppen des Nachbars mußte ich denken. In dem hockten wir, wenn es so recht herunterregnete, im Halbdunkel beisammengekauert, hörten dem Klingen und Tosen des Platzregens zu und betrachteten den Hofboden, wo Bäche, Ströme und Seen entstanden und sich ergossen und durchkreuzten und veränderten. Und einmal, als wir so hockten und lauschten, fing der Brosi an und sagte: »Du, jetzt kommt die Sündflut, was machen wir jetzt? Also alle Dörfer sind schon ertrunken, das Wasser geht jetzt schon bis an den Wald.« Da dachten wir uns alles aus, spähten im Hof umher, horchten auf den schüttenden Regen und vernahmen darin das Brausen ferner Wogen und Meeresströmungen. Ich sagte, wir müßten ein Floß aus vier oder fünf Balken machen, das würde uns zwei schon tragen. Da schrie mich der Brosi aber an: »So, und dein Vater und die Mutter, und mein Vater und meine Mutter, und die Katz und dein Kleiner? Die nimmst nicht mit?« Daran hatte ich in der Aufregung und Gefahr freilich nicht gedacht, und ich log zur Entschuldigung: »Ja, ich hab mir gedacht, die seien alle schon untergegangen.« Er aber wurde nachdenklich und traurig, weil er sich das deutlich vorstellte, und dann sagte er: »Wir spielen jetzt was anderes.«

Und damals, als sein armer Rabe noch am Leben war und überall herumhüpfte, hatten wir ihn einmal in unser Gartenhaus mitgenommen, wo er auf den Querbalken gesetzt wurde und hin und her lief, weil er nicht herunterkonnte. Ich streckte ihm den Zeigefinger hin und sagte im Spaß: »Da, Jakob, beiß!« Da hackte er mich in den Finger. Es tat nicht besonders weh, aber ich war zornig geworden und schlug nach ihm und wollte ihn strafen. Der Brosi packte mich aber um den Leib und hielt mich fest, bis der Vogel, der in der

Angst vom Balken heruntergeflügelt war, sich hinausgerettet hatte. »Laß mich los«, schrie ich, »er hat mich gebissen«, und rang mit ihm.

»Du hast selber zu ihm gesagt: Jakob beiß!« rief der Brosi und erklärte mir deutlich, der Vogel sei ganz in seinem Recht gewesen. Ich war ärgerlich über seine Schulmeisterei, sagte »meinetwegen« und beschloß aber im stillen, mich ein anderes Mal an dem Raben zu rächen.

Nachher, als Brosi schon aus dem Garten und halbwegs daheim war, rief er mir noch einmal und kehrte um, und ich wartete auf ihn. Er kam her und sagte: »Du, gelt, du versprichst mir ganz gewiß, daß du dem Jakob nichts mehr tust?« Und als ich keine Antwort gab und trotzig war, versprach er mir zwei große Äpfel, und ich nahm an, und dann ging er heim.

Gleich darauf wurden auf dem Baum in seines Vaters Garten die ersten Jakobiäpfel reif; da gab er mir die versprochenen zwei Äpfel, von den schönsten und größten. Ich schämte mich jetzt und wollte sie nicht gleich annehmen, bis er sagte: »Nimm doch, es ist ja nicht mehr wegen dem Jakob; ich hätt sie dir auch so gegeben, und dein Kleiner kriegt auch einen.« Dann nahm ich sie.

Aber einmal waren wir den ganzen Nachmittag auf dem Wiesenland herumgesprungen und dann in den Wald hineingegangen, wo unter dem Gebüsche weiches Moos wuchs. Wir waren müd und setzten uns auf den Boden. Ein paar Fliegen sumsten über einem Pilz, und allerlei Vögel flogen; von denen kannten wir einige, die meisten aber nicht; auch hörten wir einen Specht fleißig klopfen, und es wurde uns ganz wohl und froh zumute, so daß wir fast gar nichts zueinander sagten, und nur wenn einer etwas Besonderes entdeckt hatte, deutete er dorthin und zeigte es dem andern. In dem überwölbten grünen Raume floß ein grünes mildes Licht, während der Waldgrund in die Weite sich in ahnungsvolle braune Dämmerung verlor. Was sich dort hinten regte, Blättergeräusch und Vogelschlag, das kam aus verzauberten Märchengründen her, klang mit geheimnisvoll fremdem Ton und konnte viel bedeuten.

Weil es dem Brosi zu warm vom Laufen war, zog er seine Jacke aus und dann auch noch die Weste und legte sich ganz ins Moos hin. Da kam es, daß er sich umdrehte, und sein Hemd ging am Halse auf, und ich erschrak mächtig, denn ich sah über seine weiße Schulter eine lange rote Narbe hinlaufen. Gleich wollte ich ihn ausfragen, wo denn die Narbe herkäme, und freute mich schon auf eine rechte Unglücksgeschichte; aber wer weiß, wie es kam, ich mochte auf einmal doch nicht fragen und tat so, als hätte ich gar nichts gesehen. Jedoch zugleich tat mir Brosi mit seiner großen Narbe furchtbar leid, sie hatte sicher schrecklich geblutet und weh getan, und ich faßte in diesem Augenblick eine viel stärkere Zärtlichkeit zu ihm als früher, konnte aber nichts sagen. Also gingen wir später miteinander aus dem Wald und kamen heim, dann holte ich in der Stube meine beste Kugelbüchse aus einem dicken Holderstamm, die hatte mir der Knecht einmal gemacht, und ging wieder hinunter und schenkte sie dem Brosi. Er meinte zuerst, es sei ein Spaß, dann aber wollte er sie nicht nehmen und legte sogar die Hände auf den Rücken, und ich mußte ihm die Büchse in die Tasche stecken.

Und eine Geschichte um die andere, alle kamen sie mir wieder. Auch die vom Tannenwald, der stand auf der anderen Seite vom Bach, und einmal war ich mit meinem Kameraden hinübergegangen, weil wir gern die Rehe gesehen hätten. Wir traten in den weiten Raum, auf den glatten braunen Boden zwischen den himmelhohen geraden Stämmen, aber so weit wir liefen, wir fanden kein einziges Reh. Dafür sahen wir eine Menge große Felsenstücke zwischen den bloßen Tannenwurzeln liegen, und fast alle diese Steine hatten Stellen, wo ein schmales Büschelchen helles Moos auf ihnen wuchs, wie kleine grüne Male. Ich wollte so ein Moosplätzchen abschälen, es war nicht viel größer als eine Hand. Aber der Brosi sagte schnell: »Nein, laß es dran!« Ich fragte warum, und er erklärte mir: »Das ist, wenn ein Engel durch den Wald geht, dann sind das seine Tritte; überall wo er hintritt, wächst gleich so ein Moosplatz in den Stein.« Nun vergaßen wir die Rehe und warteten, ob vielleicht gerade ein Engel käme. Wir blieben stehen und paßten auf; im ganzen Wald war eine Todesstille, und auf dem braunen Boden fackelten helle Sonnenflecken, in der Ferne gingen die senkrechten Stämme wie eine hohe rote Säulenwand zusammen, in der Höhe stand hinter den dichten schwarzen Kronen der blaue Himmel. Ein ganz schwaches kühles Wehen lief unhörbar hin und wieder vorüber. Da wurden wir beide bang und feierlich, weil es so ruhig und einsam war und weil vielleicht bald ein Engel kam, und wir gingen nach einer Weile ganz still und schnell miteinander weg, an den vielen Steinen und Stämmen vorbei und aus dem Wald hinaus. Als wir wieder auf der Wiese und über dem Bach waren, sahen wir noch eine Zeitlang hinüber, dann liefen wir schnell nach Haus.

Später hatte ich noch einmal mit dem Brosi Streit, dann versöhnten wir uns wieder. Es ging schon gegen den Winter hin, da hieß es, der Brosi sei krank und ob ich nicht zu ihm gehen wollte. Ich ging auch ein- oder zweimal, da lag er im Bett und sagte fast gar nichts, und es war mir bang und langweilig, obgleich seine Mutter mir eine halbe Orange schenkte. Und dann kam nichts mehr; ich spielte mit meinem Bruder und mit dem Löhnersnikel oder mit den Mädchen, und so ging eine lange, lange Zeit vorbei. Es fiel Schnee und schmolz wieder und fiel noch einmal; der Bach fror zu, ging wieder auf und war braun und weiß und machte eine Überschwemmung und brachte vom Obertal eine ertrunkene Sau und eine Menge Holz mit; es wurden kleine Hühner geboren, und drei davon starben; mein Brüderlein wurde krank und wurde wieder gesund; es war in den Scheuern gedroschen und in den Stuben gesponnen worden, und jetzt wurden die Felder wieder gepflügt, alles ohne den Brosi. So war er ferner und ferner geworden und am Ende verschwunden und von mir vergessen worden – bis jetzt, bis auf diese Nacht, wo das rote Licht durchs Schlüsselloch floß und ich den Vater zur Mutter sagen hörte: »Wenn's Frühjahr kommt, wird's ihn wegnehmen.«

Unter vielen sich verwirrenden Erinnerungen und Gefühlen schlief ich ein, und vielleicht wäre schon am nächsten Tage im Drang des Erlebens das kaum erwachte Gedächtnis an den entschwundenen Spielgefährten wieder untergesunken und wäre dann vielleicht nie mehr in der gleichen, frischen Schönheit und Stärke zurückgekommen. Aber gleich beim Frühstück fragte mich die Mutter: »Denkst du auch noch einmal an den Brosi, der immer mit euch gespielt hat?«

Da rief ich »ja«, und sie fuhr fort mit ihrer guten Stimme: »Im Frühjahr, weißt du, wäret ihr beide miteinander in die Schule gekommen. Aber jetzt ist er so krank, daß es vielleicht nichts damit sein wird. Willst du einmal zu ihm gehen?«

Sie sagte das so ernsthaft, und ich dachte an das, was ich in der Nacht den Vater hatte sagen hören, und ich fühlte ein Grauen, aber zugleich eine angstvolle Neugierde. Der Brosi sollte, nach des Vaters Worten, den Tod im Gesicht haben, und das schien mir unsäglich grauenhaft und wunderbar.

Ich sagte wieder »ja«, und die Mutter schärfte mir ein: »Denk dran, daß er so krank ist! Du kannst jetzt nicht mit ihm spielen und darfst kein Lärmen vollführen.«

Ich versprach alles und bemühte mich schon jetzt, ganz still und bescheiden zu sein, und noch am gleichen Morgen ging ich hinüber. Vor dem Hause, das ruhig und ein wenig feierlich hinter seinen beiden kahlen Kastanienbäumen im kühlen Vormittagslichte lag, blieb ich stehen und wartete eine Weile, horchte in den Flur hinein und bekam fast Lust, wieder heimzulaufen. Da faßte ich mir ein Herz, stieg schnell die drei roten Steinstufen hinauf und durch die offenstehende Türhälfte, sah mich im Gehen um und klopfte an die nächste Tür. Des Brosi Mutter war eine kleine, flinke und sanfte Frau, die kam heraus und hob mich auf und gab mir einen Kuß, und dann fragte sie: »Hast du zum Brosi kommen wollen?«

Es ging nicht lang, so stand sie im oberen Stockwerk vor einer weißen Kammertür und hielt mich an der Hand. Auf diese ihre Hand, die mich zu den dunkel vermuteten grauenhaften Wunderdingen führen sollte, sah ich nicht anders als auf die eines Engels oder eines Zauberers. Das Herz schlug mir geängstigt und ungestüm wie ein Warner, und ich zögerte nach Kräften und strebte zurück, so daß die Frau mich fast in die Stube ziehen mußte. Es war eine große, helle und behaglich nette Kammer; ich stand verlegen und grausend an der Tür und schaute auf das lichte Bett hin, bis die Frau mich hinzuführte. Da drehte der Brosi sich zu uns herum.

Und ich blickte aufmerksam in sein Gesicht, das war schmal und spitzig, aber den Tod konnte ich nicht darin sehen, sondern nur ein feines Licht, und in den Augen etwas

Ungewohntes, gütig Ernstes und Geduldiges, bei dessen Anblick mir ähnlich ums Herz ward wie bei jenem Stehen und Lauschen im schweigenden Tannenwald, da ich in banger Neugierde den Atem anhielt und Engelsschritte in meiner Nähe vorbeigehen spürte.

Der Brosi nickte und streckte mir eine Hand hin, die heiß und trocken und abgezehrt war. Seine Mutter streichelte ihn, nickte mir zu und ging wieder aus der Stube; so stand ich allein an seinem kleinen hohen Bett und sah ihn an, und eine Zeitlang sagten wir beide kein Wort.

»So, bist du's denn noch?« sagte dann der Brosi.

Und ich: »Ja, und du auch noch?«

Und er: »Hat dich deine Mutter geschickt?«

Ich nickte.

Er war müde und ließ jetzt den Kopf wieder auf das Kissen fallen. Ich wußte gar nichts zu sagen, nagte an meiner Mützentroddel und sah ihn nur immer an und er mich, bis er lächelte und zum Scherz die Augen schloß.

Da schob er sich ein wenig auf die Seite, und wie er es tat, sah ich plötzlich unter den Hemdknöpfen durch den Ritz etwas Rotes schimmern, das war die große Narbe auf seiner Schulter, und als ich die gesehen hatte, mußte ich auf einmal heulen.

»Ja, was hast du denn?« fragte er gleich.

Ich konnte keine Antwort geben, weinte weiter und wischte mir die Backen mit der rauhen Mütze ab, bis es weh tat.

»Sag's doch. Warum weinst du?«

»Bloß weil du so krank bist«, sagte ich jetzt. Aber das war nicht die eigentliche Ursache. Es war nur eine Woge von heftiger und mitleidiger Zärtlichkeit, wie ich sie schon früher einmal gespürt hatte, die quoll plötzlich in mir auf und konnte sich nicht anders Luft machen.

»Das ist nicht so schlimm«, sagte der Brosi.

»Wirst du bald wieder gesund?«

»Ja, vielleicht.«

»Wann denn?«

»Ich weiß nicht. Es dauert lang.«

Nach einer Zeit merkte ich auf einmal, daß er eingeschlafen war. Ich wartete noch eine Weile, dann ging ich hinaus, die Stiege hinunter und wieder heim, wo ich sehr froh war, daß die Mutter mich nicht ausfragte. Sie hatte wohl gesehen, daß ich verändert war und etwas erlebt hatte, und sie strich mir nur übers Haar und nickte, ohne etwas zu sagen.

Trotzdem kann es wohl sein, daß ich an jenem Tage noch sehr ausgelassen, wild und ungattig war, sei es, daß ich mit meinem kleinen Bruder händelte oder daß ich die Magd am Herd ärgerte oder im nassen Feld strolchte und besonders schmutzig heimkam. Etwas Derartiges ist jedenfalls gewesen, denn ich weiß noch gut, daß am selben Abend meine Mutter mich sehr zärtlich und ernst ansah – mag sein, daß sie mich gern ohne Worte an heute morgen erinnert hätte. Ich verstand sie auch wohl und fühlte Reue, und als sie das merkte, tat sie etwas Besonderes. Sie gab mir von ihrem Ständer am Fenster einen kleinen Tonscherben voll Erde, darin steckte eine schwärzliche Knolle, und diese hatte schon ein paar spitzige, hellgrüne, saftige junge Blättlein getrieben. Es war eine Hyazinthe. Die gab sie mir und sagte dazu: »Paß auf, das geb ich dir jetzt. Später wird's dann eine große rote Blume. Dort stell ich sie hin, und du mußt darauf achtgeben, man darf sie nicht anrühren und herumtragen, und jeden Tag muß man sie zweimal gießen; wenn du es vergißt, sag ich dir's schon. Wenn es aber eine schöne Blume werden will, darfst du sie nehmen und dem Brosi hinbringen, daß er eine Freude hat. Kannst du dran denken?«

Sie tat mich ins Bett, und ich dachte indessen mit Stolz an die Blume, deren Wartung mir als ein ehrenvoll wichtiges Amt erschien, aber gleich am nächsten Morgen vergaß ich das Begießen, und die Mutter erinnerte mich daran. »Und was ist denn mit dem Brosi seinem Blumenstock?« fragte sie, und sie hat es in jenen Tagen mehr als das eine Mal sagen müssen. Dennoch beschäftigte und beglückte mich damals nichts so stark wie mein Blumenstock. Es standen noch genug andere, auch größere und schönere, im Zimmer und im Garten, und Vater und Mutter hatten sie mir oft gezeigt. Aber es war nun doch das erstemal, daß ich mit dem Herzen dabei war, ein solches kleines Wachstum mit anzuschauen, zu erwünschen und zu pflegen und Sorge darum zu haben.

Ein paar Tage lang sah es mit dem Blümlein nicht erfreulich aus, es schien an irgendeinem Schaden zu leiden und nicht die rechten Kräfte zum Wachsen zu finden. Als ich darüber zuerst betrübt und dann ungeduldig wurde, sagte die Mutter einmal: »Siehst du, mit dem Blumenstock ist's jetzt gerade so wie mit dem Brosi, der so krank ist. Da muß man noch einmal so lieb und sorgsam sein wie sonst.«

Dieser Vergleich war mir verständlich und brachte mich bald auf einen ganz neuen Gedanken, der mich nun völlig beherrschte. Ich fühlte jetzt einen geheimen Zusammenhang zwischen der kleinen, mühsam strebenden Pflanze und dem kranken Brosi, ja ich kam schließlich zu dem festen Glauben, wenn die Hyazinthe gedeihe, müsse auch mein Kamerad wieder gesund werden. Käme sie aber nicht davon, so würde er sterben, und ich trüge dann vielleicht, wenn ich die Pflanze vernachlässigt hätte, mit Schuld daran. Als dieser Gedankenkreis in mir fertig geworden war, hütete ich den Blumentopf mit Angst und Eifersucht wie einen Schatz, in welchem besondere, nur mir bekannte und anvertraute Zauberkräfte verschlossen wären.

Drei oder vier Tage nach meinem ersten Besuch – die Pflanze sah noch ziemlich kümmerlich aus – ging ich wieder ins Nachbarhaus hinüber. Brosi mußte ganz still liegen, und da ich nichts zu sagen hatte, stand ich nahe am Bett und sah das nach oben gerichtete Gesicht des Kranken an, das zart und warm aus weißen Bett-Tüchern schaute. Er machte hin und wieder die Augen auf und wieder zu, sonst bewegte er sich nicht, und ein klügerer und älterer Zuschauer hätte vielleicht etwas davon gefühlt, daß des kleinen Brosi Seele schon unruhig war und sich auf die Heimkehr besinnen wollte. Als gerade eine Angst vor der Stille des Stübleins über mich kommen wollte, trat die Nachbarin herein und holte mich freundlich und leisen Schrittes weg.

Das nächste Mal kam ich mit viel froherem Herzen, denn zu Hause trieb mein Blumenstock mit neuer Lust und Kraft seine spitzigen freudigen Blätter heraus. Diesmal war auch der Kranke sehr munter.

»Weißt du auch noch, wie der Jakob noch am Leben war?« fragte er mich.

Und wir erinnerten uns an den Raben und sprachen von ihm, ahmten die drei Wörtlein nach, die er hatte sagen können, und redeten mit Begierde und Sehnsucht von einem grau und roten Papagei, der sich vorzeiten einmal hierher verirrt haben sollte. Ich kam ins Plaudern, und während der Brosi bald wieder ermüdete, hatte ich sein Kranksein für den Augenblick ganz vergessen. Ich erzählte die Geschichte vom entflogenen Papagei, die zu den Legenden unseres Hauses gehörte. Ihr Glanzpunkt war der, daß ein alter Hofknecht den schönen Vogel auf dem Dach des Schuppens sitzen sah, sogleich eine Leiter anlegte und ihn einfangen wollte. Als er auf dem Dach erschien und sich dem Papagei vorsichtig näherte, sagte dieser: »Guten Tag!« Da zog der Knecht seine Kappe herunter und sagte: »Bitt um Vergebung, jetzt hätt ich fast gemeint, Ihr wäret ein Vogeltier.«

Als ich das erzählt hatte, dachte ich, der Brosi müsse nun notwendig laut hinauslachen. Da er es nicht gleich tat, sah ich ihn ganz verwundert an. Ich sah ihn fein und herzlich lächeln, und seine Backen waren ein wenig röter als vorher, aber er sagte nichts und lachte nicht laut.

Da kam es mir plötzlich vor, als sei er um viele Jahre älter als ich. Meine Lustigkeit war im Augenblick erloschen, statt ihrer befiel mich Verwirrung und Bangigkeit, denn ich empfand wohl, daß zwischen uns beiden jetzt etwas Neues fremd und störend aufgewachsen sei.

Es surrte eine große Winterfliege durchs Zimmer, und ich fragte, ob ich sie fangen solle.

»Nein, laß sie doch!« sagte der Brosi.

Auch das kam mir vor wie von einem Erwachsenen gesprochen. Befangen ging ich fort.

Auf dem Heimweg empfand ich zum erstenmal in meinem Leben etwas von der ahnungsvollen verschleierten Schönheit des Vorfrühlings, das ich erst um Jahre später, ganz am Ende der Knabenzeiten, wieder gespürt habe.

Was es war und wie es kam, weiß ich nicht. Ich erinnere mich aber, daß ein lauer Wind strich, daß feuchte dunkle Erdschollen am Rande der Äcker aufragten und streifenweise blank erglänzten und daß ein besonderer Föhngeruch in der Luft war. Ich erinnere mich auch dessen, daß ich eine Melodie summen wollte und gleich wieder aufhörte, weil irgend etwas mich bedrückte und still machte.

Dieser kurze Heimweg vom Nachbarhaus ist mir eine merkwürdig tiefe Erinnerung. Ich weiß kaum etwas Einzelnes mehr davon; aber zuweilen, wenn es mir gegönnt ist, mit geschlossenen Augen mich dahin zurückzufinden, meine ich, die Erde noch einmal mit Kindesaugen zu sehen – als Geschenk und Schöpfung Gottes, im leise glühenden Träumen unberührter Schönheit, wie wir Alten sie sonst nur aus den Werken der Künstler und Dichter kennen. Der Weg war vielleicht nicht ganz zweihundert Schritt lang, aber es lebte und geschah auf ihm und über ihm und an seinem Rande unendlich viel mehr als auf mancher Reise, die ich später unternommen habe.

Es streckten kahle Obstbäume verschlungene und drohende Äste und von den feinen Zweigspitzen rotbraune und harzige Knospen in die Luft, über sie hinweg ging Wind und schwärmende Wolkenflucht, unter ihnen quoll die nackte Erde in der Frühlingsgärung. Es rann ein vollgeregneter Graben über und sandte einen schmalen trüben Bach über die Straße, auf dem schwammen alte Birnenblätter und braune Holzstückchen, und jedes von ihnen war ein Schiff, jagte dahin und strandete, erlebte Lust und Pein und wechselnde Schicksale, und ich erlebte sie mit.

Es hing unversehens vor meinen Augen ein dunkler Vogel in der Luft, überschlug sich und flatterte taumelnd, stieß plötzlich einen langen schallenden Triller aus und stob verglitzernd in die Höhen, und mein Herz flog staunend mit.

Ein leerer Lastwagen mit einem ledigen Beipferd kam gefahren, knarrte und rollte fort und fesselte noch bis zur nächsten Krümme meinen Blick, mit seinen starken Rossen aus einer unbekannten Welt gekommen und in sie verschwindend, flüchtige schöne Ahnungen aufregend und mit sich nehmend.

Das ist eine kleine Erinnerung oder zwei und drei; aber wer will die Erlebnisse, Erregungen und Freuden zählen, die ein Kind zwischen einem Stundenschlag und dem andern an Steinen, Pflanzen, Vögeln, Lüften, Farben und Schatten findet und sogleich wieder vergißt und doch mit hinübernimmt in die Schicksale und Veränderungen der Jahre? Eine besondere Färbung der Luft am Horizont, ein winziges Geräusch in Haus oder Garten oder Wald, der Anblick eines Schmetterlings oder irgendein flüchtig herwehender Geruch rührt oft für Augenblicke ganze Wolken von Erinnerungen an jene frühen Zeiten in mir auf. Sie sind nicht klar und einzeln erkennbar, aber sie tragen alle denselben köstlichen Duft von damals, da zwischen mir und jedem Stein und Vogel und Bach ein inniges Leben und Verbundensein vorhanden war, dessen Reste ich eifersüchtig zu bewahren bemüht bin.

Mein Blumenstock richtete sich indessen auf, reckte die Blätter höher und erstarkte zusehends. Mit ihm wuchs meine Freude und mein Glaube an die Genesung meines Kameraden. Es kam auch der Tag, an welchem zwischen den feisten Blättern eine runde rötliche Blütenknospe sich zu dehnen und aufzurichten begann, und der Tag, an dem die Knospe sich spaltete und ein heimliches Gekräusel schönroter Blütenblätter mit weißlichen Rändern sehen ließ. Den Tag aber, an dem ich den Topf mit Stolz und freudiger Behutsamkeit ins Nachbarhaus hinübertrug und dem Brosi übergab, habe ich völlig vergessen.

Dann war einmal ein heller Sonnentag; aus dem dunklen Ackerboden stachen schon feine grüne Spitzen, die Wolken hatten Goldränder, und in den feuchten Straßen, Hofräumen und Vorplätzen spiegelte ein sanfter reiner Himmel. Das Bettlein des Brosi war näher zum Fenster gestellt worden, auf dessen Simsen die rote Hyazinthe in der Sonne prunkte; den Kranken hatte man ein wenig aufgerichtet und mit Kissen gestützt. Er sprach etwas mehr als sonst mit mir, über seinen geschorenen blonden Kopf lief das warme Licht fröhlich und glänzend und schien rot durch seine Ohren. Ich war sehr guter Dinge und sah wohl, daß es nun schnell vollends gut mit ihm werden würde. Seine Mutter saß dabei, und als es ihr genug schien, schenkte sie mir eine gelbe Winterbirne und schickte mich heim. Noch auf der Stiege biß ich die Birne an, sie war weich und honigsüß, und der Saft tropfte mir aufs Kinn und über die Hand. Den abgenagten Butzen warf ich unterwegs in hohem Bogen feldüber.

Tags darauf regnete es, was heruntermochte, ich mußte daheim bleiben und durfte mit sauber gewaschenen Händen in der Bilderbibel schwelgen, wo ich schon viele Lieblinge hatte, am liebsten aber waren mir doch der Paradieslöwe, die Kamele des Elieser und das Mosesknäblein im Schilf. Als es aber am zweiten Tage in einem Strich fortregnete, wurde ich verdrießlich. Den halben Vormittag starrte ich durchs Fenster auf den plätschernden Hof und Kastanienbaum, dann kamen der Reihe nach alle meine Spiele dran, und als sie fertig waren und es gegen Abend ging, bekam ich noch Streit mit meinem Bruder. Das alte Lied: wir reizten einander, bis der Kleine mir ein arges Schimpfwort sagte, da schlug ich ihn, und er floh heulend durch Stube, Öhrn, Küche, Stiege und Kammer bis zur Mutter, der er sich in den Schoß warf und die mich seufzend wegschickte. Bis der Vater heimkam, sich alles erzählen ließ, mich abstrafte und mit den nötigen Ermahnungen ins Bett steckte, wo ich mir namenlos unglücklich vorkam, aber bald unter noch rinnenden Tränen einschlief.

Als ich wieder, vermutlich am folgenden Morgen, in des Brosi Krankenstube stand, hatte seine Mutter beständig den Finger am Mund und sah mich warnend an, der Brosi aber lag mit geschlossenen Augen leise stöhnend da. Ich schaute bang in sein Gesicht, es war bleich und vom Schmerz verzogen. Und als seine Mutter meine Hand nahm und sie auf seine legte, machte er die Augen auf und sah mich eine kleine Weile still an. Seine Augen waren groß und verändert, und wie er mich ansah, war es ein fremder wunderlicher Blick wie aus einer weiten Ferne her, als kenne er mich gar nicht und sei über mich verwundert, habe aber zugleich andere und viel wichtigere Gedanken. Auf den Zehen schlich ich nach kurzer Zeit wieder hinaus.

Am Nachmittag aber, während ihm auf seine Bitte die Mutter eine Geschichte erzählte, sank er in einen Schlummer, der bis an den Abend dauerte und währenddessen sein schwacher Herzschlag langsam einträumte und erlosch.

Als ich ins Bett ging, wußte es meine Mutter schon. Doch sagte sie mir's erst am Morgen, nach der Milch. Darauf ging ich den ganzen Tag traumwandelnd umher und stellte mir vor, daß der Brosi zu den Engeln gekommen und selber einer geworden sei. Daß sein kleiner magerer Leib mit der Narbe auf der Schulter noch drüben im Hause lag, wußte ich nicht, auch vom Begräbnis sah und hörte ich nichts.

Meine Gedanken hatten viel Arbeit damit, und es verging wohl eine Zeit, bis der Gestorbene mir fern und unsichtbar wurde. Dann aber kam früh und plötzlich der ganze Frühling, über die Berge flog es gelb und grün, im Garten roch es nach jungem Wuchs, der Kastanienbaum tastete mit weich gerollten Blättern aus den aufgesprungenen Knospenhüllen, und an allen Gräben lachten auf fetten Stielen die goldgelben glänzenden Butterblumen.

(1904)

Ein Knabenstreich

Der Sammetwedel war Besitzer eines stattlichen Kramladens in der Ledergasse. Die Entstehung seines Kosenamens ist von etymologischem Interesse. Er hieß ursprünglich Samuel, und aus diesem Vornamen, den unser Dialekt langsam und nasal ausspricht, und aus der salbungsvoll weichlichen Sanftmut seines Trägers erwuchs diesem der endgültige Spitzname Sammetwedel. Er handelte mit Wein und Rosinenmost, mit Zigarren, Kolonialwaren, Kleiderstoffen und sonst noch mit den verschiedensten nützlichen und gewinnbringenden Artikeln.

Samuel war sehr fromm. Er besuchte nicht nur regelmäßig die Kirche – das taten alle anständigen und klugen Geschäftsleute –, sondern er lief auch zu den Versammlungen und Betstunden der Pietisten in Gebersau und auf dem Lande. Beim Sprechen rieb er sich demütig und weichlich die blassen Hände aneinander, blickte öfters mit rührendem Augenaufschlage nach oben und pries mit lächelnd-selbstloser Gebärde seine Weine an. Auch seine Kleidung hatte etwas Demütig-Frommes, war altmodisch im Schnitt, dunkelgrau oder schwarz und hielt sich auf der Grenze zwischen sparsam und schäbig.

Der unglückliche Mann war die Zielscheibe unaufhörlicher Neckereien. Wir Zwölfjährigen läuteten an seiner Haustür, schrieben ihm ulkige Briefchen, grüßten ihn mit ironisch übertriebener Hochachtung und belagerten oft ganze Abende lang seine Ladentreppe.

Eines Sommerabends bummelte ich mit drei Kameraden untätig auf dem Marktplatz. Es fing gerade an, ein wenig langweilig zu werden. Wir hatten heute den Polizeidiener gehänselt, an allen Ecken und Haustüren spioniert, den Meßner mit Knallerbsen erschreckt und dem nervösen Apotheker an die Fenster gepocht, nun wußten wir nichts Neues mehr anzufangen.

»Ich geh' heim«, erklärte der Philipp gelangweilt.

»Nein, halt doch!« riefen wir andern und zogen ihn mit uns die schmale, steile Kronengasse hinaus. Da kam mir plötzlich ein Gedanke.

»Zum Sammetwedel!« rief ich begeistert. »Wir sind schon eine Ewigkeit nicht mehr bei ihm gewesen.«

Gesagt, getan. Mit wenigen Sätzen hatten wir im Sturm seinen Kaufladen erreicht. Vor dem Schaufenster hielten wir Kriegsrat, und es wurde beschlossen, die Intrige durch einen schlichten Ladenbesuch einzuleiten. Drei Pfennige wurden zusammengeschossen, und mich traf das Los, die Fehde zu eröffnen. Ich sollte in den Laden gehen und nach allerlei Dingen im Preise von drei Pfennig fragen, das Geld aber nur im schlimmsten Notfalle ausgeben. Dann würden wir weiter sehen.

Die Klingel ertönte, und mit freundlichem Gruße kam ich in den Laden, in dem schon Licht brannte. Mißtrauisch empfing mich der hinter Bonbongläsern, Zuckerhüten und Kaffeebüchsen nahezu unsichtbare Sammetwedel. Ohne Zweifel ahnte er, da er mich kannte, meine ruchlosen Absichten, aber Frömmigkeit und kaufmännische Diplomatie nötigten ihn zum Höflichsein. Ich pflegte für meine Mama nicht selten einige Pfund Zucker, Salz, Grieß oder Reis bei ihm zu holen, war also ein alter Kunde.

»Was willst haben, Bub?«

»Ich weiß noch nicht bestimmt. – Haben Sie Schneeberger Schnupftabak?«

Während der Krämer nach seiner Schublade ging und mir den Rücken zuwendete, sah ich an der Scheibe der Ladentür meine Kameraden lauern – drei vorsichtig emporgereckte, indianerschlaue Gesichter mit pfiffigen Spionsaugen. Ich zwinkerte ihnen heimlich zu.

Indessen kehrte der Sammetwedel mit leeren Händen zurück. Das Glück war mir hold, es gab keinen Schneeberger mehr!

»Aber bis in vier, fünf Tagen trifft wieder eine Sendung ein, er ist schon bestellt. Dann kannst du ja wiederkommen«, sagte Samuel.

Ich stellte mich entrüstet.

»Das ist aber schade! Gar keinen Schneeberger mehr! – Aber haben Sie andern Schnupftabak?«

»Jawohl, vier- oder fünferlei Sorten.«

Und er stellte mehrere Büchsen vor mir auf. Ich fragte eingehend nach Preis und Güte jeder Sorte, schwankte endlich zwischen zweien, konnte mich nicht entschließen und nahm schließlich eine Prise zum Probieren. Ein vehementes Lachen, das vor der Tür auf der Gasse draußen losbrach, machte mich besorgt. Ich beschloß, mich für diesmal zurückzuziehen.

»Also, danke schön. Ich komme dieser Tage dann nochmals her, wenn es wieder Schneeberger gibt. Ich wollte doch eigentlich Schneeberger haben.«

Mit höflichem Gruße verließ ich den Laden und stattete meinen Spießgesellen Bericht ab, gab ihnen auch ihre zwei Pfennig wieder. Der dritte hatte mir gehört. Auf dem Heimweg lachten wir noch viel und berieten uns eifrig. Dann war unser Schlachtplan entworfen.

Am folgenden Tage erschienen, mit angemessenen Pausen natürlich, etwa dreißig Schuljungen hintereinander beim Sammetwedel, die alle Schneeberger Schnupftabak verlangten. Am zweiten Tage wiederholte und verdoppelte sich dieses Spiel. Der sanftmütige Kaufmann schnitt anfänglich saure Gesichter, dann wurde er grimmig, schließlich aber geriet er in Raserei und schrie: »Hinaus!« sobald er das Wort Schneeberger hörte. Vor der Ladentür aber standen wir alle selig wartend und begrüßten jeden seiner Zornesausbrüche mit Zuruf und Wonnegeschrei.

Am Abend des dritten Tages gelüstete es mich mächtig, selber noch einmal beim Sammetwedel vorzusprechen. Es war doch noch ganz anders, drinnen zu stehen und seine Wut zu sehen, als nur so vom Fenster oder von der Tür aus sich verstohlen darüber zu freuen. Also faßte ich Mut. Ich ging hinein, sagte sittsam »Grüß Gott!« und schwoll vor verhaltenem Lachen.

»Wie ist's nun mit dem Schneeberger?« fragte ich bescheiden. Natürlich glaubte ich bestimmt zu wissen, daß der Tabak unmöglich da sein könne.

Der Mann warf mir einen gesalzenen Zornblick zu. Doch sagte er nichts, sondern stellte zu meinem peinlichsten Erstaunen eine Schachtel vor mich hin, die den soeben eingetroffenen Tabak enthielt. Ich hatte keinen Pfennig im Besitz und fing nun an, mich der Lage nicht mehr gewachsen zu fühlen. Vor der Tür brach das ganze Rudel meiner Kameraden in ein tolles Gelächter aus. Sie hatten jetzt den doppelten Genuß, den Sammetwedel im höchsten Ärger und mich in der Klemme zu sehen. Mir wurde eng ums Herz.

Ich nahm die verwünschte Schachtel in die Hand, roch verlegen an dem Schneeberger und stellte sie dann wieder zurück.

»Es ist doch nicht der richtige«, sagte ich schließlich frech und näherte mich eiligst dem Ausgange.

Da ereignete sich etwas Außerordentliches. Der sanfte Samuel verlor den letzten Rest seiner Würde, sprang schnaubend hinter dem breiten Ladentisch hervor und stürzte mir nach auf die Gasse, mit fliegenden Rockschößen und klappernden Pantoffeln.

»Der Sammetwedel! Oha, der Sammetwedel!« schrien alle Jungen und rannten gaßauf, gaßab davon. Ich aber hatte mich schon um die Hausecke gedrückt und fühlte mich gerettet, während der Wütende meinen Kameraden nachjagte, von denen er natürlich keinen erwischte.

Und nun geschah das Merkwürdige: der Sammetwedel verlor im Rennen einen von seinen Pantoffeln – ich wie der Blitz hinterher, raffe den Pantoffel auf und verschwinde. Und Samuel hinkte halbstrümpfig ins Haus zurück. Es war eine vollständige Niederlage.

Ich habe für diesen Pantoffelraub zwei Trachten Prügel und drei Stunden Arrest bekommen, die eine Tracht zu Hause, die zweite samt Arrest in der Schule. Unter meinen Kameraden aber hatte ich unsterblichen Ruhm erworben.

Eigentlich müßte ich jetzt auch noch erzählen, wie ich – von meinem Vater nach langem, zähem Trotz und Kampf gezwungen – dem Sammetwedel seinen Pantoffel wieder hintragen und selber überreichen mußte. Aber das ist so beschämend.

(1904)

Garibaldi

Dieser Tage fuhr ich in der Eisenbahn von Steckborn nach Konstanz. Durch Obstbäume glänzte mattrot der abendliche Untersee, Bauerngärten mit Geranien, Fuchsien und Georginen leuchteten durch braun und grüne Lattenzäune, jenseits des Wassers lag die Reichenau und über Ried und Rebbergen das hohe Horner Kirchlein goldig umleuchtet in der milden Abendklarheit. Es war noch heiß und ich hatte streng rudern müssen, um den Zug noch zu erreichen. Nun saß ich müde und gedankenlos allein in der Wagenecke und sah durchs offene Fenster die wohlbekannten Berge, Matten und Wasser im roten Abenddunst verglühen.

Der Wagen war fast leer. Ein paar Bänke weiter saßen zwei grauhaarige Herren in lebhaftem Gespräch beisammen. Ich war zu müd und teilnahmlos, um etwas davon zu verstehen; ich hörte nur die einzelnen Worte und nahm wahr, daß der eine von den Redenden ein Thurgauer vom See, der andere aber ein Zürcher sein müsse, der Sprache nach zu urteilen. Dann interessierte mich auch das nicht mehr, ich lehnte mich träg in die Ecke und begann zu gähnen.

Da hörte ich in dem benachbarten Gespräch plötzlich mehrmals den Namen Garibaldi nennen und war verwundert, daß dieses Wort mich so merkwürdig erregte. Was ging mich Garibaldi an?

»Jawohl, der Garibaldi!« rief da wieder der Thurgauer laut, und die Betonung, mit der er den Namen aussprach, weckte mich aus meiner Stumpfheit und zwang mich, dem lang nicht mehr gehörten Klange folgend lange Erinnerungswege zu wandern, zurück und weiter zurück bis in die Zeiten, in denen jener Name mir vertraut und wichtig gewesen war. Aus kühlen Brunnentiefen ferner Kinderjahre wehte mich ein fremder, starker Heimwehzauber an. Und als ich spät am Abend von Konstanz zurück war und dann langsam durch die bleiche Seenacht meinem Dorfe entgegen fuhr, als der leise laue Wind im Segel sang und seltene Rufe aus entfernten Fischerbooten übers Wasser wehten, stand ein Stück Kinderzeit und halbvergessenes, glückliches Ehemals neu und lebendig vor mir auf.

Garibaldi war ein Märchen, ein Phantasiebild, eine Dichtung.

Eigentlich hieß er Schorsch Großjohann, wohnte jenseits unseres gepflasterten Hofes und trieb das dunkle Gewerbe eines Winkelreinigers, das ihn kümmerlich ernährte. Ich wurde aber zehn Jahre alt, ehe ich seinen eigentlichen Namen erfuhr; bis dahin hörte ich ihn nie anders als den Garibaldi nennen und wußte nicht, daß schon dieser Name, der mir so wohl gefiel, eine Dichtung war. Ihn hatte meine Mutter erfunden, und da ich ohne meine Mutter nie zum Träumespinner und Fabulierer geworden wäre, war es billig, daß sie auch bei jenem Kindermärchen Pate stand. Sie hatte das Bedürfnis und auch die Gabe, ihre ganze Umgebung beständig nach ihrem eigenen, lebhaften Geist zu gestalten und zu benennen, und ich darf von dieser ihrer Zauberkunst nicht zu reden anfangen, da ich sonst kein Ende fände.

So hatte sie auch, schon lang vor meiner Geburt, mit dem alten Winkelreiniger Großjohann, den man täglich mehrmals über unsern Hof gehen sah und mit dem man doch kaum alle Jahr einmal ein Wörtlein sprach, nichts anzufangen gewußt. Dem schmierigen Winkelreiniger half es nichts, daß er eine mächtige, wetterfeste Figur, breite Schultern und ein abenteuerlich kriegerisches Gesicht mit greisem, langem Doppelbart besaß; an ihm war das nur lächerlich. Aber sobald man ihn Garibaldi nannte, war er seines stolzen Äußeren würdig, dann umwitterte ihn statt des Winkelgestankes eine heroische Luft und war es jedesmal ein Erlebnis und eine Freude, ihm zu begegnen. Meine Mutter wünschte stets unter Menschen und Sachen zu leben, deren Anblick ihr jedesmal ein Erlebnis und eine Freude war. So nannte sie den alten Nachbar Garibaldi.

Ich kleiner Bub wußte vom wahren, historischen Garibaldi, dessen Bild und Taten meiner Mutter wohlbekannt waren, damals noch kein Wort. Aber der stattliche welsche Name machte mir großen Eindruck und hüllte den Schorsch Großjohann wie eine sagenhafte Wunderwolke ein.

Soweit war Garibaldi die Schöpfung meiner Mutter. Ohne davon eine Ahnung zu haben, dichtete ich nun an ihm weiter und machte ihn zu einem seltsamen Helden, dessen Leben ich mitlebte und dessen Schicksale mich wie eigene Schicksale bewegten, ohne daß ich je ein Wort mit ihm gesprochen hätte. Fast jeden Tag sah ich ihn ein oder zweimal in seiner Tätigkeit, außerdem abends im Hof oder hinter den niederen Fensterchen seiner Wohnung.

Er war damals schon bald siebzig und, wenn man auf Kleidung und Reinlichkeit nicht allzu streng achten wollte, ein schöner Greis. Das Kriegerische, das er an sich hatte, bestand neben der großen sehnigen Gestalt hauptsächlich in der braunen Gesichtsfarbe und in dem langen, gelblichgrauen, stark verwilderten Haar und Bart. Wenn man das Gesicht genauer aufschaute und mit dem äußeren Wesen und Lebenswandel des alten Mannes zusammenhielt, kam eher ein milder Charakter heraus. Mund und Nase zwar waren fest, scharf und schneidig geformt, aber die große stille Stirn wies weder Narben noch tiefe Falten auf, sondern glich etwa einer abendlichen Straße, auf welcher das Leben vollends eindämmert oder wo Wanderer, Wagen und Rosse, das sind Gedanken, Hoffnungen und Leidenschaften schon so lange vorübergebraust und gefahren sind, daß ihre Spuren sich wieder zu glätten beginnen. Dies bestätigten auch die hellgrauen Augen. Sie waren noch klar und scharf und saßen klein und wachsam über der braunen Hakennase, aber der Blick zeigte eine etwas müde Ruhe, als suche er in diesen späten Tagen auf Erden keine Ziele mehr.

Schön und merkwürdig war in diesem gefestigten und stillgewordenen Angesicht ein manchmal auftauchendes, ganz schwaches Lächeln der Ruhe und leidlosen Resignation, wenn der alte Schorsch etwa einem Festzug, einem Kinderauflauf, einer Prügelei oder dergleichen zuschaute. Wenn hinter diesem Lächeln irgend ein bewußter Gedanke stand, so war es der eines ironisch zuschauenden, überlegen Unbeteiligten, dem die Wichtigkeit dieser kleinen menschlichen Händel schon lange lächerlich und kindlich vorkam.

»Haut einander nur«, sagte dieses Lächeln, »haut nur zu! Und meinetwegen könnt ihr ja Feste feiern, wenn's euch Spaß macht. Was kümmert's mich?«

Mein Verstand war noch viel zu klein, um diese Züge zu lesen und sich einen Reim darauf zu machen. Aber meine Phantasie nahm von dem stillen Alten Besitz und ließ ihn nicht los, sie liebte ihn und schuf ihn zu einem Wesen um, das mir viel ferner und fremder war als er selber und das doch zu mir gehörte und zum Helden meiner Gedanken wurde, während der Schorsch selber jahraus jahrein mir vorüberging und unbekannt blieb. Und wenn ich nun vom alten Garibaldi erzähle, ist es mehr Geträumtes als Gesehenes, aber lauter Erlebtes, und vielleicht ist das Erfundene so wahr wie das Gesehene; vielleicht erlebte meine Phantasie nichts anderes als was der Alte hätte erleben können und sollen, wenn er nur dazu gekommen wäre.

Vom Hofe aus führte eine kaum fußbreite, schadhafte und überhängende steinerne Treppe, ein richtiger Halsbrecher, an der alten, weit ausgebauchten Bergmauer hin in ein winziges Gärtchen hinauf, das dem Nachbar Staudenmeyer gehörte. Gärtchen ist eigentlich schon viel gesagt, denn das zwischen zwei in den Berg hinein gebauten Hinterhäusern und einer jähen Terrassenmauer eingeklemmte Stück abschüssigen Bodens war nicht größer als eine tüchtige Stube. Vom Berge her schwemmte jeder Regen eine Menge Sand herab und nahm dafür die gute schwarze Erde mit, und auf der einen Seite stand das Dach des daraufstoßenden Hauses so weit über, daß man dort in Wirklichkeit kaum das Gefühl haben konnte, im Freien zu sein. Die Nachbarin hatte, noch außer der Witterung und dem Unkraut, um den Besitz ihres Fleckchens Erde ohne Unterlaß mit einer großen Schar von verwilderten Katzen und mit einer nicht kleineren Horde strohblonder Kinder zu kämpfen. Beide, Kinder und Katzen, entstammten der benachbarten, steilen und finsteren Armutgasse, wilderten üppig in dem Winkel dort herum, waren nicht auseinander zu kennen und so wenig mit Erfolg zu bekriegen wie ein Mückenschwarm. Allmählich wurde also Frau Staudenmeyer des Kämpfens müde und das Gärtlein fiel ganz den ungebetenen Gästen anheim. Es wucherten nun auf dem verwahrlosten Platze alte Stachelbeerstauden mit einem geilen, niemals Früchte reifenden Erdbeergeschlinge samt vielerlei Unkräutern zu einem grünen Wirrwarr zusammen, aus welchem hier und dort ein Rest der ehemaligen Gartenherrlichkeit, etwa ein himmelhoch aufgeschossener Salatstock oder eine faustgroße Zwiebelblüte hervorragte.

Im Sommer und Herbst, wenn an schönen Tagen abends noch Sonne dort hinunter kam und die feuchten Mauern erwärmte, dann erschien gegen sieben Uhr der greise Garribaldi im Hof, stieg langsam die schmalen Steinstaffeln zum Gärtchen hinauf und setzte sich auf den ausgetretenen obersten Treppenstein. Dort ruhte er schweigend in der schwachen Spätsonne, tat seltene Züge aus einer schwarzgebrannten, kurzen Holzpfeife und gab nur, wenn etwa ein Nachbar ihn vom Fenster aus anrief, ein kurzes Wort zurück. Sonst redete er keinen Ton, sondern saß regungslos auf dem schmalen Stein und ruhte und rauchte, bis es dunkelte und kühl wurde. Über und unter ihm rumorten die Kinder, rauften und zankten miteinander, fraßen unreife Beeren und erfüllten die goldige Abendluft mit Gelächter, Geschrei und Gewimmer. Sie hieben einander die Köpfe blutig, stahlen einander das Vesperbrot, fielen über die Mauer herab und schrien Mordio. Den Alten berührte es nicht, obwohl er ungezählte Enkel und Großneffen unter der Horde hatte. Wenn einmal etwas Besonderes los war und das Geschrei zum Gebrüll anwuchs, drehte er den verwitterten Kopf vielleicht ein wenig danach hinüber und auf seine schmalen Lippen trat für einen flüchtigen Augenblick das kühle, gleichgültige Lächeln, mit welchem er den Lauf der Ereignisse zu betrachten gewohnt war.

Er hatte an anderes zu denken als an das kleine Zeug um ihn herum. Während sein brauner Daumen die Glut in die Holzpfeife zurück stopfte, verweilte seine Erinnerung weit von hier, in alten Zeiten und fremden Ländern, in wilden Feldzügen und auf weiten, abenteuerlichen Raub- und Wanderfahrten.

Er sah Höfe und Dörfer in Brand stehen und mit langen, unwilligen Flammen durch die Nacht gen Himmel klagen. Er sah auf verlassenen Straßen und auf den Türschwellen verlassener Häuser Erschlagene in schmutzigen Blutlachen liegen, krepierte Pferde und zertrümmerte Wagen, dazwischen herrenlos umherirrendes Vieh und verlaufene, weinende Knaben und Mädchen.

Kam dann etwa eins von seinen strohblonden, verwahrlosten Enkelkindern hergelaufen und bettelte: »Großvater, schenk' mir was!«, dann streifte er es mit flüchtigem Blick und setzte, ohne eine Antwort zu geben, sein spöttisch stilles Lächeln auf, und das Kind lief wieder weg. Er aber hörte schnell wieder auf zu lächeln, zog die Knie ein wenig höher, neigte den grauen Kopf ein wenig weiter vor und blickte wieder in die Länder der Erinnerung, der Abenteuer, mit demselben unverwandten, glühenden und auch verschleierten Blick, welchen die in Käfige gesperrten Raubvögel haben. Über seine hohe, braune Stirne fiel in fahlen Strängen das lange Haar und nichts an der ganzen Gestalt hatte Leben und bewegte sich als der schmale, alte Mund, der zuweilen eine dünne Rauchfahne hinaus blies, und als sein hagerer Schatten, der über die Mauer hinab und langsam über den ganzen Hof wanderte, immer länger und phantastischer und immer wesenloser werdend, bis er in die allgemeine Dämmerung untertauchte.

So im Dunkelwerden war es mir eine grausige Lust, vom Fenster meiner Knabenkammer aus den Garibaldi dasitzen zu sehen, von Haar und Bart umfilzt, aufrecht und bewegungslos, mit geisterhaft undeutlichen Zügen, bis sein Gesicht vollständig in das Dunkel versank und nur noch die Silhouette eines sitzenden Riesen übrig blieb, hin und wieder von einer spärlichen Rauchwolke umflogen. Die vielen Kinder waren um diese Zeit nicht mehr da, von der überdachten Gartenseite her wuchs die Finsternis heran, die uraltmodisch geschweiften Giebel und krummen Dächer all der Armenhäuser standen schwarz in den noch lichten Himmel, da und dort glühte ein Fensterlein gleich einem trüben roten Auge auf, und damitten kauerte rastend der alte Abenteurer, bis ihn fröstelte, dann verschwand er still in den finsteren Torweg hinein wie in eine unzugänglich fremde Welt.

Der alte Garibaldi hatte zwei Söhne gehabt, junge stramme Riesen von gewaltiger Erscheinung und vom übelsten Ruf, aber beide waren eines Tages ohne Abschied verschwunden und man brachte sogleich alle in den letzten Jahren am Ort begangenen und unaufgeklärt gebliebenen Verbrechen mit ihrem Flüchtigwerden in Verbindung. Fast ein Jahr später kam Bericht aus Brasilien, daß beide nicht mehr am Leben seien. Der eine war schon unterwegs auf dem Schiff am Fieber gestorben, der andere nachher in Rio, offenbar im bittersten Elend. Zusammen mit dem dazu beauftragten

Polizeidiener besuchte mein Vater den Alten, um ihm die Todesnachricht zu bringen.

»Ihren Söhnen ist's drüben nicht gut gegangen,« fing mein Vater an.

»Wo drüben denn?« fragte der Garibaldi.

»In Brasilien, 's ist ihnen nicht gut gegangen.«

»Wieso?«

»Wieso? Tot und gestorben sind sie,« schrie der Büttel, dem es nicht wohl war, bis er es herausgesagt hatte.

»So so?« machte der Garibaldi und schüttelte den Kopf. Und:

»Alle beide?« fragte er nach einer Weile.

»Jawohl, alle beide,« sagte mein Vater.

»So so. – So so.«

Und als jetzt mein Vater sich anschickte einen Anfang mit dem Trösten zu machen, winkte er ab und lächelte verachtungsvoll. Da ging denn mein Vater mit dem Polizeidiener wieder fort und Garibaldi machte sich wie sonst an seine Arbeit.

Am Abend dieses Tages, da jedermann die Nachricht schon wußte, saß er wieder auf seiner Staffel und alle Nachbarn schauten ihn an und alle paar Minuten rief ihn einer vom Fenster oder von der Gasse herüber an: »Mein Beileid auch, du!«

Und er sagte jedesmal »merci«. Da kam der Stadtpfarrer auch noch gegangen und gab ihm die Hand und sagte freundlich: »Wir wollen in Ihre Stube hinein gehen, kommen Sie!«

Aber Garibaldi schüttelte den Kopf. »'s ist gut,« sagte er, »und ich sag meinen merci«, und blieb sitzen, und die vielen Herumsteher drückten sich hintereinander und kicherten. Der Stadtpfarrer schien betrübt und es sah aus, wie wenn er noch einiges zu sagen hätte, aber er zog nur den Hut und grüßte wieder freundlich und ging langsam aus dem Hof und fort, und der Garibaldi blies eine große Rauchwolke hinter ihm her.

Von da an, wenn ich ihn des Abends wieder rasten sah, schien mir sein Gesicht ein wenig tiefer gefurcht und noch abwehrender und einsamer als sonst, und ich betrachtete ihn, der zwei starke Söhne im fremden Land verloren hatte, mit vermehrter Scheu.

Außer jenen untergegangenen Söhnen hatte Garibaldi noch drei verheiratete Töchter, deren älteste verwitwet war. Dies war die Lene Voßler, ein wildes und berüchtigtes Weib, groß von Wuchs und von einer seltsam ungelenken, aber längst verwilderten Schönheit. Diese war von allen seinen Kindern das einzige, das zu ihm paßte, und auch das einzige, das in Verkehr und Freundschaft mit ihm stand. Sie kam den Winter über fast jeden Abend zu ihm in seine Hinterhausstube, dort saß sie neben dem Alten, oft bis es spät wurde, und redete kaum ein Wort mit ihm, der seine kleine Pfeife im Munde hielt und ebenfalls schwieg. Ich besann mich oft genug, was die zwei wohl miteinander anstellen möchten, aber sie saßen hinter den alten großblumigen Gardinen aus Wolle und man konnte im Schimmer der schlechten Ölfunzel nur zuweilen ihre ernsten Köpfe sehen.

Und häufig kam zu diesen beiden merkwürdigen, geheimnisvollen Menschen noch eine dritte Fabelgestalt. Dies war der alte Penzler, ein gewesener und verarmter Mühlenbauer, der aus Bayern stammte und den schon seine Herkunft und sein seltenes Handwerk zu etwas besonderem machten. Seit Jahren lebte er einsam und vielbesprochen in der finsteren Hengstettergasse ein ärmliches Sonderlingsleben, drehte ewig an seinem ungeheuren Schnauzbart, redete in alttestamentlichen Wendungen und betrank sich alle paar Wochen einmal, was meistens zu Nachtskandal und schlimmen Szenen führte. Der einzige Mensch, dem er Achtung zeigte und mit dem er eine Freundschaft unterhielt, war Garibaldi. Als dessen Söhne totgesagt wurden, kam Penzler zu ihm, schlug ihm auf die Schulter und rief mit gewaltiger Trösterstimme: »So geht's, alter Prophete! Wir sind allesamt wie Gras und wie des Grases Blüte. Na, die Lausbuben haben jetzt keine Sorgen mehr.«

Winterabends kam der Mühlenbauer sehr oft zum Garibaldi und saß mit ihm und seiner Tochter, der Lene Voßler, in der niedrigen, trüb erhellten Stube, die sich allmählich ganz mit Tabaksrauch füllte. Ich schaute immer hinüber und lief manchesmal noch spät Nachts von meinem Bett ans Fenster, schaute nach, ob drüben noch Licht sei, und stierte das einsame rote Fenster ahnungsvoll und begierig an, bis mich fror und ich ins Bett zurück mußte.

An einem Abend, es ging schon gegen den April und man brauchte fast nimmer zu heizen, wurde meine Neugierde belohnt und das eigentliche Treiben und Wesen des Alten ward mir klarer. Es fehlte nämlich diesmal der wollene Vorhang hinter seiner Scheibe und ich sah den Garibaldi mit der Lene und dem Penzler am Tische sitzen. Es mochte neun Uhr oder später sein. Eine Blechlampe gab trübes Licht, die beiden grauhaarigen Männer bliesen Rauch aus ihren Pfeifchen und saßen still und vorgebeugt auf ihren Hockern, die Lene Voßler aber hatte über den ganzen Tisch im Viereck ein Kartenspiel ausgebreitet, ein Blatt dicht am andern. Auf diese Karten starrten alle drei. Bald nahm die Lene, bald ihr Vater eine Karte in die Hand und legte sie nachdenklich und zögernd an einen anderen Platz; der Mühlenbauer sah mit scharfem Gesichte zu, deutete mit dem Pfeifenstiel hierhin und dorthin, schnitt ernste Grimassen, schüttelte den Kopf oder zuckte mächtig mit den gewaltigen Augenbrauen, die so stark wie Schnurrbärte waren. Gesprochen wurde nichts. Über den drei gebeugten Köpfen wölkte der dichte Rauch und stieg über der Lampenflamme in einer ununterbrochenen Säule in die Höhe.

Zwei Stunden lang schaute ich zu. Penzler schnitt immer schärfere Grimassen, die Lene ordnete ihre Karten immer leidenschaftlicher und legte sie hastig aus, der alte Garibaldi aber saß mir gerade gegenüber und so oft er den Kopf erhob, floh ich in meine Stube zurück, obwohl er mich am dunklen Fenster nicht hätte sehen können. Seine Augen waren auf die Karten gerichtet und brannten in dem braunverwelkten Gesicht mit leiser Glut.

Sie taten also Karten legen und wahrsagen, und es wunderte mich nicht. Aber wer wahrsagen kann, der muß auch zaubern können. Vom Bayern, dem Penzler, wußte man ja schon immer, daß er mit Geistern umging und viele geheime Heilmittel kannte. Ich paßte auf wie ein Jagdhund und brannte vor banger Begierde. Und als die Tage wärmer und die Abende lang und mild wurden, sah ich öftere Male wie Garibaldi, sobald es zu dunkeln begann, an seinem Staffelplatz vom Penzler abgeholt wurde und mit ihm die Gasse hinab verschwand. Ich wußte genau, daß er nicht ins Wirtshaus ging, dafür hatte ihn meine Mutter oft gerühmt; daß man aber in diesen lauen, stichdunkeln Frühjahrsnächten viel Zauber treiben konnte, war gewiß.

Ich sah in meinen Gedanken die zwei alten Hexenmeister die Stadt verlassen, im finstern Walde Kräuter suchen, ein Feuer anfachen und Beschwörungen ausüben. Ich sah sie unter moosigen Felsen beim Lichte kleiner Diebslaternen Schätze aus der feuchten Erde graben. Ich sah sie Wetter machen und Krankheiten beschwören.

Ob wohl die Lene Voßler auch mitging? Nein, sie ging nicht mit. Eines Abends konnte ich der Neugier nicht widerstehen. Sobald ich den Mühlenbauer im Hof erscheinen sah, verließ ich still das Haus durchs Gartentor und schlich mich zwischen den Gärten hindurch auf die Gasse. Garibaldi und Penzler gingen miteinander straßabwärts. Der eine hatte etwas unter dem Arm, was wie ein aufgerollter langer Strick aussah, der andere trug eine Art Kachel oder Kanne. Ich folgte ihnen mit großem Herzklopfen die Gasse hinunter, über den Balkensteg und bis auf den Brühel, wo das letzte Haus der Stadt, ein alter Gasthof steht und wo der Weg sich teilt. Es führt von dort aus ein Sträßlein eben den Fluß entlang, das andere stark ansteigend bergan in den Wald hinein.

Weiter wagte ich nicht hinterher zu gehen, der Gasthof war schon geschlossen, ringsum brannte keine Laterne, von der Stadt hörte man nichts mehr als vielleicht ein fernes Wagenrollen; vor mir lag kirchenstill der Brühel mit seinen riesigen Linden und Kastanien und durch die alten Kronen stöhnte der feuchte, stürmische Frühlingswind. Und die beiden dunklen Männer, die unter den hohen Bäumen auf einmal klein erschienen, wandelten in die schwarze Stille hinein, gleichmäßig im Schritt und ohne miteinander zu reden, ihre Geräte tragend. Ich sah sie schwer und stille schreiten, der Nacht entgegen, mitten in das sich auftuende Reich der Finsternis und der schrecklichen Wunder, wo sie heimisch waren.

Mir wurde todesangst, als der Penzler einmal hinter sich schaute; ich blieb am Brühel stehen und sah nur noch, daß die beiden den Talweg flußabwärts einschlugen. Dann lief ich im Galopp zurück, kam ungesehen wieder durch die Hintertüre ins Haus, und als ich dann geborgen im Bette lag, konnte ich noch lang nicht einschlafen, weil mein Herz vom schnellen Laufen und vor Angst nicht aufhören wollte, gewaltig zu schlagen.

Von da an wagte ich dem Garibaldi kaum mehr zu begegnen und wich ihm und dem Penzler auf der Straße ängstlich aus. Und daran tat ich wohl, denn es zeigte sich nicht allzu lange darauf, daß sie gefährliche Wege gegangen seien.

An einem Morgen im Sommer – ich hatte Ferien – sprach es sich in der Stadt herum, es sei zu Nacht ein Unglück passiert. Nach einer Stunde erfuhr man, der Mühlenbauer Penzler sei in aller Gottesfrühe tot aus dem Wasser gezogen worden und liege drunten im Gutleuthaus. Alles strömte in großer Aufregung und Neugierde dorthin. Auf den steinernen Korridor des Gutleuthauses waren ein paar Bündel leinene Säcke und darüber eine rote Wolldecke gelegt, darauf lag halb entkleidet eine Gestalt, das war der Mühlenbauer. Aus der Nähe betrachten durfte man ihn nicht, ein Landjäger stand dabei, und mir war es recht, denn das Grausen hätte mich umgebracht.

Der Garibaldi war auch da, ging aber bald wieder weg und hatte sein gleichmütiges Gesicht aufgesetzt, so als gehe die Geschichte ihn nichts an. Als er wegging und die vielen Leute immer noch neugierig herumstanden und die Mäuler offen hatten, lächelte er auf seine stille, verächtliche Art. Und der Penzler war sein einziger Freund gewesen.

Wahrscheinlich war er nachts dabei gewesen, als der andere ins Wasser fiel. Warum hatte er dann nicht sogleich Leute geholt?

– Oder war der Bayer vielleicht mit seinem Wissen und durch seine Schuld ertrunken? Hatten sie Streit gehabt, vielleicht bei der Teilung eines Schatzes?

Man hörte auf von dem Unglück zu reden. Garibaldi tat wie immer seine Arbeit in der Stadt herum und rastete bei gutem Wetter jeden Abend auf der Treppenstaffel über unserem Hof, wo die Kinder lärmten. Der dem Zauberwesen zum Opfer gefallene Mühlenbauer fand keinen Nachfolger. Garibaldis Gesicht wurde je älter desto undurchschaulicher und ich, der einen Teil seiner Geheimnisse kannte, sah hinter seiner gleichmütigen Stirn und hinter seinem ruhig überlegenen Blick eine Welt von dunklen Schicksalen träumen.

Im folgenden Herbst geschah es, daß ihm bei der Arbeit die hohe Leiter eines Gipsers auf die Schulter fiel und ihn beinah erschlagen hätte. Er lag vier Wochen krank im Spittel. Als er von dort wiederkam, war in seinem Wesen eine gewisse Veränderung wahrzunehmen. Er lebte wie sonst, tat seine Arbeit und sprach womöglich noch weniger als früher, aber er hatte jetzt die Gewohnheit, leise mit sich selber zu reden und zuweilen zu lachen, wie wenn ihm alte lustige Geschichten einfielen. An stillen Abenden, wenn die Kinder gerade anderswo tobten oder einem Kunstreiterwagen oder Kamelführer oder Orgelmann nachliefen, hörte man ihn im Höfchen ohne Unterlaß murmeln. Auch saß er nie mehr lange Zeit auf seinem Steine still, sondern ging öfters unruhig auf und ab, was zusammen mit dem Murmeln und Kichern etwas Unheimliches hatte.

Ich fühlte damals zum ersten Mal Mitleid mit dem alten Hexenmeister, ohne ihn aber deswegen weniger zu fürchten. Sein neuerliches Gebaren schien mir bald auf Gewissensbisse, bald auf neue schlimme Unternehmungen zu deuten.

»Der Garibaldi will auch anfangen altwerden,« sagte einmal meine Mutter beim Nachtessen. Ich verstand das im Augenblick nicht, denn ich hatte ihn nie anders als grau und alt gesehen. Aber ich vergaß das Wörtlein nicht und merkte nach und nach selber, daß Garibaldi wirklich jetzt erst zu altern begann.

Noch einmal machte er von sich reden. Eines Abends war, nach langem Ausbleiben, seine Tochter Lene wieder einmal zu ihm gekommen. Sie waren in der Stube beieinander und ich glaube, die Lene wollte auswandern. Darüber kamen sie in Streit, bis das Weib mit der Faust auf den Tisch schlug und ihm Schimpfworte sagte. Da hub der alte Mann seine Tochter, so groß und stark sie war, jämmerlich zu hauen an und warf sie die Stiege hinunter, daß das Geländer krachte und das Weib nur mit Mühe und Schmerzen davonhinken konnte.

Von da an blieb Garibaldi ganz einsam, und nun brach das Alter plötzlich vollends über ihn herein. Die Pfeife begann ihm im Munde zu wackeln und häufig auszugehen, die

Selbstgespräche nahmen kein Ende, die Arbeit wurde ihm sauer. Schließlich gab er sie auf und war fast über Nacht zu einem gebückten und zittrigen Kerlchen geworden.

Für mich hörte er darum nicht auf wichtig und rätselhaft zu sein. Ich fürchtete ihn mehr als je und konnte es doch nicht lassen, ihm halbe Stunden lang vom sicheren Fenster aus zuzuschauen. Beim Rauchen stützte er jetzt den Ellenbogen aufs Knie und hielt die Pfeife mit der Hand fest, aber auch die war zittrig und hatte keine Kräfte mehr.

Die Tage waren noch kühl und im Walde lag noch ein wenig Schnee, da war eines Tages der Garibaldi gestorben.

Mein Vater bürstete seinen Schwarzen und ging zur Leiche. Ich durfte nicht im Zug gehen (wenn man das Dutzend Nachbarn einen Zug heißen will), aber ich stieg auf die Kirchhofmauer und hörte zu und erfuhr dabei zum ersten Mal, daß der Tote nicht Garibaldi, sondern Schorsch Großjohann geheißen hatte, was mich in lange Zweifel stürzte, denn fragen mochte ich niemand.

Nachher sagte mein Vater zur Mutter: »Unser Garibaldi war doch ein sonderbarer Mensch, fast unheimlich; weiß Gott, wie er so geworden ist.«

Darüber hätte ich nun mancherlei mitteilen können. Aber ich behielt alles für mich – das Wahrsagen, das Zaubern, die Nachtgänge flußabwärts und das, was ich über den Tod des bayerischen Mühlenbauers vermutete.

(1904)

Aus der Werkstatt

Mein Freund erzählte:

Während ich als zweiter Lehrling in der mechanischen Werkstatt war, gab es einmal einen merkwürdigen Tag in unsrer Bude. Es war gegen Anfang des Winters, an einem Montag, und wir hatten alle drei schwere Köpfe, denn am Sonntag hatte ein Kollege aus der Gießerei seinen Abschied gefeiert, und es war spät geworden und hoch hergegangen mit Bier und Wurst und Kuchen. Jetzt am Montag standen wir schläfrig und verdrossen an unsern Schraubstöcken, und ich weiß noch, wie ich den zweiten Gesellen beneidete, der eine große Schraubenstange auf der englischen Drehbank laufen hatte; ich sah oft zu ihm hinüber, wie er an der Schiene lehnte und blinzelte und so halb im Schlaf die bequeme Arbeit tat. Zu meiner Qual hatte ich eine heikle Beschäftigung, das Nachfeilen von blanken Maschinenteilen, wobei ich jede Minute den Kaliber brauchte und beständig mit ganzer Aufmerksamkeit dabei sein mußte. Die Augen taten mir weh, und meine Beine waren so unausgeschlafen und weich, daß ich fortwährend den Stand wechselte und mich oft mit der Brust an den oberen Knopf des Schraubstockhebels lehnte. Und den andern ging es nicht besser. Einer hieb an einem Eisensägeblatt schon dreiviertel Stunden, und Fritz, der Jüngste, hatte soeben den Meißel, den er schärfen wollte, in den Schleifsteintrog fallen lassen und sich die Finger dabei aufgerissen. Wir hatten ihn ausgelacht, aber nur schwächlich; wir waren alle zu müd und verstimmt.

Aber der kleine Katzenjammer war das wenigste, das wußten oder spürten wir alle, wenn auch keiner etwas davon sagte. Oft genug war es grade am Morgen nach einer Zecherei in der Werkstatt extra lustig zugegangen. Diesmal hörte man, auch wenn der Meister einmal weg war, nicht einmal die üblichen Anspielungen auf gestrige Heldentaten und Witze. Alle hielten sich still und fühlten, daß etwas Peinliches im Anzug war. Wir waren wie die Schafe, wenn der Himmel schwarz wird und es zu donnern anfängt. Und das Gefühl von Bangigkeit und Gefahr galt unsrem ältesten Gesellen, dem Hannes. Er hatte schon seit acht Tagen auf

Schritt und Tritt Reibereien mit dem Meister gehabt, mit dem jungen nämlich, dem Meisterssohn, der neuerdings das Regiment beinah allein führte. Und seit ein paar Tagen konnte man spüren, daß ein Unwetter drohte; die Stimmung in der Werkstatt war schwül und bedrückt, der Meister redete nichts, und die Lehrlinge schlichen scheu und ängstlich herum, als schwebe immer eine ausgestreckte Hand ihnen über den Ohren.

Dieser Hans war einer der tüchtigsten Mechaniker, die ich gekannt habe, er stand seit etwa einem Jahr bei uns in Arbeit. In dieser Zeit hatte er, namentlich solang noch der alte Meister das Heft in der Hand hatte, nicht bloß meisterlich gearbeitet, sondern auch in jedem schwierigen Fall Rat gewußt und sich richtig unentbehrlich gemacht. Mit dem jungen Meister, der ihm anfangs oft widersprach und sich keinen Gesellen über den Kopf wachsen lassen wollte, hatte es anfangs häufige Zerwürfnisse gegeben, namentlich da Hannes sich gelegentlich Freiheiten erlaubte und im Reden keineswegs vorsichtig war. Dann aber hatten die zwei Männer, die beide in ihrem Beruf mehr als das Gewöhnliche leisteten, einander einigermaßen zu verstehen begonnen. Der Jungmeister arbeitete nämlich insgeheim an einer Erfindung, es handelte sich um einen kleinen Apparat zum automatischen Abstellen der großen Chemnitzer Strickmaschinen, von denen viele in unsrer Stadt arbeiteten, ich glaube es war eine praktische und gute Sache. Daran experimentierte er nun schon eine Weile herum und war oft halbe Nächte damit allein in der Werkstatt. Hannes aber hatte ihn belauscht und war, da ihn das Ding interessierte, zu einer anderen Lösung gekommen, die er dem Meister zeigte. Seither hatten die beiden viel miteinander gearbeitet und verkehrt, beinah wie Freunde. Dann traten wieder Verstimmungen ein, denn der Geselle erlaubte sich gelegentlich manche Freiheiten, blieb Stunden oder auch einen halben Tag aus, kam mit der Zigarre ins Geschäft und dergleichen, lauter Kleinigkeiten, in welchen unser Meister sonst äußerst streng war, und die er ihm nicht immer ungescholten hingehen ließ. Doch kam es nie mehr zu ernstlichem Zank, und eine ganze Weile war völliger Friede im Haus gewesen, bis kürzlich wieder eine Spannung anfing, die uns alle besorgt machte. Einige behaupteten, es gehe um ein Mädchen, wir andern meinten, vermutlich habe Hannes ein Anrecht auf den Mitbesitz der Erfindung erhoben, und der Meister wehre sich dagegen. Sicher wußten wir nur, daß Hannes seit Monaten einen übertrieben hohen Wochenlohn bezog, daß er vor acht Tagen im Modellierraum einen sehr lauten, zornigen Wortwechsel mit dem Jungmeister gehabt hatte, daß seither die beiden einander grimmig nachblickten und einander mit einem bösartigen Schweigen auswichen.

Und nun hatte es Hannes gewagt, heute Blauen zu machen! Es war bei ihm schon lang nicht mehr vorgekommen, und bei uns Jüngeren überhaupt nie; von uns wäre jeder ohne Sang und Klang entlassen worden, wenn er einmal Blauen gemacht hätte.

Wie gesagt, es war kein guter Tag. Der Meister wußte, daß wir die Nacht gefestet hatten, und sah uns scharf auf die Finger. Seine Wut über das Ausbleiben des Gesellen mußte nicht klein sein, außerdem lag wichtige Arbeit da. Er sagte nichts und ließ sich nichts anmerken, aber er war bleich und sein Schritt war unruhig, auch schaute er öfter als nötig auf die Uhr.

»Du, das gibt eine Sauerei«, flüsterte der zweite Geselle mir zu, als er an meinem Platz vorbei zur Esse ging.

»Und keine kleine«, sagte ich.

Schon schrie der Meister herüber, was es da zu schwätzen gebe. Seine Stimme war bös.

»Man wird wohl einander noch etwas fragen dürfen«, meinte Karl. Aber als der Meister einen Schritt näher trat und ihn anfunkelte, duckte er sich und ging zum Feuer.

Die Mittagsstunde war vorbei, und allmählich verging auch der lange Nachmittag, freilich entsetzlich langsam, denn die verhaltene Wut machte den Meister zu einem unerträglichen Arbeitsnachbarn. Er gab sich, obwohl er unsre Arbeiten immer kontrollierte, nicht mit uns ab; er schmiedete sogar ein größeres Stück, statt einen von uns an den Vorschlaghammer zu kommandieren, allein, und dabei lief ihm der Schweiß übers Gesicht und tropfte zischend auf den Amboß. Uns war zumut wie im Theater vor einer Schreckensszene, oder wie vor einem Erdbeben.

Um vier Uhr, während wir unser Vesperbrot aßen, tat der

Meister etwas Sonderbares. Er ging an den leeren Platz des Hannes an der Werkbank, nahm zwei Schraubenschlüssel und machte mit vieler Mühe den schweren Schraubstock los, der seit vielen Jahren dort seine Stelle gehabt hatte und gewiß so alt war wie die Werkbank, vielleicht so alt wie die Werkstatt. Was dachte sich der Mann bei dieser seltsamen, unnützen Arbeit? Es sah so aus, als wolle er den Gesellen überhaupt nicht mehr in die Werkstatt lassen, aber jetzt bei der vielen Arbeit war das kaum möglich. Mir machte es einen beinah schauerlichen Eindruck, zu sehen, wie dieser praktische, jeder Spielerei abgeneigte Mann in seinem stillen Grimm auf eine solche symbolische Handlung verfiel.

Abends um fünf Uhr fuhren wir ordentlich zusammen, als die Werkstatt-Tür aufging und der Hannes ganz behaglich hereintrat, noch in Sonntagskleidern und den Hut im Genick, die linke Hand im Hosensack und leise pfeifend. Wir erwarteten mit Angst, daß der Meister ihn nun anreden, ausschelten und anbrüllen, ja vielleicht schlagen werde. Er tat aber nichts davon, sondern blieb stehen, wo er war, sah sich nicht weiter nach dem Eintretenden um und biß sich bloß, wie ich deutlich sah, krampfhaft auf die Lippen. Ich begriff beide nicht, am wenigsten den Hannes, bis ich bemerkte, daß dieser ein wenig angetrunken war. Den Hut auf dem Kopf und die linke Hand im Sack, bummelte er herein und bis vor seinen Platz. Da blieb er stehen und sah, daß sein Schraubstock weggenommen war.

»Der ist ein Lump, der das getan hat«, sagte er laut.

Aber niemand gab Antwort. Darauf redete er einen von uns an, erzählte ihm einen Witz, aber der hütete sich natürlich und wagte nicht aufzusehen oder gar zu lachen. Da ging Hannes in die freigehaltene Ecke der Werkstatt, wo die kleine vom Meister und ihm konstruierte neue Maschine stand; sie war bis auf Kleinigkeiten fertig und provisorisch an eine Eisenschiene angeschraubt. Er nahm die darüber gebreitete Leinwand ab und betrachtete das Werklein eine Weile, spielte mit den zwei zierlichen Hebeln und fingerte an den paar Schrauben herum. Dann wurde es ihm langweilig, er ließ die Maschine unbedeckt stehen, ging an die Esse, ließ einen Hobelspan aufflackern und zündete sich eine Zigarette an. Die behielt er qualmend im Munde und verließ die

Werkstatt mit demselben behaglichen Bummlerschritt, mit dem er gekommen war.

Als er draußen war, ging der Meister hin und breitete das Tuch wieder sorgfältig über die Maschine. Er sagte kein Wort und war mir an diesem Abend ein Rätsel. Daß die Angelegenheit nun damit erledigt sei, wagte keiner von uns zu hoffen. Mir aber passierte vor lauter Erregung ein Ungeschick; es brach mir ein feiner Gewindebohrer im Eisen ab, und von diesem Augenblick an fürchtete ich nur noch für meine eigene Haut und dachte an nichts anderes mehr. Es war eine Qual, wie träg die Zeit bis zum Feierabend verging, und sooft der Meister an dem Regal vorüberkam, in dem die Gewindebohrer sauber nach den Nummern geordnet lagen, wurde mir heiß.

Andern Tags, obwohl ich um den zerbrochenen Bohrer noch ein schlechtes Gewissen hatte, überwog auch bei mir wieder der ängstliche Gedanke, wie es mit Hannes gehen würde. Ein wenig frischer und besser ausgeruht als gestern kamen wir ins Geschäft, aber die Schwüle war nicht gewichen, und die sonst üblichen Morgengespräche und Scherze blieben uns in der Kehle stecken. Hannes war zur gewohnten Stunde gekommen, nüchtern und im blauen Schlosserkleid, wie sich's gehörte. Seinen Schraubstock hatte er unter der Werkbank gefunden und ruhig wieder auf dem alten Platz befestigt. Er zog die Muttern an, klopfte und rüttelte, bis alles wieder richtig saß, dann holte er Schmiere und salbte die Schraube gut ein, ließ sie zur Probe ein paarmal spielen und begann alsdann seine Arbeit.

Es dauerte keine halbe Stunde, so kam der junge Meister.

»Morgen«, sagten wir, und er nickte. Nur Hannes hatte nicht gegrüßt. Zu diesem trat er nun, schaute ihm eine Weile zu, während er ruhig weiter feilte, und sagte dann langsam: »Seit wann ist denn der Schraubstock wieder da?«

»Seit einer halben Stunde«, lachte der Geselle. Aber es war künstlich gelacht, voll Trotz und vielleicht auch Besorgnis.

»So«, sagte der Meister. »Und wer hat denn dich geheißen, ihn wieder hinzutun?«

»Niemand. Ich weiß allein, was ich zu tun habe.«

»In dieser Werkstatt hast du nichts zu tun«, rief der Meister nun etwas lauter, »von heute an nichts mehr. Verstanden?«

Hannes lachte. »Meinst, du kannst mich rausschmeißen?«
Der Meister wurde bleich und ballte die Fäuste.
»Seit wann sagst du denn Du zu mir, du Lump?«
»Selber Lump –«
Der Meister vergaß sich. Ein Schlag und ein kurzer Schrei war zu hören, dann wurde es totenstill in der ganzen Werkstatt, denn nun ließen wir alle die Arbeit liegen und hörten mit Entsetzen zu.
Der Meister hatte dem Hannes einen Faustschlag ins Gesicht gegeben. Nun standen sie dicht voreinander, minutenlang regungslos, und dem Geschlagenen schwoll die Haut ums Auge bläulich an. Beide hatten die Fäuste ein wenig vorgestreckt, und beide zitterten ein wenig, der Meister am sichtbarsten. Wir rissen die Augen auf, und keinem fiel es ein, ein Wort zu sagen.
Da geschah es wie ein Blitz, daß Hannes, am Meister vorbei, zur Esse stürzte und mit beiden Händen einen von den schweren Vorschlaghämmern an sich riß. Noch im selben Augenblick stand er wieder vor dem Meister, den Hammer hoch geschwungen, und blickte ihn auf eine Art an, daß uns todesbang wurde.
»Schlag doch zu, wenn du Courage hast«, sagte der Meister. Es klang aber nicht ganz echt, und als jetzt Hannes Miene machte, zuzuhauen, wich der Bedrängte vor ihm zurück, Schritt um Schritt, und Hannes immer hinter ihm her, mit dem riesigen Schmiedehammer zielend. Der Meister war totenblaß, man hörte ihn laut keuchen. Hannes trieb ihn so langsam weiter bis in die Ecke, da stand er an die Wand gedrängt, neben seiner kleinen Maschine, von der das Tuch geglitten war.
Hannes sah schauerlich aus in seiner Wut, und die Spuren des Faustschlags neben seinem Auge standen in dem weißen Gesicht und machten es noch wüster.
Jetzt lüpfte er den Hammer noch ein klein wenig, biß die Zähne zusammen und hieb. – Wir schlossen alle einen Moment die Augen. Dann hörten wir den Gesellen laut und böse lachen. Sein Schlag hatte gedröhnt, als müsse das Haus einfallen, und jetzt schwang er den Hammer hoch und hieb noch einmal. Aber beide Schläge galten nicht dem Meister. Statt dessen war die Maschine, seine Erfindung, scheußlich

zertrümmert und lag in geborstenen, verbogenen und plattgeschlagenen Stücken da. Jetzt warf Hannes den Hammer weg und ging ganz langsam in die Mitte der Werkstatt zurück; dort setzte er sich mit verschränkten Armen auf den Amboß, doch zitterte er noch in den Knien und Händen.

Der Meister kam ebenso langsam ihm nach und stellte sich vor ihm auf. Es schien, als seien beide vollständig erschöpft und hätten zu nichts mehr Kraft. Hannes baumelte mit den Beinen, und so saß der eine und stand der andre, sie sahen einander nicht einmal mehr an, und der Meister fuhr sich immer wieder mit der Hand über die Stirne.

Dann nahm er sich plötzlich zusammen und sagte leise und ernst: »Steh jetzt auf, Hannes, und geh, nicht wahr?«

»Ja, ja, freilich«, sagte der Geselle. Und dann noch: »Also adieu denn.«

»Adieu, Hannes.«

Nun ging er hinaus mit dem verschwollenen Auge, und die Hände noch schwarz von Schraubstockschmiere; und wir sahen ihn nicht wieder.

Ich hielt den Augenblick für günstig, ging zum Meister hin und sagte ihm, ich hätte einen von den Gewindebohrern zerbrochen, einen von den feinen. Ängstlich erwartete ich sein Strafgericht. Er sagte aber bloß: »Welche Nummer?«

»Dreidreiviertel«, flüsterte ich.

»Bestell einen neuen«, sagte er, und weiter kein Wort.

(1904)

Der Schlossergeselle

Ich war damals zwischen sechzehn und siebzehn Jahre alt. Als ich mit meinem ersten Lehrjahr in der mechanischen Werkstätte fertig war, trat ein neuer Geselle namens Zbinden bei uns ein. Er war auf der Wanderschaft und nahm, obwohl es im schönsten Frühling war, die Arbeit, die unser Meister ihm bot, willig an.

Als er mit dem Handwerksgruß hereintrat, fiel uns gleich seine Haltung auf. Sie gefiel uns nicht. Die Schlosser und gar die Maschinenbauer verleugneten damals auf Wanderschaft selten den Stolz ihrer Zunft; sie zeigten gern im Auftreten etwas Schneidiges, auch Schnoddriges, wußten auch zu reden und sich hinzustellen. Dieser aber kam herein wie ein armer Sünder, sagte kein Wort als den alten Handwerksgruß »Fremder Schlosser spricht um Arbeit zu« und blickte nur den Meister an, ohne uns Kollegen auch nur zuzunicken. Und als er eingestellt wurde, ging er gleich in der ersten Viertelstunde ins Geschirr, noch ehe ihm ein Imbiß angeboten worden war. Wie gesagt, er gefiel uns nicht.

Er hieß Zbinden und stammte, glaube ich, aus dem Solothurnischen, kam aber nicht von dort, er war schon lange Zeit im Reich auf Arbeit. Jetzt kam er von Frankfurt her und war vier Wochen unterwegs, hatte aber noch einen zweiten Anzug und sogar Bargeld. Sein Arbeits- und Wanderbüchlein war tadellos in Ordnung, er hatte sogar noch ein Zeugnis von der Lehrlingsprüfung. Wie alt er war, konnte man ihm schwer ansehen. Ich schätzte etwa siebenundzwanzig, wenn er auch älter aussah. Er hatte nämlich, wie man das bei Querköpfen manchmal sieht, junge Gebärden und ein altes Gesicht. Es gibt ja solche.

Meinem Freund Christian war der Zbinden vom ersten Tag an ein Dorn im Auge.

»Sag was du willst«, sagte er zu mir, »der Fremde ist ein Duckmäuser, ich kenne die Sorte. Fehlt nur, daß er es gegen uns mit dem Alten hält. Und wenn er mittwochs zu den Pietisten in die Stunde läuft, so soll's mich nicht wundern.«

Das stimmte nun und stimmte auch nicht. Wenigstens ging der Neue nicht zu den Pietisten. Am ersten Abend wurde er, wie es der Brauch ist, von uns eingeladen und ging auch mit in den »Schwanen«. Aber um halb zehn Uhr stand er auf, zahlte seine zwei Glas Hanauer und ging heim. Der Christian, als er um elf Uhr ins Bett ging, sah ihn gerade noch ein Buch weglegen, in dem er gelesen hatte.

»Die, die so nachts lesen«, sagte Christian, »und dann das Buch verstecken, wenn man kommt, das sind mir grade die Rechten.«

Auch ich war seiner Meinung. Zu was soll die Leserei nachts noch gut sein? Das Tagblatt und die Mechanikerzeitung konnte er beim Vesper und über Mittag in der Werkstatt lesen.

Beim Schmieden stand er einmal dem Christian ungeschickt im Weg.

»Mach Platz, du Heimtücker!« rief Christian ihm zu.

»Ich stehe gut, stell du dich anders«, sagte der Zbinden.

Der Christian wurde gleich wild. »Jetzt gehst weg!« schrie er, »oder du kriegst den Hammer auf den Schädel.«

Da wurde der Zbinden blaß und ging weg. Als dann ausgeschmiedet war, ging er zu Christian hin und sagte: »Du, das hättest du nicht sagen sollen. Nimm's zurück.«

»Einen Dreck nehm ich zurück«, lachte der Christian.

»Nimm's zurück! Es könnte dir leid tun.«

Jetzt war mein guter Freund aber zornig. »Leid tun?« schrie er ihn an. »Du Hinterrückser, du Schleicher! Wenn's dir bei uns nicht gefällt, kannst ja gehen, es hält dich keiner!«

Von da an war der Schweizer noch stiller als schon zuvor, und wir mochten ihn alle nicht leiden.

Um diese Zeit trat beim Dreher Kusterer ein neuer Geselle ein, und weil der Dreher uns öfter Holzrollen und Modellteile lieferte, lernten wir den Gesellen auch bald kennen. Da sagte er einmal zu mir: »Du, seit wann habt ihr denn den Kerl da, den Zbinden?«

»Seit April«, sagte ich.

»So so. Da habt ihr aber einen Schönen erwischt.«

»So, warum denn?«

»Ein Verhältnis hat er gehabt mit der Frau vom Werkführer, und erwischt haben sie ihn, und rausgeschmissen haben sie ihn. Mit einer verheirateten Frau!«

Ich war damals noch unschuldig und hatte nicht gewußt, daß solche Sachen passieren können. Ich glaubte es auch nicht beim erstenmal und erzählte die dumme Geschichte nicht weiter. Ein Lehrling muß das Maul halten können. Aber bald wußten es auch die andern. Und der Christian schoß natürlich gleich los damit.

Eines Morgens, der Meister war gerade nicht da, traf er mit Zbinden am Schleifstein zusammen.

»Drehstahl schleifen?« fragte der Christian und lachte.

»Nein, bloß den Meißel da«, sagte der Zbinden.

Da lachte der Christian noch lauter, so daß wir nun alle zuhörten, und fragte: »Du, Zbinden, ist sie recht schön gewest, die Frau vom Werkführer?«

Der andere fuhr zusammen. Dann fragte er: »Von was redest du?«

»Tu nicht so«, lachte der Christian, »man kennt deine Streiche schon. Aber hier haben wir keinen Werkführer, dem du die Frau verführen kannst.«

Da hob der Zbinden seinen Arm auf und sah aus, wie wenn er jetzt den Christian augenblicklich niederschlagen würde, denn stark genug war er dazu. Der Christian floh schnell zurück und ließ ihn in Ruhe.

Nun wäre es gut gewesen, und vielleicht hätte mein Freund Christian genug gehabt und nie mehr so etwas gesagt. Aber der Zbinden, der Teufel muß ihn geritten haben, tut wieder etwas ganz Unbegreifliches: er kommt mittags in der Eßzeit her und sagt ganz süß: »Es tut mir leid, Christian, daß ich dich erschreckt habe. Sei so gut und rede nichts mehr von diesen Sachen, sonst gibt es noch ein Unglück.«

Für den Augenblick sagte der Christian vor Erstaunen gar nichts. Er sah aber natürlich den Gesellen jetzt nur noch ganz verächtlich an. So oft er konnte, machte er Witze über ihn, und wir lachten dann alle mit, während Zbinden an seinem Schraubstock stehenblieb und bloß auf die Zähne biß, weil er ja alles hören konnte. Nur einmal wartete er am Feierabend vor der Werkstatt auf mich und sagte dann zu mir: »Es wäre besser, du würdest nicht auch mitlachen, wenn der Christian so wüst redet! Du weißt ja nicht, was du tust, und du weißt auch nicht, wie es mir tut. Weißt du, der Christian ist selber kein guter Mensch, und was der höhnt und witzelt, das spür ich nicht. Aber du bist noch nicht verdorben, und du bist auch noch Lehrbub, von dir hör ich's nicht gern.«

Ich begriff ihn gar nicht. Er war Gesell und ich war Lehrbub. Er hätte mich ruhig hauen dürfen, kein Hahn hätte danach gekräht. Aber so wunderlich ist er gewesen.

Am Abend las er immer. Zuerst ging er spazieren, und im Anfang dachten wir, er laufe zu einem Mädchen, aber er ging nur allein vor die Stadt hinaus, und dann, wenn er wiederkam, setzte er sich in der Kammer hin und las. Der Meister wollte schimpfen, aber Zbinden zahlte das Erdöl selber. Zwei von seinen Büchern hatte der Seiffert einmal gesehen, die waren beide von Tolstoi. Der Seiffert erzählte es uns, und der Christian sagte: »So so, von Tolstoi? Also für das braucht der Lump sein Geld.«

Dennoch wollte der Christian jetzt diese Bücher auch selber sehen, aber sie wurden immer eingeschlossen. Nur das Neue Testament lag manchmal da.

»Das schließt er nicht ein«, sagte der Christian, »das legt er natürlich offen hin, der scheinheilige Bruder. Der wird viel in der Bibel lesen!«

Da war es an einem heißen Abend, daß der Fremde spazierenging und vergessen hatte, seinen Koffer abzuschließen. Der Christian ging wieder in seine Kammer und stöberte: da fand er alles offen und machte sich darüber her. Außer den Büchern von Tolstoi kam eine Gedichtsammlung und eine Schreibmappe zum Vorschein, ferner ein Buch »Der Weg zur Erkenntnis oder Licht aus dem Osten«. In dem Gedichtbuch stand auf dem ersten Blatt ein Vers geschrieben und darunter: »Zur Erinnerung an unsere Herbstabende. Mathilde.« In der Mappe waren ein paar Briefe, auch mit Mathilde unterschrieben, und eine Photographie dieser Frau, die sehr fein aussah, aber nicht mehr ganz jung. Ich sah das Bild später dann selbst. Der Christian schaute sich alles gut an, dann nahm er einen Bleistift, machte ihn naß und schrieb etwas Unanständiges auf die Rückseite der Photographie.

Am andern Tag konnte er es nicht lassen, den Zbinden mit seiner Entdeckung aufzuziehen. »Du«, sagte er ihm, »das sind sicher recht schöne Herbstabende gewesen, mit Mathilde?«

Da hatte ihn der andere schon an der Gurgel. »Satan du!« schrie er laut, und wir glaubten, er wolle ihn umbringen. Aber dann ließ er ihn plötzlich los und sagte nur: »Das war dein letztes wüstes Wort, Christian. Wenn ich noch so eins von dir höre, bist du kaputt.« Und stieß ihn weg. Wenn er ihn nur geprügelt hätte! Aber nein, er schluckte immer alle Wut in sich hinein.

Abends ging dann die Wüstenei vollends los. Der Zbinden setzte sich, ganz gegen alle Gewohnheit, in eine Wirtschaft und trank. Dann kam er spät heim, die andern lagen alle schon im Bett. Wahrscheinlich hat er da noch seinen Koffer aufgemacht und das Bild angesehen und Christians Zote darauf entdeckt.

Gleich darauf kam er in die Kammer gestürmt, wo neben Seiffert der Christian lag. Er war noch wach, und als der Fremde so wütend auf sein Bett losstürmte, zog er sich schnell die Decke über den Kopf. Der Zbinden hatte ein starkes Stänglein Schmiedeeisen in Händen, mit dem schlug er zweimal aus aller Kraft auf den Versteckten los. Dann schrie er so laut auf, daß der Seiffert davon aufwachte, und lief davon, zur Kammer und zum Haus hinaus.

Jetzt kam alles auf die Beine. Der Christian, wie sich zeigte, war ohne Besinnung; er hatte aber bloß ein Schlüsselbein zerbrochen. Nach vierzehn Tagen lief er schon wieder herum. Aber den Zbinden fand man erst nach zwei Tagen, im hintern Stadtwald. Dort saß er, wie wenn er müde wäre, im Gebüsch auf dem Moosboden, aber er atmete nicht mehr. Er hatte sich beide Pulsadern aufgeschnitten.

Von da an ging meine Freundschaft mit Christian immer mehr auseinander, und er ging auch bald auf Wanderschaft, obwohl der Sommer schon fast zu Ende war.

(1905)

Wenkenhof

Eine romantische Jugenddichtung

Die Mitternacht war schon nahe. In dem großen sommerlichen Gesellschaftszimmer des alten Landhauses glänzte die Hängelampe auf die dunklen Bilder und ihre blaß gewordenen Rahmen, auf das offene Klavier, auf welchem ein Strauß Narzissen stand, und auf den runden, eichenen Riesentisch. An diesem saß der Hausherr und die Dame, ihr Sohn und ich, der aus der Stadt zu Gast gekommen war. Auf dem Tische lag neben einem Strauß von Feldblumen aufgeschlagen ein altes Büchlein von Eichendorff und eines von E. Th. A. Hoffmann, mit kleinen rotbraunen Kupfern nach Callot, und über die Bücher hinweg war die Geige des Sohnes gelegt. Durch die geöffneten Flügeltüren des altmodisch ausgebauchten Balkons kam die kühle Luft herein, und der Geruch der blühenden Obstgärten und das schwache weiße Licht der Sterne. Jenseits der Wiesen und schwarzen Felder schienen die Sterne überaus zahlreich, klein und rötlich auf der Erde fort zu glänzen – dort lag mit tausend Lichtern die bleich überdünstete Stadt. Vom Kiesplatz her klang der schwache künstliche Quell des kleinen Fischweihers.

Die kleine, vertraute Gesellschaft gab sich müden Abendträumereien hin und redete wenig; oft war lange kein anderer Laut im Zimmer als unser Atem und der Atem der Nacht, als der Windzug, der die Balkontüren leis bewegte, oder ein halbes Geräusch aus der nahen Stube, in welcher bei offenen Fenstern die Kinder schliefen. In diesen stummen Minuten drang der Glanz der aufsteigenden Venus stärker in das Zimmer, vom Klavier her klangen für Träumerohren die zärtlich-eleganten Takte Mozarts unendlich leise hörbar, und in der braunen Geige rührten sich mit summendem Gedränge die gefangenen Töne. In den entfernten Ecken des zu großen Zimmers saß lauschend die Finsternis.

»Jetzt erzählet!« sagte die Hausfrau, und zugleich löschte sie die Lampe aus. Die Finsternis stürzte hinter dem verglosenden Flämmlein her gierig aus allen Ecken hervor, aber der süße Glanz der Venus drang bis zum Rande des runden Tisches und lag zwischen ihm und dem Balkon wie eine weiße Straße. Gemeinsam mit dem Sohne begann ich nun eine Geschichte zu erzählen, so daß einer den andern in kurzen Pausen ablöste, wie wir es oft getan hatten. Die dunkle Nacht und der erwachende Spätwind und die viel mehr als hundertjährigen Bäume der englischen Allee erzählten in den Pausen mit, und es geschah daher, daß in unserer Geschichte viel von Sternen und nächtlichen Schatten auf mondhellen Pfaden die Rede war, auch von Seufzern, die in bedeutender Stunde aus Gewächs und Geräte steigen, von Doppelgängern und aufsteigenden Schatten Gestorbener.

Mit dem letzten Schlag der Mitternacht war die Geschichte zu Tod und Ende geführt und verklang fremden Tons in der Dunkelheit. Eine Kerze flammte auf, und eine zweite; nebenan ward mir ein kleines Schlafgemach geöffnet, wir gaben einander die Hände und gingen auseinander.

Nach einer kurzen Stunde Schlafs erweckte mich eine sanfte Klaviermusik. Leise und sehr behutsam stieg ich aus dem hohen Bett und schob die angelehnte Tür des Gesellschaftszimmers ein wenig weiter zurück. Ein schwaches Flimmerlicht drang ein, und die Musik erklang deutlicher. Ich erkannte ein Menuett von Mozart, von Frauenfingern gespielt. Noch ein vorsichtiger, vorsichtiger Druck an der Türe ...

Am Klavier saß ein hübsches Mädchen im Kostüm des Empire, weiß mit lila Schleifen und sehr hoch gegürtet. Sie spielte die delikate Musik so, wie ich glaube, daß sie vor hundert Jahren gespielt wurde, nämlich sehr zierlich und akkurat, nur die kleinen sentimentalen Wendungen ganz leicht übertreibend, und sie lächelte dazu. Nach einer kurzen Weile hielt sie inne. Es entstand Geräusch auf dem Balkon. Ein junger Herr in dunkelblauem Frack stieg über die schöne schmiedeiserne Brüstung. Seine weißen Wadenstrümpfe stachen hell und unerträglich eitel durch die Nacht hervor. Kaum hatte er beide geschmeidige Beine über den leicht erzitternden Eisenbord gebracht, da lag er schon vor dem Klavier der schönen Musikantin zu Füßen. Indes er Liebeswahnsinn stammelte und von ihr mit schnöde lächelnden

Mienen ohne Glauben angehört wurde, reizte mich ihr hochmütiges, hübsches Gesicht und der edle Bogen ihrer hochgezogenen Brauen. Sie spielte jeweils einen fröhlichen Takt weiter und hörte sodann wieder heiter, behaglich und grausam dem Knieenden zu, seine Beschwörungen bald mit Schweigen, bald mit Lächeln, bald mit einem Triller beantwortend. Sie schlug erstaunlich tadellose Triller.

Da der Galant heißer und am Ende immer drängender und unabweislicher wurde, ärgerte ich mich doch. Ich brach im Hemde aus meiner Kammer hervor, ergriff den Verliebten mit beiden zornigen Händen, trug ihn – er war nicht schwer – zum Balkon, an welchem noch seine angehakte Leiter hing, und warf den Pudermann köpflings hinunter. Ein verhältnismäßig stattlicher Fall tönte drunten auf dem mondweißen Fliesenboden. Umkehrend verneigte ich mich vor dem weißen Fräulein und schämte mich elend, weil ich im Hemde dastand.

»Mademoiselle, permettez . . .«

Sie aber wurde blaß, und wurde schmal, und sank mit einem überaus zarten Seufzer auf dem Stuhl zusammen, und da ich die Hände nach ihr ausstreckte, griff ich eine große, stark duftende Narzisse. Erschrocken und traurig stellte ich die weiße Blüte zu den andern ins hohe Blumenglas und kehrte in das verlassene Bett zurück.

Als ich des Morgens vor dem Abschiednehmen das Klavierzimmer nochmals aufsuchte, war alles wie am vergangenen Abend. Nur ein altes Männerbildnis an der Wand schien mir auffallend rachsüchtig zu blicken, was ich früher nie beachtet hatte. Doch machte mir dies begreiflicherweise keine Sorgen.

Der Wagen war angespannt, und ich fuhr in Begleitung des Hausherrn nach der Stadt zurück. Der gastfreundliche Herr war heute ziemlich verschlossen und sah mich unangenehm und fragend an.

»Es ist vielleicht besser«, sagte er plötzlich, »wenn Sie uns hier draußen nicht mehr besuchen.«

Ich war sprachlos.

»Ja, weshalb denn?« rief ich bestürzt.

Er blickte mich strenge an.

»Ich habe gesehen, was Sie heut nacht getan haben.«

»Und nun?«

»Jener Herr war mein Großvater. Sie wußten es vermutlich nicht, aber einerlei . . .«

Ich begann mich zu entschuldigen, aber er rief dem Kutscher zu, schneller zu fahren, winkte abwehrend gegen mich und lehnte sich tief im Sitz zurück, ohne sich mehr auf ein Gespräch einzulassen.

(1905)

Anton Schievelbeyn's
Ohn-freywillige Reisse nacher
Ost-Indien

So habe ich, einen Theils zur eewigen Gedächtniß meiner getahnen Sünden, u. eingetrettenen Beßerung, vorauß aber zur Ehre GOttes, des HErrn, alles auffbewahrt u. geschriben, so mir, nach Seiner Fügung, auff meinen merck-würdigen See-Reissen, u. in frmbden Gegenden u. Landschafften, begegnet u. auffgestossen ist. Insonderheit die merckenswerthen Woltahten, welcher der HErr in Seiner Barmhertzigkeit an mir großen Sünder u. Elenden außgeübt.

Zu vörderst muß ich in aller Kürtze meiner vorigen Umstende u. Schicksahle gedencken, alss wie ich in gantz zarten Jaren auff See fuhr u. viel seltzahme u. schröckliche Abenteuer gehabt. Alßdann an den Cap de bon Esperance gelangt, woselbst die Niederlendischen ihren, unlengst angefangenen, Wohnsizz ämsig verbeßerten, theils freye, theils unfreye, mich auch auff das Beste auffnamen. Dann ich war derzeiten übel kranck, u. glaubte nicht lenger zu leben. Worauff ich gantz gut genaß, u. sehr frölich war, auch denen Niederlendern gar gerne halff, u. Arbeit taht, auch spehter mein theueres Weib, so damahlen eine Wittib war, geheurahtet. War ein reicher Mann auß mir geworden, u. besaß ein Hauß, u. Acker, u. Waideland, u. zwey hundert africanische Schaafe, weiße u. schwartze.

So bald ich nun bey so erklecklichen Wolstande gelangt war, u. war schon zuvor ein leuchtsinniger Bruder gewest, verfürete mich allso bald der Teuffel, u. fihl allmälig in grossen Hoch-Muth, Freßen u. Sauffen, wolte wol leben, u. wenig arbeiten, Summa war nichts alß Lust, u. Lermen, u. fröliges leben. Hatte gute Freunde genug, u. nur mein Weib blikkte scheel darzu, sties mich offtmalen an, u. sagte, du Fauler u. Bösewicht, sihe bald hohlt dich der Satan, u. mußt verbrennen. Hörte aber nicht darauff. War so gar zornig, u. hette sie geschlagen, förchtete sie abers zu sehr. Sie war über maaßen starck u. ämsig, bettete immer zu GOtt, u. seuffzete jeden Tag, besorgte das gantze Wesen mit Treue, war doch umsonsten, dan alles ward vertahn, u. verzeert. HErr, HErr, verzeye mir in Deiner grossen Gnade, amen.

Maaßen das Weib verstendig genug war, u. keinen anderen Troost erfand, begieng sie amende eine kluge Lißt, wie ich hernacher so gleich erzehlen will. Nehmlich an einem Abend aß, u. tranck ich, mit zwey oder drey guten Brüdern, wie schon offt, u. war nichts, alß Lust, u. Gesang, u. Gelechter im Hauß, gieng auch späht in mein Bette, war ein wenig trunkken, u. schlieff so feßt, wie kein Fleissiger. Deßhalben ich ohnmaaßen erschröckte, alß mich gegen den Morgen einer herauß zog, u. fieng an, laut zu schreyen. Aber mein Weib kam herein, u. sagte, sey nur ruhig, es geschiht Alles mit meinem Willen. Da standen vier starcke Männer, die zogen mir meine Kleider an, alles mit der eussersten Schnelle, schleppten mich hinauß, u. sezzten mich auff ein Waagen, wurde so gleich angebunden, u. war in einer grossen Todes Angst, fragte kläglich, was mit mir geschähe. Mein gutes Weib weinte u. sagte mit Schmertzen, du mußt nun abschiedt nemen. Nam abschiedt, küsste sie mit lautem Weinen. Die Männer stiegen nebenst mir auf den Waagen, gaben mir keine Antwortt. Und fuhren im schnellesten Trapp in den Haaffen, entbandten mich von der Bankk, brachten mich auff ein niederlendisches Schiff, gaben mich dem Haubtmann. Sie stekkten mir ein Brieff in die Hand, schryen adieu, giengen an das Land zurück. Ich wolte schnelle nach, aber wurde feßt gehalten, u. blieb in grossem Elende auff dem Schiff. Spähter wurde noch für mich eine kleine Küßte gebracht, u. eine Stunde nach mittag geschah ein Schuss, u. wir lieffen in die See.

Alßbald kamen die Leute, namen mich, u. mußte Dienste tuhn, war ein Matrose auß mir geworden, dergleichen ich in jungen Jahren schon gewesen, u. hatte nie gedacht nochmalen einer zu werden. Diser Tag, welcher mir der traurigste in meinem Leben zu seyn dünckte, war der 23. Maymonaths, im Jar sechszehnhundert 58. Bald erfur ich von meinen Kameraden, daß das Schiff, so auß ihrem Vatterland her gekommen, nacher Batavia bestimmt sey. Wir hatten vatterlendische Wahren an Bort, u. mehrerley Herrschafften, welche zum theil reisslustige, oder auch gelehrte Herren u. Doktores waren, war auch Mr. Walter Schultz auß Amsterdam dabey, ein Artzt, u. gelehrter Herr, welchem spehter mein Leben dancken dorfte.

Kaum daß ich eine freye Stunde hatte, so nam ich meinen Brieff, darauff stand, »an meinen lieben u. werthen Ehe-Herrn, Herrn Anton Schievelbeyn«. Aber innen dem Brieffe stand allso: »Du mußt jetzo abschiedt nemmen, was mich gar betrübt, kann aber nicht anderst. Mit Freßen u. Wollust ist kein Christlich leben, u. musstest bald zur Hellen faren. Dises soll nicht seyn, u. habe dich diserhalb auff ein Schiff geschikkt, daß du nüchtern wirst, u. wider arbeitten lernst. Mit Gottes Hülffe magstu wider gut werden, u. mit großen Freuden heymkehren. Bette fleyssig, u. schreibe mir ein Brieff, wann du nacher Batavien kömmst!«

So sah ich dann wol, daß ich von meinem Weibe war überlistet worden. Dieß gefihl mir nicht, u. fluchte ihr, u. beschloss nicht wider heym zu faren, sondern beschloss in frembde Gegenden zu reißen, u. daselbsten zu bleyben, so lang es mir gefallen mögte. Verstokte allso mein Hertz, u. war guter Dinge, u. nur der schweere Dienst war mir unlieb, u. widerwertig. Darauff schloss ich Freundschaft mitt denen Schiffsleuten, u. war gantz ohn-verzagt. Wie dann ein Jeder guter Seemann, auch wann selbiger lange zu lande war, stäts auff's Neue voll Freude, u. Courage ist, so bald er das feßte Land verleßt, u. wider über Waßer seegelt. Wann ich alles wolte erzehlen, was mir unter Wegs zugestossen, u. erlebt habe, könnte ich leicht kein Ende finden. Will aber nur in größter Kürtze auffzehlen.

Alß wir den 39. oder 40. Grad süder Poli erreicht hatten, fiengen gefehrliche West-Winde an zu wehen. Die Lufft war kalt, u. voll tunckler Wolcken; offt genug stürtzete Haagel auff uns, auch Schnee; doch war der Wind uns günstig, da wir nacher Ost-Indien wolten. Wir furen erschröcklich schnelle, wol 45 Meylen am Tag, bey 14 Tage. Da fihl ein grausahmer Wind, gleich wie vom Himmel, über unser Schiff, welchen man Orcan nennt, u. flog zu Erst rundumb den Compass her. Konnte keiner den andern mehr erhören, wurden alle elend und schryen, wir versincken! Betteten mit sonderbahrem Eyfer, HErr, HErr, hilff uns! u. waren durchauß verzweyflet, biß die lengst erwünschte Morgen-Stunde an brach. Da fasseten wir einigen beßeren Muth, u. der Sturm lies nach.

Aber Viele von uns wurden kranck, hatten grosse Hizze, u. Tob-Sucht, u. beyde Wundtärtzte waren bestendig am Werck. Da lag auch ich armer Sünder, in grossen Ängsten, meynte zu sterben. Da wolte ich in mich gehen, seuffzete u. fieng an zu betten. GOtt seegnete aber die Artzeney-mittel, so mir oben bemeldter Mr. Schultz dargereicht, u. genaß nach 6 Tagen, war auch sogleich wider frölig, u. vergass alles. Aber ein reicher Kauffmann-Sohn war auch tobsüchtig, diser stürtzte sich in das Waßer, wurde ämsig nach geforscht, u. blyb aber verlohren.

Unter dessen geriethen wir in die Süd-Ost-Winde, u. konnten nicht in das erwüntschte Batavia kommen, trieben umbher. Kamen in den See-Busem Sillebar, auff Sumatra. Aber ich kann nicht auffzehlen, was dort geschah, will nur erwehnen, daß die Indianer, deren etliche Orankay hiessen, betriegerisch u. treulos gewesen. Daselbst wachsen Indianische Nüsse, Feygen, Pomerantzen, u. dergleichen, bekamen aber nichts, denn nur ein wenig süß Waßer, u. die Indianer erschlugen uns zwey gute Dollmetscher, die waren um Milch, u. Eyer, auff den Marckt geschikkt. Darauff geriethen wir immer wider in widerwertige Winde, mussten bißweylen 7mahl im Tage Ancker werffen, u. war schon im September.

Aber endlich kamen wir am 5. Octobris, in dem weitberühmten Batavia an. Dorten kam sogleich der Herr Fiscal auff das Schiff, ob wir frembde Wahren darauff verborgen hätten. Und kamen viele heydnische Sineser, von denen viel in Batavia wohnen, kaufften Wahren, brachten Klapper-Nüße, Citronen, Feygen, u. ich lag abermahls drei Tage kranck, von zuvilen Eßen. Dann mußten wir das Schiff ausladen, u. solte dasselbe sogleich nach dem Mußkaten-Lande, Banda, seegeln. War auch schon alles bereit, ich wollte aber in dem herrlichen Batavia bleyben, bekam mein Geldt, u. nam abschiedt. Da kam ein Schiffs-Herr, mußte nacher Holland retour fahren, u. wollte mich in Dienst. Da konnte ich heymkeeren, u. zu meinem Weibe gehen, war aber verstokt, u. mogte nicht, schien mir hergegen die Statt Batavia über maaßen köstlich zu seyn, u. beschloss da zu bleyben.

Voraus erstauneten mich die obgemeldten Sinesen. Selbige tragen das Haar unmenschlich lang, was ein alter Gebrauch bey disem Heyden-Volk ist. Und wann einer sein Haar abschneydet, der verfallt in solchen Hass bey den Sinesen, daß ihm von keinem einige Liebe erwiesen wird. Auch siehet man sie ohne Unterlaß spiehlen u. doppeln, u. verspiehlt mancher, in kurtzer Zeit, Hab u. Guth, Schlaven u. Schlavinnen, ja selbst Weib, u. Kinder, welche der andere zu Schlaven macht, oder die Schönste zur Beyschläfferinn behält. Rauffen sich die Barthaare auß, daß wer sie zu erst erblikkt, meynt er, sie seyen Weibsbilder, wodurch auch viel geyle Schiffsleute sind betrogen worden. Sie begraben ihre Todten an einem besondren Orthe vor der Statt, in gewelbten Mauren, wobei sie ungemeyn viel köstliches Eßen, Gewürtze, nebst bemahltem Papir dem Teuffel auffopfern.

Gantz anders sind die Indianer beschaffen, von welchen offtmahlen einige gemartert, u. von unten auff geredert werden; dann sie geniessen soviel Opium (ein gefehrliches Gewürtz), biß sie gantz rasend werden. Alsdann lauffen sie dorch die Gassen, u. schreyen Amockk, daß bedeutet, daß sie jeglichen umbringen wöllen, der ihnen begegent, u. bringen offt viele um, werden alßdann geredert. Dan die Justitz leydet solche Gottlose Unsinnigkeit nicht.

Nun gedachte ich, was in meinem Brieffe stand, daß ich nehmlich von Batavia einige Nachricht meinem Weibe sollte schikken. Trug auch ihren Brieff stäts bey mir, mogte aber nicht schreiben, zürnte ihr noch immer, u. gedachte sie gantz zu verlaßen. Je mehr ich an mein, früher gehabtes, ergetzliches Wolleben zurükk gedachte, je schlimmer gefihl mir die Lißt, daß sie mich mit Gewalt fortgebracht hatte. Dem nach begab ich mich in ein Hauß, allwoselbst viele See-Leute, auß mehrerley Lendern, wohnen, u. ein faulles Leben füren, fand daselbst Hollender, Teutsche, u. Frantzosen. Soffort ward ich gutt auff genommen, u. feelte mir an nichts, war auch bald der lustigste von Allen. Spiehlen, Lermen u. Trincken war jeden Tag, gab auch Weibs-Persohnen, Tantz u. viele Freuden aller Art; kamen Indianer, u. Sineser, mit Saitten-Spihl, u. Wunder seltzahmen Täntzen, so wie Comoedie, alles auff's Beßte gezihret, mit heftigem Gesange.

Leyder muss ich bekennen, daß ich, von eim alten Matros verfüret, zwey mal von dem heydnischen Giffte Opium genooß, erkranckte auff das eusserste, genaß aber orntlich, u. lies mir nie mehr daran gelüßten.

In demselben Hauße, wo ich Abstieg genommen hatte, u. welches einem Niederlender gehörte, war eine indianische Magd, hieß Sillah, gar schön, um fein an Gliederen, u. nicht all zu tunckel geferbt, gefihl mir sonderbahr, wolte aber nichts von Matrosen wißen. Dieselbige war türckischen Gläubens, maaßen sie von der Statt Japare gebührtig war.

Offtmahlen gieng ich in der Statt herumb, theyls eintzel, theyls mit denen Kumpanen, besahe viele u. erstaunliche Rariteten, auch Tempel, heyliger Oerther, frembde Bäume u. Pflantzen, Palmen u. Negel-Bäume. Ueber disem vergieng mein Geldt, u. Haabe, nicht anders dann Merzen-Schnee. Wolte aber nicht wider Schiffs-Dienste nemen. Da begegnete mir wider ein mahl die selbe Sillah, u. sagte Schmeicheleyen zu ihr, ob sie nemlich mir nicht wölle ein Kuss geben. Antwortete, nein, es sey dan daß ich sie heurathe. Dannenhero ich hefftig lachen musste, lies das Mähdgen lauffen.

Im January giengen aber die mehrsten von mein Kumpanen wider in Dienste, ein jeder auff ein Schiff, verliesen mich, in grosser Freundschafft u. Trehnen. Da blyb ich gantz allein, hatte kein Geldt, u. seuffszete mildiglich, wusste nicht was tuhen, u. wohin gehen.

In dieser betrübten Zeyt kam ich nochmahlen zur Sillah, fragte, ob sie mich heurathen wölle. Dan ich hatte niemanden gesagt, daß ich kein leediger Mensch were, sondern schon lang ein Ehe-Mann. Das Mähdgen sagte, Ja, aber daß wir in Batavia nicht heurathen könnten, sondern müssten auf ein andere Insul wohnen. Darumb suchte ich ein Dienst, nam Handgeldt bey eim Haubtmann, welcher sollte nacher Amboina faren, u. seyn Schiff hieß Henriette Louyse. Auch das Megtelein verdingte sich auff dieses Schiff, maaßen ich den Haubtmann darum baht. Wir fürten Reiß u. Zukker, u. dasselbe Schiff sollte Gewürtz-Negel, benebenst Moscat-Nüße, nacher Batavia, Retour bringen.

So furen wir am 7. February dahin, verhoffte auff disen Insuln einen guten Dienst zu finden, bey der Hochlöblichen Ost-Indischen Compagnie, welche ambition hernacher auch würcklich erfüllet wurde. Was Alles auff diser Reiße geschah, u. wir gar viel erduldeten, mag ich nicht alles her zehlen, nebenst Ohn-Gewittern, Sturm u. eusserste Gefaren, so wir bey Zunda, und sonsten erleyden mussten; u. kamen öfters in so schweere Noth u. Bedrengniß, daß wir alle betteten (ohne meine Sillah, dann die hatte den Mohren-Glauben) u. so gar die mahtigste Matrosen, u. arge Sünder, u. Flucher, mildiglich zu weynen an fiengen. Verlohren zwölff Persohnen, darunter ein Edelmann. Diser war ein Vetter von dem Gouverneur von Tarnaten, welches eine kleyne Insul ist, und stehet daselbst ein brennender Berg. Er hieß Herr Korss, fihl über Bord in das Wasser.

Summa nach allen disen, schweeren Nöthen lieffen wir am 24. Maymonaths in Amboina an das Land, bei dem Schloss Victoria. Dorten verlies ich samt der Sillah das Schiff, welches nur Waßer und Speise auffnam, u. so gleich biß zu einem andren Haaffen weiter fur. Beriethen uns nun, was zu tun were. Dan das Mähdgen hatte mir schon zuvohr gesagt, daß sie bereit were, im nöthigen Fall das Heydentum abzustreiffen. Hielten es aber nun vor beßer, unseren wahren Stand geheym zu halten. Allso gab ich an, sie were mein Ehe-Weib, haben diser maaßen keinerley Hochzeitt begangen, noch leegte Sillah ihren türckischen Glauben nider. Wofor mich GOtt der HErr, in Seiner Gerechtigkeyt, spehter heymgesuchet, u. schweer bestrafft hat.

Meldte mich in dem Schloße Victoria, bei dem Herrn Gouverneur, nahmens Hutsert, baht umb Dienste. Diser Herr, nach dem er meine lügenhaffte Berichte angehöret, wies mir einen Garten und kleynes Schilff-Häußchen an. Dort wohnte ich von nun an, mit meiner Indianerinn.

Die erste Zeit war es gut, wir rueten von den Gefehrlichkeyten auß. Ergieng mir gantz wol, dan die indianische Weiber sind gewohnt, für die Manns-Leute zu sorgen. Hatte jeden Tag genug zu essen, wann ich gessen hatte, lag ich unter der Hütte, plaagte mich wenig. Die Sillah taht im Garten Arbeit, samlete die Cokkos-Nüße, auch Sagouw u. Negelckens. Wohnten beysammen faßt ein Jar, in solcher Weise.

Zu jener Zeyt fing es mich an zu gereuhen, daß ich nicht mehr auff meinem Hoffe, am Taffel-Berge, saß, u. sehnete mich, wider heym zu kommen. Nehmlich es fehlte mir wenig, gieng mir gut genug, war aber ohnzufrieden. Bekam eusserst selten etwas anders zu eßen, als Sagouw u. Pynang, auch gesalzte Fische, verdross mich also diser Speyßen immer mehr. War auch nicht mit Sillah copulieret, machte mir ein schweeren Vorwurff, maaßen selbe eine Gott-lose Heydinn war.

Nach dem ich öfftere mahle umbsonst versucht, stieg ich im Mertzen 1660, ohn-vermercket, allein auff ein niederlendisch Schiff, so mit Mosckat-Nüßen nacher Batavia zurück kehrte. War hertzlich froh, alß wir immer weiter kamen, wünschte der guten Indianerinn Glück und Segen, vermeynete bald wider bey meinem würcklichen Ehe-Weibe zu seyn. Ich hatte aber in meiner Schwachheit nicht an Gottes Fürsehung gedacht. In grosser Bälde stürtzeten ungünstige Winde wider uns, wir konnten die Seegel nicht gebrauchen, warffen bestendig Ancker auß. Diser maaßen war nach einer Zeyt, kein süsses Waßer mehr in dem Schiff, kamen in erschröckliche Noth. Viele wurden kranck, winsleten, und klaagten elendiglich. In disen forchtbahren Jammer erblikketen wir ein Insul, warffen Ancker, sezzten eilig ein Boht auß, darinn bey fünfzehn Mann giengen, u. war ich mit dabey. Ruderten mit Macht gegen die Küßte, aber funden selbige steyl, u. gebürgigt, u. keine Hofnung, an das Land zu kommen, maaßen die Seestürtzung so entsezzlich war, daß wir beförchteten, daß an denen Felsen das Bootgen zerbrechen, u. das unterste oben gekehrt werden mögte. Alßbald sanck unsere Hofnung gäntzlich. Aber eynige von uns, u. auch ich selbsten, weill wir schwimmen konnten, sprungen über Bort, u. kamen glükklich durch die Stürtzung auff das Land, nur Einer gieng dabey verlohren. Alßbald lieffen wir zu eim klaaren Bache, lobten GOtt u. trancken ein jeder soviel er konnte. Darnach wollten wir an den Strand zurükke lauffen, u. denen in dem Bohte zu ruffen. Da sahen wir, zu unserem grössesten Schrekken, daß kein Boht mehr da war, u. wussten nicht, ob es vom Wind vertriben, oder gantz versunken were. Rieffen u. schryen mit eusserster Krafft, war umbsonsten. In disem entsezzligen Augen-Blikk erschracken wir so sehr, daß wir zu Booden fiehlen, u. gleichsahm ent-seelt da lagen, dann unsere Umbstende waren so armseelig, daß wir nicht erhoffen konnten, lang zu leben, u. wider in bewohnte Lender zu kommen.

Biß auff disen Tag habe ich niemahls erfahren, wohin unser Boht gekommen sey, glaube, es sey ertruncken. Wir waren fünff Männer, schryen noch bey zwey Stunden, u. blikkten auff das stürmende Waßer, weyneten laut, u. rieffen umb Hülffe. Beriehten sodann, was wir tuhn söllten, wussten kein Rath, verblyben die Nacht u. einen Tag an dem Orthe, u. weren bald for Hunger gestorben, dann wir funden nichts zu eßen. Nach diser Zeyt sagte einer, der hieß Köllen, er möge nicht lenger da bleyben, wir sollten mit ihm gehen, umb nicht gar zu erhungern. Ich war bereit, und noch einer, der hieß Karlsen, aber die übrige zwey wolten nicht, vermeynende, daß unser Boht zurük kommen würde. Allso trenneten wir uns, unter vielen Trehnen, auff das zärtligste, liessen die Beyden an dem Uffer, u. giengen in das Land. Es waren aber steyle, schröckliche Gebürge auf allen Seiten, wir assen Bleter von eim unbekannten Baum, umb uns zu erkrefften. Darauff fiengen wir an die mühsählige Höhen zu ersteygen, kamen an Schauderhaffte Felsen, u. Klüffte, höreten wilde Stürzt-Bäche braußen, u. blyben am zweyten Tage gantz entkrefftet liegen, konnten nicht weiter dringen. Der Hunger plahgte uns entsezzlich, ich were gar danckbahr gewesen, wan ich eine Schüßel Pinang, von der guten Sillah, jetzt hätte haben können.

Wir lagen die gantze Nacht auff denen Felsen, sahen den sichren Todt vor unsren Augen, rieffen zu GOtt, in tieffester Bedrengniß. Niemahls ist ein Christliches Gebett vergeebens, auch, wann es gantz fruchtlooß zu seyn scheinet. Der barmhertzige Vatter erhörete unser Winselen in der Einöde. Wir faßten neuen Muth, u. schlugen eine andere Richtung ein, damit wir kein Erlöösungs-Mittel verseumen mögten. Funden einige Wurtzeln, u. Kräutter, trancken aus den gefehrlichen Bächen, nicht wissend, ob Crocodillen darin seyen. In dem neherten wir uns wider der Küßte, aber an eim anderen Plazz.

Unter dessen wir also in der größten Gefahr schweebten, wurden wir am Uffer eines kleynen Fischer-Schiffgens gewahr, Canoa genannt, worüber wir uns zum höchsten erfreueten. In Kürtze entdekkten wir auch ein Fußpfad, welchem wir mit sonderbahrem Eiffer folgten. Bald hernach, funden wir eine kleyne Fischers-Hütte, in dem dikken Gebüsche, darinn war ein alter indianischer Einsideler, welcher sich in diser Wüßte vom Fischfang ernehrte. Da derselbe uns sah, erstarrte er gleichsahm für Schrekken, dan wir waren so durchauß erschöpfft, u. krafftloß, daß wir ähnlicher todten, alß lebendigen Menschen schienen; über dem hatte er (nach allem vermuhten) noch niemals einige weisse Menschen gesehen. Einer von uns, Nahmens Karlsen, redte ihn auff's höfligste, in der malaischen Sprache an, erzehlte unser beklägliches Unglükk. Der Einsiedeler sezzte uns gedorrete Fische, u. Reiß vor, u. nöthigte uns zu essen. Wir bedanckten uns hertzlich, lobten GOtt für solche ohn-verhoffte Gnaade. Wir fiengen an zu eßen, jedoch fürsichtig, in Betrachtung, daß unser Inngeweyde von Faßten, gleichsahm verdörret war. Bezeigten uns recht dienstwillig, giengen, nach empfangener Belehrung, auff die Jagd, in eim kleynen Canoa, was uns herrlich glükkte. Bey disem guten Indianer bliben wir mehre Monathe, fiengen Fische, u. trokkneten sie auff denen Felsen, pflantzten ein wenig Reiß, u. litten keine Noth. Wurden aber mit jedem Tage trauriger, dan wir funden keine Hoffnung, von disem Orth hin weg, u. in andere Lender, oder in unser Vatterland, zu gelangen. Unsere Kleider fihlen gantz auß einander, unsere Haare u. Barth wurden immer lenger, Summa, man hette uns eher vor Indianer, oder vor Wilde u. Wald-Teuffel, alß vor etliche Christliche Persohnen angesehen. Offt genug sprach keiner ein eintziges Wort, saßen viel mehr gantz still bey einander, weineten sanfft, u. wussten keinen Trohst.

An einem Abend, da ein starker Sturmwind, u. Reegen war, lagen wir alle in der Hütte, konnten nicht schaffen, u. hatten ein kleynes Feuer angebrennt. Da stund einer auff, warff ein Stükk Holtz in die Gluth, u. sagte, jeder von uns soll seine Geschichte u. Erlebniß erzehlen, begann auch selber darmit, u. erzehlte alles, was er wusste. Darnach der Zweyte, darnach ich, u. habe in meinem Leben niemahls so viele, u. schröcklige Historien gehöret, alß an diesem Abend. Dann jeder von uns hatte vielerley erlidten, Schiff-Bruch, Gefahren, Hunger, Krankheyt, auch fremde Völker u. Stätte gesehen, in allen Lendern.

Als ich aber alle meine Sachen treulich herge-zehlet hatte, fiehlen Beyde mit Worten auff mich her, u. rieffen, du Bösewicht, du Gottloßer Mensch, was hast du getahn, hast zwey mahl die Ehe gebrochen. Ich schrye wider, war trotzig,

u. wolte nichts hören. Hernach ward ich aber sehr traurig, erkannte plözzlich meine Laßter, u. Verbrechen, kniete nider, weinte u. bettete heftig. Da knieeten auch die Zweye nebenst mir auff die Erde, wir klaagten laut, u. bahten inbrünnstig, daß wir wider von der Insul, u. unter Christen-Leute in unser Vatterland kommen mögten, maaßen wir so viel Armuth, Kummer u. Ungemachligkeyten erduldet hatten. Die Erkänntniß meiner Übeltahten drükkte mein Hertz alß wie ein Gebürge, ich baht meine Freundte, verzeyet mir meine Sünden, um welche GOtt uns alle so hart bestraffet. Da tröhsteten sie mich auff's liebligste, verzyen mir beyde, u. halffen mir recht mit Betten und Seuffzen.

Hin u. wider erforschten wir öffters dise Gegend, funden aber kein Ausweeg, oder Rettung, auch waagten wir nicht, in dem ärmlichen Canoa oder Böötgen weiters auff das Meer zu gehen. Zwei mahl erblikkten wir ein Schiff, da lobten wir GOtt, schryen u. winckten, zündten ein grosses Feuer an, war alles vergeebens. Warffen uns verzweyfflendt auff die Erde, vergoßen heisse Trehnen, Weh-klaageten. Und alß wir waren eine lange Zeyt dorten gewesen, so starb der alte Indianer, zu gröstem Schmertze, u. begruben ihn, bedenkkend, wie das wir alle ihm allein unser Leben schuldig waren. Sezzten auch ein Ebenhöltzerne Taffel auff das Grab, maaßen in disem Lande viel solche Höltzer funden werden.

In unserer Noth, dann keiner von uns lenger in diser frembden, u. wilden Gegend bleyben wolte, stiegen wir nach vielen hertzlichen Gebetten in das kleyne Canoa, wol wissent, daß wir geringe Hoffnung hetten, lebendig über das Meer zu kommen; wolten es dennoch versuchen, weill sonsten keine andere Rettung war. Allso begaben uns, in das Schiffgen, nahmen trokkene Fische, u. Reiß, u. Sagouw zu Eßen mitt, hatten ein kleynes Seegel auff gezogen. So fuhren wir in das weite Meer hinauß, war aber keine Aussicht, an ein ander Land zu faren, hofften aber zu vermeynten, wir mögten eim anderen Schiff begeegnen, das uns, in seinem bey sich habenden Boot, abhohlen u. erlösen dörfte.

Alß wir zwey Tage geseegelt u. gerudert hatten, sahen wir ungeheure, schwartze u. braune Wolcken entstehen, welches Waßerziehende Wolcken waren, alß welche das Waßer auß der See an sich reissen, auch Waßer-Hoose genennet. Bey disem greuligen Anblikk verlohren wir allen Muht, warffen uns in dem Bohte nider, klaagten u. rieffen umb Hülffe. Und GOtt erbarmete sich, in Seiner Gnaade, u. sendete ein engellendisches Schiff. Jedoch kaum hatten wir dises Werckzeug Seiner Barmhertzigkeyt entdekkt, da fihl eine Wolcke auff uns, mit einem ohn-beschreyblichen Sturm, u. Getöse, so daß das Canoa umbher gewirblet, u. zu underst gekerrt, u. gantz in kleyne Stükke geschlagen u. zertrümmert ward. Und ich hörete meinen Freundt Köllen laut ruffen, Jezzt sey GOtt uns gnädig, wir sind alle des Todes!

In solcher, eusserster Angst, u. Todesgefahr, sezzte das frembde Schiff ein Ruder-Booth hinauß, mit fünff Männern, die erretteten uns mit Gefahr des eygenen Leibes, aber nur mich u. den Köllen. Der dritte, nahmens Karlsen, war schon ertruncken, u. war die Wellen-Stürtzung so gross, daß wir nichts mehr von ihm sehen konnten. Wir beyde waren völlig erschöpfft, wurden auff das Schiff transportiert, welches ein engellendisches Fluyt-Schiff war. Danckten disen Leuten von Hertzen, knyeten nider, lobten GOtt. Sofort wurden wir in ein Bette gebracht, bekamen Wein u. Artzneyen, u. am nächsten Tag war ich wider gantz bey Krefften gekommen. Da gieng ich auff dem engellendischen Schiff herumb. Aber plözzlich erschrakk ich auff das hefftigste, dan bey denen Passagiren erblikkte ich meine Sillah, welche vordem auff Amboina treu-looß verlaßen hatte. Sie erkannte mich aber nicht wider, maaßen mein Bahrt biß an den Gürttel hieng, auch war mein Gesicht schwartz u. wild geworden, u. hette mich, wie auch meinen Kameraden, Niemand for ein Christen-Menschen angesehen. Verhielt mich allso gantz stille, versteckte mich vor ihr.

Seyne Mayestet der König von Engelland war aber zu diser Zeyt nicht im Frieden mit denen Niederlendern, diser maaßen konnte das Schiff nicht in Batavia zu Haven gehen. Ich erzehlete dem Haubtmann alles, was uns widerfahren, u. ergangen war, u. fihlen alle, auch eynige fürneme Persohnen, in ein nicht geringes Erstaunen, auch Mittleiden, alß sie dis alles erfuhren. Da bat ich den Haubtmann gantz hertzlich, nemet mich biß nach dem Cap mitt, wo meine Heimath ist, erboht auch freywillig meine Dienste. Diser gute Herr gab mir Erlaubniß, schikkte mich allso gleich in eine Kammer, befal mich zu scheeren, u. wider in etwas zu einem Menschen, wie zuvor, zu machen. Danach hatte ich lengst Verlangen gehabt, gehorchte dennoch wider-willig, dann ich fürchtete, daß mich alsdann die Sillah wieder kennen werd. Hatte große Furcht vor diesem indianischen Mähdgen. Gehorchte aber, u. sie kannte mich nicht, dann mein Eusseres sich so sehr verwechslet hatte.

Auff diser grossen, u. überauß gefehrlichen Reisse, geschah uns noch viel Widerwertigkeyt u. Unglükk, was ich verschweygen will, maaßen schon so lang, u. vielerley berichtet, u. geschriben habe, damit ich mehr alß genug getahn. Kamen endlich an das Cap, u. ich sahe den Taffel-Berg nach so langer Zeyt wider, weynte hefftig, wußte auch nicht, ob mein Weib, u. meine Freundte noch bey Leben seyen, zitterte sehr. Nam mit vielem Danksagen Abschiedt, küsste u. umarmbte den guten Köllen, in großer Treue u. Schmertz. Dann gieng ich auff das Land, war fünff Jahre fort gewesen. In der Statt kannte mich Niemand, war da eine grosse Strasse neu erbaut, viele andere Verwechslungen, u. Neuigkeyten nicht zu rechnen. Ich lieff durch die Statt, u. alle Gassen, alß were ich ein Frembder, u. hette selbe noch nie erblikkt. Darnach gieng ich auff das Feldt, auff der selbigen Strasse, darauff vor fünff Jaren ich war hinweg gefüret, weinte von großer Freude, u. Bangigkeyt. Da sah ich, daß meine Lendereyen u. Besizz in beßten Stand waren, auch Wein u. Maiß, u. sehnete mich von Hertzen, dises wider zu besizzen, auch mein theures Weib wider zu sehen, u. an mein Busem zu drükken.

Nach einiger Zeyt erreichte ich mein Hauß, musste still stehen, vor Angst und Zittern. Da hörete ich viele, klähgliche u. jämmerliche Töne, Weinen u. Geschrey, in dem Hauße, wusste nicht, was es sey. In dem ich noch allso stand, u. mich nicht getrauete, gieng auff einmal das Tohr auff, u. trat mein Weib herauß, weinte hefftig, sahe mich aber nicht. Da gieng ich zu ihr hin, u. strekkte meine Hand hin. Da rieff sie, wer bistu? Ich sagte, siehe mich an, ich bin dein Gemal, u. bin fünff Jar auff Reissen gewesen! Da kennte sie mich auch, u. erschröckte sich. Fragte ich, Weib warum weinstu so, u. bist traurig? Sie hieß mich aber schweygen, füret mich in das Hauß, fürete mich aber nicht in die Stuben, sondern in ein Magazin, auf dem oberen Booden. Da verschloß sie die Tühre auff das sorgfeltigste, befal mir, daß ich alle meine gehabte Begegniße treulich, u. wahrhafftig erzehlete. Ich erzehlete ihr alles, nur daß ich, auß mehren guten Ursachen, nichts von der Sillah aussagte, noch von dem Opium. Sie sagte, warum hastu mir nicht geschrieben? Hernacher weinte sie wieder auff's Neue, sagte, höre mich an!

Da erzehlte sie mir alles, was geschehen war. Sie hatte aber zwey Jar auff mich geharret, in guter Treue, alßdann hatte sie ein andren Mann genommen. Der selbige hiess nahmens Ehlers, dem gehörte nun mein Weib, u. Hoff u. Guth, u. alles, was zu vorigen Zeyten, war mein Eygenthum gewesen. Aber jezzt lag diser Hr. Ehlers im Sterben, darum hatte die Frau so laut geklaagt, u. geschluchtzet. Sie sagte, bleybe hier verstekkt, biß er gestorben ist. Und ich blieb in dem Magazin verborgen, fünff Tage u. Nächte, in grosser Bedrengniß u. Jammer; lobete aber den HErrn in meinem Hertzen, vor Seine wunderbahrliche, gnädige Führungen, dankete ihm mit grossem Fleisse. Da nam ER bald den Hrn. Ehlers zu sich, in Seine Himmlische Wohnungen.

Hernacher gieng ich mit Sorgfalt auß diser schlechten Kammer hervor, zog ein schönes Kleidt an, war wider gäntzlich ein Ehe-Mann, u. reicher Herr, worden, hertzete mein frommes Weib mit Freuden, tröhstete sie, in ihrem Kummer. Fihl herentgegen niemahlen in die vorige Laßter zurükk, als Hoch-Muth, u. wüßte Völlerey, lebte in guten Züchten. Darinnen helffe mir GOtt fürders in Seiner ohn-erschöpfflichen Gnaade. Amen. HErr hilff, o HErr, lass wol gelingen! Amen.

(1905)

auch in: H. H. Schön ist die Jugend / Erzähl

Heumond

Das Landhaus Erlenhof lag nicht weit vom Wald und Gebirge in der hohen Ebene.

Vor dem Hause war ein großer Kiesplatz, in den die Landstraße mündete. Hier konnten die Wagen vorfahren, wenn Besuch kam. Sonst lag der viereckige Platz immer leer und still und schien dadurch noch größer, als er war, namentlich bei gutem Sommerwetter, wenn das blendende Sonnenlicht und die heiße Zitterluft ihn so anfüllten, daß man nicht daran denken mochte, ihn zu überschreiten.

Der Kiesplatz und die Straße trennten das Haus vom Garten. »Garten« sagte man wenigstens, aber es war vielmehr ein mäßig großer Park, nicht sehr breit, aber tief, mit stattlichen Ulmen, Ahornen und Plantanen, gewundenen Spazierwegen, einem jungen Tannendickicht und vielen Ruhebänken. Dazwischen lagen sonnige, lichte Rasenstücke, einige leer und einige mit Blumenrondells oder Ziersträuchern geschmückt, und in dieser heiteren, warmen Rasenfreiheit standen allein und auffallend zwei große einzelne Bäume.

Der eine war eine Trauerweide. Um ihren Stamm lief eine schmale Lattenbank, und ringsum hingen die langen, seidig zarten, müden Zweige so tief und dicht herab, daß es innen ein Zelt oder Tempel war, wo trotz des ewigen Schattens und Dämmerlichtes eine stete, matte Wärme brütete.

Der andere Baum, von der Weide durch eine niedrig umzäunte Wiese getrennt, war eine mächtige Blutbuche. Sie sah von weitem dunkelbraun und fast schwarz aus. Wenn man jedoch näher kam oder sich unter sie stellte und emporschaute, brannten alle Blätter der äußeren Zweige, vom Sonnenlichte durchdrungen, in einem warmen, leisen Purpurfeuer, das mit verhaltener und feierlich gedämpfter Glut wie in Kirchenfenstern leuchtete. Die alte Blutbuche war die berühmteste und merkwürdigste Schönheit des großen Gartens, und man konnte sie von überallher sehen. Sie stand allein und dunkel mitten in dem hellen Graslande, und sie war hoch genug, daß man, wo man auch vom Park aus nach ihr blickte, ihre runde, feste, schöngewölbte Krone mitten im blauen Luftraum stehen sah, und je heller und blendender die Bläue war, desto schwärzer und feierlicher ruhte der Baumwipfel in ihr. Er konnte je nach der Witterung und Tageszeit sehr verschieden aussehen. Oft sah man ihm an, daß er wußte, wie schön er sei und daß er nicht ohne Grund allein und stolz weit von den anderen Bäumen stehe. Er brüstete sich und blickte kühl über alles hinweg in den Himmel. Oft auch sah er aber aus, als wisse er wohl, daß er der einzige seiner Art im Garten sei und keine Brüder habe. Dann schaute er zu den übrigen, entfernten Bäumen hinüber, suchte und hatte Sehnsucht. Morgens war er am schönsten, und auch abends, bis die Sonne rot wurde, aber dann war er plötzlich gleichsam erloschen, und es schien an seinem Orte eine Stunde früher Nacht zu werden als sonst überall. Das eigentümlichste und düsterste Aussehen hatte er jedoch an Regentagen. Während die anderen Bäume atmeten und sich reckten und freudig mit hellerem Grün erprangten, stand er wie tot in seiner Einsamkeit, vom Wipfel bis zum Boden schwarz anzusehen. Ohne daß er zitterte, konnte man doch sehen, daß er fror und daß er mit Unbehagen und Scham so allein und preisgegeben stand.

Früher war der regelmäßig angelegte Lustpark ein strenges Kunstwerk gewesen. Als dann aber Zeiten kamen, in welchen den Menschen ihr mühseliges Warten und Pflegen und Beschneiden verleidet war und niemand mehr nach den mit Mühe hergepflanzten Anlagen fragte, waren die Bäume auf sich selber angewiesen. Sie hatten Freundschaft untereinander geschlossen, sie hatten ihre kunstmäßige, isolierte Rolle vergessen, sie hatten sich in der Not ihrer alten Waldheimat erinnert, sich aneinandergelehnt, mit den Armen umschlungen und gestützt. Sie hatten die schnurgeraden Wege mit dickem Laub verborgen und mit ausgreifenden Wurzeln an sich gezogen und in nährenden Waldboden verwandelt, ihre Wipfel ineinander verschränkt und festgewachsen, und sie sahen in ihrem Schutze ein eifrig aufstrebendes Baumvolk aufwachsen, das mit glatteren Stämmen und lichteren Laubfarben die Leere füllte, den brachen Boden eroberte und durch Schatten und Blätterfall die Erde schwarz, weich und fett machte, so daß nun auch die Moose und Gräser und kleinen Gesträuche ein leichtes Fortkommen hatten.

Als nun später von neuem Menschen herkamen und den

einstigen Garten zu Rast und Lustbarkeit gebrauchen wollten, war er ein kleiner Wald geworden. Man mußte sich bescheiden. Zwar wurde der alte Weg zwischen den zwei Platanenreihen wiederhergestellt, sonst aber begnügte man sich damit, schmale und gewundene Fußwege durch das Dickicht zu ziehen, die heidigen Lichtungen mit Rasen zu besäen und an guten Plätzen grüne Sitzbänke aufzustellen. Und die Leute, deren Großväter die Platanen nach der Schnur gepflanzt und beschnitten und nach Gutdünken gestellt und geformt hatten, kamen nun mit ihren Kindern zu ihnen zu Gast und waren froh, daß in der langen Verwahrlosung aus den Alleen ein Wald geworden war, in welchem Sonne und Winde ruhen und Vögel singen und Menschen ihren Gedanken, Träumen und Gelüsten nachhängen konnten.

Paul Abderegg lag im Halbschatten zwischen Gehölz und Wiese und hatte ein weiß und rot gebundenes Buch in der Hand. Bald las er darin, bald sah er übers Gras hinweg den flatternden Bläulingen nach. Er stand eben da, wo Frithjof über Meer fährt, Frithjof der Liebende, der Tempelräuber, der von der Heimat Verbannte. Groll und Reue in der Brust, segelt er über die ungastliche See, am Steuer stehend; Sturm und Gewoge bedrängen das schnelle Drachenschiff, und bitteres Heimweh bezwingt den starken Steuermann.

Über der Wiese brütete die Wärme, hoch und gellend sangen die Grillen, und im Innern des Wäldchens sangen tiefer und süßer die Vögel. Es war herrlich, in dieser einsamen Wirrnis von Düften und Tönen und Sonnenlichtern hingestreckt in den heißen Himmel zu blinzeln, oder rückwärts in die dunkeln Bäume hineinzulauschen, oder mit geschlossenen Augen sich auszurecken und das tiefe, warme Wohlsein durch alle Glieder zu spüren. Aber Frithjof fuhr über Meer, und morgen kam Besuch, und wenn er nicht heute noch das Buch zu Ende las, war es vielleicht wieder nichts damit, wie im vorigen Herbst. Da war er auch hier gelegen und hatte die Frithjofsage angefangen, und es war auch Besuch gekommen, und mit dem Lesen hatte es ein Ende gehabt. Das Buch war dageblieben, er aber ging in der Stadt in seine Schule und dachte zwischen Homer und Tacitus beständig an das angefangene Buch und was im Tempel geschehen würde, mit dem Ring und der Bildsäule.

Er las mit neuem Eifer, halblaut, und über ihm lief ein schwacher Wind durch die Ulmenkronen, sang das Gevögel und flogen die gleißenden Falter, Mücken und Bienen. Und als er zuklappte und in die Höhe sprang, hatte er das Buch zu Ende gelesen, und die Wiese war voll Schatten, und am hellroten Himmel erlosch der Abend. Eine müde Biene setzte sich auf seinen Ärmel und ließ sich tragen. Die Grillen sangen noch immer. Paul ging schnell davon, durchs Gebüsch und den Platanenweg und dann über die Straße und den stillen Vorplatz ins Haus. Er war schön anzusehen, in der schlanken Kraft seiner sechzehn Jahre, und den Kopf hatte er mit stillen Augen gesenkt, noch von den Schicksalen des nordischen Helden erfüllt und zum Nachdenken genötigt.

Die Sommerstube, wo man die Mahlzeiten hielt, lag zuhinterst im Hause. Sie war eigentlich eine Halle, vom Garten nur durch eine Glaswand getrennt, und sprang geräumig als ein kleiner Flügel aus dem Hause vor. Hier war nun der eigentliche Garten, der von alters her »am See« genannt wurde, wenngleich statt eines Sees nur ein kleiner, länglicher Teich zwischen den Beeten, Spalierwänden, Wegen und Obstpflanzungen lag. Die aus der Halle ins Freie führende Treppe war von Oleandern und Palmen eingefaßt, im übrigen sah es »am See« nicht herrschaftlich, sondern behaglich ländlich aus.

»Also morgen kommen die Leutchen«, sagte der Vater. »Du freust dich hoffentlich, Paul?«

»Ja, schon.«

»Aber nicht von Herzen? Ja, mein Junge, da ist nichts zu machen. Für uns paar Leute ist ja Haus und Garten viel zu groß, und für niemand soll doch die ganze Herrlichkeit nicht da sein! Ein Landhaus und ein Park sind dazu da, daß fröhliche Menschen drin herumlaufen, und je mehr, desto besser. Übrigens kommst du mit solenner Verspätung. Suppe ist nimmer da.«

Dann wandte er sich an den Hauslehrer.

»Verehrtester, man sieht Sie ja gar nie im Garten. Ich hatte immer gedacht, Sie schwärmen fürs Landleben.«

Herr Homburger runzelte die Stirn.

»Sie haben vielleicht recht. Aber ich möchte die Ferienzeit doch möglichst zu meinen Privatstudien verwenden.«

»Alle Hochachtung, Herr Homburger! Wenn einmal Ihr Ruhm die Welt erfüllt, lasse ich eine Tafel unter Ihrem Fenster anbringen. Ich hoffe bestimmt, es noch zu erleben.«

Der Hauslehrer verzog das Gesicht. Er war sehr nervös.

»Sie überschätzen meinen Ehrgeiz«, sagte er frostig. »Es ist mir durchaus einerlei, ob mein Name einmal bekannt wird oder nicht. Was die Tafel betrifft –«

»Oh, seien Sie unbesorgt, lieber Herr! Aber Sie sind entschieden zu bescheiden. Paul, nimm dir ein Muster!«

Der Tante schien es nun an der Zeit, den Kandidaten zu erretten. Sie kannte diese Art von höflichen Dialogen, die dem Hausherrn so viel Vergnügen machten, und sie fürchtete sie. Indem sie Wein anbot, lenkte sie das Gespräch in andere Gleise und hielt es darin fest.

Es war hauptsächlich von den erwarteten Gästen die Rede. Paul hörte kaum darauf. Er aß nach Kräften und besann sich nebenher wieder einmal darüber, wie es käme, daß der junge Hauslehrer neben dem fast grauhaarigen Vater immer aussah, als sei er der Ältere.

Vor den Fenstern und Glastüren begannen Garten, Baumland, Teich und Himmel sich zu verwandeln, vom ersten Schauer der heraufkommenden Nacht berührt. Die Gebüsche wurden schwarz und rannen in dunkle Wogen zusammen, und die Bäume, deren Wipfel die ferne Hügellinie überschnitten, reckten sich mit ungeahnten, bei Tage nie gesehenen Formen dunkel und mit einer stummen Leidenschaft in den lichteren Himmel. Die vielfältige, fruchtbare Landschaft verlor ihr friedlich buntes zerstreutes Wesen mehr und mehr und rückte in großen, fest geschlossenen Massen zusammen. Die entfernten Berge sprangen kühner und entschlossener empor, die Ebene lag schwärzlich hingebreitet und ließ nur noch die stärkeren Schwellungen des Bodens durchfühlen. Vor den Fenstern kämpfte das noch vorhandene Tageslicht müde mit dem herabfallenden Lampenschimmer.

Paul stand in dem offenen Türflügel und schaute zu, ohne viel Aufmerksamkeit und ohne viel dabei zu denken. Er dachte wohl, aber nicht an das, was er sah. Er sah es Nacht werden. Aber er konnte nicht fühlen, wie schön es war. Er war zu jung und lebendig, um so etwas hinzunehmen und zu betrachten und sein Genüge daran zu finden. Woran er dachte, das war eine Nacht am nordischen Meer. Am Strande zwischen schwarzen Bäumen wälzt der düster lodernde Tempelbrand Glut und Rauch gen Himmel, an den Felsen bricht sich die See und spiegelt wilde rote Lichter, im Dunkel enteilt mit vollen Segeln ein Wikingerschiff.

»Nun, Junge«, rief der Vater, »was hast du denn heut wieder für einen Schmöker draußen gehabt?«

»Oh, den Frithjof!«

»So, so, lesen das die jungen Leute noch immer? Herr Homburger, wie denken Sie darüber? Was hält man heutzutage von diesem alten Schweden? Gilt er noch?«

»Sie meinen Esajas Tegner?«

»Ja, richtig, Esajas. Nun?«

»Ist tot, Herr Abderegg, vollkommen tot.«

»Das glaub ich gerne! Gelebt hat der Mann schon zu meinen Zeiten nicht mehr, ich meine damals, als ich ihn las. Ich wollte fragen, ob er noch Mode ist.«

»Ich bedaure, über Mode und Moden bin ich nicht unterrichtet. Was die wissenschaftlich-ästhetische Wertung betrifft –«

»Nun ja, das meinte ich. Also die Wissenschaft – –?«

»Die Literaturgeschichte verzeichnet jenen Tegner lediglich noch als Namen. Er war, wie Sie sehr richtig sagten, eine Mode. Damit ist ja alles gesagt. Das Echte, Gute ist nie Mode gewesen, aber es lebt. Und Tegner ist, wie ich sagte, tot. Er existiert für uns nicht mehr. Er scheint uns unecht, geschraubt, süßlich . . .«

Paul wandte sich heftig um.

»Das kann doch nicht sein, Herr Homburger!«

»Darf ich fragen, warum nicht?«

»Weil es schön ist! Ja, es ist einfach schön.«

»So? Das ist aber doch kein Grund, sich so aufzuregen.«

»Aber Sie sagen, es sei süßlich und habe keinen Wert. Und es ist doch wirklich schön.«

»Meinen Sie? Ja, wenn Sie so felsenfest wissen, was schön ist, sollte man Ihnen einen Lehrstuhl einräumen. Aber wie Sie sehen, Paul – diesmal stimmt Ihr Urteil nicht mit der

Ästhetik. Sehen Sie, es ist gerade umgekehrt wie mit Thucydides. Den findet die Wissenschaft schön, und Sie finden ihn schrecklich. Und den Frithjof –«

»Ach, das hat doch mit der Wissenschaft nichts zu tun.«

»Es gibt nichts, schlechterdings nichts in der Welt, womit die Wissenschaft nicht zu tun hätte. – Aber, Herr Abderegg, Sie erlauben wohl, daß ich mich empfehle.«

»Schon?«

»Ich sollte noch etwas schreiben.«

»Schade, wir wären gerade so nett ins Plaudern gekommen. Aber über alles die Freiheit! Also gute Nacht!«

Herr Homburger verließ das Zimmer höflich und steif und verlor sich geräuschlos im Korridor.

»Also die alten Abenteuer haben dir gefallen, Paul?« lachte der Hausherr. »Dann laß sie dir von keiner Wissenschaft verhunzen, sonst geschieht's dir recht. Du wirst doch nicht verstimmt sein?«

»Ach, es ist nichts. Aber weißt du, ich hatte doch gehofft, der Herr Homburger würde nicht mit aufs Land kommen. Du hast ja gesagt, ich brauche in diesen Ferien nicht zu büffeln.«

»Ja, wenn ich das gesagt habe, ist's auch so, und du kannst froh sein. Und der Herr Lehrer beißt dich ja nicht.«

»Warum mußte er denn mitkommen?«

»Ja, siehst du, Junge, wo hätt er denn sonst bleiben sollen? Da, wo er daheim ist, hat er's leider nicht sonderlich schön. Und ich will doch auch mein Vergnügen haben! Mit unterrichteten und gelehrten Männern verkehren ist Gewinn, das merke dir. Ich möchte unsern Herrn Homburger nicht gern entbehren.«

»Ach, Papa, bei dir weiß man nie, was Spaß und was Ernst ist.«

»So lerne es unterscheiden, mein Sohn. Es wird dir nützlich sein. Aber jetzt wollen wir noch ein bißchen Musik machen, nicht?«

Paul zog den Vater sogleich freudig ins nächste Zimmer. Es geschah nicht häufig, daß Papa unaufgefordert mit ihm spielte. Und das war kein Wunder, denn er war ein Meister auf dem Klavier, und der Junge konnte, mit ihm verglichen, nur eben so ein wenig klimpern.

Tante Grete blieb allein zurück. Vater und Sohn gehörten zu den Musikanten, die nicht gerne einen Zuhörer vor der Nase haben, aber gerne einen unsichtbaren, von dem sie wissen, daß er nebenan sitzt und lauscht. Das wußte die Tante wohl. Wie sollte sie es auch nicht wissen? Wie sollte ihr irgendein kleiner, zarter Zug an den beiden fremd sein, die sie seit Jahren mit Liebe umgab und behütete und die sie beide wie Kinder ansah.

Sie saß ruhend in einem der biegsamen Rohrsessel und horchte. Was sie hörte, war eine vierhändig gespielte Ouvertüre, die sie gewiß nicht zum erstenmal vernahm, deren Namen sie aber nicht hätte sagen können; denn so gern sie Musik hörte, verstand sie doch wenig davon. Sie wußte, nachher würde der Alte oder der Bube beim Herauskommen fragen: »Tante, was war das für ein Stück?« Dann würde sie sagen »von Mozart« oder »aus Carmen« und dafür ausgelacht werden, denn es war immer etwas anderes gewesen.

Sie horchte, lehnte sich zurück und lächelte. Es war schade, daß niemand es sehen konnte, denn ihr Lächeln war von der echten Art. Es geschah weniger mit den Lippen als mit den Augen; das ganze Gesicht, Stirn und Wangen glänzten innig mit, und es sah aus wie ein tiefes Verstehen und Liebhaben.

Sie lächelte und horchte. Es war eine schöne Musik, und sie gefiel ihr höchlich. Doch hörte sie keineswegs die Ouvertüre allein, obwohl sie ihr zu folgen versuchte. Zuerst bemühte sie sich herauszubringen, wer oben sitze und wer unten. Paul saß unten, das hatte sie bald erhorcht. Nicht daß es gehapert hätte, aber die oberen Stimmen klangen so leicht und kühn und sangen so von innen heraus, wie kein Schüler spielen kann. Und nun konnte sich die Tante alles vorstellen. Sie sah die zwei am Flügel sitzen. Bei prächtigen Stellen sah sie den Vater zärtlich schmunzeln. Paul aber sah sie bei solchen Stellen mit geöffneten Lippen und flammenden Augen sich auf dem Sessel höher recken. Bei besonders heiteren Wendungen paßte sie auf, ob Paul nicht lachen müsse. Dann schnitt nämlich der Alte manchmal eine Grimasse oder machte so eine burschikose Armbewegung, daß es für junge Leute nicht leicht war, an sich zu halten.

Je weiter die Ouvertüre vorwärtsgedieh, desto deutlicher sah das Fräulein ihre beiden vor sich, desto inniger las sie in ihren vom Spielen erregten Gesichtern. Und mit der raschen Musik lief ein großes Stück Leben, Erfahrung und Liebe an ihr vorbei.

Es war Nacht, man hatte einander schon »Schlaf wohl« gesagt, und jeder war in sein Zimmer gegangen. Hier und dort ging noch eine Türe, ein Fenster auf oder zu. Dann ward es still.

Was auf dem Lande sich von selber versteht, die Stille der Nacht, ist doch für den Städter immer wieder ein Wunder. Wer aus seiner Stadt heraus auf ein Landgut oder in einen Bauernhof kommt und den ersten Abend am Fenster steht oder im Bette liegt, den umfängt diese Stille wie ein Heimatzauber und Ruheport, als wäre er dem Wahren und Gesunden nähergekommen und spüre ein Wehen des Ewigen.

Es ist ja keine vollkommene Stille. Sie ist voll von Lauten, aber es sind dunkle, gedämpfte, geheimnisvolle Laute der Nacht, während in der Stadt die Nachtgeräusche sich von denen des Tages so bitter wenig unterscheiden. Es ist das Singen der Frösche, das Rauschen der Bäume, das Plätschern des Baches, der Flug eines Nachtvogels, einer Fledermaus. Und wenn etwa einmal ein verspäteter Leiterwagen vorüberjagt oder ein Hofhund anschlägt, so ist es ein erwünschter Gruß des Lebens und wird majestätisch von der Weite des Luftraums gedämpft und verschlungen.

Der Hauslehrer hatte noch Licht brennen und ging unruhig und müde in der Stube auf und ab. Er hatte den ganzen Abend bis gegen Mitternacht gelesen. Dieser junge Herr Homburger war nicht, was er schien oder scheinen wollte. Er war kein Denker. Er war nicht einmal ein wissenschaftlicher Kopf. Aber er hatte einige Gaben, und er war jung. So konnte es ihm, in dessen Wesen es keinen befehlenden und unausweichlichen Schwerpunkt gab, an Idealen nicht fehlen.

Zur Zeit beschäftigten ihn einige Bücher, in welchen merkwürdig schmiegsame Jünglinge sich einbildeten, Bausteine zu einer neuen Kultur aufzutürmen, indem sie in einer weichen, wohllauten Sprache bald Ruskin, bald Nietzsche um allerlei kleine, schöne, leicht tragbare Kleinode bestahlen. Diese Bücher waren viel amüsanter zu lesen als Ruskin und Nietzsche selber, sie waren von koketter Grazie, groß in kleinen

Nuancen und von seidig vornehmem Glanze. Und wo es auf einen großen Wurf, auf Machtworte und Leidenschaft ankam, zitierten sie Dante oder Zarathustra.

Deshalb war auch Homburgers Stirn umwölkt, sein Auge müde wie vom Durchmessen ungeheurer Räume und sein Schritt erregt und ungleich. Er fühlte, daß an die ihn umgebende schale Alltagswelt allenthalben Mauerbrecher gelegt waren und daß es galt, sich an die Propheten und Bringer der neuen Seligkeit zu halten. Schönheit und Geist würden ihre Welt durchfluten, und jeder Schritt in ihr würde von Poesie und Weisheit triefen.

Vor seinen Fenstern lag und wartete der gestirnte Himmel, die schwebende Wolke, der träumende Park, das schlafend atmende Feld und die ganze Schönheit der Nacht. Sie wartete darauf, daß er ans Fenster trete und sie schaue. Sie wartete darauf, sein Herz mit Sehnsucht und Heimweh zu verwunden, seine Augen kühl zu baden, seiner Seele gebundene Flügel zu lösen. Er legte sich aber ins Bett, zog die Lampe näher und las im Liegen weiter.

Paul Abderegg hatte kein Licht mehr brennen, schlief aber noch nicht, sondern saß im Hemde auf dem Fensterbrett und schaute in die ruhigen Baumkronen hinein. Den Helden Frithjof hatte er vergessen. Er dachte überhaupt an nichts Bestimmtes, er genoß nur die späte Stunde, deren reges Glücksgefühl ihn noch nicht schlafen ließ. Wie schön die Sterne in der Schwärze standen! Und wie der Vater heute wieder gespielt hatte! Und wie still und märchenhaft der Garten da im Dunkeln lag!

Die Juninacht umschloß den Knaben zart und dicht, sie kam ihm still entgegen, sie kühlte, was noch in ihm heiß und flammend war. Sie nahm ihm leise den Überfluß seiner Jugend ab, bis seine Augen ruhig und seine Schläfen kühl wurden, und dann blickte sie ihm lächelnd als eine gute Mutter in die Augen. Er wußte nicht mehr, wer ihn anschaue und wo er sei, er lag schlummernd auf dem Lager, atmete tief und schaute gedankenlos hingegeben in große, stille Augen, in deren Spiegel Gestern und Heute zu wunderlich verschlungenen Bildern und schwer zu entwirrenden Sagen wurden.

Auch des Kandidaten Fenster war nun dunkel. Wenn jetzt

etwa ein Nachtwanderer auf der Landstraße vorüberkam und Haus und Vorplatz, Park und Garten lautlos im Schlummer liegen sah, konnte er wohl mit einem Heimweh herüberblicken und sich des ruhevollen Anblicks mit halbem Neide freuen. Und wenn es ein armer, obdachloser Fechtbruder war, konnte er unbesorgt in den arglos offenstehenden Park eintreten und sich die längste Bank zum Nachtlager aussuchen.

Am Morgen war diesmal gegen seine Gewohnheit der Hauslehrer vor allen andern wach. Munter war er darum nicht. Er hatte sich mit dem langen Lesen bei Lampenlicht Kopfweh geholt; als er dann endlich die Lampe gelöscht hatte, war das Bett schon zu warmgelegen und zerwühlt zum Schlafen, und nun stand er nüchtern und fröstelnd mit matten Augen auf. Er fühlte deutlicher als je die Notwendigkeit einer neuen Renaissance, hatte aber für den Augenblick zur Fortsetzung seiner Studien keine Lust, sondern spürte ein heftiges Bedürfnis nach frischer Luft. So verließ er leise das Haus und wandelte langsam feldeinwärts.

Überall waren schon die Bauern an der Arbeit und blickten dem ernst Dahinschreitenden flüchtig und, wie es ihm zuweilen scheinen wollte, spöttisch nach. Dies tat ihm weh, und er beeilte sich, den nahen Wald zu erreichen, wo ihn Kühle und mildes Halblicht umflossen. Eine halbe Stunde trieb er sich verdrossen dort umher. Dann fühlte er eine innere Öde und begann zu erwägen, ob es nun wohl bald einen Kaffee geben werde. Er kehrte um und lief an den schon warm besonnten Feldern und unermüdlichen Bauersleuten vorüber wieder heimwärts.

Unter der Haustür kam es ihm plötzlich unfein vor, so heftig und happig zum Frühstück zu eilen. Er wandte um, tat sich Gewalt an und beschloß, vorher noch gemäßigten Schrittes einen Gang durch die Parkwege zu tun, um nicht atemlos am Tisch zu erscheinen. Mit künstlich bequemem Schlenderschritt ging er durch die Platanenallee und wollte soeben gegen den Ulmenwinkel umwenden, als ein unvermuteter Anblick ihn erschreckte.

Auf der letzten, durch Holundergebüsche etwas versteckten Bank lag ausgestreckt ein Mensch. Er lag bäuchlings und hatte das Gesicht auf die Ellbogen und Hände gelegt. Herr Homburger war im ersten Schreck geneigt, an eine Greueltat zu denken, doch belehrte ihn bald das feste tiefe Atmen des Daliegenden, daß er vor einem Schlafenden stehe. Dieser sah abgerissen aus, und je mehr der Lehrersmann erkannte, daß er es mit einem vermutlich ganz jungen und unkräftigen Bürschlein zu tun habe, desto höher stiegen der Mut und die Entrüstung in seiner Seele. Überlegenheit und Mannesstolz erfüllten ihn, als er nach kurzem Zögern entschlossen nähertrat und den Schläfer wachschüttelte.

»Stehen Sie auf, Kerl! Was machen Sie denn hier?«

Das Handwerksbürschlein taumelte erschrocken empor und starrte verständnislos und ängstlich in die Welt. Er sah einen Herrn im Gehrock befehlend vor sich stehen und besann sich eine Weile, was das bedeuten könne, bis ihm einfiel, daß er zu Nacht in einen offenen Garten eingetreten sei und dort genächtigt habe. Er hatte mit Tagesanbruch weiterwollen, nun war er verschlafen und wurde zur Rechenschaft gezogen.

»Können Sie nicht reden, was tun Sie hier?«

»Nur geschlafen hab ich«, seufzte der Angedonnerte und erhob sich vollends. Als er auf den Beinen stand, bestätigte sein schmächtiges Gliedergerüste den unfertig jugendlichen Ausdruck seines fast noch kindlichen Gesichts. Er konnte höchstens achtzehn Jahr alt sein.

»Kommen Sie mit mir!« gebot der Kandidat und nahm den willenlos folgenden Fremdling mit zum Hause hinüber, wo ihm gleich unter der Türe Herr Abderegg begegnete.

»Guten Morgen, Herr Homburger, Sie sind ja früh auf! Aber was bringen Sie da für merkwürdige Gesellschaft?«

»Dieser Bursche hat Ihren Park als Nachtherberge benützt. Ich glaubte, Sie davon unterrichten zu müssen.«

Der Hausherr begriff sofort. Er schmunzelte.

»Ich danke Ihnen, lieber Herr. Offen gestanden, ich hätte kaum ein so weiches Herz bei Ihnen vermutet. Aber Sie haben recht, es ist ja klar, daß der arme Kerl zum mindesten einen Kaffee bekommen muß. Vielleicht sagen Sie drinnen dem Fräulein, sie möchte ein Frühstück für ihn herausschikken? Oder warten Sie, wir bringen ihn gleich in die Küche. – Kommen Sie mit, Kleiner, es ist schon was übrig.«

Am Kaffeetisch umgab sich der Mitbegründer einer neuen Kultur mit einer majestätischen Wolke von Ernst und Schweigsamkeit, was den alten Herrn nicht wenig freute. Es kam jedoch zu keiner Neckerei, schon weil die heute erwarteten Gäste alle Gedanken in Anspruch nahmen.

Die Tante hüpfte immer wieder sorgend und lächelnd von einer Gaststube in die andere, die Dienstboten nahmen maßvoll an der Aufregung teil oder grinsten zuschauend, und gegen Mittag setzte sich der Hausherr mit Paul in den Wagen, um zur nahen Bahnstation zu fahren.

Wenn es in Pauls Wesen lag, daß er die Unterbrechungen seines gewohnten stillen Ferienlebens durch Gastbesuche fürchtete, so war es ihm ebenso natürlich, die einmal Angekommenen nach seiner Weise möglichst kennenzulernen, ihr Wesen zu beobachten und sie sich irgendwie zu eigen zu machen. So betrachtete er auf der Heimfahrt im etwas überfüllten Wagen die drei Fremden mit stiller Aufmerksamkeit, zuerst den lebhaft redenden Professor, dann mit einiger Scheu die beiden Mädchen.

Der Professor gefiel ihm, schon weil er wußte, daß er ein Duzfreund seines Vaters war. Im übrigen fand er ihn ein wenig streng und ältlich, aber nicht zuwider und jedenfalls unsäglich gescheit. Viel schwerer war es, über die Mädchen ins reine zu kommen. Die eine war eben schlechthin ein junges Mädchen, ein Backfisch, jedenfalls ziemlich gleich alt wie er selber. Es würde nur darauf ankommen, ob sie von der spöttischen oder gutmütigen Art war, je nachdem würde es Krieg oder Freundschaft zwischen ihm und ihr geben. Im Grunde waren ja alle jungen Mädchen dieses Alters gleich, und es war mit allen gleich schwer zu reden und auszukommen. Es gefiel ihm, daß sie wenigstens still war und nicht gleich einen Sack voll Fragen auskramte.

Die andere gab ihm mehr zu raten. Sie war, was er freilich nicht zu berechnen verstand, vielleicht drei- oder vierundzwanzig und gehörte zu der Art von Damen, welche Paul zwar sehr gerne sah und von weitem betrachtete, deren näherer Umgang ihn aber scheu machte und meist in Verlegenheiten verwickelte. Er wußte an solchen Wesen die natürliche Schönheit durchaus nicht von der eleganten Haltung und Kleidung zu trennen, fand ihre Gesten und ihre Frisuren meist affektiert und vermutete bei ihnen eine Menge von überlegenen Kenntnissen über Dinge, die ihm tiefe Rätsel waren.

Wenn er genau darüber nachdachte, haßte er diese ganze Gattung. Sie sahen alle schön aus, aber sie hatten auch alle die gleiche demütigende Zierlichkeit und Sicherheit im Benehmen, die gleichen hochmütigen Ansprüche und die gleiche geringschätzende Herablassung gegen Jünglinge seines Alters. Und wenn sie lachten oder lächelten, was sie sehr häufig taten, sah es oft so unleidlich maskenhaft und verlogen aus. Darin waren die Backfische doch viel erträglicher.

Am Gespräch nahm außer den beiden Männern nur Fräulein Thusnelde – das war die ältere, elegante – teil. Die kleine blonde Berta schwieg ebenso scheu und beharrlich wie Paul, dem sie gegenübersaß. Sie trug einen großen, weich gebogenen, ungefärbten Strohhut mit blauen Bändern und ein blaßblaues, dünnes Sommerkleid mit losem Gürtel und schmalen weißen Säumen. Es schien, als sei sie ganz in den Anblick der sonnigen Felder und heißen Heuwiesen verloren.

Aber zwischenein warf sie häufig einen schnellen Blick auf Paul. Sie wäre noch einmal so gern mit nach Erlenhof gekommen, wenn nur der Junge nicht gewesen wäre. Er sah ja sehr ordentlich aus, aber gescheit, und die Gescheiten waren doch meistens die Widerwärtigsten. Da würde es gelegentlich so heimtückische Fremdwörter geben und auch solche herablassende Fragen, etwa nach dem Namen einer Feldblume, und dann, wenn sie ihn nicht wußte, so ein unverschämtes Lächeln, und so weiter. Sie kannte das von ihren zwei Vettern, von denen einer Student und der andere Gymnasiast war, und der Gymnasiast war eher der schlimmere, einmal bubenhaft ungezogen und ein andermal von jener unausstehlich höhnischen Kavalierhöflichkeit, vor der sie so Angst hatte.

Eins wenigstens hatte Berta gelernt, und sie hatte beschlossen, sich auch jetzt auf alle Fälle daran zu halten: weinen durfte sie nicht, unter keinen Umständen. Nicht weinen und nicht zornig werden, sonst war sie unterlegen. Und das wollte sie hier um keinen Preis. Es fiel ihr tröstlich ein, daß für alle

Fälle auch noch eine Tante da sein würde; an die wollte sie sich dann zum Schutz wenden, falls es nötig werden sollte.

»Paul, bist du stumm?« rief Herr Abderegg plötzlich.

»Nein, Papa. Warum?«

»Weil du vergißt, daß du nicht allein im Wagen sitzt. Du könntest dich der Berta schon etwas freundlicher zeigen.«

Paul seufzte unhörbar. Also nun fing es an.

»Sehen Sie, Fräulein Berta, dort hinten ist dann unser Haus.«

»Aber Kinder, ihr werdet doch nicht Sie zueinander sagen!«

»Ich weiß nicht, Papa – ich glaube doch.«

»Na, dann weiter! Ist aber recht überflüssig.«

Berta war rot geworden, und kaum sah es Paul, so ging es ihm nicht anders. Die Unterhaltung zwischen ihnen war schon wieder zu Ende, und beide waren froh, daß die Alten es nicht merkten. Es wurde ihnen unbehaglich, und sie atmeten auf, als der Wagen mit plötzlichem Krachen auf den Kiesweg einbog und am Hause vorfuhr.

»Bitte, Fräulein«, sagte Paul und half Berta beim Aussteigen. Damit war er der Sorge um sie fürs erste entledigt, denn im Tor stand schon die Tante, und es schien, als lächle das ganze Haus, öffne sich und fordere zum Eintritt auf, so gastlich froh und herzlich nickte sie und streckte die Hand entgegen und empfing eins um das andere und dann jedes noch ein zweites Mal. Die Gäste wurden in ihre Stuben begleitet und gebeten, recht bald und recht hungrig zu Tische zu kommen.

Auf der weißen Tafel standen zwei große Blumensträuße und dufteten in die Speisengerüche hinein. Herr Abderegg tranchierte den Braten, die Tante visierte scharfäugig Teller und Schüsseln. Der Professor saß wohlgemut und festlich im Gehrock am Ehrenplatz, warf der Tante sanfte Blicke zu und störte den eifrig arbeitenden Hausherrn durch zahllose Fragen und Witze. Fräulein Thusnelde half zierlich und lächelnd beim Herumbieten der Teller und kam sich zuwenig beschäftigt vor, da ihr Nachbar, der Kandidat, zwar wenig aß, aber noch weniger redete. Die Gegenwart eines altmodischen Professors und zweier junger Damen wirkte versteinernd auf ihn. Er war im Angstgefühl seiner jungen Würde beständig auf irgendwelche Angriffe, ja Beleidigungen gefaßt, welche er zum voraus durch eiskalte Blicke und angestrengtes Schweigen abzuwehren bemüht war.

Berta saß neben der Tante und fühlte sich geborgen. Paul widmete sich mit Anstrengung dem Essen, um nicht in Gespräche verwickelt zu werden, vergaß sich darüber und ließ es sich wirklich besser schmecken als alle anderen.

Gegen das Ende der Mahlzeit hatte der Hausherr nach hitzigem Kampfe mit seinem Freunde das Wort an sich gerissen und ließ es sich nicht wieder nehmen. Der besiegte Professor fand nun erst Zeit zum Essen und holte maßvoll nach. Herr Homburger merkte endlich, daß niemand Angriffe auf ihn plane, sah aber nun zu spät, daß sein Schweigen unfein gewesen war, und glaubte sich von seiner Nachbarin höhnisch betrachtet zu wissen. Er senkte deshalb den Kopf so weit, daß eine leichte Falte unterm Kinn entstand, zog die Augenbrauen hoch und schien Probleme im Kopf zu wälzen.

Fräulein Thusnelde begann, da der Hauslehrer versagte, ein sehr zärtliches Geplauder mit Berta, an welchem die Tante sich beteiligte.

Paul hatte sich inzwischen vollgegessen und legte, indem er sich plötzlich übersatt fühlte, Messer und Gabel nieder. Aufschauend erblickte er zufällig gerade den Professor in einem komischen Augenblick: er hatte eben einen stattlichen Bissen zwischen den Zähnen und noch nicht von der Gabel los, als ihn gerade ein Kraftwort in der Rede Abdereggs aufzumerken nötigte. So vergaß er für Augenblicke die Gabel zurückzuziehen und schielte großäugig und mit offenem Munde auf seinen sprechenden Freund hinüber. Da brach Paul, der einem plötzlichen Lachreiz nicht widerstehen konnte, in ein mühsam gedämpftes Kichern aus.

Herr Abderegg fand im Drang der Rede nur Zeit zu einem eiligen Zornblick. Der Kandidat bezog das Lachen auf sich und biß auf die Unterlippe. Berta lachte mitgerissen ohne weiteren Grund plötzlich auch. Sie war so froh, daß Paul diese Jungenhaftigkeit passierte. Er war also wenigstens keiner von den Tadellosen.

»Was freut Sie denn so?« fragte Fräulein Thusnelde.

»Oh, eigentlich gar nichts.«

»Und dich, Berta?«

»Auch nichts. Ich lache nur so mit.«

»Darf ich Ihnen noch einschenken?« fragte Herr Homburger mit gepreßtem Ton.

»Danke, nein.«

»Aber mir, bitte«, sagte die Tante freundlich, ließ jedoch den Wein alsdann ungetrunken stehen.

Man hatte abgetragen, und es wurden Kaffee, Kognak und Zigarren gebracht.

Paul wurde von Fräulein Thusnelde gefragt, ob er auch rauche.

»Nein«, sagte er, »es schmeckt mir gar nicht.«

Dann fügte er, nach einer Pause, plötzlich ehrlich hinzu: »Ich darf auch noch nicht.«

Als er das sagte, lächelte Fräulein Thusnelde ihm schelmisch zu, wobei sie den Kopf etwas auf die Seite neigte. In diesem Augenblick erschien sie dem Knaben charmant, und er bereute den vorher auf sie geworfenen Haß.

Sie konnte doch sehr nett sein.

Der Abend war so warm und einladend, daß man noch um elf Uhr unter den leise flackernden Windlichtern im Garten draußen saß. Und daß die Gäste sich von der Reise müde gefühlt hatten und eigentlich früh zu Bett hatten gehen wollen, daran dachte jetzt niemand mehr.

Die warme Luft wogte in leichter Schwüle ungleich und träumend hin und wider, der Himmel war ganz in der Höhe sternklar und feuchtglänzend, gegen die Berge hin tiefschwarz und goldig vom fiebernden Geäder des Wetterleuchtens überspannt. Die Gebüsche dufteten süß und schwer, und der weiße Jasmin schimmerte mit unsicheren Lichtern fahl aus der Finsternis.

»Sie glauben also, diese Reform unserer Kultur werde nicht aus dem Volksbewußtsein kommen, sondern von einem oder einigen genialen Einzelnen?«

Der Professor legte eine gewisse Nachsicht in den Ton seiner Frage.

»Ich denke es mir so –«, erwiderte etwas steif der Hauslehrer und begann eine lange Rede, welcher außer dem Professor niemand zuhörte.

Herr Abderegg scherzte mit der kleinen Berta, welcher die Tante Beistand leistete. Er lag voll Behagen im Stuhl zurück und trank Weißwein mit Sauerwasser.

»Sie haben den ›Ekkehard‹ also auch gelesen?« fragte Paul das Fräulein Thusnelde.

Sie lag in einem sehr niedriggestellten Klappstuhl, hatte den Kopf ganz zurückgelegt und sah geradeaus in die Höhe.

»Jawohl«, sagte sie. »Eigentlich sollte man Ihnen solche Bücher noch verbieten.«

»So? Warum denn?«

»Weil Sie ja doch noch nicht alles verstehen können.«

»Glauben Sie?«

»Natürlich.«

»Es gibt aber Stellen darin, die ich vielleicht besser als Sie verstanden habe.«

»Wirklich? Welche denn?«

»Die lateinischen.«

»Was Sie für Witze machen!«

Paul war sehr munter. Er hatte zu Abend etwas Wein zu trinken bekommen, nun fand er es köstlich, in die weiche, dunkle Nacht hineinzureden, und wartete neugierig, ob es ihm gelänge, die elegante Dame ein wenig aus ihrer trägen Ruhe zu bringen, zu einem heftigeren Widerspruch oder zu einem Gelächter. Aber sie schaute nicht zu ihm herüber. Sie lag unbeweglich, das Gesicht nach oben, eine Hand auf dem Stuhl, die andre bis zur Erde herabhängend. Ihr weißer Hals und ihr weißes Gesicht hoben sich matt schimmernd von den schwarzen Bäumen ab.

»Was hat Ihnen denn im ›Ekkehard‹ am besten gefallen?« fragte sie jetzt, wieder ohne ihn anzusehen.

»Der Rausch des Herrn Spazzo.«

»Ach?«

»Nein, wie die alte Waldfrau vertrieben wird.«

»So?«

»Oder vielleicht hat mir doch das am besten gefallen, wie die Praxedis ihn aus dem Kerker entwischen läßt. Das ist fein.«

»Ja, das ist fein. Wie war es nur?«

»Wie sie nachher Asche hinschüttet –«

»Ach ja. Ja, ich weiß.«

»Aber jetzt müssen Sie mir auch sagen, was Ihnen am besten gefällt.«

»Im ›Ekkehard‹?«

»Ja, natürlich.«

»Dieselbe Stelle. Wo Praxedis dem Mönch davonhilft. Wie sie ihm da noch einen Kuß mitgibt und dann lächelt und ins Schloß zurückgeht.«

»Ja – ja«, sagte Paul langsam, aber er konnte sich des Kusses nicht erinnern.

Des Professors Gespräch mit dem Hauslehrer war zu Ende gegangen. Herr Abderegg steckte sich eine Virginia an, und Berta sah neugierig zu, wie er die Spitze der langen Zigarre über der Kerzenflamme verkohlen ließ. Das Mädchen hielt die neben ihr sitzende Tante mit dem rechten Arm umschlungen und hörte großäugig den fabelhaften Erlebnissen zu, von denen der alte Herr ihr erzählte. Es war von Reiseabenteuern, namentlich in Neapel, die Rede.

»Ist das wirklich wahr?« wagte sie einmal zu fragen.

Herr Abderegg lachte.

»Das kommt allein auf Sie an, kleines Fräulein. Wahr ist an einer Geschichte immer nur das, was der Zuhörer glaubt.«

»Aber nein?! Da muß ich Papa drüber fragen.«

»Tun Sie das!«

Die Tante streichelte Bertas Hand, die ihre Taille umfing.

»Es ist ja Scherz, Kind.«

Sie hörte dem Geplauder zu, wehrte die taumelnden Nachtmotten von ihres Bruders Weinglas ab und gab jedem, der sie etwa anschaute, einen gütigen Blick zurück. Sie hatte ihre Freude an den alten Herren, an Berta und dem lebhaft schwatzenden Paul, an der schönen Thusnelde, die aus der Gesellschaft heraus in die Nachtbläue schaute, am Hauslehrer, der seine klugen Reden nachgenoß. Sie war noch jung genug und hatte nicht vergessen, wie es der Jugend in solchen Gartensommernächten warm und wohl sein kann. Wieviel Schicksal noch auf alle diese schönen Jungen und klugen Alten wartete! Auch auf den Hauslehrer. Wie jedem sein Leben und seine Gedanken und Wünsche so wichtig waren! Und wie schön Fräulein Thusnelde aussah! Eine wirkliche Schönheit.

Die gütige Dame streichelte Bertas rechte Hand, lächelte dem etwas vereinsamten Kandidaten liebreich zu und fühlte von Zeit zu Zeit hinter den Stuhl des Hausherrn, ob auch seine Weinflasche noch im Eise stehe.

»Erzählen Sie mir etwas aus Ihrer Schule!« sagte Thusnelde zu Paul.

»Ach, die Schule! Jetzt sind doch Ferien.«

»Gehen Sie denn nicht gern ins Gymnasium?«

»Kennen Sie jemand, der gern hineingeht?«

»Sie wollen aber doch studieren?«

»Nun ja. Ich will schon.«

»Aber was möchten Sie noch lieber?«

»Noch lieber? – Haha –. Noch lieber möcht ich Seeräuber werden.«

»Seeräuber?«

»Jawohl, Seeräuber. Pirat.«

»Dann könnten Sie aber nimmer soviel lesen.«

»Das wäre auch nicht nötig. Ich würde mir schon die Zeit vertreiben.«

»Glauben Sie?«

»O gewiß. Ich würde –«

»Nun?«

»Ich würde – ach, das kann man gar nicht sagen.«

»Dann sagen Sie es eben nicht.«

Es wurde ihm langweilig. Er rückte zu Berta hinüber und half ihr zuhören. Papa war ungemein lustig. Er sprach jetzt ganz allein, und alles hörte zu und lachte.

Da stand Fräulein Thusnelde in ihrem losen, feinen englischen Kleide langsam auf und trat an den Tisch.

»Ich möchte gute Nacht sagen.«

Nun brachen alle auf, sahen auf die Uhr und konnten nicht begreifen, daß es wirklich schon Mitternacht sei.

Auf dem kurzen Weg bis zum Hause ging Paul neben Berta, die ihm plötzlich sehr gut gefiel, namentlich seit er sie über Papas Witze so herzlich hatte lachen hören. Er war ein Esel gewesen, sich über den Besuch zu ärgern. Es war doch fein, so des Abends mit Mädchen zu plaudern.

Er fühlte sich als Kavalier und begann zu bedauern, daß er sich den ganzen Abend nur um die andere gekümmert hatte. Die war doch wohl ein Fratz. Berta war ihm viel lieber, und es tat ihm leid, daß er sich heute nicht zu ihr gehalten hatte. Und er versuchte, ihr das zu sagen. Sie kicherte.

»Oh, Ihr Papa war so unterhaltend! Es war reizend.«

Er schlug ihr für morgen einen Spaziergang auf den Eichelberg vor. Es sei nicht weit und so schön. Er kam ins Beschreiben, sprach vom Weg und von der Aussicht und redete sich ganz in Feuer.

Da ging gerade Fräulein Thusnelde an ihnen vorüber, während er im eifrigsten Reden war. Sie wandte sich ein wenig um und sah ihm ins Gesicht. Es geschah ruhig und etwas neugierig, aber er fand es spöttisch und verstummte plötzlich. Berta blickte erstaunt auf und sah ihn verdrießlich werden, ohne zu wissen warum.

Da war man schon im Hause. Berta gab Paul die Hand. Er sagte gute Nacht. Sie nickte und ging.

Thusnelde war vorausgegangen, ohne ihm gute Nacht zu sagen. Er sah sie mit einer Handlampe die Treppe hinaufgehen, und indem er ihr nachschaute, ärgerte er sich über sie.

Paul lag wach im Bette und verfiel dem feinen Fieber der warmen Nacht. Die Schwüle war im Zunehmen, das Wetterleuchten zitterte beständig an den Wänden. Zuweilen glaubte er, es in weiter Ferne leise donnern zu hören. In langen Pausen kam und ging ein schlaffer Wind, der kaum die Wipfel rauschen machte.

Der Knabe überdachte halb träumend den vergangenen Abend und fühlte, daß er heute anders gewesen sei als sonst. Er kam sich erwachsener vor, vielmehr schien ihm die Rolle des Erwachsenen heute besser geglückt als bei früheren Versuchen. Mit dem Fräulein hatte er sich doch ganz flott unterhalten und nachher auch mit Berta.

Es quälte ihn, ob Thusnelde ihn ernstgenommen habe. Vielleicht hatte sie eben doch nur mit ihm gespielt. Und das mit dem Kuß der Praxedis mußte er morgen nachlesen. Ob er das wirklich nicht verstanden oder nur vergessen hatte?

Er hätte gern gewußt, ob Fräulein Thusnelde wirklich schön sei, richtig schön. Es schien ihm so, aber er traute weder sich noch ihr. Wie sie da beim schwachen Lampenlicht im Stuhl halb saß und halb lag, so schlank und ruhig, mit der auf den Boden niederhängenden Hand, das hatte ihm gefallen. Wie sie lässig nach oben schaute, halb vergnügt und halb müde, und der weiße schlanke Hals – im hellen, langen Damenkleid –, das könnte geradeso auf einem Gemälde vorkommen.

Freilich, Berta war ihm entschieden lieber. Sie war ja vielleicht ein wenig sehr naiv, aber sanft und hübsch, und man konnte doch mit ihr reden ohne den Argwohn, sie mache sich heimlich über einen lustig. Wenn er es von Anfang an mit ihr gehalten hätte, statt erst im letzten Augenblick, dann könnten sie möglicherweise jetzt schon ganz gute Freunde sein. Überhaupt begann es ihm jetzt leid zu tun, daß die Gäste nur zwei Tage bleiben wollten.

Aber warum hatte ihn, als er beim Heimgehen mit der Berta lachte, die andere so angesehen?

Er sah sie wieder an sich vorbeigehen und den Kopf umwenden, und er sah wieder ihren Blick. Sie war doch schön. Er stellte sich alles wieder deutlich vor, aber er kam nicht darüber hinweg – ihr Blick war spöttisch gewesen, überlegen spöttisch. Warum? Noch wegen des »Ekkehard«? Oder weil er mit der Berta gelacht hatte?

Der Ärger darüber folgte ihm noch in den Schlaf.

Am Morgen war der ganze Himmel bedeckt, doch hatte es noch nicht geregnet. Es roch überall nach Heu und nach warmem Erdstaub.

»Schade«, klagte Berta beim Herunterkommen, »man wird heute keinen Spaziergang machen können?«

»Oh, es kann sich noch den ganzen Tag halten«, tröstete Herr Abderegg.

»Du bist doch sonst nicht so eifrig fürs Spazierengehen«, meinte Fräulein Thusnelde.

»Aber wenn wir doch nur so kurz hier sind!«

»Wir haben eine Luftkegelbahn«, schlug Paul vor. »Im Garten. Auch ein Krocket. Aber Krocket ist langweilig.«

»Ich finde Krocket sehr hübsch«, sagte Fräulein Thusnelde.

»Dann können wir ja spielen.«

»Gut, nachher. Wir müssen doch erst Kaffee trinken.«

Nach dem Frühstück gingen die jungen Leute in den Garten; auch der Kandidat schloß sich an. Fürs Krocketspielen fand man das Gras zu hoch, und man entschloß sich nun doch zu dem andern Spiel. Paul schleppte eifrig die Kegel herbei und stellte auf.

»Wer fängt an?«
»Immer der, der fragt.«
»Also gut. Wer spielt mit?«
Paul bildete mit Thusnelde die eine Partei. Er spielte sehr gut und hoffte, von ihr dafür gelobt oder auch nur geneckt zu werden. Sie sah es aber gar nicht und schenkte überhaupt dem Spiel keine Aufmerksamkeit. Wenn Paul ihr die Kugel gab, schob sie unachtsam und zählte nicht einmal, wieviel Kegel fielen. Statt dessen unterhielt sie sich mit dem Hauslehrer über Turgenjew. Herr Homburger war heute sehr höflich. Nur Berta schien ganz beim Spiel zu sein. Sie half stets beim Aufsetzen und ließ sich von Paul das Zielen zeigen.
»König aus der Mitte!« schrie Paul. »Fräulein, nun gewinnen wir sicher. Das gilt zwölf.«
Sie nickte nur.
»Eigentlich ist Turgenjew gar kein richtiger Russe«, sagte der Kandidat und vergaß, daß es an ihm war zu spielen. Paul wurde zornig.
»Herr Homburger, Sie sind dran!«
»Ich?«
»Ja doch, wir warten alle.«
Er hätte ihm am liebsten die Kugel ans Schienbein geschleudert. Berta, die seine Verstimmung bemerkte, wurde nun auch unruhig und traf nichts mehr.
»Dann können wir ja aufhören.«
Niemand hatte etwas dagegen. Fräulein Thusnelde ging langsam weg, der Lehrer folgte ihr. Paul warf verdrießlich die noch stehenden Kegel mit dem Fuße um.
»Sollen wir nicht weiterspielen?« fragte Berta schüchtern.
»Ach, zu zweien ist es nichts. Ich will aufräumen.«
Sie half ihm bescheiden. Als alle Kegel wieder in der Kiste waren, sah er sich nach Thusnelde um. Sie war im Park verschwunden. Natürlich, er war ja für sie nur ein dummer Junge.
»Was nun?«
»Vielleicht zeigen Sie mir den Park ein wenig?«
Da schritt er so rasch durch die Wege voran, daß Berta außer Atem kam und fast laufen mußte, um nachzukommen. Er zeigte ihr das Wäldchen und die Platanenallee, dann die

Blutbuche und die Wiesen. Während er sich beinahe ein wenig schämte, so grob und wortkarg zu sein, wunderte er sich zugleich, daß er sich vor Berta gar nimmer geniere. Er ging mit ihr um, wie wenn sie zwei Jahre jünger wäre. Und sie war still, sanft und schüchtern, sagte kaum ein Wort und sah ihn nur zuweilen an, als bäte sie für irgend etwas um Entschuldigung.

Bei der Trauerweide trafen sie mit den beiden andern zusammen. Der Kandidat redete noch fort, das Fräulein war still geworden und schien verstimmt. Paul wurde plötzlich gesprächiger. Er machte auf den alten Baum aufmerksam, schlug die herabhängenden Zweige auseinander und zeigte die um den Stamm laufende Rundbank.

»Wir wollen sitzen«, befahl Fräulein Thusnelde.

Alle setzten sich nebeneinander auf die Bank. Es war hier sehr warm und dunstig, die grüne Dämmerung war schlaff und schwül und machte schläfrig. Paul saß rechts neben Thusnelde.

»Wie still es da ist!« begann Herr Homburger.

Das Fräulein nickte.

»Und so heiß!« sagte sie. »Wir wollen eine Weile gar nichts reden.«

Da saßen alle vier schweigend. Neben Paul lag auf der Bank Thusneldes Hand, eine lange und schmale Damenhand mit schlanken Fingern und feinen, gepflegten, mattglänzenden Nägeln. Paul sah beständig die Hand an. Sie kam aus einem weiten hellgrauen Ärmel hervor, so weiß wie der bis übers Gelenk sichtbare Arm, sie bog sich vom Gelenk etwas nach außen und lag ganz still, als sei sie müde.

Und alle schwiegen. Paul dachte an gestern abend. Da war dieselbe Hand auch so lang und still und ruhend herabgehängt und die ganze Gestalt so regungslos halb gesessen, halb gelegen. Es paßte zu ihr, zu ihrer Figur und zu ihren Kleidern, zu ihrer angenehm weichen, nicht ganz freien Stimme, auch zu ihrem Gesicht, das mit den ruhigen Augen so klug und abwartend und gelassen aussah.

Herr Homburger sah auf die Uhr.

»Verzeihen Sie, meine Damen, ich sollte nun an die Arbeit. Sie bleiben doch hier, Paul?«

Er verbeugte sich und ging.

Die andern blieben schweigend sitzen. Paul hatte seine Linke langsam und mit ängstlicher Vorsicht wie ein Verbrecher der Frauenhand genähert und dann dicht neben ihr liegen lassen. Er wußte nicht, warum er es tat. Es geschah ohne seinen Willen, und dabei wurde ihm so drückend bang und heiß, daß seine Stirn voll von Tropfen stand.

»Krocket spiele ich auch nicht gerne«, sagte Berta leise, wie aus einem Traum heraus. Durch das Weggehen des Hauslehrers war zwischen ihr und Paul eine Lücke entstanden, und sie hatte sich die ganze Zeit besonnen, ob sie herrücken solle oder nicht. Es war ihr, je länger sie zauderte, immer schwerer vorgekommen, es zu tun, und nun fing sie, nur um sich nicht länger ganz allein zu fühlen, zu reden an.

»Es ist wirklich kein nettes Spiel«, fügte sie nach einer langen Pause mit unsicherer Stimme hinzu. Doch antwortete niemand.

Es war wieder ganz still. Paul glaubte, sein Herz schlagen zu hören. Es trieb ihn, aufzuspringen und irgend etwas Lustiges oder Dummes zu sagen oder wegzulaufen. Aber er blieb sitzen, ließ seine Hand liegen und hatte ein Gefühl, als würde ihm langsam, langsam die Luft entzogen, bis zum Ersticken. Nur war es angenehm, auf eine traurige, quälende Art angenehm.

Fräulein Thusnelde blickte in Pauls Gesicht, mit ihrem ruhigen und etwas müden Blick. Sie sah, daß er unverwandt auf seine Linke schaute, die dicht neben ihrer Rechten auf der Bank lag.

Da hob sie ihre Rechte ein wenig, legte sie fest auf Pauls Hand und ließ sie da liegen.

Ihre Hand war weich, doch kräftig und von trockener Wärme. Paul erschrak wie ein überraschter Dieb und fing zu zittern an, zog aber seine Hand nicht weg. Er konnte kaum noch atmen, so stark arbeitete sein Herzschlag, und sein ganzer Leib brannte und fror zugleich. Langsam wurde er blaß und sah das Fräulein flehend und angstvoll an.

»Sind Sie erschrocken?« lachte sie leise. »Ich glaube, Sie waren eingeschlafen?«

Er konnte nichts sagen. Sie hatte ihre Hand weggenommen, aber seine lag noch da und fühlte die Berührung noch immer. Er wünschte, sie wegzuziehen, aber er war so matt und verwirrt, daß er keinen Gedanken oder Entschluß fassen und nichts tun konnte, nicht einmal das.

Plötzlich erschreckte ihn ein ersticktes, ängstliches Geräusch, das er hinter sich vernahm. Er wurde frei und sprang tiefatmend auf. Auch Thusnelde war aufgestanden.

Da saß Berta tiefgebückt an ihrem Platz und schluchzte.

»Gehen Sie hinein«, sagte Thusnelde zu Paul, »wir kommen gleich nach.«

Und als Paul wegging, setzte sie noch hinzu: »Sie hat Kopfweh bekommen.«

»Komm, Berta. Es ist zu heiß hier, man erstickt ja vor Schwüle. Komm, nimm dich zusammen! Wir wollen ins Haus gehen.«

Berta gab keine Antwort. Ihr magerer Hals lag auf dem hellblauen Ärmel des leichten Backfischkleidchens, aus dem der dünne, eckige Arm mit dem breiten Handgelenk herabhing. Und sie weinte still und leise schluckend, bis sie nach einer langen Weile rot und verwundert sich aufrichtete, das Haar zurückstrich und langsam und mechanisch zu lächeln begann.

Paul fand keine Ruhe. Warum hatte Thusnelde ihre Hand so auf seine gelegt? War es nur ein Scherz gewesen? Oder wußte sie, wie seltsam weh das tat? Sooft er es sich wieder vorstellte, hatte er von neuem dasselbe Gefühl; ein erstikkender Krampf vieler Nerven oder Adern, ein Druck und leichter Schwindel im Kopf, eine Hitze in der Kehle und ein lähmend ungleiches, wunderliches Wallen des Herzens, als sei der Puls unterbunden. Aber es war angenehm, so weh es tat.

Er lief am Hause vorbei zum Weiher und in den Obstgängen auf und ab. Indessen nahm die Schwüle stetig zu. Der Himmel hatte sich vollends ganz bezogen und sah gewitterig aus. Es ging kein Wind, nur hin und wieder im Gezweig ein feiner, zager Schauer, vor dem auch der fahle, glatte Spiegel des Weihers für Augenblicke kraus und silbern erzitterte.

Der kleine alte Kahn, der angebunden am Rasenufer lag, fiel dem Jungen ins Auge. Er stieg hinein und setzte sich auf die einzige noch vorhandene Ruderbank. Doch band er das Schifflein nicht los: es waren auch schon längst keine Ruder mehr da. Er tauchte die Hände ins Wasser, das war widerlich lau.

Unvermerkt überkam ihn eine grundlose Traurigkeit, die ihm ganz fremd war. Er kam sich wie in einem beklemmenden Traume vor – als könnte er, wenn er auch wollte, kein Glied rühren. Das fahle Licht, der dunkel bewölkte Himmel, der laue dunstige Teich und der alte, am Boden moosige Holznachen ohne Ruder, das sah alles unfroh, trist und elend aus, einer schweren, faden Trostlosigkeit hingegeben, die er ohne Grund teilte.

Er hörte Klavierspiel vom Hause herübertönen, undeutlich und leise. Nun waren also die andern drinnen, und wahrscheinlich spielte Papa ihnen vor. Bald erkannte Paul auch das Stück, es war aus Griegs Musik zum »Peer Gynt«, und er wäre gern hineingegangen. Aber er blieb sitzen, starrte über das träge Wasser weg und durch die müden, regungslosen Obstzweige in den fahlen Himmel. Er konnte sich nicht einmal wie sonst auf das Gewitter freuen, obwohl es sicher bald ausbrechen mußte und das erste richtige in diesem Sommer sein würde.

Da hörte das Klavierspiel auf, und es war eine Weile ganz still. Bis ein paar zarte, wiegend laue Takte aufklangen, eine scheue und ungewöhnliche Musik. Und nun Gesang, eine Frauenstimme. Das Lied war Paul unbekannt, er hatte es nie gehört, er besann sich auch nicht darüber. Aber die Stimme kannte er, die leicht gedämpfte, ein wenig müde Stimme. Das war Thusnelde. Ihr Gesang war vielleicht nichts Besonderes, aber er traf und reizte den Knaben ebenso beklemmend und quälend wie die Berührung ihrer Hand. Er horchte, ohne sich zu rühren, und während er noch saß und horchte, schlugen die ersten trägen Regentropfen lau und schwer in den Weiher. Sie trafen seine Hände und sein Gesicht, ohne daß er es spürte. Er fühlte nur, daß etwas Drängendes, Gärendes, Gespanntes um ihn her oder auch in ihm selber sich verdichte und schwelle und Auswege suche. Zugleich fiel ihm eine Stelle aus dem »Ekkehard« ein, und in diesem Augenblick überraschte und erschreckte ihn plötzlich die sichere Erkenntnis. Er wußte, daß er Thusnelde lieb habe. Und zugleich wußte er, daß sie erwachsen und eine Dame war, er aber ein Schuljunge, und daß sie morgen abreisen würde.

Da klang – der Gesang war schon eine Weile verstummt –

die helltönige Tischglocke, und Paul ging langsam zum Hause hinüber. Vor der Türe wischte er sich die Regentropfen von den Händen, strich das Haar zurück und tat einen tiefen Atemzug, als sei er im Begriff, einen schweren Schritt zu tun.

»Ach, nun regnet es doch schon«, klagte Berta. »Nun wird also nichts daraus?«

»Aus was denn?« fragte Paul, ohne vom Teller aufzublicken.

»Wir hatten ja doch – – Sie hatten mir versprochen, mich heut auf den Eichelberg zu führen.«

»Ja so. Nein, das geht bei dem Wetter freilich nicht.«

Halb sehnte sie sich danach, er möchte sie ansehen und eine Frage nach ihrem Wohlsein tun, halb war sie froh, daß er's nicht tat. Er hatte den peinlichen Augenblick unter der Weide, da sie in Tränen ausgebrochen war, völlig vergessen. Dieser plötzliche Ausbruch hatte ihm ohnehin wenig Eindruck gemacht und ihn nur in dem Glauben bestärkt, sie sei doch noch ein recht kleines Mädchen. Statt auf sie zu achten, schielte er beständig zu Fräulein Thusnelde hinüber.

Diese führte mit dem Hauslehrer, der sich seiner albernen Rolle von gestern schämte, ein lebhaftes Gespräch über Sportsachen. Es ging Herrn Homburger dabei wie vielen Leuten; er sprach über Dinge, von denen er nichts verstand, viel gefälliger und glatter als über solche, die ihm vertraut und wichtig waren. Meistens hatte die Dame das Wort, und er begnügte sich mit Fragen, Nicken, Zustimmen und pausenfüllenden Redensarten. Die etwas kokette Plauderkunst der jungen Dame enthob ihn seiner gewohnten dickblütigen Art; es gelang ihm sogar, als er beim Weineinschenken daneben goß, selber zu lachen und die Sache leicht und komisch zu nehmen. Seine mit Schlauheit eingefädelte Bitte jedoch, dem Fräulein nach Tisch ein Kapitel aus einem seiner Lieblingsbücher vorlesen zu dürfen, wurde zierlich abgelehnt.

»Du hast kein Kopfweh mehr, Kind?« fragte Tante Grete.

»O nein, gar nimmer«, sagte Berta halblaut. Aber sie sah noch elend genug aus.

»O ihr Kinder!« dachte die Tante, der auch Pauls erregte

Unsicherheit nicht entgangen war. Sie hatte mancherlei Ahnungen und beschloß, die zwei jungen Leutchen nicht unnötig zu stören, wohl aber aufmerksam zu sein und Dummheiten zu verhüten. Bei Paul war es das erstemal, dessen war sie sicher. Wie lang noch, und er würde ihrer Fürsorge entwachsen sein und seine Wege ihrem Blick entziehen! – O ihr Kinder!

Draußen war es beinahe finster geworden. Der Regen rann und ließ nach mit den wechselnden Windstößen, das Gewitter zögerte noch, und der Donner klang noch meilenfern.

»Haben Sie Furcht vor Gewittern?« fragte Herr Homburger seine Dame.

»Im Gegenteil, ich weiß nichts Schöneres. Wir könnten nachher in den Pavillon gehen und zusehen. Kommst du mit, Berta?«

»Wenn du willst, ja, gern.«

»Und Sie also auch, Herr Kandidat? – Gut, ich freue mich darauf. Es ist in diesem Jahr das erste Gewitter, nicht?«

Gleich nach Tisch brachen sie mit Regenschirmen auf, zum nahen Pavillon. Berta nahm ein Buch mit.

»Willst du dich denen nicht anschließen, Paul?« ermunterte die Tante.

»Danke, nein. Ich muß eigentlich üben.«

Er ging in einem Wirrwarr von quellenden Gefühlen ins Klavierzimmer. Aber kaum hatte er zu spielen begonnen, er wußte selbst nicht was, so kam sein Vater herein.

»Junge, könntest du dich nicht um einige Zimmer weiter verfügen? Brav, daß du üben wolltest, aber alles hat seine Zeit, und wir älteren Semester möchten bei dieser Schwüle doch gern ein wenig zu schlafen versuchen. Auf Wiedersehen, Bub!«

Der Knabe ging hinaus und durchs Eßzimmer, über den Gang und zum Tor. Drüben sah er gerade die andern den Pavillon betreten. Als er hinter sich den leisen Schritt der Tante hörte, trat er rasch ins Freie und eilte mit unbedecktem Kopf, die Hände in den Taschen, durch den Regen davon. Der Donner nahm stetig zu, und erste scheue Blitze rissen zuckend durch das schwärzliche Grau.

Paul ging um das Haus herum und gegen den Weiher hin.

Er fühlte mit trotzigem Leid den Regen durch seine Kleider dringen. Die noch nicht erfrischte, schwebende Luft erhitzte ihn, so daß er beide Hände und die halbentblößten Arme in die schwer fallenden Tropfen hielt. Nun saßen die andern vergnügt im Pavillon beisammen, lachten und schwatzten, und an ihn dachte niemand. Es zog ihn hinüber, doch überwog sein Trotz; hatte er einmal nicht mitkommen wollen, so wollte er ihnen auch nicht hinterdrein nachlaufen. Und Thusnelde hatte ihn ja überhaupt nicht aufgefordert. Sie hatte Berta und Herrn Homburger mitkommen heißen und ihn nicht. Warum ihn nicht?

Ganz durchnäßt kam er, ohne auf den Weg zu achten, ans Gärtnerhäuschen. Die Blitze jagten jetzt fast ohne Pause herab und quer durch den Himmel in phantastisch kühnen Linien, und der Regen rauschte lauter. Unter der Holztreppe des Gärtnerschuppens klirrte es auf, und mit verhaltenem Grollen kam der große Hofhund heraus. Als er Paul erkannte, drängte er sich fröhlich und schmeichelnd an ihn. Und Paul, in plötzlich überwallender Zärtlichkeit, legte ihm den Arm um den Hals, zog ihn in den dämmernden Treppenwinkel zurück und blieb dort bei ihm kauern und sprach und koste mit ihm, er wußte nicht wie lang.

Im Pavillon hatte Herr Homburger den eisernen Gartentisch an die gemauerte Rückwand geschoben, die mit einer italienischen Küstenlandschaft bemalt war. Die heiteren Farben, Blau, Weiß und Rosa, paßten schlecht in das Regengrau und schienen trotz der Schwüle zu frieren.

»Sie haben schlechtes Wetter für Erlenhof«, sagte Herr Homburger.

»Warum? Ich finde das Gewitter prächtig.«

»Und Sie auch, Fräulein Berta?«

»Oh, ich sehe es ganz gerne.«

Es machte ihn wütend, daß die Kleine mitgekommen war. Gerade jetzt, wo er anfing, sich mit der schönen Thusnelde besser zu verstehen.

»Und morgen werden Sie wirklich schon wieder reisen?«

»Warum sagen Sie das so tragisch?«

»Es muß mir doch leid tun.«

»Wahrhaftig?«

»Aber gnädiges Fräulein –«

Der Regen prasselte auf dem dünnen Dach und quoll in leidenschaftlichen Stößen aus den Mündungen der Traufen.

»Wissen Sie, Herr Kandidat, Sie haben da einen lieben Jungen zum Schüler. Es muß ein Vergnügen sein, so einen zu unterrichten.«

»Ist das Ihr Ernst?«

»Aber gewiß. Er ist doch ein prächtiger Junge. – Nicht, Berta?«

»Oh, ich weiß nicht, ich sah ihn ja kaum.«

»Gefällt er dir denn nicht?«

»Ja, das schon. – O ja.«

»Was stellt das Wandbild da eigentlich vor, Herr Kandidat? Es scheint eine Rivieravedute?«

Paul war nach zwei Stunden ganz durchnäßt und todmüde heimgekommen, hatte ein kaltes Bad genommen und sich umgekleidet. Dann wartete er, bis die drei ins Haus zurückkehrten, und als sie kamen und als Thusneldes Stimme im Gang laut wurde, schrak er zusammen und bekam Herzklopfen. Dennoch tat er gleich darauf etwas, wozu er sich selber noch einen Augenblick zuvor den Mut nicht zugetraut hätte.

Als das Fräulein allein die Treppe heraufstieg, lauerte er ihr auf und überraschte sie in dem oberen Flur. Er trat auf sie zu und streckte ihr einen kleinen Rosenstrauß entgegen. Es waren wilde Heckenröschen, die er im Regen draußen abgeschnitten hatte.

»Ist das für mich?« fragte Thusnelde.

»Ja, für Sie.«

»Womit hab ich denn das verdient? Ich fürchtete schon, Sie könnten mich gar nicht leiden.«

»Oh, Sie lachen mich ja nur aus.«

»Gewiß nicht, lieber Paul. Und ich danke schön für die Blumen. Wilde Rosen, nicht?«

»Hagrosen.«

»Ich will eine davon anstecken, nachher.«

Dann ging sie weiter nach ihrem Zimmer.

Am Abend blieb man diesmal in der Halle sitzen. Es hatte schön abgekühlt, und draußen fielen noch die Tropfen von den blankgespülten Zweigen. Man hatte im Sinn gehabt zu musizieren, aber der Professor wollte lieber die paar Stunden noch mit Abderegg verplaudern. So saßen nun alle bequem in dem großen Raum, die Herren rauchten, und die jungen Leute hatten Limonadebecher vor sich stehen.

Die Tante sah mit Berta ein Album an und erzählte ihr alte Geschichten. Thusnelde war guter Laune und lachte viel. Den Hauslehrer hatte das lange erfolglose Reden im Pavillon stark mitgenommen, er war wieder nervös und zuckte leidend mit den Gesichtsmuskeln. Daß sie jetzt so lächerlich mit dem Büblein Paul kokettierte, fand er geschmacklos, und er suchte wählerisch nach einer Form, ihr das zu sagen.

Paul war der lebhafteste von allen. Daß Thusnelde seine Rosen im Gürtel trug und daß sie »lieber Paul« zu ihm gesagt hatte, war ihm wie Wein zu Kopf gestiegen. Er machte Witze, erzählte Geschichten, hatte glühende Backen und ließ den Blick nicht von seiner Dame, die sich seine Huldigung so graziös gefallen ließ. Dabei rief es im Grund seiner Seele ohne Unterlaß: »Morgen geht sie fort! morgen geht sie fort!« und je lauter und schmerzlicher es rief, desto sehnlicher klammerte er sich an den schönen Augenblick, und desto lustiger redete er darauf los.

Herr Abderegg, der einen Augenblick herüberhorchte, rief lachend: »Paul, du fängst früh an!«

Er ließ sich nicht stören. Für Augenblicke faßte ihn ein drängendes Verlangen, hinauszugehen, den Kopf an den Türpfosten zu lehnen und zu schluchzen. Aber nein, nein!

Währenddessen hatte Berta mit der Tante »Du« gemacht und gab sich dankbar unter ihren Schutz. Es lag wie eine Last auf ihr, daß Paul von ihr allein nichts wissen wollte, daß er den ganzen Tag kaum ein Wort an sie gerichtet hatte, und müde und unglücklich überließ sie sich der gütigen Zärtlichkeit der Tante.

Die beiden alten Herren überboten einander im Aufwärmen von Erinnerungen und spürten kaum etwas davon, daß neben ihnen junge unausgesprochene Leidenschaften sich kreuzten und bekämpften.

Herr Homburger fiel mehr und mehr ab. Daß er hin und wieder eine schwach vergiftete Pointe ins Gespräch warf, wurde kaum beachtet, und je mehr die Bitterkeit und Auflehnung in ihm wuchs, desto weniger wollte es ihm gelingen, Worte zu finden. Er fand es kindisch, wie Paul sich gehen ließ, und unverzeihlich, wie das Fräulein darauf einging. Am liebsten hätte er gute Nacht gesagt und wäre gegangen. Aber das mußte aussehen wie ein Geständnis, daß er sein Pulver verschossen habe und kampfunfähig sei. Lieber blieb er da und trotzte. Und so widerwärtig ihm Thusneldes ausgelassen spielerisches Wesen heute abend war, so hätte er sich doch vom Anblick ihrer weichen Gesten und ihres schwach geröteten Gesichtes jetzt nicht trennen mögen.

Thusnelde durchschaute ihn und gab sich keine Mühe, ihr Vergnügen über Pauls leidenschaftliche Aufmerksamkeiten zu verbergen, schon weil sie sah, daß es den Kandidaten ärgerte. Und dieser, der in keiner Hinsicht ein Kraftmensch war, fühlte langsam seinen Zorn in jene weiblich trübe, faule Resignation übergehen, mit der bis jetzt fast alle seine Liebesversuche geendet hatten. War er denn je von einem Weib verstanden und nach seinem Wert geschätzt worden? Oh, aber er war Künstler genug, um auch die Enttäuschung, den Schmerz, das Einsambleiben mit allen ihren verborgensten Reizen zu genießen. Wenn auch mit zuckender Lippe, er genoß es doch; und wenn auch verkannt und verschmäht, er war doch der Held in der Szene, der Träger einer stummen Tragik, lächelnd mit dem Dolch im Herzen.

Man trennte sich erst spät. Als Paul in sein kühles Schlafzimmer trat, sah er durchs offene Fenster den beruhigten Himmel mit stillstehenden, milchweißen Flaumwölkchen bedeckt; durch ihre dünnen Flöre drang das Mondlicht weich und stark und spiegelte sich tausendmal in den nassen Blättern der Parkbäume. Fern über den Hügeln, nicht weit vom dunklen Horizont, leuchtete schmal und langgestreckt wie eine Insel ein Stück reinen Himmels feucht und milde, darin ein einziger blasser Stern.

Der Knabe blickte lange hinaus und sah es nicht, sah nur ein bleiches Wogen und fühlte reine, frisch gekühlte Lüfte um sich her, hörte niegehörte, tiefe Stimmen wie entfernte Stürme brausen und atmete die weiche Luft einer anderen Welt. Vorgebeugt stand er am Fenster und schaute, ohne etwas zu sehen, wie ein Geblendeter, und vor ihm ungewiß und mächtig ausgebreitet lag das Land des Lebens und der Leidenschaften, von heißen Stürmen durchzittert und von dunkelschwülem Gewölk verschattet.

Die Tante war die letzte, die zu Bette ging. Wachsam hatte

sie noch Türen und Läden revidiert, nach den Lichtern gesehen und einen Blick in die dunkle Küche getan, dann war sie in ihre Stube gegangen und hatte sich beim Kerzenlicht in den altmodischen Sessel gesetzt. Sie wußte ja nun, wie es um den Kleinen stand, und sie war im Innersten froh, daß morgen die Gäste wieder reisen wollten. Wenn nur auch alles gut ablief! Es war doch eigen, so ein Kind von heut auf morgen zu verlieren. Denn daß Pauls Seele ihr nun entgleiten und mehr und mehr undurchsichtig werden müsse, wußte sie wohl, und sie sah ihn mit Sorge seine ersten, knabenhaften Schritte in den Garten der Liebe tun, von dessen Früchten sie selber zu ihrer Zeit nur wenig und fast nur die bitteren gekostet hatte. Dann dachte sie an Berta, seufzte und lächelte ein wenig und suchte dann lange in ihren Schubladen nach einem tröstenden Abschiedsgeschenk für die Kleine. Dabei erschrak sie plötzlich, als sie sah, wie spät es schon war.

Über dem schlafenden Haus und dem dämmernden Garten standen ruhig die milchweißen, flaumig dünnen Wolken, die Himmelsinsel am Horizont wuchs langsam zu einem weiten, reinen, dunkelklaren Felde, zart von schwachglänzenden Sternen durchglüht, und über die entferntesten Hügel lief eine milde, schmale Silberlinie, sie vom Himmel trennend. Im Garten atmeten die erfrischten Bäume tief und rastend, und auf der Parkwiese wechselte mit dünnen, wesenlosen Wolkenschatten der schwarze Schattenkreis der Blutbuche.

Die sanfte, noch von Feuchtigkeit gesättigte Luft dampfte leise gegen den völlig klaren Himmel. Kleine Wasserlachen standen auf dem Kiesplatz und auf der Landstraße, blitzten goldig oder spiegelten die zarte Bläue. Knirschend fuhr der Wagen vor, und man stieg ein. Der Kandidat machte mehrere tiefe Bücklinge, die Tante nickte liebevoll und drückte noch einmal allen die Hände, die Hausmädchen sahen vom Hintergrunde des Flurs der Abfahrt zu.

Paul saß im Wagen Thusnelde gegenüber und spielte den Fröhlichen. Er lobte das gute Wetter, sprach rühmend von köstlichen Ferientouren in die Berge, die er vorhabe, und sog jedes Wort und jedes Lachen des Mädchens gierig ein. Am frühen Morgen war er mit schlechtem Gewissen in den Garten geschlichen und hatte in dem peinlich geschonten

Lieblingsbeet seines Vaters die prächtigste halboffene Teerose abgeschnitten. Die trug er nun, zwischen Seidenpapier gelegt, versteckt in der Brusttasche und war beständig in Sorge, er könnte sie zerdrücken. Ebenso bang war ihm vor der Möglichkeit einer Entdeckung durch den Vater.

Die kleine Berta war ganz still und hielt den blühenden Jasminzweig vors Gesicht, den ihr die Tante mitgegeben hatte. Sie war im Grunde fast froh, nun fortzukommen.

»Soll ich Ihnen einmal eine Karte schicken?« fragte Thusnelde munter.

»O ja, vergessen Sie es nicht! Das wäre schön.«

Und dann fügte er hinzu: »Aber Sie müssen dann auch unterschreiben, Fräulein Berta.«

Sie schrak ein wenig zusammen und nickte.

»Also gut, hoffentlich denken wir auch daran«, sagte Thusnelde.

»Ja, ich will dich dann erinnern.«

Da war man schon am Bahnhof. Der Zug sollte erst in einer Viertelstunde kommen. Paul empfand diese Viertelstunde wie eine unschätzbare Gnadenfrist. Aber es ging ihm sonderbar; seit man den Wagen verlassen hatte und vor der Station auf und ab spazierte, fiel ihm kein Witz und kein Wort mehr ein. Er war plötzlich bedrückt und klein, sah oft auf die Uhr und horchte, ob der kommende Zug schon zu hören sei. Erst im letzten Augenblick zog er seine Rose hervor und drückte sie noch an der Wagentreppe dem Fräulein in die Hand. Sie nickte ihm fröhlich zu und stieg ein. Dann fuhr der Zug ab, und alles war aus.

Vor der Heimfahrt mit dem Papa graute ihm, und als dieser schon eingestiegen war, zog er den Fuß wieder vom Tritt zurück und meinte: »Ich hätte eigentlich Lust, zu Fuß heimzugehen.«

»Schlechtes Gewissen, Paulchen?«

»O nein, Papa, ich kann ja auch mitkommen.«

Aber Herr Abderegg winkte lachend ab und fuhr allein davon.

»Er soll's nur ausfressen«, knurrte er unterwegs vor sich hin, »umbringen wird's ihn nicht.« Und er dachte, seit Jahren zum erstenmal, an sein erstes Liebesabenteuer und war verwundert, wie genau er alles noch wußte. Nun war also schon die Reihe an seinem Kleinen! Aber es gefiel ihm, daß der Kleine die Rose gestohlen hatte. Er hatte sie wohl gesehen.

Zu Hause blieb er einen Augenblick vor dem Bücherschrank im Wohnzimmer stehen. Er nahm den Werther heraus und steckte ihn in die Tasche, zog ihn aber gleich darauf wieder heraus, blätterte ein wenig darin herum, begann ein Lied zu pfeifen und stellte das Büchlein an seinen Ort zurück.

Mittlerweile lief Paul auf der warmen Landstraße heimwärts und war bemüht, sich das Bild der schönen Thusnelde immer wieder vorzustellen. Erst als er heiß und erschlafft die Parkhecke erreicht hatte, öffnete er die Augen und besann sich, was er nun treiben solle. Da zog ihn die plötzlich aufblitzende Erinnerung unwiderstehlich zur Trauerweide hin. Er suchte den Baum mit heftig wallendem Verlangen auf, schlüpfte durch die tiefhängenden Zweige und setzte sich auf dieselbe Stelle der Bank, wo er gestern neben Thusnelde gesessen war und wo sie ihre Hand auf seine gelegt hatte. Er schloß die Augen, ließ die Hand auf dem Holze liegen und fühlte noch einmal den ganzen Sturm, der gestern ihn gepackt und berauscht und gepeinigt hatte. Flammen wogten um ihn, und Meere rauschten, und heiße Ströme zitterten sausend auf purpurnen Flügeln vorüber.

Paul saß noch nicht lange auf seinem Platz, so klangen Schritte, und jemand trat herzu. Er blickte verwirrt auf, aus hundert Träumen gerissen, und sah den Herrn Homburger vor sich stehen.

»Ah, Sie sind da, Paul? Schon lange?«

»Nein, ich war ja mit an der Bahn. Ich kam zu Fuß zurück.«

»Und nun sitzen Sie hier und sind melancholisch.«

»Ich bin nicht melancholisch.«

»Also nicht. Ich habe Sie zwar schon munterer gesehen.«

Paul antwortete nicht.

»Sie haben sich ja sehr um die Damen bemüht.«

»Finden Sie?«

»Besonders um die eine. Ich hätte eher gedacht, Sie würden dem jüngeren Fräulein den Vorzug geben.«

»Dem Backfisch? Hm.«

»Ganz richtig, dem Backfisch.«

Da sah Paul, daß der Kandidat ein fatales Grinsen aufsetzte, und ohne noch ein Wort zu sagen, kehrte er sich um und lief davon, mitten über die Wiese.

Mittags bei Tisch ging es sehr ruhig zu.

»Wir scheinen ja alle ein wenig müde zu sein«, lächelte Herr Abderegg. »Auch du, Paul. Und Sie, Herr Homburger? Aber es war eine angenehme Abwechslung, nicht?«

»Gewiß, Herr Abderegg.«

»Sie haben sich mit dem Fräulein gut unterhalten? Sie soll ja riesig belesen sein.«

»Darüber müßte Paul unterrichtet sein. Ich hatte leider nur für Augenblicke das Vergnügen.«

»Was sagst du dazu, Paul?«

»Ich? Von wem sprecht ihr denn?«

»Von Fräulein Thusnelde, wenn du nichts dagegen hast. Du scheinst einigermaßen zerstreut zu sein –«

»Ach, was wird der Junge sich viel um die Damen gekümmert haben«, fiel die Tante ein.

Es wurde schon wieder heiß. Der Vorplatz strahlte Hitze aus, und auf der Straße waren die letzten Regenpfützen vertrocknet. Auf ihrer sonnigen Wiese stand die alte Blutbuche, von warmem Licht umflossen, und auf einem ihrer starken Äste saß der junge Paul Abderegg, an den Stamm gelehnt und ganz von rötlich dunkeln Laubschatten umfangen. Das war ein alter Lieblingsplatz des Knaben, er war dort vor jeder Überraschung sicher. Dort auf dem Buchenast hatte er heimlicherweise im Herbst vor drei Jahren die »Räuber« gelesen, dort hatte er seine erste halbe Zigarre geraucht, und dort hatte er damals das Spottgedicht auf seinen früheren Hauslehrer gemacht, bei dessen Entdeckung sich die Tante so furchtbar aufgeregt hatte. Er dachte an diese und andere Streiche mit einem überlegenen, nachsichtigen Gefühl, als wäre das alles vor Urzeiten gewesen. Kindereien, Kindereien!

Mit einem Seufzer richtete er sich auf, kehrte sich behutsam im Sitze um, zog sein Taschenmesser heraus und begann am Stamm zu ritzen. Es sollte ein Herz daraus werden, das den Buchstaben T umschloß, und er nahm sich vor, es schön und sauber auszuschneiden, wenn er auch mehrere Tage dazu brauchen sollte.

Noch am selben Abend ging er zum Gärtner hinüber, um sein Messer schleifen zu lassen. Er trat selber das Rad dazu. Auf dem Rückweg setzte er sich eine Weile in das alte Boot, plätscherte mit der Hand im Wasser und suchte sich auf die Melodie des Liedes zu besinnen, das er gestern von hier aus hatte singen hören. Der Himmel war halb verwölkt, und es sah aus, als werde in der Nacht schon wieder ein Gewitter kommen.

(1905)

Der Lateinschüler

Mitten in dem enggebauten alten Städtlein liegt ein phantastisch großes Haus mit vielen kleinen Fenstern und jämmerlich ausgetretenen Vorstaffeln und Treppenstiegen, halb ehrwürdig und halb lächerlich, und ebenso war dem jungen Karl Bauer zumute, welcher als sechzehnjähriger Schüler jeden Morgen und Mittag mit seinem Büchersack hineinging. Da hatte er seine Freude an dem schönen, klaren und tückelosen Latein und an den altdeutschen Dichtern und hatte seine Plage mit dem schwierigen Griechisch und mit der Algebra, die ihm im dritten Jahr sowenig lieb war wie im ersten, und wieder seine Freude an ein paar graubärtigen alten Lehrern und seine Not mit ein paar jungen.

Nicht weit vom Schulhaus stand ein uralter Kaufladen, da ging es über dunkelfeuchte Stufen durch die immer offene Tür unablässig aus und ein mit Leuten, und im pechfinsteren Hausgang roch es nach Sprit, Petroleum und Käse. Karl fand sich aber gut im Dunkeln durch, denn hoch oben im selben Haus hatte er seine Kammer, dort ging er zu Kost und Logis bei der Mutter des Ladenbesitzers. So finster es unten war, so hell und frei war es droben; dort hatten sie Sonne, soviel nur schien, und sahen über die halbe Stadt hinweg, deren Dächer sie fast alle kannten und einzeln mit Namen nennen konnten.

Von den vielerlei guten Sachen, die es im Laden in großer Menge gab, kam nur sehr weniges die steile Treppe herauf, zu Karl Bauer wenigstens, denn der Kosttisch seiner alten Frau Kusterer war mager bestellt und sättigte ihn niemals. Davon aber abgesehen, hausten sie und er ganz freundschaftlich zusammen, und seine Kammer besaß er wie ein Fürst sein Schloß. Niemand störte ihn darin, er mochte treiben, was es war, und er trieb vielerlei. Die zwei Meisen im Käfig wären noch das wenigste gewesen, aber er hatte auch eine Art Schreinerwerkstatt eingerichtet, und im Ofen schmolz und goß er Blei und Zinn, und sommers hielt er Blindschleichen und Eidechsen in einer Kiste – sie verschwanden immer nach kurzer Zeit durch immer neue Löcher im Drahtgitter. Außerdem hatte er auch noch seine

Geige, und wenn er nicht las oder schreinerte, so geigte er gewiß, zu allen Stunden bei Tag und bei Nacht.

So hatte der junge Mensch jeden Tag seine Freuden und ließ sich die Zeit niemals lang werden, zumal da es ihm nicht an Büchern fehlte, die er entlehnte, wo er eins stehen sah. Er las eine Menge, aber freilich war ihm nicht eins so lieb wie das andre, sondern er zog die Märchen und Sagen sowie Trauerspiele in Versen allen andern vor.

Das alles, so schön es war, hätte ihn aber doch nicht satt gemacht. Darum stieg er, wenn der fatale Hunger wieder zu mächtig wurde, so still wie ein Wiesel die alten, schwarzen Stiegen hinunter bis in den steinernen Hausgang, in welchen nur aus dem Laden her ein schwacher Lichtstreifen fiel. Dort war es nicht selten, daß auf einer hohen leeren Kiste ein Rest guten Käses lag, oder es stand ein halbvolles Heringsfäßchen offen neben der Tür, und an guten Tagen oder wenn Karl unter dem Vorwand der Hilfsbereitschaft mutig in den Laden selber trat, kamen auch zuweilen ein paar Hände voll gedörrte Zwetschgen, Birnenschnitze oder dergleichen in seine Tasche.

Diese Züge unternahm er jedoch nicht mit Habsucht und schlechtem Gewissen, sondern teils mit der Harmlosigkeit des Hungernden, teils mit den Gefühlen eines hochherzigen Räubers, der keine Menschenfurcht kennt und der Gefahr mit kühlem Stolz ins Auge blickt. Es schien ihm ganz den Gesetzen der sittlichen Weltordnung zu entsprechen, daß das, was die alte Mutter geizig an ihm sparte, der überfüllten Schatzkammer ihres Sohnes entzogen würde.

Diese verschiedenartigen Gewohnheiten, Beschäftigungen und Liebhabereien hätten, neben der allmächtigen Schule her, eigentlich genügen können, um seine Zeit und seine Gedanken auszufüllen. Karl Bauer war aber davon noch nicht befriedigt. Teils in Nachahmung einiger Mitschüler, teils infolge seiner vielen schöngeistigen Lektüre, teils auch aus eignem Herzensbedürfnis betrat er in jener Zeit zum erstenmal das schöne ahnungsvolle Land der Frauenliebe. Und da er doch zum voraus genau wußte, daß sein derzeitiges Streben und Werben zu keinem realen Ziele führen würde, war er nicht allzu bescheiden und weihte seine Verehrung dem schönsten Mädchen der Stadt, die aus reichem

Hause war und schon durch die Pracht ihrer Kleidung alle gleichaltrigen Jungfern weit überstrahlte. An ihrem Hause ging der Schüler täglich vorbei, und wenn sie ihm begegnete, zog er den Hut so tief wie vor dem Rektor nicht.

So waren seine Umstände beschaffen, als durch einen Zufall eine ganz neue Farbe in sein Dasein kam und neue Tore zum Leben sich ihm öffneten.

Eines Abends gegen Ende des Herbstes, da Karl von der Schale mit dünnem Milchkaffee wieder gar nicht satt geworden war, trieb ihn der Hunger auf die Streife. Er glitt unhörbar die Treppe hinab und revierte im Hausgang, wo er nach kurzem Suchen einen irdenen Teller stehen sah, auf welchem zwei Winterbirnen von köstlicher Größe und Farbe sich an eine rotgeränderte Scheibe Holländerkäse lehnten.

Leicht hätte der Hungrige erraten können, daß diese Kollation für den Tisch des Hausherrn bestimmt und nur für Augenblicke von der Magd beiseitegestellt worden sei; aber im Entzücken des unerwarteten Anblicks lag ihm der Gedanke an eine gütige Schicksalsfügung viel näher, und er barg die Gabe mit dankbaren Gefühlen in seinen Taschen.

Noch ehe er damit fertig und wieder verschwunden war, trat jedoch die Dienstmagd Babett auf leisen Pantoffeln aus der Kellertüre, hatte ein Kerzenlicht in der Hand und entdeckte entsetzt den Frevel. Der junge Dieb hatte noch den Käse in der Hand; er blieb regungslos stehen und sah zu Boden, während in ihm alles auseinanderging und in einem Abgrund von Scham versank. So standen die beiden da, von der Kerze beleuchtet, und das Leben hat dem kühnen Knaben seither wohl schmerzlichere Augenblicke beschert, aber gewiß nie einen peinlicheren.

»Nein, so was!« sprach Babett endlich und sah den zerknirschten Frevler an, als wäre er eine Moritat. Dieser hatte nichts zu sagen.

»Das sind Sachen!« fuhr sie fort. »Ja, weißt du denn nicht, daß das gestohlen ist?«

»Doch, ja.«

»Herr du meines Lebens, wie kommst du denn dazu?«

»Es ist halt dagestanden, Babett, und da hab ich gedacht –«

»Was denn hast gedacht?«

»Weil ich halt so elend Hunger gehabt hab . . .«

Bei diesen Worten riß das alte Mädchen ihre Augen weit auf und starrte den Armen mit unendlichem Verständnis, Erstaunen und Erbarmen an.

»Hunger hast? Ja, kriegst denn nichts zu futtern da droben?«

»Wenig, Babett, wenig.«

»Jetzt da soll doch! Nun, 's ist gut, 's ist gut. Behalt das nur, was du im Sack hast, und den Käs auch, behalt's nur, 's ist noch mehr im Haus. Aber jetzt tät ich raufgehen, sonst kommt noch jemand.«

In merkwürdiger Stimmung kehrte Karl in seine Kammer zurück, setzte sich hin und verzehrte nachdenklich erst den Holländer und dann die Birnen. Dann wurde ihm freier ums Herz, er atmete auf, reckte sich und stimmte alsdann auf der Geige eine Art Dankpsalm an. Kaum war dieser beendet, so klopfte es leise an, und wie er aufmachte, stand vor der Tür die Babett und streckte ihm ein gewaltiges, ohne Sparsamkeit bestrichenes Butterbrot entgegen.

So sehr ihn dieses erfreute, wollte er doch höflich ablehnen, aber sie litt es nicht, und er gab gerne nach.

»Geigen tust du aber mächtig schön«, sagte sie bewundernd, »ich hab's schon öfter gehört. Und wegen dem Essen, da will ich schon sorgen. Am Abend kann ich dir gut immer was bringen, es braucht's niemand zu wissen. Warum gibt sie dir's auch nicht besser, wo doch wahrhaftig dein Vater genug Kostgeld zahlen muß.«

Noch einmal versuchte der Bursche schüchtern dankend abzulehnen, aber sie hörte gar nicht darauf, und er fügte sich gerne. Am Ende kamen sie dahin überein, daß Karl an Tagen der Hungersnot beim Heimkommen auf der Stiege das Lied »Güldne Abendsonne« pfeifen sollte, dann käme sie und brächte ihm zu essen. Wenn er etwas andres pfiffe oder gar nichts, so wäre es nicht nötig. Zerknirscht und dankbar legte er seine Hand in ihre breite Rechte, die mit starkem Druck das Bündnis besiegelte.

Und von dieser Stunde an genoß der Gymnasiast mit Behagen und Rührung die Teilnahme und Fürsorge eines guten Frauengemütes, zum erstenmal seit den heimatlichen Knabenjahren, denn er war schon früh in Pension getan worden, da seine Eltern auf dem Lande wohnten. An jene Heimatjahre ward er auch oft erinnert, denn die Babett bewachte und verwöhnte ihn ganz wie eine Mutter, was sie ihren Jahren nach auch annähernd hätte sein können. Sie war gegen vierzig und im Grunde eine eiserne, unbeugsame, energische Natur; aber Gelegenheit macht Diebe, und da sie so unerwartet an dem Jüngling einen dankbaren Freund und Schützling und Futtervogel gefunden hatte, trat mehr und mehr aus dem bisher schlummernden Grunde ihres gehärteten Gemütes ein fast zaghafter Hang zur Weichheit und selbstlosen Milde an den Tag.

Diese Regung kam dem Karl Bauer zugute und verwöhnte ihn schnell, wie denn so junge Knaben alles Dargebotene, sei es auch die seltenste Frucht, mit Bereitwilligkeit und fast wie ein gutes Recht hinnehmen. So kam es auch, daß er schon nach wenigen Tagen jene so beschämende erste Begegnung bei der Kellertüre völlig vergessen hatte und jeden Abend sein »Güldne Abendsonne« auf der Treppe erschallen ließ, als wäre es nie anders gewesen.

Trotz aller Dankbarkeit wäre vielleicht Karls Erinnerung an die Babett nicht so unverwüstlich lebendig geblieben, wenn ihre Wohltaten sich dauernd auf das Eßbare beschränkt hätten. Jugend ist hungrig, aber sie ist nicht weniger schwärmerisch, und ein Verhältnis zu Jünglingen läßt sich mit Käse und Schinken, ja selbst mit Kellerobst und Wein nicht auf die Dauer warmhalten.

Die Babett war nicht nur im Hause Kusterer hochgeachtet und unentbehrlich, sondern genoß in der ganzen Nachbarschaft den Ruf einer tadelfreien Ehrbarkeit. Wo sie dabei war, ging es auf eine anständige Weise heiter zu. Das wußten die Nachbarinnen, und sie sahen es daher gern, wenn ihre Dienstmägde, namentlich die jungen, mit ihr Umgang hatten. Wen sie empfahl, der fand gute Aufnahme, und wer ihren vertrauteren Verkehr genoß, der war besser aufgehoben als im Mägdestift oder Jungfrauenverein.

Feierabends und an den Sonntagnachmittagen war also die Babett selten allein, sondern stets von einem Kranz jüngerer Mägde umgeben, denen sie die Zeit herumbringen half und mit allerlei Rat zur Hand ging. Dabei wurden Spiele gespielt, Lieder gesungen, Scherzfragen und Rätsel aufgegeben, und wer etwa einen Bräutigam oder einen Bruder besaß, durfte ihn gern mitbringen. Freilich geschah das nur sehr selten, denn die Bräute wurden dem Kreise meistens bald untreu, und die jungen Gesellen und Knechte hatten es mit der Babett nicht so freundschaftlich wie die Mädchen. Lockere Liebesgeschichten duldete sie nicht; wenn von ihren Schützlingen eine auf solche Wege geriet und durch ernstes Vermahnen nicht zu bessern war, so blieb sie ausgeschlossen.

In diese muntere Jungferngesellschaft ward der Lateinschüler als Gast aufgenommen, und vielleicht hat er dort mehr gelernt als im Gymnasium. Den Abend seines Eintritts hat er nicht vergessen. Es war im Hinterhof, die Mädchen saßen auf Treppenstaffeln und leeren Kisten, es war dunkel, und oben floß der viereckig abgeschnittene Abendhimmel noch in schwachem mildblauem Licht. Die Babett saß vor der halbrunden Kellereinfahrt auf einem Fäßchen, und Karl stand schüchtern neben ihr an den Torbalken gelehnt, sagte nichts und schaute in der Dämmerung die Gesichter der Mädchen an. Zugleich dachte er ein wenig ängstlich daran, was wohl seine Kameraden zu diesem abendlichen Verkehr sagen würden, wenn sie davon erführen.

Ach, diese Mädchengesichter! Fast alle kannte er vom Sehen schon, aber nun waren sie, so im Halblicht zusammengerückt, ganz verändert und sahen ihn wie lauter Rätsel an. Er weiß auch heute noch alle Namen und alle Gesichter und von vielen die Geschichte dazu. Was für Geschichten! Wieviel Schicksal, Ernst, Wucht und auch Anmut in den paar kleinen Mägdeleben!

Es war die Anna vom Grünen Baum da, die hatte als ganz junges Ding in ihrem ersten Dienst einmal gestohlen und war einen Monat gesessen. Nun war sie seit Jahren treu und ehrlich und galt für ein Kleinod. Sie hatte große braune Augen und einen herben Mund, saß schweigsam da und sah den Jüngling mit kühler Neugierde an. Aber ihr Schatz, der ihr damals bei der Polizeigeschichte untreu geworden war, hatte inzwischen geheiratet und war schon wieder Witwer geworden. Er lief ihr jetzt wieder nach und wollte sie durchaus noch haben, aber sie machte sich hart und tat, als wollte sie nichts mehr von ihm wissen, obwohl sie ihn heimlich noch so lieb hatte wie je.

Die Margret aus der Binderei war immer fröhlich, sang und klang und hatte Sonne in den rotblonden Kraushaaren. Sie war beständig sauber gekleidet und hatte immer etwas Schönes und Heiteres an sich, ein blaues Band oder ein paar Blumen, und doch gab sie niemals Geld aus, sondern schickte jeden Pfennig ihrem Stiefvater heim, der's versoff und ihr nicht danke sagte. Sie hat dann später ein schweres Leben gehabt, ungeschickt geheiratet und sonst vielerlei Pech und Not, aber auch dann ging sie noch leicht und hübsch einher, hielt sich rein und schmuck und lächelte zwar seltener, aber desto schöner.

Und so fast alle, eine um die andre, wie wenig Freude und Geld und Freundliches haben sie gehabt und wieviel Arbeit, Sorge und Ärger, und wie haben sie sich durchgebracht und sind obenan geblieben, mit wenig Ausnahmen lauter wackere und unverwüstliche Kämpferinnen! Und wie haben sie in den paar freien Stunden gelacht und sich fröhlich gemacht mit nichts, mit einem Witz und einem Lied, mit einer Handvoll Walnüsse und einem roten Bandrestchen! Wie haben sie vor Lust gezittert, wenn eine recht grausame Martergeschichte erzählt wurde, und wie haben sie bei traurigen Liedern mitgesungen und geseufzt und große Tränen in den guten Augen gehabt!

Ein paar von ihnen waren ja auch widerwärtig, krittelig und stets zum Nörgeln und Klatschen bereit, aber die Babett fuhr ihnen, wenn es not tat, schon übers Maul. Und auch sie trugen ja ihre Last und hatten es nicht leicht. Die Gret vom Bischofseck namentlich war eine Unglückliche. Sie trug schwer am Leben und schwer an ihrer großen Tugend, sogar im Jungfrauenverein war es ihr nicht fromm und streng genug, und bei jedem kräftigen Wort, das an sie kam, seufzte sie tief in sich hinein, biß die Lippen zusammen und sagte leise: »Der Gerechte muß viel leiden.« Sie litt jahraus, jahrein und gedieh am Ende doch dabei, aber wenn sie ihren Strumpf voll ersparter Taler überzählte, wurde sie gerührt und fing zu weinen an. Zweimal konnte sie einen Meister heiraten, aber sie tat es beidemal nicht, denn der eine war ein Leichtfuß, und der andere war selber so gerecht und edel, daß sie bei ihm das Seufzen und Unverstandensein hätte entbehren müssen.

Die alle saßen da in der Ecke des dunkeln Hofes, erzählten einander ihre Begebenheiten und warteten darauf, was der Abend nun Gutes und Fröhliches bringen würde. Ihre Reden und Gebärden wollten dem gelehrten Jüngling anfänglich nicht die klügsten und nicht die feinsten scheinen, aber bald wurde ihm, da seine Verlegenheit wich, freier und wohler, und er blickte nun auf die im Dunkel beisammenkauernden Mädchen wie auf ein ungewöhnliches, sonderbar schönes Bild.

»Ja, das wäre also der Herr Lateinschüler«, sagte die Babett und wollte sogleich die Geschichte seines kläglichen Hungerleidens vortragen, doch da zog er sie flehend am Ärmel, und sie schonte ihn gutmütig.

»Da müssen Sie sicher schrecklich viel lernen?« fragte die rotblonde Margret aus der Binderei, und sie fuhr sogleich fort: »Auf was wollen Sie denn studieren?«

»Ja, das ist noch nicht ganz bestimmt. Vielleicht Doktor.« Das erweckte Ehrfurcht, und alle sahen ihn aufmerksam an.

»Da müssen Sie aber doch zuerst noch einen Schnurrbart kriegen«, meinte die Lene vom Apotheker, und nun lachten sie teils leise kichernd, teils kreischend auf und kamen mit hundert Neckereien, deren er sich ohne Babetts Hilfe schwerlich erwehrt hätte. Schließlich verlangten sie, er solle ihnen eine Geschichte erzählen. Ihm wollte, soviel er auch gelesen hatte, keine einfallen als das Märchen von dem, der auszog, das Gruseln zu lernen; doch hatte er kaum recht angefangen, da lachten sie und riefen: »Das wissen wir schon lang«, und die Grete vom Bischofseck sagte geringschätzig: »Das ist bloß für Kinder.« Da hörte er auf und schämte sich, und die Babett versprach an seiner Stelle: »Nächstes Mal erzählt er was andres, er hat ja soviel Bücher daheim!« Das war ihm auch recht, und er beschloß, sie glänzend zufriedenzustellen.

Unterdessen hatte der Himmel den letzten blauen Schimmer verloren, und auf der matten Schwärze schwamm ein Stern.

»Jetzt müßt ihr aber heim«, ermahnte die Babett, und sie standen auf, schüttelten und rückten die Zöpfe und Schürzen zurecht, nickten einander zu und gingen davon, die einen durchs hintere Hoftürlein, die andern durch den Gang und die Haustüre.

Auch Karl Bauer sagte gute Nacht und stieg in seine Kammer hinauf, befriedigt und auch nicht, mit unklarem Gefühl. Denn so tief er in Jugendhochmut und Lateinschülertorheiten steckte, so hatte er doch gemerkt, daß unter diesen seinen neuen Bekannten ein andres Leben gelebt ward als das seinige und daß fast alle diese Mädchen, mit fester Kette ans rührige Alltagsleben gebunden, Kräfte in sich trugen und Dinge wußten, die für ihn so fremd wie ein Märchen waren. Nicht ohne einen kleinen Forscherdünkel gedachte er möglichst tief in die interessante Poesie dieses naiven Lebens, in die Welt des Urvolkstümlichen, der Moritaten und Soldatenlieder hineinzublicken. Aber doch fühlte er diese Welt der seinigen in gewissen Dingen unheimlich überlegen und fürchtete allerlei Tyrannei und Überwältigung von ihr.

Einstweilen ließ sich jedoch keine derartige Gefahr blicken, auch wurden die abendlichen Zusammenkünfte der Mägde immer kürzer, denn es ging schon stark in den Winter hinein, und man machte sich, wenn es auch noch so mild war, jeden Tag auf den ersten Schnee gefaßt. Immerhin fand Karl noch Gelegenheit, seine Geschichte loszuwerden. Es war die vom Zundelheiner und Zundelfrieder, die er im Schatzkästlein gelesen hatte, und sie fand keinen geringen Beifall. Die Moral am Schlusse ließ er weg, aber die Babett fügte eine solche aus eignem Bedürfnis und Vermögen hinzu. Die Mädchen, mit Ausnahme der Gret, lobten den Erzähler über Verdienst, wiederholten abwechselnd die Hauptszenen und baten sehr, er möge nächstens wieder so etwas zum besten geben. Er versprach es auch, aber schon am andern Tag wurde es so kalt, daß an kein Herumstehen im Freien mehr zu denken war, und dann kamen, je näher die Weihnacht rückte, andre Gedanken und Freuden über ihn.

Er schnitzelte alle Abend an einem Tabakskasten für seinen Papa und dann an einem lateinischen Vers dazu. Der Vers wollte jedoch niemals jenen klassischen Adel bekommen, ohne welchen ein lateinisches Distichon gar nicht auf seinen Füßen stehen kann, und so schrieb er schließlich nur »Wohl bekomm's!« in großen Schnörkelbuchstaben auf den Deckel, zog die Linien mit dem Schnitzmesser nach und polierte den Kasten mit Bimsstein und Wachs. Alsdann reiste er wohlgemut in die Ferien.

Der Januar war kalt und klar, und Karl ging, sooft er eine freie Stunde hatte, auf den Eisplatz zum Schlittschuhlaufen. Dabei ging ihm eines Tages sein bißchen eingebildete Liebe zu jenem schönen Bürgermädchen verloren. Seine Kameraden umwarben sie mit hundert kleinen Kavalierdiensten, und er konnte wohl sehen, daß sie einen wie den andern mit derselben kühlen, ein wenig neckischen Höflichkeit und Koketterie behandelte. Da wagte er es einmal und forderte sie zum Fahren auf, ohne allzusehr zu erröten und zu stottern, aber immerhin mit einigem Herzklopfen. Sie legte eine kleine, in weiches Leder gekleidete Linke in seine frostrote Rechte, fuhr mit ihm dahin und verhehlte kaum ihre Belustigung über seine hilflosen Anläufe zu einer galanten Konversation. Schließlich machte sie sich mit leichtem Dank und Kopfnicken los, und gleich darauf hörte er sie mit ihren Freundinnen, von denen manche listig nach ihm herüberschielte, so hell und boshaft lachen, wie es nur hübsche und verwöhnte kleine Mädchen können.

Das war ihm zu viel, er tat von da an diese ohnehin nicht echte Schwärmerei entrüstet von sich ab und machte sich ein Vergnügen daraus, künftighin den Fratz, wie er sie jetzt nannte, weder auf dem Eisplatz noch auf der Straße mehr zu grüßen.

Seine Freude darüber, dieser unwürdigen Fesseln einer faden Galanterie wieder ledig zu sein, suchte er dadurch zum Ausdruck zu bringen und womöglich zu erhöhen, daß er häufig in den Abendstunden mit einigen verwegenen Kameraden auf Abenteuer auszog. Sie hänselten die Polizeidiener, klopften an erleuchtete Parterrefenster, zogen an Glockensträngen und klemmten elektrische Drücker mit Zündholzspänen fest, brachten angekettete Hofhunde zur Raserei und erschreckten Mädchen und Frauen in entlegenen Vorstadtgassen durch Pfiffe, Knallerbsen und Kleinfeuerwerk.

Karl Bauer fühlte sich bei diesen Unternehmungen im winterlichen Abenddunkel eine Zeitlang überaus wohl; ein fröhlicher Übermut und zugleich ein beklemmendes Erlebnisfieber machte ihn dann wild und kühn und bereitete ihm ein köstliches Herzklopfen, das er niemand eingestand und das er doch wie einen Rausch genoß. Nachher spielte er dann zu Hause noch lange auf der Geige oder las spannende Bücher und kam sich dabei vor wie ein vom Beutezug heimgekehrter Raubritter, der seinen Säbel abgewischt und an die Wand gehängt und einen friedlich leuchtenden Kienspan entzündet hat.

Als aber bei diesen Dämmerungsfahrten allmählich alles immer wieder auf die gleichen Streiche und Ergötzungen hinauslief und als niemals etwas von den heimlich erwarteten richtigen Abenteuern passieren wollte, fing das Vergnügen allmählich an, ihm zu verleiden, und er zog sich von der ausgelassenen Kameradschaft enttäuscht mehr und mehr zurück. Und gerade an jenem Abend, da er zum letztenmal mitmachte und nur mit halbem Herzen noch dabei war, mußte ihm dennoch ein kleines Erlebnis blühen.

Die Buben liefen zu viert in der Brühelgasse hin und her, spielten mit kleinen Spazierstöckchen und sannen auf Schandtaten. Der eine hatte einen blechernen Zwicker auf der Nase, und alle vier trugen ihre Hüte und Mützen mit burschikoser Leichtfertigkeit schief auf dem Hinterkopf. Nach einer Weile wurden sie von einem eilig daherkommenden Dienstmädchen überholt, sie streifte rasch an ihnen vorbei und trug einen großen Henkelkorb am Arm. Aus dem Korbe hing ein langes Stück schwarzes Band herunter, flatterte bald lustig auf und berührte bald mit dem schon beschmutzten Ende den Boden.

Ohne eigentlich etwas dabei zu denken, faßte Karl Bauer in Übermut nach dem Bändel und hielt fest. Während die junge Magd sorglos weiterging, rollte das Band sich immer länger ab, und die Buben brachen in ein frohlockendes Gelächter aus. Da drehte das Mädchen sich um, stand wie der Blitz vor den lachenden Jünglingen, schön und jung und blond, gab dem Bauer eine Ohrfeige, nahm das verlorene Band hastig auf und eilte schnell davon.

Der Spott ging nun über den Gezüchtigten her, aber Karl war ganz schweigsam geworden und nahm an der nächsten Straßenecke kurzen Abschied.

Es war ihm sonderbar ums Herz. Das Mädchen, dessen

Gesicht er nur einen Augenblick in der halbdunklen Gasse gesehen hatte, war ihm sehr schön und lieb erschienen, und der Schlag von ihrer Hand, so sehr er sich seiner schämte, hatte ihm mehr wohl als weh getan. Aber wenn er daran dachte, daß er dem lieben Geschöpf einen dummen Bubenstreich gespielt hatte und daß sie ihm nun zürnen und ihn für einen einfältigen Ulkmacher ansehen müsse, dann brannte ihn Reue und Scham.

Langsam ging er heim und pfiff auf der steilen Treppe diesmal kein Lied, sondern stieg still und bedrückt in seine Kammer hinauf. Eine halbe Stunde lang saß er in dem dunkeln und kalten Stüblein, die Stirn an der Fensterscheibe. Dann langte er die Geige hervor und spielte lauter sanfte, alte Lieder aus seiner Kinderzeit und darunter manche, die er seit vier und fünf Jahren nimmer gesungen oder gegeigt hatte. Er dachte an seine Schwester und an den Garten daheim, an den Kastanienbaum und an die rote Kapuzinerblüte an der Veranda, und an seine Mutter. Und als er dann müde und verwirrt zu Bett gegangen war und doch nicht gleich schlafen konnte, da geschah es dem trotzigen Abenteurer und Gassenhelden, daß er ganz leise und sanft zu weinen begann und stille weiter weinte, bis er eingeschlummert war.

Karl kam nun bei den bisherigen Genossen seiner abendlichen Streifzüge in den Ruf eines Feiglings und Deserteurs, denn er nahm nie wieder an diesen Gängen teil. Statt dessen las er den Don Carlos, die Gedichte Emanuel Geibels und die Hallig von Biernatzki, fing ein Tagebuch an und nahm die Hilfsbereitschaft der guten Babett nur selten mehr in Anspruch.

Diese gewann den Eindruck, es müsse etwas bei dem jungen Manne nicht in Ordnung sein, und da sie nun einmal eine Fürsorge um ihn übernommen hatte, erschien sie eines Tages an der Kammertür, um nach dem Rechten zu sehen. Sie kam nicht mit leeren Händen, sondern brachte ein schönes Stück Lyonerwurst mit und drang darauf, daß Karl es sofort vor ihren Augen verzehre.

»Ach laß nur, Babett«, meinte er, »jetzt hab ich gerade keinen Hunger.«

Sie war jedoch der Ansicht, junge Leute müßten zu jeder Stunde essen können, und ließ nicht nach, bis er ihren Willen erfüllt hatte. Sie hatte einmal von der Überbürdung der Jugend an den Gymnasien gehört und wußte nicht, wie fern ihr Schützling sich von jeder Überanstrengung im Studieren hielt. Nun sah sie in der auffallenden Abnahme seiner Eßlust eine beginnende Krankheit, redete ihm ernstlich ins Gewissen, erkundigte sich nach den Einzelheiten seines Befindens und bot ihm am Ende ein bewährtes volkstümliches Laxiermittel an. Da mußte Karl doch lachen und erklärte ihr, daß er völlig gesund sei und daß sein geringerer Appetit nur von einer Laune oder Verstimmung herrühre. Das begriff sie sofort.

»Pfeifen hört man dich auch fast gar nimmer«, sagte sie lebhaft, »und es ist dir doch niemand gestorben. Sag, du wirst doch nicht gar verliebt sein?«

Karl konnte nicht verhindern, daß er ein wenig rot wurde, doch wies er diesen Verdacht mit Entrüstung zurück und behauptete, ihm fehle nichts als ein wenig Zerstreuung, er habe Langeweile.

»Dann weiß ich dir gleich etwas«, rief Babett fröhlich. »Morgen hat die kleine Lies vom unteren Eck Hochzeit. Sie war ja schon lang genug verlobt, mit einem Arbeiter. Eine bessere Partie hätte sie schon machen können, sollte man denken, aber der Mann ist nicht unrecht, und das Geld allein macht auch nicht selig. Und zu der Hochzeit mußt du kommen, die Lies kennt dich ja schon, und alle haben eine Freude, wenn du kommst und zeigst, daß du nicht zu stolz bist. Die Anna vom Grünen Baum und die Gret vom Bischofseck sind auch da und ich, sonst nicht viel Leute Wer sollt's auch zahlen? Es ist halt nur so eine stille Hochzeit, im Haus, und kein großes Essen und kein Tanz und nichts dergleichen. Man kann ohne das vergnügt sein.«

»Ich bin aber doch nicht eingeladen«, meinte Karl zweifelnd, da die Sache ihm nicht gar so verlockend vorkam. Aber die Babett lachte nur.

»Ach was, das besorg ich schon, und es handelt sich ja auch bloß um eine Stunde oder zwei am Abend. Und jetzt fällt mir noch das Allerbeste ein! Du bringst deine Geige mit. – Warum nicht gar! Ach, dumme Ausreden! Du bringst sie mit, gelt ja, das gibt eine Unterhaltung, und man dankt dir noch dafür.«

Es dauerte nicht lange, so hatte der junge Herr zugesagt.

Am andern Tage holte ihn die Babett gegen Abend ab; sie hatte ein wohlerhaltenes Prachtkleid aus ihren jüngeren Jahren angelegt, das sie stark beengte und erhitzte, und sie war ganz aufgeregt und rot vor Festfreude. Doch duldete sie nicht, daß Karl sich umkleide, nur einen frischen Kragen solle er umlegen, und die Stiefel bürstete sie trotz des Staatskleides ihm sogleich an den Füßen ab. Dann gingen sie miteinander in das ärmliche Vorstadthaus, wo jenes junge Ehepaar eine Stube nebst Küche und Kammer gemietet hatte. Und Karl nahm seine Geige mit.

Sie gingen langsam und vorsichtig, denn seit gestern war Tauwetter eingetreten, und sie wollten doch mit reinen Stiefeln draußen ankommen. Babett trug einen ungeheuer großen und massiven Regenschirm unter den Arm geklemmt und hielt ihren rotbraunen Rock mit beiden Händen hoch heraufgezogen, nicht zu Karls Freude, der sich ein wenig schämte, mit ihr gesehen zu werden.

In dem sehr bescheidenen, weißgegipsten Wohnzimmer der Neuvermählten saßen um den tannenen, sauber gedeckten Eßtisch sieben oder acht Menschen beieinander, außer dem Paare selbst zwei Kollegen des Hochzeiters und ein paar Basen oder Freundinnen der jungen Frau. Es hatte einen Schweinebraten mit Salat zum Festmahl gegeben, und nun stand ein Kuchen auf dem Tisch und daneben am Boden zwei große Bierkrüge. Als die Babett mit Karl Bauer ankam, standen alle auf, der Hausherr machte zwei schamhafte Verbeugungen, die redegewandte Frau übernahm die Begrüßung und Vorstellung, und jeder von den Gästen gab den Angekommenen die Hand.

»Nehmet vom Kuchen«, sagte die Wirtin. Und der Mann stellte schweigend zwei neue Gläser hin und schenkte Bier ein.

Karl hatte, da noch keine Lampe angezündet war, bei der Begrüßung niemand als die Gret vom Bischofseck erkannt. Auf einen Wink Babetts drückte er ein in Papier gewickeltes Geldstück, das sie ihm zu diesem Zwecke vorher übergeben hatte, der Hausfrau in die Hand und sagte einen Glückwunsch dazu. Dann wurde ihm ein Stuhl hingeschoben, und er kam vor sein Bierglas zu sitzen.

In diesem Augenblick sah er mit plötzlichem Erschrecken neben sich das Gesicht jener jungen Magd, die ihm neulich in der Brühelgasse die Ohrfeige versetzt hatte. Sie schien ihn jedoch nicht zu erkennen, wenigstens sah sie ihm gleichmütig ins Gesicht und hielt ihm, als jetzt auf den Vorschlag des Wirtes alle miteinander anstießen, freundlich ihr Glas entgegen. Hierdurch ein wenig beruhigt, wagte Karl sie offen anzusehen. Er hatte in letzter Zeit jeden Tag oft genug an dies Gesicht gedacht, das er damals nur einen Augenblick und seither nicht wieder gesehen hatte, und nun wunderte er sich, wie anders sie aussah. Sie war sanfter und zarter, auch etwas schlanker und leichter als das Bild, das er von ihr herumgetragen hatte. Aber sie war nicht weniger hübsch und noch viel liebreizender, und es wollte ihm scheinen, sie sei kaum älter als er.

Während die andern, namentlich Babett und die Anna, sich lebhaft unterhielten, wußte Karl nichts zu sagen und saß stille da, drehte sein Bierglas in der Hand und ließ die Junge, Blonde nicht aus den Augen. Wenn er daran dachte, wie oft es ihn verlangt hatte, diesen Mund zu küssen, erschrak er beinahe, denn das schien ihm nun, je länger er sie ansah, desto schwieriger und verwegener, ja ganz unmöglich zu sein.

Er wurde kleinlaut und blieb eine Weile schweigsam und unfroh sitzen. Da rief ihn die Babett auf, er solle seine Geige nehmen und etwas spielen. Der Junge sträubte und zierte sich ein wenig, griff dann aber in den Kasten, zupfte, stimmte und spielte ein beliebtes Lied, das, obwohl er zu hoch angestimmt hatte, die ganze Gesellschaft sogleich mitsang.

Damit war das Eis gebrochen, und es entstand eine laute Fröhlichkeit um den Tisch. Eine nagelneue kleine Stehlampe ward vorgezeigt, mit Öl gefüllt und angezündet, Lied um Lied klang in der Stube auf, ein frischer Krug Bier wurde aufgestellt, und als Karl Bauer einen der wenigen Tänze, die er konnte, anstimmte, waren im Augenblick drei Paare auf dem Plan und drehten sich lachend durch den viel zu engen Raum.

Gegen neun Uhr brachen die Gäste auf. Die Blonde hatte

eine Straße lang denselben Weg wie Karl und Babett, und auf diesem Wege wagte er es, ein Gespräch mit dem Mädchen zu führen.

»Wo sind Sie denn hier im Dienst?« fragte er schüchtern.

»Beim Kaufmann Kolderer, in der Salzgasse am Eck.«

»So, so.«

»Ja.«

»Ja freilich. So . . .«

Dann gab es eine längere Pause. Aber er riskierte es und fing noch einmal an.

»Sind Sie schon lange hier?«

»Ein halb Jahr.«

»Ich mein immer, ich hätte Sie schon einmal gesehen.«

»Ich Sie aber nicht.«

»Einmal am Abend, in der Brühelgasse, nicht?«

»Ich weiß nichts davon. Liebe Zeit, man kann ja nicht alle Leute auf der Gasse so genau angucken.«

Glücklich atmete er auf, daß sie den Übertäter von damals nicht in ihm erkannt hatte; er war schon entschlossen gewesen, sie um Verzeihung zu bitten.

Da war sie an der Ecke ihrer Straße und blieb stehen, um Abschied zu nehmen. Sie gab der Babett die Hand, und zu Karl sagte sie: »Adieu denn, Herr Student. Und danke auch schön!«

»Für was denn?«

»Für die Musik, für die schöne. Also gut Nacht miteinander.«

Karl streckte ihr, als sie eben umdrehen wollte, die Hand hin und sie legte die ihre flüchtig darein. Dann war sie fort.

Als er nachher auf dem Treppenabsatz der Babett gut Nacht sagte, fragte sie: »Nun, ist's schön gewesen oder nicht?«

»Schön ist's gewesen, wunderschön, jawohl«, sagte er glücklich und war froh, daß es so dunkel war, denn er fühlte, wie ihm das warme Blut ins Gesicht stieg.

Die Tage nahmen zu. Es wurde allmählich wärmer und blauer, auch in den verstecktesten Gräben und Hofwinkeln schmolz das alte graue Grundeis weg, und an hellen Nachmittagen wehte schon Vorfrühlingsahnung in den Lüften.

Da eröffnete auch die Babett ihren abendlichen Hofzirkel wieder und saß, sooft es die Witterung dulden wollte, vor der Kellereinfahrt im Gespräch mit ihren Freundinnen und Schutzbefohlenen. Karl aber hielt sich fern und lief in der Traumwolke seiner Verliebtheit herum. Das Vivarium in seiner Stube hatte er eingehen lassen, auch das Schnitzen und Schreinern trieb er nicht mehr. Dafür hatte er sich ein Paar eiserne Hanteln von unmäßiger Größe und Schwere angeschafft und turnte damit, wenn das Geigen nimmer helfen wollte, bis zur Erschöpfung in seiner Kammer auf und ab.

Drei- oder viermal war er der hellblonden jungen Magd wieder auf der Gasse begegnet und hatte sie jedesmal liebenswerter und schöner gefunden. Aber mit ihr gesprochen hatte er nicht mehr und sah auch keine Aussicht dazu offen.

Da geschah es an einem Sonntagnachmittag, dem ersten Sonntag im März, daß er beim Verlassen des Hauses nebenan im Höflein die Stimmen der versammelten Mägde erlauschte und in plötzlich erregter Neugierde sich ans angelegte Tor stellte und durch den Spalt hinausspähte. Er sah die Gret und die fröhliche Margret aus der Binderei dasitzen und hinter ihnen einen lichtblonden Kopf, der sich in diesem Augenblick ein wenig erhob. Und Karl erkannte sein Mädchen, die blonde Tine, und mußte vor frohem Schrecken erst veratmen und sich zusammenraffen, ehe er die Tür aufstoßen und zu der Gesellschaft treten konnte.

»Wir haben schon gemeint, der Herr sei vielleicht zu stolz geworden«, rief die Margret lachend und streckte ihm als erste die Hand entgegen. Die Babett drohte ihm mit dem Finger, machte ihm aber zugleich einen Platz frei und hieß ihn sitzen. Dann fuhren die Weiber in ihren vorigen Gesprächen fort. Karl aber verließ sobald wie möglich seinen Sitz und schritt eine Weile hin und her, bis er neben der Tine haltmachte.

»So, sind Sie auch da?« fragte er leise.

»Jawohl, warum auch nicht? Ich habe immer geglaubt, Sie kämen einmal. Aber Sie müssen gewiß alleweil lernen.«

»Oh, so schlimm ist das nicht mit dem Lernen, das läßt sich noch zwingen. Wenn ich nur gewußt hätte, daß Sie dabei sind, dann wär ich sicher immer gekommen.«

»Ach, gehen Sie doch mit so Komplimenten!«

»Es ist aber wahr, ganz gewiß. Wissen Sie, damals bei der Hochzeit ist es so schön gewesen.«

»Ja, ganz nett.«

»Weil Sie dort gewesen sind, bloß deswegen.«

»Sagen Sie keine so Sachen, Sie machen ja nur Spaß.«

»Nein, nein. Sie müssen mir nicht bös sein.«

»Warum auch bös?«

»Ich hatte schon Angst, ich sehe Sie am Ende gar nimmer.«

»So, und was dann?«

»Dann – dann weiß ich gar nicht, was ich getan hätte. Vielleicht wär ich ins Wasser gesprungen.«

»O je, 's wär schad um die Haut, sie hätt können naß werden.«

»Ja, Ihnen wär's natürlich nur zum Lachen gewesen.«

»Das doch nicht. Aber Sie reden auch ein Zeug, daß man ganz sturm im Kopf könnt werden. Geben Sie Obacht, sonst auf einmal glaub ich's Ihnen.«

»Das dürfen Sie auch tun, ich mein es nicht anders.«

Hier wurde er von der herben Stimme der Gret übertönt. Sie erzählte schrill und klagend eine lange Schreckensgeschichte von einer bösen Herrschaft, die eine Magd erbärmlich behandelt und gespeist und dann, nachdem sie krank geworden war, ohne Sang und Klang entlassen hatte. Und kaum war sie mit dem Erzählen fertig, so fiel der Chor der andern laut und heftig ein, bis die Babett zum Frieden mahnte. Im Eifer der Debatte hatte Tines nächste Nachbarin dieser den Arm um die Hüfte gelegt, und Karl Bauer merkte, daß er einstweilen auf eine Fortführung des Zwiegespräches verzichten müsse.

Er kam auch zu keiner neuen Annäherung, harrte aber wartend aus, bis nach nahezu zwei Stunden die Margret das Zeichen zum Aufbruch gab. Es war schon dämmerig und kühl geworden. Er sagte kurz adieu und lief eilig davon.

Als eine Viertelstunde später die Tine sich in der Nähe ihres Hauses von der letzten Begleiterin verabschiedet hatte und die kleine Strecke vollends allein ging, trat plötzlich hinter einem Ahornbaume hervor der Lateinschüler ihr in den Weg und grüßte sie mit schüchterner Höflichkeit. Sie erschrak ein wenig und sah ihn beinahe zornig an.

»Was wollen Sie denn, Sie?«

Da bemerkte sie, daß der junge Kerl ganz ängstlich und bleich aussah, und sie milderte Blick und Stimme beträchtlich.

»Also, was ist's denn mit Ihnen?«

Er stotterte sehr und brachte wenig Deutliches heraus. Dennoch verstand sie, was er meine, und verstand auch, daß es ihm Ernst sei, und kaum sah sie den Jungen so hilflos in ihre Hände geliefert, so tat er ihr auch schon leid, natürlich ohne daß sie darum weniger Stolz und Freude über ihren Triumph empfunden hätte.

»Machen Sie keine dummen Sachen«, redete sie ihm gütig zu. Und als sie hörte, daß er erstickte Tränen in der Stimme hatte, fügte sie hinzu: »Wir sprechen ein andermal miteinander, jetzt muß ich heim. Sie dürfen auch nicht so aufgeregt sein, nicht wahr? Also aufs Wiedersehen!«

Damit enteilte sie nickend, und er ging langsam, langsam davon, während die Dämmerung zunahm und vollends in Finsternis und Nacht überging. Er schritt durch Straßen und über Plätze, an Häusern, Mauern, Gärten und sanftfließenden Brunnen vorbei, ins Feld vor die Stadt hinaus und wieder in die Stadt hinein, unter den Rathausbogen hindurch und am oberen Marktplatz hin, aber alles war verwandelt und ein unbekanntes Fabelland geworden. Er hatte ein Mädchen lieb, und er hatte es ihr gesagt, und sie war gütig gegen ihn gewesen und hatte »auf Wiedersehen« zu ihm gesagt!

Lange schritt er ziellos so umher, und da es ihm kühl wurde, hatte er die Hände in die Hosentaschen gesteckt, und als er beim Einbiegen in seine Gasse aufschaute und den Ort erkannte und aus seinem Traum erwachte, fing er ungeachtet der späten Abendstunde an laut und durchdringend zu pfeifen. Es tönte widerhallend durch die nächtige Straße und verklang erst im kühlen Hausgang der Witwe Kusterer.

Tine machte sich darüber, was aus der Sache werden solle, viele Gedanken, jedenfalls mehr als der Verliebte, der vor Erwartungsfieber und süßer Erregung nicht zum Nachdenken kam. Das Mädchen fand, je länger sie sich das Geschehene vorhielt und überlegte, desto weniger Tadelnswertes an dem hübschen Knaben; auch war es ihr ein neues und köstliches Gefühl, einen so feinen und gebildeten, dazu unverdorbenen Jüngling in sie verliebt zu wissen. Dennoch dachte sie keinen Augenblick an ein Liebesverhältnis, das ihr nur Schwierigkeiten oder gar Schaden bringen und jedenfalls zu keinem soliden Ziele führen konnte.

Hingegen widerstrebte es ihr auch wieder, dem armen Buben durch eine harte Antwort oder durch gar keine wehe zu tun. Am liebsten hätte sie ihn halb schwesterlich, halb mütterlich in Güte und Scherz zurechtgewiesen. Mädchen sind in diesen Jahren schon fertiger und ihres Wesens sicherer als Knaben, und eine Dienstmagd vollends, die ihr eigen Brot verdient, ist in Dingen der Lebensklugheit jedem Schüler oder Studentlein weit überlegen, zumal wenn dieser verliebt ist und sich willenlos ihrem Gutdünken überläßt.

Die Gedanken und Entschlüsse der bedrängten Magd schwankten zwei Tage lang hin und wider. Sooft sie zu dem Schluß gekommen war, eine strenge und deutliche Abweisung sei doch das Richtige, sooft wehrte sich ihr Herz, das in den Jungen zwar nicht verliebt, aber ihm doch in mitleidiggütigem Wohlwollen zugetan war.

Und schließlich machte sie es, wie es die meisten Leute in derartigen Lagen machen: sie wog ihre Entschlüsse so lang gegeneinander ab, bis sie gleichsam abgenutzt waren und zusammen wieder dasselbe zweifelnde Schwanken darstellten wie in der ersten Stunde. Und als es Zeit zu handeln war, tat und sagte sie kein Wort von dem zuvor Bedachten und Beschlossenen, sondern überließ sich völlig dem Augenblick, gerade wie Karl Bauer auch.

Diesem begegnete sie am dritten Abend, als sie ziemlich spät noch auf einen Ausgang geschickt wurde, in der Nähe ihres Hauses. Er grüßte bescheiden und sah ziemlich kleinlaut aus. Nun standen die zwei jungen Leute voreinander und wußten nicht recht, was sie einander zu sagen hätten. Die Tine fürchtete, man möchte sie sehen, und trat schnell in eine offenstehende, dunkle Toreinfahrt, wohin Karl ihr ängstlich folgte. Nebenzu scharrten Rosse in einem Stall, und in irgendeinem benachbarten Hof oder Garten probierte ein unerfahrener Dilettant seine Anfängergriffe auf einer Blechflöte.

»Was der aber zusammenbläst!« sagte Tine leise und lachte gezwungen.

»Tine!«

»Ja, was denn?«

»Ach, Tine – –«

Der scheue Junge wußte nicht, was für ein Spruch seiner warte, aber es wollte ihm scheinen, die Blonde zürne ihm nicht unversöhnlich.

»Du bist so lieb«, sagte er ganz leise und erschrak sofort darüber, daß er sie ungefragt geduzt hatte.

Sie zögerte eine Weile mit der Antwort. Da griff er, dem der Kopf ganz leer und wirbelig war, nach ihrer Hand, und er tat es so schüchtern und hielt die Hand so ängstlich lose und bittend, daß es ihr unmöglich wurde, ihm den verdienten Tadel zu erteilen. Vielmehr lächelte sie und fuhr dem armen Liebhaber mit ihrer freien Linken sachte übers Haar.

»Bist du mir auch nicht bös?« fragte er, selig bestürzt.

»Nein, du Bub, du kleiner«, lachte die Tine nun freundlich. »Aber fort muß ich jetzt, man wartet daheim auf mich. Ich muß ja noch Wurst holen.«

»Darf ich nicht mit?«

»Nein, was denkst du auch! Geh voraus und heim, nicht daß uns jemand beieinander sieht.«

»Also gut Nacht, Tine.«

»Ja, geh jetzt nur! Gut Nacht.«

Er hatte noch mehreres fragen und erbitten wollen, aber er dachte jetzt nimmer daran und ging glücklich fort, mit leichten, ruhigen Schritten, als sei die gepflasterte Stadtstraße ein weicher Rasenboden, und mit blinden, einwärtsgekehrten Augen, als komme er aus einem blendend lichten Lande. Er hatte ja kaum mit ihr gesprochen, aber er hatte du zu ihr gesagt und sie zu ihm, er hatte ihre Hand gehalten, und sie war ihm mit der ihren übers Haar gefahren. Das schien ihm mehr als genug, und auch noch nach vielen Jahren fühlte er, sooft er an diesen Abend dachte, ein Glück und eine dankbare Güte seine Seele wie ein Lichtschein erfüllen.

Die Tine freilich, als sie nachträglich das Begebnis überdachte, konnte durchaus nimmer begreifen, wie das zugegangen war. Doch fühlte sie wohl, daß Karl an diesem Abend ein Glück erlebt habe und ihr dafür dankbar sei, auch vergaß sie seine kindliche Verschämtheit nicht und konnte schließlich in dem Geschehenen kein so großes Unheil finden. Immerhin wußte sich das kluge Mädchen von jetzt an für den Schwärmer verantwortlich und nahm sich vor, ihn so sanft und sicher wie möglich an dem angesponnenen Faden zum Rechten zu führen. Denn daß eines Menschen erste Verliebtheit, sie möge noch so heilig und köstlich sein, doch nur ein Behelf und ein Umweg sei, das hatte sie, es war noch nicht so lange her, selber mit Schmerzen am eignen Leben erfahren. Nun hoffte sie, dem Kleinen ohne unnötiges Wehetun über die Sache hinüberzuhelfen.

Das nächste Wiedersehen geschah erst am Sonntag bei der Babett. Dort begrüßte Tine den Gymnasiasten freundlich, nickte ihm von ihrem Platze aus ein- oder zweimal lächelnd zu, zog ihn mehrmals mit ins Gespräch und schien im übrigen nicht anders mit ihm zu stehen als früher. Für ihn aber war jedes Lächeln von ihr ein unschätzbares Geschenk und jeder Blick eine Flamme, die ihn mit Glanz und Glut umhüllte.

Einige Tage später aber kam Tine endlich dazu, deutlich mit dem Jungen zu reden. Es war nachmittags nach der Schule, und Karl hatte wieder in der Gegend um ihr Haus herum gelauert, was ihr nicht gefiel. Sie nahm ihn durch den kleinen Garten in einen Holzspeicher hinter dem Hause mit, wo es nach Sägespänen und trockenem Buchenholz roch. Dort nahm sie ihn vor, untersagte ihm vor allem sein Verfolgen und Auflauern und machte ihm klar, was sich für einen jungen Liebhaber von seiner Art gebühre.

»Du siehst mich jedesmal bei der Babett, und von dort kannst du mich ja allemal begleiten, wenn du magst, aber nur bis dahin, wo die andern mitgehen, nicht den ganzen Weg. Allein mit mir gehen darfst du nicht, und wenn du vor den andern nicht Obacht gibst und dich zusammennimmst, dann geht alles schlecht. Die Leute haben ihre Augen überall, und wo sie's rauchen sehen, schreien sie gleich Feurio.«

»Ja, wenn ich doch aber dein Schatz bin«, erinnerte Karl etwas weinerlich. Sie lachte.

»Mein Schatz! Was heißt jetzt das wieder! Sag das einmal der Babett oder deinem Vater daheim, oder deinem Lehrer! Ich hab dich ja ganz gern und will nicht unrecht mit dir sein, aber eh du mein Schatz sein könntest, da müßtest du vorher dein eigner Herr sein und dein eignes Brot essen, und bis dahin ist's doch noch recht lang. Einstweilen bist du einfach ein verliebter Schulbub, und wenn ich's nicht gut mit dir meinte, würd ich gar nimmer mit dir darüber reden. Deswegen brauchst du aber nicht den Kopf zu hängen, das bessert nichts.«

»Was soll ich dann tun? Hast du mich nicht gern?«

»O Kleiner! Davon ist doch nicht die Rede. Nur vernünftig sein sollst du und nicht Sachen verlangen, die man in deinem Alter noch nicht haben kann. Wir wollen gute Freunde sein und einmal abwarten, mit der Zeit kommt schon alles, wie es soll.«

»Meinst du? Aber du, etwas hab ich doch sagen wollen –«

»Und was?«

»Ja, sieh – nämlich – –«

»Red doch!«

»– ob du mir nicht auch einmal einen Kuß geben willst.«

Sie betrachtete sein rotgewordenes, unsicher fragendes Gesicht und seinen knabenhaften, hübschen Mund, und einen Augenblick schien es ihr nahezu erlaubt, ihm den Willen zu tun. Dann schalt sie sich aber sogleich und schüttelte streng den blonden Kopf.

»Einen Kuß? Für was denn?«

»Nur so. Du mußt nicht bös sein.«

»Ich bin nicht bös. Aber du mußt auch nicht keck werden. Später einmal reden wir wieder davon. Kaum kennst du mich und willst gleich küssen! Mit so Sachen soll man kein Spiel treiben. Also sei jetzt brav, am Sonntag sehe ich dich wieder, und dann könntest du auch einmal deine Geige bringen, nicht?«

»Ja, gern.«

Sie ließ ihn gehen und sah ihm nach, wie er nachdenklich und ein wenig unlustig davonschritt. Und sie fand, er sei doch ein ordentlicher Kerl, dem sie nicht zu weh tun dürfe.

Wenn Tines Ermahnungen auch eine bittere Pille für Karl gewesen waren, er folgte doch und befand sich nicht schlecht dabei. Zwar hatte er vom Liebeswesen einigermaßen andre Vorstellungen gehabt und war anfangs ziemlich enttäuscht, aber bald entdeckte er die alte Wahrheit, daß Geben seliger als Nehmen ist und daß Lieben schöner ist und seliger macht als Geliebtwerden. Daß er seine Liebe nicht verbergen und sich ihrer nicht schämen mußte, sondern sie anerkannt, wenn auch zunächst nicht belohnt sah, das gab ihm ein Gefühl der Lust und Freiheit und hob ihn aus dem engen Kreis seiner bisherigen unbedeutenden Existenz in die höhere Welt der großen Gefühle und Ideale.

Bei den Zusammenkünften der Mägde spielte er jetzt jedesmal ein paar Stücklein auf der Geige vor.

»Das ist bloß für dich, Tine«, sagte er nachher, »weil ich dir sonst nichts geben und zulieb tun kann.«

Der Frühling rückte näher und war plötzlich da, mit gelben Sternblumen auf zartgrünen Matten, mit dem tiefen Föhnblau ferner Waldgebirge, mit feinen Schleiern jungen Laubes im Gezweige und wiederkehrenden Zugvögeln. Die Hausfrauen stellten ihre Stockscherben mit Hyazinthen und Geranien auf die grünbemalten Blumenbretter vor den Fenstern. Die Männer verdauten mittags unterm Haustor in Hemdärmeln und konnten abends im Freien Kegel schieben. Die jungen Leute kamen in Unruhe, wurden schwärmerischer und verliebten sich.

An einem Sonntag, der mildblau und lächelnd über dem schon grünen Flußtal aufgegangen war, ging die Tine mit einer Freundin spazieren. Sie wollten eine Stunde weit nach der Emanuelsburg laufen, einer Ruine im Wald. Als sie aber schon gleich vor der Stadt an einem fröhlichen Wirtsgarten vorüberkamen, wo eine Musik erschallte und auf einem runden Rasenplatz ein Schleifer getanzt wurde, gingen sie zwar an der Versuchung vorüber, aber langsam und zögernd, und als die Straße einen Bogen machte, und als sie bei dieser Windung noch einmal das süß anschwellende Wogen der schon ferner tönenden Musik vernahmen, da gingen sie noch langsamer und gingen schließlich gar nicht mehr, sondern lehnten am Wiesengatter des Straßenrandes und lauschten hinüber, und als sie nach einer Weile wieder Kraft zum Gehen hatten, war doch die lustig-sehnsüchtige Musik stärker als sie und zog sie rückwärts.

»Die alte Emanuelsburg läuft uns nicht davon«, sagte die Freundin, und damit trösteten sich beide und traten errötend und mit gesenkten Blicken in den Garten, wo man durch ein

Netzwerk von Zweigen und braunen, harzigen Kastanienknospen den Himmel noch blauer lachen sah. Es war ein herrlicher Nachmittag, und als Tine gegen Abend in die Stadt zurückkehrte, tat sie es nicht allein, sondern wurde höflich von einem kräftigen, hübschen Mann begleitet.

Und diesmal war die hübsche Tine an den Rechten gekommen. Er war ein Zimmermannsgesell, der mit dem Meisterwerden und einer Heirat nicht mehr allzu lange zu warten brauchte. Er sprach andeutungsweise und stockend von seiner Liebe und deutlich und fließend von seinen Verhältnissen und Aussichten. Es zeigte sich, daß er unbekannterweise die Tine schon einigemal gesehen und begehrenswert gefunden hatte und daß es ihm nicht nur um ein vorübergehendes Liebesvergnügen zu tun war. Eine Woche lang sah sie ihn täglich und gewann ihn täglich lieber, zugleich besprachen sie alles Nötige, und dann waren sie einig und galten voreinander und vor ihren Bekannten als Verlobte.

Auf die erste traumartige Erregung folgte bei Tine ein stilles, fast feierliches Fröhlichsein, über welchem sie eine Weile alles vergaß, auch den armen Schüler Karl Bauer, der in dieser ganzen Zeit vergeblich auf sie wartete.

Als ihr der vernachlässigte Junge wieder ins Gedächtnis kam, tat er ihr so leid, daß sie im ersten Augenblick daran dachte, ihm die Neuigkeit noch eine Zeitlang vorzuenthalten. Dann wieder schien ihr dies doch nicht gut und erlaubt zu sein, und je mehr sie es bedachte, desto schwieriger kam die Sache ihr vor. Sie bangte davor, sogleich ganz offen mit dem Ahnungslosen zu reden, und wußte doch, daß das der einzige Weg zum Guten war; und jetzt sah sie erst ein, wie gefährlich ihr wohlgemeintes Spiel mit dem Knaben gewesen war. Jedenfalls mußte etwas geschehen, ehe der Junge durch andre von ihrem neuen Verhältnis erfuhr. Sie wollte nicht, daß er schlecht von ihr denke. Sie fühlte, ohne es deutlich zu wissen, daß sie dem Jüngling einen Vorgeschmack und eine Ahnung der Liebe gegeben hatte und daß die Erkenntnis des Betrogenseins ihn schädigen und ihm das Erlebte vergiften würde. Sie hatte nie gedacht, daß diese Knabengeschichte ihr so zu schaffen machen könnte.

Am Ende ging sie in ihrer Ratlosigkeit zur Babett, welche

freilich in Liebesangelegenheiten nicht die berufenste Richterin sein mochte. Aber sie wußte, daß die Babett ihren Lateinschüler gern hatte und sich um sein Ergehen sorgte, und so wollte sie lieber einen Tadel von ihr ertragen, als den jungen Verliebten unbehütet alleingelassen wissen.

Der Tadel blieb nicht aus. Die Babett, nachdem sie die ganze Erzählung des Mädchens aufmerksam und schweigend angehört hatte, stampfte zornig auf den Boden und fuhr die Bekennerin mit rechtschaffener Entrüstung an.

»Mach keine schönen Worte!« rieg sie ihr heftig zu. »Du hast ihn einfach an der Nase herumgeführt und deinen gottlosen Spaß mit ihm gehabt, mit dem Bauer, und nichts weiter.«

»Das Schimpfen hilft nicht viel, Babett. Weißt du, wenn mir's bloß ums Amüsieren gewesen wär, dann wär ich jetzt nicht zu dir gelaufen und hätte dir's eingestanden. Es ist mir nicht so leicht gewesen.«

»So? Und jetzt, was stellst du dir vor? Wer soll jetzt die Suppe ausfressen, he? Ich vielleicht? Und es bleibt ja doch alles an dem Bub hangen, an dem armen.«

»Ja, der tut mir leid genug. Aber hör mir zu. Ich meine, ich rede jetzt mit ihm und sag ihm alles selber, ich will mich nicht schonen. Nur hab ich wollen, daß du davon weißt, damit du nachher kannst ein Aug auf ihn haben, falls es ihn zu arg plagt. – Wenn du also willst –?«

»Kann ich denn anders? Kind, dummes, vielleicht lernst du was dabei. Die Eitelkeit und das Herrgottspielenwollen betreffend, meine ich. Es könnte nicht schaden.«

Diese Unterredung hatte das Ergebnis, daß die alte Magd noch am selben Tag eine Zusammenkunft der beiden im Hofe veranstaltete, ohne daß Karl ihre Mitwisserschaft erriet. Es ging gegen den Abend, und das Stückchen Himmel über dem kleinen Hofraum glühte mit schwachem Goldfeuer. In der Torecke aber war es dunkel, und niemand konnte die zwei jungen Leute dort sehen.

»Ja, ich muß dir was sagen, Karl«, fing das Mädchen an. »Heut müssen wir einander adieu sagen. Es hat halt alles einmal sein Ende.«

»Aber was denn – – warum –?«

»Weil ich jetzt einen Bräutigam hab –«

»Einen – – –«

»Sei ruhig, gelt, und hör mich zuerst. Siehst, du hast mich ja gern gehabt, und ich hab dich nicht wollen so ohne Hüst und ohne Hott fortschicken. Ich hab dir ja auch gleich gesagt, weißt du, daß du dich deswegen nicht als meinen Schatz ansehen darfst, nicht wahr?«

Karl schwieg.

»Nicht wahr?«

»Ja, also.«

»Und jetzt müssen wir ein Ende machen, und du mußt es auch nicht schwernehmen, es lauft auf der Gasse voll mit Mädchen, und ich bin nicht die einzige und auch nicht die rechte für dich, wo du doch studierst und später ein Herr wirst und vielleicht ein Doktor.«

»Nein du, Tine, sag das nicht!«

»Es ist halt doch so und nicht anders. Und das will ich dir auch noch sagen, daß das niemals das Richtige ist, wenn man sich zum erstenmal verliebt. So jung weiß man ja noch gar nicht, was man will. Es wird nie etwas draus, und später sieht man dann alles anders an und sieht ein, daß es nicht das Rechte war.«

Karl wollte etwas antworten, er hatte viel dagegen zu sagen, aber vor Leid brachte er kein Wort heraus.

»Hast du was sagen wollen?« fragte die Tine.

»O du, du weißt ja gar nicht – –«

»Was, Karl?«

»Ach, nichts. O Tine, was soll ich denn anfangen?«

»Nichts anfangen, bloß ruhig bleiben. Das dauert nicht lang, und nachher bist du froh, daß es so gekommen ist.«

»Du redest, ja, du redest –«

»Ich red nur, was in der Ordnung ist, und du wirst sehen, daß ich ganz recht hab, wenn du auch jetzt nicht dran glauben willst. Es tut mir ja leid, du, es tut mir wirklich so leid.«

»Tut's dir? – Tine, ich will ja nichts sagen, du sollst ja ganz recht haben – – aber daß das alles so auf einmal aufhören soll, alles –«

Er kam nicht weiter, und sie legte ihm die Hand auf die zuckende Schulter und wartete still, bis sein Weinen nachließ.

»Hör mich«, sagte sie dann entschlossen. »Du mußt mir jetzt versprechen, daß du brav und gescheit sein willst.«

»Ich will nicht gescheit sein! Tot möcht ich sein, lieber tot, als so – –«

»Du, Karl, tu nicht so wüst! Schau, du hast früher einmal einen Kuß von mir haben wollen – weißt noch?«

»Ich weiß.«

»Also. Jetzt, wenn du brav sein willst – sieh, ich mag doch nicht, daß du nachher übel von mir denkst; ich möcht so gern im guten von dir Abschied nehmen. Wenn du brav sein willst, dann will ich dir den Kuß heut geben. Willst du?«

Er nickte nur und sah sie ratlos an. Und sie trat dicht zu ihm hin und gab ihm den Kuß, und der war still und ohne Gier, rein gegeben und genommen. Zugleich nahm sie seine Hand und drückte sie leise, dann ging sie schnell durchs Tor in den Hausgang und davon.

Karl Bauer hörte ihre Schritte im Gang schallen und verklingen; er hörte, wie sie das Haus verließ und über die Vortreppe auf die Straße ging. Er hörte es, aber er dachte an andre Dinge.

Er dachte an eine winterliche Abendstunde, in der ihm auf der Gasse eine junge blonde Magd eine Ohrfeige gegeben hatte, und dachte an einen Vorfrühlingsabend, da im Schatten einer Hofeinfahrt ihm eine Mädchenhand das Haar gestreichelt hatte, und die Welt war verzaubert, und die Straßen der Stadt waren fremde, selig schöne Räume gewesen. Melodien fielen ihm ein, die er früher gegeigt hatte, und jener Hochzeitsabend in der Vorstadt mit Bier und Kuchen. Bier und Kuchen, kam es ihm vor, war eigentlich eine lächerliche Zusammenstellung, aber er konnte nicht weiter daran denken, denn er hatte ja seinen Schatz verloren und war betrogen und verlassen worden. Freilich, sie hatte ihm einen Kuß gegeben – einen Kuß . . . O Tine!

Müde setzte er sich auf eine von den vielen leeren Kisten, die im Hof herumstanden. Das kleine Himmelsviereck über ihm wurde rot und wurde silbern, dann erlosch es und blieb lange Zeit tot und dunkel, und nach Stunden, da es mondhell wurde, saß Karl Bauer noch immer auf seiner Kiste, und sein verkürzter Schatten lag schwarz und mißgestaltet vor ihm auf dem unebenen Steinpflaster.

Es waren nur flüchtige und vereinzelte Blicke eines Zaungastes gewesen, die der junge Bauer ins Land der Liebe getan hatte, aber sie waren hinreichend gewesen, ihm das Leben ohne den Trost der Frauenliebe traurig und wertlos erscheinen zu lassen. So lebte er jetzt leere und schwermütige Tage und verhielt sich gegen die Ereignisse und Pflichten des alltäglichen Lebens teilnahmslos wie einer, der nicht mehr dazu gehört. Sein Griechischlehrer verschwendete nutzlose Ermahnungen an den unaufmerksamen Träumer; auch die guten Bissen der getreuen Babett schlugen ihm nicht an, und ihr wohlgemeinter Zuspruch glitt ohne Wirkung an ihm ab.

Es waren eine sehr scharfe, außerordentliche Vermahnung vom Rektor und eine schmähliche Arreststrafe nötig, um den Entgleisten wieder auf die Bahn der Arbeit und Vernunft zu zwingen. Er sah ein, daß es töricht und ärgerlich wäre, gerade vor dem letzten Schuljahr noch sitzenzubleiben, und begann in die immer länger werdenden Frühsommerabende hinein zu studieren, daß ihm der Kopf rauchte. Das war der Anfang zur Genesung.

Manchmal suchte er noch die Salzgasse auf, in der Tine gewohnt hatte, und begriff nicht, warum er ihr kein einziges Mal mehr begegnete. Das hatte jedoch seinen guten Grund. Das Mädchen war schon bald nach ihrem letzten Gespräch mit Karl abgereist, um in der Heimat ihre Aussteuer fertigzumachen. Er glaubte, sie sei noch da und weiche ihm aus, und nach ihr fragen mochte er niemand, auch die Babett nicht. Nach solchen Fehlgängen kam er, je nachdem, ingrimmig oder traurig heim, stürmte wild auf der Geige oder starrte lang durchs kleine Fenster auf die vielen Dächer hinaus.

Immerhin ging es vorwärts mit ihm, und daran hatte auch die Babett ihren Teil. Wenn sie merkte, daß er einen übeln Tag hatte, dann kam sie nicht selten am Abend heraufgestiegen und klopfte an seine Türe. Und dann saß sie, obwohl sie ihn nicht wissen lassen wollte, daß sie den Grund seines Leides kenne, lange bei ihm und brachte ihm Trost. Sie redete nicht von der Tine, aber sie erzählte ihm kleine drollige Anekdoten, brachte ihm eine halbe Flasche Most oder Wein mit, bat ihn um ein Lied auf der Geige oder um das Vorlesen einer Geschichte. So verging der Abend friedlich, und wenn es spät war und die Babett wieder ging, war Karl stiller geworden und konnte ohne böse Träume schlafen. Und das alte Mädchen bedankte sich noch jedesmal, wenn sie adieu sagte, für den schönen Abend.

Langsam gewann der Liebeskranke seine frühere Art und seinen Frohmut wieder, ohne zu wissen, daß die Tine sich bei der Babett öfters in Briefen nach ihm erkundigte. Er war ein wenig männlicher und reifer geworden, hatte das in der Schule Versäumte wieder eingebracht und führte nun so ziemlich dasselbe Leben wie vor einem Jahre, nur die Eidechsensammlung und das Vögelhalten fing er nicht wieder an. Aus den Gesprächen der Oberprimaner, die im Abgangsexamen standen, drangen verlockend klingende Worte über akademische Herrlichkeiten ihm ins Ohr, er fühlte sich diesem Paradiese wohlig nähergerückt und begann sich nun auf die Sommerferien ungeduldig zu freuen. Jetzt erst erfuhr er auch durch die Babett, daß Tine schon lange die Stadt verlassen habe, und wenn auch die Wunde noch zuckte und leise brannte, so war sie doch schon geheilt und dem Vernarben nahe.

Auch wenn weiter nichts geschehen wäre, hätte Karl die Geschichte seiner ersten Liebe in gutem und dankbarem Andenken behalten und gewiß nie vergessen. Es kam aber noch ein kurzes Nachspiel, das er noch weniger vergessen hat.

Acht Tage vor den Sommerferien hatte die Freude auf die Ferien in seiner noch biegsamen Seele die nachklingende Liebestrauer übertönt und verdrängt. Er begann schon zu packen und verbrannte alte Schulhefte. Die Aussicht auf Waldspaziergänge, Flußbad und Nachenfahrten, auf Heidelbeeren und Jakobiäpfel und ungebunden fröhliche Bummeltage machte ihn so froh, wie er lange nicht mehr gewesen war. Glücklich lief er durch die heißen Straßen, und an Tine hatte er schon seit mehreren Tagen gar nimmer gedacht.

Um so heftiger schreckte er zusammen, als er eines Nachmittags auf dem Heimweg von der Turnstunde in der Salzgasse unvermutet mit Tine zusammentraf. Er blieb stehen, gab ihr verlegen die Hand und sagte beklommen grüß Gott. Aber trotz seiner eigenen Verwirrung bemerkte er bald, daß sie traurig und verstört aussah.

»Wie geht's, Tine?« fragte er schüchtern und wußte nicht, ob er zu ihr »du« oder »Sie« sagen solle.

»Nicht gut«, sagte sie. »Kommst du ein Stück weit mit?«

Er kehrte um und schritt langsam neben ihr die Straße zurück, während er daran denken mußte, wie sie sich früher dagegen gesträubt hatte, mit ihm gesehen zu werden. Freilich, sie ist ja jetzt verlobt, dachte er, und um nur etwas zu sagen, tat er eine Frage nach dem Befinden ihres Bräutigams. Da zuckte Tine so jämmerlich zusammen, daß es auch ihm weh tat.

»Weißt du also noch nichts?« sagte sie leise. »Er liegt im Spital, und man weiß nicht, ob er mit dem Leben davonkommt. – Was ihm fehlt? Von einem Neubau ist er abgestürzt und ist seit gestern nicht zu sich gekommen.«

Schweigend gingen sie weiter. Karl besann sich vergebens auf irgendein gutes Wort der Teilnahme; ihm war es wie ein beängstigender Traum, daß er jetzt so neben ihr durch die Straßen ging und Mitleid mit ihr haben mußte.

»Wo gehst du jetzt hin?« fragte er schließlich, da er das Schweigen nimmer ertrug.

»Wieder zu ihm. Sie haben mich mittags fortgeschickt, weil mir's nicht gut war.«

Er begleitete sie bis an das große stille Krankenhaus, das zwischen hohen Bäumen und umzäunten Anlagen stand, und ging auch leise schaudernd mit hinein über die breite Treppe und durch die sauberen Flure, deren mit Medizingerüchen erfüllte Luft ihn scheu machte und bedrückte.

Dann trat Tine allein in eine numerierte Türe. Er wartete still auf dem Gang; es war sein erster Aufenthalt in einem solchen Hause, und die Vorstellung der vielen Schrecken und Leiden, die hinter allen diesen lichtgrau gestrichenen Türen verborgen waren, nahm sein Gemüt mit Grauen gefangen. Er wagte sich kaum zu rühren, bis Tine wieder herauskam.

»Es ist ein wenig besser, sagen sie, und vielleicht wacht er heut noch auf. Also adieu, Karl, ich bleib jetzt drinnen, und danke auch schön.«

Leise ging sie wieder hinein und schloß die Türe, auf der Karl zum hundertstenmal gedankenlos die Ziffer siebzehn las. Seltsam erregt verließ er das unheimliche Haus. Die vorige Fröhlichkeit war ganz in ihm erloschen, aber was er jetzt empfand, war auch nicht mehr das einstige Liebesweh, es war eingeschlossen und umhüllt von einem viel weiteren, größeren Fühlen und Erleben. Er sah sein Entsagungsleid klein und lächerlich werden neben dem Unglück, dessen Anblick ihn überrascht hatte. Er sah auch plötzlich ein, daß sein kleines Schicksal nichts Besonderes und keine grausame Ausnahme sei, sondern daß auch über denen, die er für Glückliche angesehen hatte, unentrinnbar das Schicksal walte.

Aber er sollte noch mehr und noch Besseres und Wichtigeres lernen. In den folgenden Tagen, da er Tine häufig im Spital aufsuchte, und dann, als der Kranke so weit war, daß Karl ihn zuweilen sehen durfte, da erlebte er nochmals etwas ganz Neues.

Da lernte er sehen, daß auch das unerbittliche Schicksal noch nicht das Höchste und Endgültige ist, sondern daß schwache, angstvolle, gebeugte Menschenseelen es überwinden und zwingen können. Noch wußte man nicht, ob dem Verunglückten mehr als das hilflos elende Weiterleben eines Siechen und Gelähmten zu retten sein werde. Aber über diese angstvolle Sorge hinweg sah Karl Bauer die beiden Armen sich des Reichtums ihrer Liebe erfreuen, er sah das ermüdete, von Sorgen verzehrte Mädchen aufrecht bleiben und Licht und Freude um sich verbreiten und sah das blasse Gesicht des gebrochenen Mannes trotz der Schmerzen von einem frohen Glanz zärtlicher Dankbarkeit verklärt.

Und er blieb, als schon die Ferien begonnen hatten, noch mehrere Tage da, bis die Tine selber ihn zum Abreisen nötigte.

Im Gang vor den Krankenzimmern nahm er von ihr Abschied, anders und schöner als damals im Hof des Kusterer-schen Ladens. Er nahm nur ihre Hand und dankte ihr ohne Worte, und sie nickte ihm unter Tränen zu. Er wünschte ihr Gutes und hatte selber in sich keinen besseren Wunsch, als daß auch er einmal auf die heilige Art lieben und Liebe empfangen möchte wie das arme Mädchen und ihr Verlobter.

(1905)

Eine Fußreise im Herbst

Seeüberfahrt

Ein sehr kühler Abend, feucht, ungastlich und früh dunkelnd. Auf einem steilen Sträßlein, zum Teil lehmiger Hohlweg, war ich vom Berge herabgestiegen und stand am Seeufer allein und fröstelnd. Nebel rauchte jenseits von den Hügeln, der Regen hatte sich erschöpft, und es fielen nur noch einzelne Tropfen, kraftlos und vom Winde vertrieben.

Am Strande lag ein flaches Boot halb auf den Kies gezogen. Es war gut imstande, sauber gemalt, kein Wasser am Boden, und die Ruder schienen ganz neu zu sein. Daneben stand eine Wartehütte aus Tannenbrettern, unverschlossen und leer. Am Türpfosten hing ein altes messingenes Horn, mit einer dünnen Kette befestigt. Ich blies hinein. Ein zäher, unwilliger Ton kam heraus und flog träge dahin. Ich blies noch einmal, länger und stärker. Dann setzte ich mich ins Boot und wartete, ob jemand käme.

Der See war nur leicht bewegt. Ganz kleine Wellen schlugen mit schwächlichem Klatschen an die dünnen Bootswände. Mich fror ein wenig, und ich wickelte mich fest in meinen weiten, regenfeuchten Mantel, steckte die Hände unter die Achseln und betrachtete die Seefläche.

Eine kleine Insel, dem Anscheine nach nur ein stattlicher Felsen, ragte in der Seemitte schwärzlich aus dem bleifarbenen Wasser. Ich würde, wenn sie mein wäre, einen Turm darauf bauen lassen, mit wenigen Zimmern und quadratischem Grundriß. Ein Schlafzimmer, ein Wohnzimmer, ein Eßzimmer und eine Bibliothek.

Dann würde ich einen Wärter hineinsetzen, der müßte alles in Ordnung halten und jede Nacht im obersten Zimmer Licht brennen. Ich aber würde weiterreisen und wüßte nun zu jeder Zeit eine Zuflucht und Ruhestätte auf mich warten. In fernen Städten würde ich jungen Frauen von meinem Turm im See erzählen.

»Ist auch ein Garten dabei?« würde vielleicht eine fragen. Und ich: »Ich weiß nicht mehr, ich war so lange nimmer dort. Wollen Sie, daß wir hinreisen?«

Sie würde lachen, und der Blick ihrer hellbraunen Augen würde sich plötzlich verändern. Möglich auch, daß ihre Augen blau sind oder schwarz, und ihr Gesicht und Nacken bräunlich, und ihr Kleid dunkelrot mit Pelzbesätzen.

Wenn es nur nicht so kühl gewesen wäre! Eine Verdrießlichkeit wuchs in mir herauf.

Was geht mich die schwarze Felseninsel an? Sie ist lächerlich klein, wenig besser als ein Vogeldreck, und man könnte auf ihr überhaupt nicht bauen. Wozu auch, bitte? Und was liegt daran, ob eine junge Frau, die ich mir erdenke und der ich möglicherweise, falls sie wirklich existierte, mein Turmschloß zeigen würde, falls ich eines hätte – ob diese junge Frau blond ist oder braun und ob ihr Kleid einen Pelzbesatz hat oder Spitzen oder gewöhnliche Litzen? Wären mir Litzen etwa nicht gut genug?

Gott bewahre, ich gab den Pelzbesatz, den Turm und die Insel preis, rein um des Friedens willen. Meine Verdrießlichkeit kassierte die Bilder mürrisch, schwieg und nahm zu statt ab.

»Bitte«, fragte sie nach einer Weile wieder, »wozu sitzst du eigentlich hier, an einem weltfremden Ort, in der Nässe am Strand und frierst?«

Da knirschte der Kies, und eine tiefe Stimme rief mich an. Es war der Fährmann.

»Lang gewartet?« fragte er, während ich ihm das Boot ins Wasser schieben half.

»Gerade lang genug, scheint mir. Jetzt also los!«

Wir hängten zwei Paar Ruder ein, stießen ab, drehten und probierten den Takt aus, dann arbeiteten wir schweigend mit starken Schlägen. Mit dem Erwärmen der Glieder und mit der flotten, taktfesten Bewegung kam ein anderer Geist in mir auf und machte dem fröstelnd trägen Unmut ein rasches Ende.

Der Schiffsmann war graubärtig, groß und mager. Ich kannte ihn, er hatte mich vor Jahren mehrmals gerudert; doch erkannte er mich nicht wieder.

Wir hatten eine halbe Stunde zu rudern, und während wir unterwegs waren, ward es vollends Nacht. Mein linkes Ruder rieb in seiner Öse bei jedem Zuge mit rostig knarrendem Ton, unter dem Vorderteil des Bootes schlug das schwache

Gewoge unregelmäßig mit hohlem Geräusch an den Schiffsboden. Ich hatte zuerst den Mantel, dann auch noch die Jacke ausgezogen und neben mich gelegt, und als wir uns dem jenseitigen Ufer näherten, war ich in einen leichten Schweiß geraten.

Jetzt spielten vom Strande her Lichter auf dem dunkeln Wasser, zuckten springend in gebrochenen Linien und blendeten mehr, als sie leuchteten. Wir stießen ans Land, der Fährmann warf seine Bootskette um einen dicken Pfahl. Aus dem schwarzen Torbogen trat der Zöllner mit einer Laterne. Ich gab dem Schiffsmann seinen kleinen Lohn, ließ den Zöllner an meinem Mantel schnuppern und zog mir die Hemdärmel unter der Jacke zurecht.

Im Augenblick, da ich wegging, fiel mir der vergessene Name des Schiffers wieder ein. »Gut Nacht, Hans Leutwin«, rief ich ihm zu und ging davon, während er, die Hand vorm Auge, mir erstaunt und brummend nachglotzte.

Im Goldenen Löwen

In dem alten Städtlein, das ich nun vom Seegestade her durch einen hohen Torbogen betrat, begann erst eigentlich meine Lustreise. In diesen Gegenden hatte ich vorzeiten eine Weile gelebt und mancherlei Sanftes und Herbes erfahren, wovon ich jetzt da oder dort noch einen Nachklang anzutreffen hoffte.

Ein Gang durch nächtige Straßen, von erleuchteten Fenstern her spärlich bestrahlt, an alten Giebelformen und Vortreppen und Erkern vorüber. In der schmalen, krummen Maiengasse hielt mich vor einem altmodischen Herrenhause ein Oleanderbaum mit ungestümer Mahnung fest. Ein Feierabendbänklein vor einem andern Hause, ein Wirtsschild, ein Laternenpfahl taten dasselbe, und ich war erstaunt, wieviel längst Vergessenes in mir doch nicht vergessen war. Zehn Jahre hatte ich das Nest nimmer gesehen, und nun wußte ich plötzlich alle Geschichten jener merkwürdigen Jünglingszeit wieder.

Da kam ich auch am Schloß vorbei, das stand mit schwarzen Türmen und wenigen roten Fenstervierecken kühn und verschlossen in der regnerischen Herbstnacht. Damals als junger Kerl ging ich abends selten dran vorüber, ohne daß ich mir im obersten Turmzimmer eine Grafentochter einsam weinend dachte und schlich mich mit Mantel und Strickleiter über halsbrechenden Mauern, bis an ihr Fenster empor.

»Mein Retter«, stammelte sie freudig erschrocken.

»Vielmehr Ihr Diener«, antwortete ich mit einer Verbeugung. Dann trug ich sie sorgsam die ängstlich schaukelnde Leiter hinab – ein Schrei, der Strick war gerissen – ich lag mit gebrochenem Bein im Graben, und neben mir rang die Schöne ihre schlanken Hände.

»O Gott, was nun? Wie soll ich Ihnen helfen?«

»Retten Sie sich, Gnädigste, ein treuer Knecht wartet Ihrer bei der hintern Pforte.«

»Aber Sie?«

»Eine Kleinigkeit, seien Sie unbesorgt! Ich bedaure nur, Sie für heute nicht weiter begleiten zu können.«

Es hatte seither, wie ich aus der Zeitung wußte, im Schloß gebrannt; doch sah man, wenigstens jetzt bei Nacht, keine Spuren davon, es war alles wie früher. Ich betrachtete mir den Umriß des alten Gebäudes eine kleine Weile, dann bog ich in die nächste Gasse ein.

Und da hing auch noch derselbe groteske Blechlöwe im Schild des ehrwürdigen Wirtshauses. Hier beschloß ich einzukehren und um Nachtlager zu fragen.

Ein gewaltiger Lärm schlug mir aus dem weiten Portal entgegen, Musik, Geschrei, Hin und Wider der Dienerschaft, Gelächter und Pokulieren, und im Hofe standen abgeschirrte Wagen, an denen Kränze und Girlanden aus Tannenreis und Papierblumen hingen. Beim Eintreten fand ich den Saal, die Wirtsstube und sogar noch das Nebenzimmer von einer fröhlichen Hochzeitsgesellschaft besetzt. An ein ruhiges Abendessen, eine beschaulich erinnerungsselige Dämmerstunde beim einsamen Schoppen und ein frühes, friedliches Schlafengehen war da nicht zu denken.

Indem ich die Saaltüre öffnete, drang ein ausgesperrter kleiner Hund zwischen meinen Beinen durch in den Raum, ein schwarzer Spitzerhund, und stürzte mit wütendem Freudengebell unter den Tischen hindurch seinem Herrn entgegen, den er sogleich erblickt hatte, denn er stand gerade aufrecht an der Tafel und hielt eine Rede.

»– und also, meine verehrten Herrschaften«, rief er mit rotem Gesicht und überlaut, da fuhr wie ein Sturm der Hund an ihm hinauf, kläffte freudig und unterbrach die Rede. Gelächter und Scheltworte erklangen durcheinander, der Redner mußte seinen Hund hinausbringen, die verehrten Herrschaften grinsten schadenfroh und tranken einander zu. Ich drückte mich beiseite, und als der Herr des Spitzerhundes wieder an seinem Platz und wieder in seiner Rede war, hatte ich das Nebenzimmer erreicht, legte Hut und Mantel weg und setzte mich ans Ende eines Tisches.

An vortrefflichen Speisen fehlte es heute nicht. Und schon während ich am Hammelbraten arbeitete, erfuhr ich von meinem Tischnachbarn das Nötigste über die Hochzeit. Das Paar war mir nicht bekannt, wohl aber eine große Zahl der Gäste – Gesichter, die mir vor Jahren vertraut gewesen waren und die mich nun, viele schon im halben Rausch, beim Schein der Lampen umgaben, mehr oder minder verändert und gealtert. Einen feinen Bubenkopf mit ernsten Augen, mager und zart geschnitten, sah ich wieder – erwachsen, lachend, schnurrbärtig, eine Zigarre im Mund, und ehemalige junge Burschen, denen das Leben um einen Kuß und die Welt um einen Narrenstreich feil gewesen war, staken nun in Backenbärten, hatten die Hausfrau bei sich und regten sich in Philistergesprächen über Bodenpreise und Änderungen des Eisenbahnfahrplans auf.

Alles war verändert und doch noch lächerlich kenntlich, und am wenigsten verändert war erfreulicherweise die Wirtsstube und der gute weiße Landwein. Der floß noch wie je so herb und freudig, blinkte gelblich im fußlosen Glase und weckte in mir das schlummernde Gedächtnis zahlreicher Kneipnächte und Kneipenstreiche. Mich aber kannte niemand wieder, und ich saß im Getümmel und nahm am Gespräche teil als ein zufällig hereinverschlagener Fremder.

Gegen Mitternacht, nachdem auch ich einen Becher oder zwei über den Durst genossen hatte, gab es einen Streit. Um eine Bagatelle, die ich schon am andern Tag vergessen hatte, ging es los, hitzige Worte klangen, und drei, vier halbberauschte Männer schrien zornig auf mich ein. Da hatte ich genug und stand auf.

»Danke, meine Herren, an Händeln liegt mir nichts. Übrigens sollte der Herr da sich nicht so unnötig erhitzen, er hat ja ein Leberleiden.«

»Woher wissen Sie das?« rief er noch barsch, aber verblüfft.

»Ich sehe es Ihnen an, ich bin Arzt. Sie sind fünfundvierzig Jahre alt, nicht wahr?«

»Stimmt.«

»Und haben vor etwa zehn Jahren eine schwere Lungenentzündung durchgemacht?«

»Herrgott, ja. An was sehen Sie denn das?«

»Ja, das sieht man eben, wenn man geübt ist. Also gute Nacht, Ihr Herren!«

Sie grüßten alle ganz höflich, der Leberleidende machte sogar eine Verbeugung. Ich hätte ihm auch noch seinen Vor- und Zunamen und den seiner Frau sagen können, ich kannte ihn so gut und hatte früher manches Feierabendgespräch mit ihm gehabt.

In meiner Schlafkammer wusch ich mir das heiße Gesicht, schaute vom Fenster über die Dächer weg auf den blassen See hinüber und ging dann zu Bett. Eine Zeitlang hörte ich noch dem langsam abnehmenden Festlärmen zu, dann übernahm mich die Müdigkeit, und ich schlief bis zum Morgen.

Sturm

Am verstürmten Himmel trieben zerfaserte Wolkenbänder, grau und lila, und ein heftiger Wind empfing mich, als ich am nächsten Vormittag nicht zu früh meine Weiterreise antrat. Bald war ich oben auf dem Hügelkamm und sah das Städtchen, das Schloß, die Kirche und den kleinen Bootshafen eng und spielzeughaft am Gestade unter mir liegen. Schnurrige Geschichten aus der Zeit meines früheren Hierseins fielen mir ein und machten mich lachen. Das konnte ich brauchen, denn je näher ich dem Ziel meiner Wanderung rückte, desto befangener und schwüler wurde mir, ohne daß ich es mir gestehen mochte, das Herz.

Das Gehen in der kühlen sausenden Luft tat mir wohl. Ich hörte dem ungestümen Winde zu und sah im Vorwärtsschreiten auf dem Gratsteig mit aufregender Wonne die Landschaft weiter und gewaltiger werden. Von Nordost her hellte der Himmel auf, dorthinüber war die Aussicht frei und zeigte lange, bläuliche Gebirgszüge in großartiger Ordnung aufgebaut.

Der Wind nahm zu, je höher ich kam. Er sang herbstlich toll, mit Stöhnen und mit Lachen, fabelhafte Leidenschaften andeutend, neben denen unsere nur Kindereien wären. Er schrie mir niegehörte, urweltliche Worte ins Ohr, wie Namen alter Götter. Er strich über den ganzen Himmel hinweg die irrenden Wolkentrümmer zu parallelen Streifen aus, in deren Linie etwas widerwillig Gebändigtes lag und unter welchen die Berge sich zu bücken schienen.

Dem Brausen der Lüfte und dem Anblick der weiten Bergländer wich die leise Befangenheit und Bänglichkeit meiner Seele. Daß ich einem Wiedersehen mit meiner Jugendzeit und einem Kreise noch ungewisser Erregungen entgegenging, war nicht mehr so wichtig und beherrschend, seit Weg und Wetter mir lebendig geworden waren.

Bald nach Mittag stand ich ausruhend auf dem höchsten Punkte des Höhenweges, und mein Blick flog suchend und bestürzt über das ungeheuer ausgebreitete Land hinweg. Grüne Berge standen da und weiter entfernt blaue Waldberge und gelbe Felsberge, tausendfach gefaltete Hügelgelände, dahinter das Hochgebirg mit jähen Steinzacken und bleichen Schneepyramiden. Zu Füßen in seiner ganzen Fläche der große See, meerblau mit weißen Wellenschäumen, zwei vereinzelte flüchtige Segel darauf, geduckt hingleitend, an den grün und braunen Ufern lodernd gelbe Weinberge, farbige Wälder, blanke Landstraßen, Bauerndörfer in Obstbäumen, kahlere Fischerdörfer, hell und dunkel getürmte Städte. Über alles weg bräunliche Wolken fegend, dazwischen Stücke eines tief klaren, grünblau und opalfarben durchleuchteten Himmels, Sonnenstrahlen fächerförmig aufs Gewölk gemalt. Alles bewegt, auch die Bergreihen wie hinflutend und die ungleich beleuchteten Alpengipfel jäh, unstet und springend.

Mit dem Sturm- und Wolkentreiben flog auch mein Fühlen und Begehren ungestüm und fiebernd über die Weite, ferne Schneezacken umarmend und flüchtig in hellgrünen Seebuchten rastend. Alte, betörende Wandergefühle liefen wechselnd und farbig wie Wolkenschatten über meine Seele, Empfindung der Trauer über Versäumtes, Kürze des Lebens und Fülle der Welt, Heimatlosigkeit und Heimatsuchen, wechselnd mit einem hinströmenden Gefühl der völligen Loslösung von Raum und Zeit.

Langsam verrannen die Wogen, sangen und schäumten nicht mehr, und mein Herz wurde still und ruhte unbewegt, wie ein Vogel in großen Höhen.

Da sah ich mit Lächeln und wiederkehrender Wärme Straßenkrümmen, Waldkuppen und Kirchtürme der vertrauten Nähe; das Land meiner schönen Jünglingsjahre blickte mich unverändert mit den alten Augen an. Wie ein Soldat auf seiner Landkarte den Feldzug von damals aufsucht und überliest, von Rührung so sehr wie vom Gefühl der Geborgenheit erwärmt, las ich in der herbstfarbenen Landschaft die Geschichte vieler wundervoller Torheiten und die schon fast zur Sage verklärte Geschichte einer gewesenen Liebe.

Erinnerungen

In einem ruhigen Winkel, wo mir ein breiter Felsen den Sturm abhielt, aß ich mein Mittagsbrot. Schwarzbrot, Wurst und Käse. – Nach ein paar Stunden Bergaufmarsch bei starkem Winde der erste Biß in ein belegtes Brot – das ist eine Lust, fast die einzige, die noch das ganze durchdringend Köstliche, bis zur Sättigung Beglückende der echten Knabenfreuden hat.

Morgen werde ich vielleicht an der Stelle im Buchenwald vorüberkommen, an der ich den ersten Kuß von Julie bekam. Auf einem Ausflug des Bürgervereins Konkordia, in den ich Julies wegen eingetreten war. Am Tag nach jenem Ausflug trat ich wieder aus.

Und übermorgen vielleicht, wenn es glückt, werde ich sie selber wiedersehen. Sie hat einen wohlhabenden Kaufmann namens Herschel geheiratet, und sie soll drei Kinder haben, von denen eins ihr auffallend gleicht und auch Julie heißt. Mehr weiß ich nicht, es ist auch mehr als genug.

Aber ich weiß noch genau, wie ich ihr ein Jahr nach meiner Abreise aus der Fremde schrieb, daß ich keine Aussicht auf Stellung und Geldverdienst habe und daß sie nicht auf mich warten möge. Sie schrieb zurück, ich solle mir und ihr das Herz nicht unnötig schwer machen; sie werde da sein, wenn ich wiederkäme, sei es bald oder spät. Und ein halbes Jahr später schrieb sie doch wieder und bat sich frei, für jenen Herschel, und im Leid und Zorn der ersten Stunde schrieb ich keinen Brief, sondern telegraphierte ihr mit meinem letzten Gelde, vier oder fünf geschäftsmäßige Worte. Die gingen übers Meer und waren nicht zu widerrufen.

Es geht so närrisch im Leben zu! War es Zufall oder Schicksalshohn, oder kam es vom Mut der Verzweiflung – kaum lag das Liebesglück in Scherben, da kam Erfolg und Gewinn und Geld wie hergezaubert, da war das nimmer Erhoffte im Spiel erreicht und war doch wertlos. Das Schicksal hat Mucken, dachte ich, und vertrank mit Kameraden in zwei Tagen und Nächten eine Brusttasche voll Banknoten.

Doch an diese Geschichten dachte ich nicht lange, als ich nach der Mahlzeit mein leeres Wurstpapier dem Winde hinwarf und, in den Mantel gewickelt, Mittagsrast hielt. Ich dachte lieber an meine damalige Liebe und an Julies Gestalt und Gesicht, das schmale Gesicht mit den noblen Brauen und großen dunkeln Augen. Und dachte lieber an den Tag im Buchenwald, wie sie langsam und widerstrebend mir nachgab und dann bei meinen Küssen zitterte und dann endlich wiederküßte und ganz leise, wie aus einem Traum hervor, lächelte, während noch Tränen an ihren Wimpern glänzten.

Vergangene Dinge! Das Beste daran war aber nicht das Küssen und nicht das abendliche Zusammenpromenieren und Heimlichtun. Das Beste war die Kraft, die mir aus jener Liebe floß, die fröhliche Kraft, für sie zu leben, zu streiten, durch Feuer und Wasser zu gehen. Sich wegwerfen können für einen Augenblick, Jahre opfern können für das Lächeln einer Frau, das ist Glück. Und das ist mir unverloren.

Pfeifend stand ich auf und ging weiter.

Als die Straße jenseits vom Hügelkamm abwärts sank und ich genötigt war, vom Anblick der Seeweite Abschied zu nehmen, lag eben die Sonne, schon dem Untergehen nah, im Kampf mit trägen, gelben Wolkenmassen, die sie langsam umschleierten und verschlangen. Ich hielt inne und schaute rastend den fabelhaften Vorgängen am Himmel zu:

Hellgelbe Lichtbündel strahlten vom Rande einer schweren Wolkenbank in die Höhe und gegen Osten. Rasch entzündete sich der ganze Himmel gelbrot, glühend purpurne Streifen durchschnitten den Raum, zur gleichen Zeit wurden alle Berge dunkelblau, an den Seeufern brannte das rötlich welke Ried wie Heidefeuer. Dann verschwand alles Gelb, und das rote Licht wurde warm und milde, spielte paradiesisch um traumzarte, hingehauchte Schleierwölkchen und lief in tausend feinen Adern rosenrot durch mattgraue Nebelwände, deren Grau sich langsam mit dem Rot zu einem unsäglich schönen Lilaton vermischte. Der See wurde tiefblau und nahezu schwarz, die Untiefen in der Nähe der Ufer traten hellgrün mit scharfen Rändern hervor.

Als der fast schmerzlich schöne Farbenkrampf erlosch, dessen Feuer und rapide Flüchtigkeit an großen Horizonten immer etwas hinreißend Kühnes hat, wandte ich mich landeinwärts und blickte erstaunt in eine schon völlig abendklare, gekühlte Tälerlandschaft. Unter einem großen Nußbaum trat ich auf eine bei der Lese vergessene Frucht, hob sie auf und schälte mir die frische, lichtbraune, feuchte Nuß heraus. Und als ich sie zerbiß und den scharfen Geruch und Geschmack verspürte, überraschte mich unversehens eine Erinnerung. Wie von einem Stück Spiegelglas ein Lichtstrahl reflektiert und in einen dunkeln Raum geworfen wird, so blitzt oft mitten im Gegenwärtigen, durch eine Nichtigkeit entzündet, ein vergessenes, längst gewesenes Stückchen Leben auf, erschreckend und unheimlich.

Das Erlebnis, an das ich in jenem Augenblick nach vielleicht zwölf oder mehr Jahren zum erstenmal wieder dachte, war mir ebenso peinlich wie teuer. Als ich mit etwa fünfzehn Jahren auswärts in einem Gymnasium war, besuchte mich eines Tages im Herbst meine Mutter. Ich hielt mich sehr kühl und stolz, wie es mein Gymnasiastenhochmut forderte, und tat ihr mit hundert Kleinigkeiten weh. Andern Tages reiste sie wieder ab, kam aber vorher noch ans Schulhaus und wartete unsere Morgenpause ab. Als wir lärmend aus den Klassenzimmern hervorbrachen, stand sie bescheiden und lächelnd draußen, und ihre schönen gütigen Augen lachten mir schon von weitem entgegen. Mich aber genierte die Gegenwart meiner Herren Mitschüler, darum ging ich ihr nur langsam entgegen, nickte ihr leichthin zu und trat so auf, daß sie ihre Absicht, mir einen Abschiedskuß und Segen zu geben, aufgeben mußte. Betrübt, aber tapfer lächelte sie mich an, und plötzlich lief sie schnell über die Straße zur Bude eines Fruchthändlers, kaufte ein Pfund Nüsse und gab mir die Tüte in die Hand. Dann ging sie fort, zur Eisenbahn, und ich sah sie mit ihrer kleinen altmodischen Ledertasche um die Straßenecke verschwinden. Kaum war sie mir aus den Augen, so tat mir alles bitter leid, und ich hätte ihr meine törichte Bubenroheit unter Tränen abbitten mögen. Da kam einer meiner Kameraden vorbei, mein Hauptrivale in Angelegenheiten des savoir vivre. »Bonbons von Mamachen?« fragte er boshaft lächelnd. Ich, sofort wieder stolz, bot ihm die Tüte an, und da er nicht annahm, verteilte ich alle Nüsse, ohne eine für mich zu behalten, an die Kleinen von der vierten Klasse.

Zornig biß ich auf meine Nuß, warf die Schalen ins schwärzliche Laub, das den Boden bedeckte, und wanderte auf der bequemen Straße unter einem grünblau und goldig verhauchenden Späthimmel hin zu Tal und bald darauf an herbstgelben Birken und fröhlichen Vogelbeerbüschen vorbei in die bläuliche Dämmerung junger Tannenstände und dann in die tiefen Schatten eines hohen Buchenwaldes hinein.

Das stille Dorf

Zwei Stunden später am Abend hatte ich mich, nach langem, sorglosem Schlendern, in einem Gewimmel schmaler, finsterer Waldwege verlaufen und suchte, je dunkler und kühler es wurde, desto ungeduldiger nach einem Ausgang. Mich geradeaus durch den Laubwald zu schlagen, ging nicht an, der Wald war dicht und der Boden stellenweise sumpfig, auch wurde es allmählich stockfinster.

Stolpernd und müde tastete ich in der wunderlichen Aufregung des nächtlichen Verirrtseins weiter. Häufig blieb ich stehen, um zu rufen und dann lang zu lauschen. Es blieb alles still, und die kühle Feierlichkeit und dichte Schwärze des lautlosen Waldinnern umgab mich von allen Seiten, wie Vorhänge von dickem Sammet. So töricht und eitel es war, machte mir doch der Gedanke Freude, daß ich um ein Wiedersehen mit einer fast vergessenen Geliebten in dem fremdgewordenen Lande mich durch Wald und Nacht und

Kälte schlage. Ich fing leise meine alten Liebeslieder zu singen an:

> Mein Blick erstaunt und muß sich senken,
> mein Herz schließt alle Tore zu,
> dem Wunder heimlich nachzudenken –
> so schön bist du!

Dazu war ich durch Länder gewandert und hatte mir in langen Kämpfen den Leib und die Seele voll Narben geholt, um nun die alten dummen Verse zu singen und den Schatten lang verblaßter Knabentorheiten nachzulaufen! Aber es machte mir nicht wenig Freude, und während ich mühsam den gewundenen Pfad verfolgte, sang ich weiter, dichtete und phantasierte, bis ich müde ward und stille weiterlief. Suchend tastete ich an dicke Buchenstämme, die von Efeuästen umklammert waren und deren Zweige und Wipfel unsichtbar im Finstern schwammen. So ging es noch eine halbe Stunde, und ich begann endlich kleinlaut zu werden. Da erlebte ich etwas unvergeßlich Köstliches.

Urplötzlich war der Wald zu Ende, und ich stand zwischen den letzten Stämmen hoch an einer steilen Bergwand, und unter mir schlief ein weites Waldtal in der Nachtbläue, und mitten darin zu meinen Füßen lag still und heimlich mit sechs, sieben kleinen rotleuchtenden Fenstern ein Dörflein. Die niederen Häuser, von denen ich fast nur die breiten, leise schimmernden Schindeldächer sah, lehnten sich eng aneinander, in einer leichten Biegung, und zwischen ihnen lief schmal und dunkel die schattige Gasse, und an ihrem Ende stand ein großer Dorfbrunnen. Weiter oben, am halben Berge gegenüber, lag allein zwischen vielen dämmernden Kirchhofskreuzen die Kapelle. In ihrer Nähe lief auf einem steilen Hügelwege bergan ein Mann mit einer Laterne. Und drunten im Dörflein, in irgendeinem Hause, sangen ein paar Mädchen mit kräftigen, hellen Stimmen ein Lied.

Ich wußte nicht, wo ich war und wie das Dorf heiße, und ich nahm mir vor, auch nicht danach zu fragen.

Mein bisheriger Weg verlor sich am Waldrande bergaufwärts, so stieg ich behutsam ohne Pfad durch steile Weiden hinab, dem Dorf entgegen. Ich geriet in Gärten und auf schmale Steinstaffeln, fiel über eine Stützmauer und mußte schließlich einen Zaun überklettern und durch den seichten Bach springen, dann aber war ich im Dorfe und trat am ersten Gehöfte vorbei in die krumme, schlafende Gasse. Bald fand ich das Wirtshaus, das hieß »zum Ochsen« und war noch nicht geschlossen.

Das Erdgeschoß war still und dunkel, aus dem gepflasterten Flur führte eine alte verschwenderisch gebaute Treppe mit bauchigen Geländersäulen, von einer am Strick aufgehängten Laterne erleuchtet, empor in einen Fliesengang und zur Gästestube. Diese war reichlich groß, und der von einer Hängelampe beschienene Tisch beim Ofen, an dem drei Bauern vor ihren Weingläsern saßen, lag wie eine Lichtinsel in dem halbdunkeln, großen Raum.

Der Ofen war geheizt, ein würfelförmiges Gebäude mit dunkelgrünen Kacheln; in den Kacheln spiegelte warm das matte Lampenlicht, unterm Ofen lag ein schwarzer Hund und schlief. Die Wirtin sagte »Grüß Gott«, als ich hereinkam, und einer von den Bauern schaute prüfend her.

»Was ist das für einer?« fragte er zweifelnd.

»Weiß nicht«, sagte die Wirtin.

Ich setzte mich an den Tisch, grüßte und ließ Wein kommen. Es gab nur Heurigen, einen hellroten jungen Most, der schon stark im Reißen war und mir prächtig warm machte. Dann fragte ich nach einem Nachtlager.

»Das ist so eine Sache«, meinte die Frau und zuckte die Achseln. »Wir haben schon ein Zimmer, freilich, aber da ist gerade heut ein Herr drin. Es wäre auch ein zweites Bett in der Stube, aber der Herr schläft schon. Wenn Sie hinaufgehen und mit ihm reden wollen –?«

»Nicht gern. Und sonst gibt's keinen Platz?«

»Platz schon, aber kein Bett mehr.«

»Und wenn ich mich da zum Ofen lege?«

»Ja, wenn Sie das wollen, freilich. Ich geb Ihnen dann eine Decke, und wir legen ein paar Scheiter nach, so müssen Sie nicht frieren.«

Nun ließ ich mir Eier kochen und eine Wurst geben, und während des Essens fragte ich, wie weit ich noch von meinem Reiseziel sei.

»Sagen Sie, wie lang geht man von hier nach Ilgenberg?«

»Fünf Stunden. Der Herr droben, der die Stube hat, will morgen auch wieder hinüber. Er ist dort daheim.«

»So so. Und was treibt er denn hier?«

»Holz kaufen. Er kommt jedes Jahr.«

Die drei Bauern mischten sich nicht in unser Gespräch. Es waren, dachte ich mir, die Waldbesitzer und Fuhrleute, mit denen der Ilgenberger Händler den Holzkauf abgeschlossen hatte. Mich hielten sie offenbar für einen Geschäftemacher oder Beamten und trauten mir nicht. So ließ ich sie auch in Ruhe.

Kaum hatte ich gegessen und lehnte mich im Sessel zurecht, da fing der Mädchengesang von vorher plötzlich wieder an, ganz laut und nahe. Sie sangen das Lied von der schönen Gärtnersfrau, und beim dritten Vers stand ich auf und ging an die Küchentür und klinkte leise auf. Da saßen zwei junge Dirnen und eine ältere Magd am weißen tannenen Tisch bei einem Kerzenstumpfen, hatten einen Berg Bohnen zum Ausschoten vor sich und sangen. Wie die ältere aussah, weiß ich nicht mehr. Aber von den jungen war die eine rötlichblond, breit und blühend, und die zweite war eine schöne Braune mit ernstem Gesicht. Sie hatte die Zöpfe in einem sogenannten »Nest« rund um den Kopf gewunden und sang selbstvergessen mit einer hellen Kinderstimme vor sich hin, während das sich spiegelnde Kerzenflämmlein in ihren Augen blitzte.

Als sie mich in der Tür stehen sahen, lachte die Alte, die Rötliche schnitt eine Fratze, und die Braune sah mir eine Weile ins Gesicht, dann senkte sie den Kopf, wurde ein wenig rot und sang lauter. Sie fingen gerade einen neuen Vers an, und ich fiel mit ein, so gut ich es vermochte. Dann holte ich meinen Wein herüber, nahm eine dreibeinige Stabelle her und setzte mich singend mit an den Küchentisch. Die Rotblonde schob mir eine Handvoll Bohnen zu, und ich half denn mit aushülsen.

Als alle die vielen Strophen ausgesungen waren, sahen wir einander an und mußten lachen, was der Braunen überaus prächtig zu Gesichte stand. Ich bot ihr mein Glas hin, doch nahm sie es nicht an.

»Sie sind aber eine Stolze«, sagte ich betrübt. »Sind Sie denn etwa von Stuttgart?«

»Nein. Warum von Stuttgart?«
»Weil es heißt:

Stuegert isch e schöne Stadt,
Stuegert lit im Tale,
wo's so schöne Mädle hat,
aber so brutale.«

»Er ist ein Schwab«, sagte die Alte zur Blonden.
»Ja, er ist einer«, bestätigte ich. »Und Sie sind vom Oberland, wo die Schlehen wachsen.«
»Kann sein«, meinte sie und kicherte.
Ich sah aber immer die Braune an, und ich setzte aus Bohnen den Buchstaben M zusammen und fragte sie, ob sie so heiße. Sie schüttelte den Kopf, und ich machte nur ein A. Da nickte sie, und ich begann nun zu raten.
»Agnes?«
»Nein.«
»Anna?«
»Nichts.«
»Adelheid?«
»Auch nicht.«
Und soviel ich riet, es war alles falsch; sie aber wurde ganz fröhlich darüber und rief schließlich: »O Sie Unvernunft!« Als ich sie dann sehr bat, sie möchte mir jetzt ihren Namen sagen, schämte sie sich eine kleine Zeit, dann sagte sie schnell und leise: »Agathe« und wurde rot dabei, wie wenn sie ein Geheimnis preisgegeben hätte.
»Sind Sie auch ein Holzhändler?« fragte die Blonde.
»Nein, das nicht. Seh ich denn so aus?«
»Oder ein Geometer, nicht?«
»Auch nicht. Warum soll ich Geometer sein?«
»Warum? Darum.«
»Ihr Schatz wird einer sein, gelt?«
»Mir wär's schon recht.«
»Singen wir noch eins, zum Schluß?« fragte die Schöne, und während die letzten Schoten uns durch die Finger gingen, sangen wir das Lied »Steh ich in finstrer Mitternacht«. Als das zu Ende war, standen die Mädchen auf und ich auch.

»Gut Nacht«, sagte ich zu jeder und gab jeder die Hand, und zu der Braunen sagte ich: »Gut Nacht, Agathe.«

In der Wirtsstube brachen jetzt die drei Rauhbeine auf. Sie nahmen keinerlei Notiz von mir, tranken langsam ihre Reste aus und zahlten nichts, waren also jedenfalls für diesen Abend die Gäste des Ilgenbergers gewesen.

»Gute Nacht auch«, sagte ich, als sie gingen, bekam aber keine Antwort und schlug hinter den Dickköpfen die Türe zu. Gleich darauf kam die Wirtin mit Pferdedecken und einem Bettkissen. Wir bauten aus der Ofenbank und drei Stühlen ein leidliches Nachtlager, und zum Troste teilte die Frau mir beim Weggehen mit, das Übernachten solle mich nichts kosten. Das war mir auch recht.

Halb ausgekleidet und mit meinem Mantel zugedeckt lag ich am Ofen, der noch wohlig wärmte, und dachte an die braune Agathe. Ein Vers aus einem alten frommen Liede, das ich in Kinderzeiten oft mit meiner Mutter gesungen hatte, fiel mir ein:

Schön sind die Blumen,
schöner sind die Menschen
in der schönen Jugendzeit – – –

So eine war Agathe, schöner als Blumen und doch mit ihnen verwandt. Es gibt überall, in allen Ländern, einzelne solche Schönheiten, doch sind sie nicht allzu häufig, und sooft ich eine sah, hat es mir wohlgetan. Sie sind wie große Kinder, so scheu wie zutraulich, und haben in ihren ungetrübten Augen den Blick eines schönen Tieres oder einer Waldquelle. Man sieht sie an und hat sie lieb, ohne ihrer zu begehren, und während man sie ansieht, will es einem wehe tun, daß diese feinen Bilder der Jugend und Menschenblüte auch einmal altern und vergehen müssen.

Bald schlief ich ein, und es mag von der Ofenwärme gekommen sein, daß mir träumte, ich liege am Felsgestade einer südlichen Insel, spüre die heiße Sonne auf meinem Rücken brennen und sähe einem braunen Mädchen zu, das allein in einer Barke seewärts ruderte und langsam ferner und kleiner wurde.

Erst als der Ofen erkaltet war und mir die Füße starr wurden, wachte ich frierend auf, und da war es auch schon Morgen, und nebenzu in der Küche hörte ich jemand den Herd anheizen. Draußen lag, zum erstenmal in diesem Herbst, ein dünner Reif auf den Wiesen. Ich war vom harten Liegen steif und mitgenommen, aber gut ausgeschlafen. In der Küche, wo die alte Magd mich begrüßte, wusch ich mich am Wasserstein und bürstete meine Kleider aus, die gestern bei dem windigen Wetter sehr staubig geworden waren.

Kaum saß ich in der Stube beim heißen Kaffee, da kam der Gast aus der Stadt herein, grüßte höflich und setzte sich zu mir an den Tisch, wo schon für ihn gedeckt war. Er tat aus einer flachen Reiseflasche ein wenig alten Kirschgeist in seine Tasse und bot auch mir davon an.

»Danke«, sagte ich, »ich trinke keinen Schnaps.«

»Wirklich? Sehen Sie, ich muß es tun, weil ich die Milch sonst nicht vertragen kann, leider. Jeder hat ja so seinen Bresten.«

»Na, wenn Ihnen sonst nichts fehlt, dürfen Sie nicht klagen.«

»Gewiß, ja. Ich klage auch nicht. Es liegt mir fern –«

Er gehörte zu den Leuten, denen es ein Bedürfnis ist, sich ohne Ursache zu entschuldigen. Im übrigen machte er einen anständigen Eindruck, etwas zu höflich, aber intelligent und offen. Gekleidet war er kleinstädtisch, sehr solid und sauber, aber schwerfällig.

Auch er musterte mich, und da er mich in Kniehosen sah, fragte er, ob ich auf dem Veloziped gekommen sei.

»Nein, zu Fuß.«

»So, so. Eine Fußtour, ich verstehe. Ja, der Sport ist eine schöne Sache, wenn man Zeit hat.«

»Sie haben Holz gekauft?«

»Oh, eine Kleinigkeit, nur für den eigenen Bedarf.«

»Ich dachte, Sie wären Holzhändler.«

»Nein, doch nicht. Ich habe ein Tuchgeschäft. Das heißt einen Tuchladen, wissen Sie.«

Wir aßen Butterbrot zum Kaffee, und während er sich

Butter nahm, fielen mir seine wohlgebildeten langen und schmalen Hände auf.

Den Weg nach Ilgenberg schätzte er auf sechs Stunden. Er hatte seinen Wagen da und lud mich freundlich zum Mitfahren ein, doch nahm ich nicht an. Ich fragte nach Fußwegen und bekam leidliche Auskunft. Dann rief ich die Wirtin und zahlte meine kleine Zeche, steckte Brot in die Tasche, sagte dem Kaufmann Adieu und ging die Treppe hinab und durch den gepflasterten Flur in den kalten Morgen hinaus.

Vor dem Hause stand des Tuchhändlers Gefährt, eine leichte zweisitzige Kutsche, und eben zog ein Knecht den Gaul aus dem Stall, ein kleines fettes Rößlein, das weiß und rötlich wie eine Kuh gefleckt war.

Der Weg führte talaufwärts, eine Strecke den Bach entlang, dann ansteigend gegen die Waldhöhen. Indem ich allein dahinmarschierte, fiel mir ein, daß ich im Grunde alle meine Wege so einsam gemacht habe, und nicht nur die Spaziergänge, sondern alle Schritte meines Lebens. Freunde und Verwandte, gute Bekannte und Liebschaften waren ja immer dabei, aber sie umfaßten mich nie, erfüllten mich nie, rissen mich nie in andere Bahnen, als die ich selber einschlug. Vielleicht ist jedem Menschen, er sei wie er wolle, wie einem geschleuderten Ball seine Wurfbahn vorgezeichnet, und er folgt einer längst bestimmten Linie, während er das Schicksal zu zwingen oder zu hänseln meint. Jedenfalls aber ruht das »Schicksal« in uns und nicht außer uns, und damit bekommt die Oberfläche des Lebens, das sichtbare Geschehen, eine gewisse Unwichtigkeit. Was man gewöhnlich schwer nimmt und gar tragisch nennt, wird dann oft zur Bagatelle. Und dieselben Leute, die vor dem Anschein des Tragischen in die Knie sinken, leiden und gehen unter an Dingen, die sie nie beachtet haben.

Ich dachte: was treibt mich jetzt, mich freien Mann, nach dem Städtlein Ilgenberg, wo Häuser und Menschen mich nichts mehr angehen und wo ich kaum anderes als Enttäuschung und vielleicht Leid zu finden hoffen kann? Und ich sah mir selber verwundert zu, wie ich ging und ging und zwischen Humor und Bangigkeit hin und wider schwankte.

Es war ein schöner Morgen, die herbstliche Erde und Luft vom ersten Winterduft gestreift, dessen herbe Klarheit mit dem Steigen des Tages abnahm. Große Starenzüge strichen in keilförmiger Ordnung mit lautem Schwirren über die Felder. Im Tale zog langsam die Herde eines Wanderschäfers hin, und mit ihrem leichten Staube vermischte sich der dünne blaue Rauch aus des Schäfers Pfeife. Das alles samt den Bergzügen, farbigen Waldrücken und weidenbestandenen Bachläufen stand in der glasklaren Luft frisch wie ein gemaltes Bild, und die Schönheit der Erde redete ihre leise, sehnsüchtige Sprache, unbekümmert wer sie höre.

Das ist mir immer wieder sonderbar, unbegreiflich und hinreißender als alle Fragen und Taten des Tages und Menschengeistes: wie ein Berg sich in den Himmel reckt und wie die Lüfte lautlos in einem Tale ruhen, wie gelbe Birkenblätter vom Zweige gleiten und Vogelzüge durch die Bläue fahren. Da greift einem das ewig Rätselhafte so beschämend und so süß ans Herz, daß man allen Hochmut ablegt, mit dem man sonst über das Unerklärliche redet, und daß man doch nicht erliegt, sondern alles dankbar annimmt und sich bescheiden und stolz als Gast des Weltalls fühlt.

Am Saume des Waldes flog mit lautklatschendem Flügelschlag ein Wildhuhn vor mir aus dem Unterholz. Braune Brombeerblätter an langen Ranken hingen über den Weg herein, und auf jedem Blatte lag seidig der durchsichtig dünne Reif, silbrig flimmernd wie die feinen Härchen auf einem Stück Sammet.

Als ich nach längerem Steigen im Walde eine Höhe und eine aussichtsreiche freie Halde erreichte, kannte ich mich bald wieder in der Landschaft aus. Den Namen des Dörfleins, in dem ich genächtigt hatte, wußte ich aber nicht und habe auch nicht nach ihm gefragt.

Mein Weg führte am Rand des Waldes weiter, der hier die Wetterseite hatte, und ich fand meine Kurzweil an den kühnen, bedeutungsvoll grotesken Formen der Stämme, Äste und Wurzeln. Nichts kann die Phantasie stärker und inniger beschäftigen. Zuerst herrschen meistens komische Eindrücke vor: Fratzen, Spottgestalten, und Karikaturen bekannter Gesichter werden in Wurzelverschlingungen, Erdspalten, Astgebilden, Laubmassen erkennbar. Dann ist das Auge geschärft und sieht, ohne zu suchen, ganze Heere von wunderlichen Formen. Das Komische verschwindet, denn alle diese Gebilde stehen so entschlossen, keck und unverrückbar da, daß ihre schweigende Schar bald Gesetzmäßigkeit und ernste Notwendigkeit verkündet. Und endlich werden sie unheimlich und anklagend. Es ist nicht anders, der wandelbare und maskentragende Mensch erschrickt, sobald er ernsthaft zusieht, vor den Zügen jedes natürlich Gewachsenen.

Ilgenberg

Das Dorf, das ich nach zwei Stunden auf Fußwegen erreichte, hieß Schluchtersingen und war mir von einem früheren Besuche her bekannt. Als ich durch die Dorfgasse schritt, sah ich vor einem neugebauten Gasthof einen Wagen stehen und erkannte sofort das Gefährt des Kaufmanns aus Ilgenberg und sein kleines, sonderbar geflecktes Pferd.

Er selber trat gerade aus der Türe, um wieder einzusteigen, als er mich daherkommen sah. Sogleich grüßte er lebhaft und winkte mir zu.

»Ich habe hier noch Geschäfte gehabt, fahre jetzt aber direkt nach Ilgenberg. Wollen Sie nicht mitkommen? Das heißt, wenn Sie nicht lieber zu Fuß gehen.«

Er sah so gutmütig aus, und mein Verlangen nach dem Ziel meiner Reise war allmählich so gespannt, daß ich annahm und einstieg. Er gab dem Hausknecht ein Trinkgeld, nahm die Zügel und fuhr los. Der Wagen lief leicht und bequem auf der guten Straße, und mir tat nach tagelangem Fußgängertum das herrschaftliche Gefühl des Fahrens wohl.

Wohl tat mir auch, daß der Kaufmann keine Versuche machte, mich auszufragen. Ich wäre sonst sogleich wieder ausgestiegen. Er fragte nur, ob ich auf einer Erholungsreise sei und ob ich die Gegend schon kenne.

»Wo steigt man denn jetzt in Ilgenberg am besten ab?« fragte ich. »Früher war der Hirschen gut; der Besitzer hieß Böliger.«

»Der lebt nimmer. Die Wirtschaft hat jetzt ein Fremder, ein Bayer, und sie soll zurückgegangen sein. Doch will ich das nicht beschwören, ich hab's vom Hörensagen.«

»Und wie ist's mit dem Schwäbischen Hof? Da war seinerzeit einer namens Schuster drauf.«

»Der ist noch da, und das Haus gilt für gut.«

»Dann will ich dort einkehren.«

Mehrmals machte mein Begleiter Miene, sich mir vorzustellen, doch ließ ich es nicht dazu kommen. So fuhren wir durch den lichten, farbigen Tag.

»Es geht so doch ringer als zu Fuß«, meinte der Ilgenberger. »Aber zu Fuß ist es gesünder.«

»Wenn man gute Stiefel hat. Übrigens ist Ihr Gaul ein lustiger Patron, mit seinen Flecken.«

Er seufzte ein wenig und lachte dann.

»Fällt's Ihnen auch auf? Freilich, die Flecken sind gespäßig. In der Stadt haben sie ihn mir ›die Kuh‹ getauft, und man soll die Leute spotten lassen, aber es ärgert mich doch.«

»Gehalten ist das Tier gut.«

»Nicht wahr? Es geht ihm nichts ab. Sehen Sie, ich hab das Rößlein gern. Jetzt spitzt es schon die Ohren, weil wir von ihm reden. Es ist sieben Jahr alt.«

In der letzten Stunde redeten wir wenig mehr. Mein Begleiter schien ermüdet, und mir nahm der Anblick der mit jedem Schritt vertrauter werdenden Gegend alle Gedanken gefangen. Ein bang-köstliches Gefühl, Orte der Jugendzeit wiederzusehen! Erinnerungen blitzen in verwirrender Menge auf, man lebt ganze Entwicklungen in traumhafter Sekundeneile wieder durch, unwiederbringlich Verlorenes blickt uns heimatlich und schmerzlich an.

Eine schwache Erhöhung, über die unser Wagen im Trabe lief, öffnete den Blick auf die Stadt. Zwei Kirchen, ein Mauerturm, der hohe Rathausgiebel lachten aus dem Gewirre der Häuser, Gassen und Gärten herüber. Daß ich den humoristischen Zwiebelturm einmal mit Rührung und klopfendem Herzen begrüßen würde, hätte ich damals nicht gedacht. Er schielte mich mit seinem heimlichen Kupferglanz behaglich an, als kenne er mich noch und als habe er schon ganz andere Ausreißer und Weltstürmer als bescheidene und stille Leute heimkommen sehen.

Noch sah ich die unvermeidlichen Veränderungen, Neubauten und Vorstadtstraßen nicht, alles sah aus wie vorzeiten, und mich überfiel beim Anblick die Erinnerung wie ein heißer Südsturm. Unter diesen Türmen und Dächern hatte ich die märchenhafte Jugendzeit gelebt, sehnsuchtsvolle Tage und Nächte, wunderbare schwermütige Frühlinge und lange, in der schlecht geheizten Mansarde verträumte Winter. In diesen Gartensträßchen war ich nachts in Liebeszeiten brennend und verzweifelnd umhergewandert, den heißen Kopf voll von abenteuerlichen Plänen. Und hier war ich glücklich gewesen über den Gruß eines Mädchens und über die ersten schüchternen Gespräche und Küsse unserer Liebe.

»Ja, es zieht sich noch«, sagte der Kaufmann, »aber in zehn Minuten sind wir daheim.«

Daheim! dachte ich. Du hast gut reden.

Garten um Garten, Bild um Bild glitt an mir vorüber, Dinge, an die ich nie mehr gedacht hatte und die mich nun empfingen, als sei ich nur für Stunden fortgewesen. Ich hielt es nimmer im Wagen aus.

»Bitte, halten Sie einen Augenblick, ich gehe von hier vollends zu Fuß hinein.«

Etwas erstaunt zog er die Zügel an und ließ mich absteigen. Ich hatte ihm schon gedankt und die Hand gedrückt und wollte gehen, da hustete er und sagte: »Vielleicht sehen wir uns noch, wenn Sie im Schwäbischen Hof wohnen wollen. Darf ich um Ihren Namen bitten?«

Zugleich stellte er sich vor. Er hieß Herschel und war, ich konnte nicht zweifeln, Julies Mann.

Ich hätte ihn am liebsten erschlagen, doch nannte ich meinen Namen, zog den Hut und ließ ihn weiterfahren. Also das war Herr Herschel. Ein angenehmer Mann, und wohlhabend. Wenn ich an Julie dachte, was für ein stolzes und prächtiges Mädchen sie gewesen war und wie sie meine damaligen phantastisch kühnen Ansichten und Lebenspläne verstanden und geteilt hatte, dann würgte es mich im Halse. Mein Zorn war augenblicks verflogen. Gedankenlos in tiefer Traurigkeit ging ich durch die alte, kahle Kastanienallee in das Städtchen hinein.

Im Gasthaus war gegen früher alles ein wenig feiner und modern geworden, es gab sogar ein Billard und vernickelte Serviettenbehälter, die wie Globusse aussahen. Der Wirt war noch derselbe, Küche und Keller waren einfach und gut geblieben. Im alten Hof stand noch der schlanke Ahornbaum und lief noch der zweiröhrige Trogbrunnen, in deren kühler Nachbarschaft ich manche warme Sommerabende bei einem Bier vertrödelt hatte.

Nach dem Essen machte ich mich auf und schlenderte langsam durch die wenig veränderten Straßen, las die alten wohlbekannten Namen auf den Ladenschildern, ließ mich rasieren, kaufte einen Bleistift, sah an den Häusern hinauf und strich an den Zäunen hin durch die ruhigen Gartenwege der Vorstadt. Eine Ahnung beschlich mich, daß meine Ilgenberger Reise eine große Torheit gewesen sei, und doch schmeichelte mir Luft und Boden heimatlich und wiegte mich in schöne Erinnerungen. Ich ließ keine einzige Gasse unbesucht, stieg auf den Kirchturm, las die ins Gebälk des Glockenstuhls geschnitzten Lateinschülernamen, stieg wieder hinunter und las die öffentlichen Anschläge am Rathaus, bis es anfing zu dunkeln.

Dann stand ich auf dem unverhältnismäßig großen, öden Marktplatz, schritt die lange Reihe der alten Giebelhäuser ab, stolperte über Vortreppen und Pflasterlücken und hielt am Ende vor dem Herschelschen Hause an. Am kleinen Laden wurden gerade die Rolläden heruntergelassen, im ersten Stockwerk hatten vier Fenster Licht. Ich stand unschlüssig da und schaute am Hause hinauf, müde und beklommen. Ein kleiner Junge marschierte den Platz herauf und pfiff den Jungfernkranz; als er mich dastehen sah, hörte er zu pfeifen auf und sah mich beobachtend an. Ich schenkte ihm zehn Pfennig und hieß ihn weitergehen. Dann kam ein Lohndiener und bot sich mir an.

»Danke«, sagte ich, und plötzlich hatte ich den Glockenzug in der Hand und schellte kräftig.

Julie

Die schwere Haustür ging zögernd auf, im Spalt erschien das Gesicht einer jungen Dienstmagd. Ich fragte nach dem Hausherrn und wurde eine dunkle Treppe hinaufgeführt. Im Gang oben brannte ein Öllicht, und während ich meine angelaufene Brille abnahm, kam Herschel heraus und begrüßte mich.

»Ich wußte, daß Sie kommen würden«, sagte er halblaut.

»Wie konnten Sie das wissen?«

»Durch meine Frau. Ich weiß, wer Sie sind. Aber legen Sie,

bitte, ab. Hier, wenn ich bitten darf. – Es ist mir ein Vergnügen. – Oh, bitte. So, ja.«

Es war ihm offenbar nicht sonderlich wohl, und mir auch nicht. Wir traten in ein kleines Zimmer, wo auf dem weißgedeckten Tisch eine Lampe brannte und zum Abendessen serviert war.

»Hier also. Meine Bekanntschaft von heute morgen, Julie. Darf ich vorstellen, Herr – –«

»Ich kenne Sie«, sagte Julie und erwiderte meine Verbeugung durch ein Nicken, ohne mir die Hand zu geben.

»Nehmen Sie Platz.«

Ich saß auf einem Rohrsessel, sie auf dem Diwan. Ich sah sie an. Sie war kräftiger, schien aber kleiner als früher. Ihre Hände waren noch jung und fein, das Gesicht frisch, aber voller und härter, noch immer stolz, aber gröber und glanzlos. Ein Schimmer von der ehemaligen Schönheit war noch vorhanden, an den Schläfen und in den Bewegungen der Arme, ein leiser Schimmer – –

»Wie kommen Sie denn nach Ilgenberg?«

»Zu Fuß, gnädige Frau.«

»Haben Sie Geschäfte hier?«

»Nein, ich wollte nur die Stadt wieder einmal sehen.«

»Wann waren Sie denn zuletzt hier?«

»Vor zehn Jahren. Sie wissen ja. Übrigens fand ich die Stadt nicht allzusehr verändert.«

»Wirklich? Sie hätte ich kaum wiedererkannt.«

»Ich Sie sofort, gnädige Frau.«

Herr Herschel hustete.

»Wollen Sie nicht zum Abendessen bei uns vorliebnehmen?«

»Wenn es Sie nicht stört –«

»Bitte sehr, nur ein Butterbrot.«

Es gab jedoch kalten Braten mit Gallerte, Bohnensalat, Reis und gekochte Birnen. Getrunken wurde Tee und Milch. Der Hausherr bediente mich und machte ein wenig Konversation. Julie sprach kaum ein Wort, sah mich aber zuweilen hochmütig und mißtrauisch an, als möchte sie herausbringen, warum ich eigentlich gekommen sei. Wenn ich es nur selber gewußt hätte!

»Haben Sie Kinder?« fragte ich, und nun wurde sie ein

wenig gesprächiger. Schulsorgen, Krankheiten, Erziehungssorgen, alles im besseren Philisterstil.

»Ein Segen ist ja die Schule trotz alledem doch«, sagte Herschel dazwischen.

»Wirklich? Ich dachte immer, ein Kind sollte möglichst lange ausschließlich von den Eltern erzogen werden.«

»Man sieht, Sie selber haben keine Kinder.«

»Ich bin nicht so glücklich.«

»Aber Sie sind verheiratet?«

»Nein, Herr Herschel, ich lebe allein.«

Die Bohnen würgten mich, sie waren schlecht entfädet.

Als das Essen abgetragen war, schlug der Mann eine Flasche Wein vor, was ich nicht ablehnte. Wie ich gehofft hatte, ging er selber in den Keller, und ich blieb eine Weile mit der Frau allein.

»Julie«, sagte ich.

»Was beliebt?«

»Sie haben mir noch nicht einmal die Hand gegeben.«

»Ich hielt es für richtiger –«

»Wie Sie wollen. – Es freut mich zu sehen, daß es Ihnen gut geht. Es geht Ihnen doch gut?«

»O ja, wir können zufrieden sein.«

»Und damals – sagen Sie mir, Julie, denken Sie nie mehr an damals?«

»Was wollen Sie von mir? Lassen wir doch die alten Geschichten ruhen! Es ist gekommen, wie es kommen mußte und wie es für uns alle gut war, meine ich. Sie haben schon damals nicht recht nach Ilgenberg hereingepaßt, mit allen Ihren Ideen, und es wäre nicht das Richtige gewesen –«

»Gewiß, Julie. Ich will nichts Geschehenes ungeschehen wünschen. Sie sollen nicht an mich denken, gewiß nicht, aber an alles andere, was dazumal schön und lieb war. Es ist doch unsere Jugendzeit gewesen, und die wollte ich noch einmal aufsuchen und ihr ins Auge sehen.«

»Bitte, reden Sie von anderem. Für Sie mag es anders sein, aber für mich liegt zuviel dazwischen.«

Ich sah sie an. Alle Schönheit von damals hatte sie verlassen, sie war nur noch Frau Herschel.

»Allerdings«, sagte ich grob und hatte nichts dagegen, als nun der Mann mit zwei Flaschen Wein zurückkam.

Es war schwerer Burgunder, und Herschel, der sichtlich kein Weintrinker war, begann schon beim zweiten Glase anders zu werden. Er fing an, seine Frau mit mir zu necken. Als sie nicht darauf einging, lachte er und stieß sein Glas an meines.

»Zuerst wollte sie Sie gar nicht ins Haus haben«, vertraute er mir an.

Julie stand auf.

»Entschuldigen Sie, ich muß nach den Kindern sehen. Das Mädel ist nicht ganz wohl.«

Damit ging sie hinaus, und ich wußte, sie würde nicht zurückkommen. Ihr Mann machte zwinkernd die zweite Flasche auf.

»Sie hätten das vorher nicht sagen dürfen«, warf ich ihm vor.

Er lachte nur.

»Lieber Gott, so grätig ist sie schließlich nicht, daß sie das übelnimmt. Trinken Sie doch! Oder schmeckt Ihnen der Wein nicht?«

»Der Wein ist gut.«

»Nicht wahr? Ja, sagen Sie, wie war denn das nun damals mit Ihnen und meiner Frau? Kindereien, was?«

»Kindereien. Doch tun Sie besser, nicht davon zu reden.«

»Gewiß – freilich – ich will ja nicht indiskret sein. Zehn Jahre ist es her, nicht?«

»Verzeihen Sie, ich muß es vorziehen, jetzt zu gehen.«

»Warum denn schon?«

»Es ist besser. Vielleicht sehen wir uns ja morgen noch.«

»Na, wenn Sie durchaus gehen wollen –. Warten Sie, ich leuchte Ihnen. Und wann kommen Sie morgen?«

»Nach Mittag, denke ich.«

»Also gut, zum schwarzen Kaffee. Ich begleite Sie ins Hotel. Nein, ich bestehe darauf. Wir können ja dort noch etwas zusammen nehmen.«

»Danke, ich will zu Bett, ich bin müde. Empfehlen Sie mich Ihrer Frau, bis morgen.«

Vor der Haustür schob ich ihn ab und ging allein davon, über den großen Marktplatz und durch die stillen dunkeln Straßen. Ich lief noch lange in der kleinen Stadt herum, und wenn von irgendeinem alten Dach ein Ziegel gefallen wäre und hätte mich erschlagen, so wäre es mir auch recht gewesen. Ich Narr! Ich Narr!

Nebel

Am Morgen wachte ich zeitig auf und beschloß, sogleich weiterzuwandern. Es war kalt, und ein Nebel lag so dicht, daß man kaum über die Straße sah. Frierend trank ich Kaffee, bezahlte Zeche und Nachtlager und ging mit langen Schritten in die dämmernde Morgenstille hinein.

Rasch erwarmend ließ ich Stadt und Gärten hinter mir und drang in die schwimmende Nebelwelt. Das ist immer wunderlich ergreifend zu sehen, wie der Nebel alles Benachbarte und scheinbar Zusammengehörige trennt, wie er jede Gestalt umhüllt und abschließt und unentrinnbar einsam macht. Es geht auf der Landstraße ein Mann an dir vorbei, er treibt eine Kuh oder Ziege oder schiebt einen Karren oder trägt ein Bündel, und hinter ihm her trabt wedelnd sein Hund. Du siehst ihn herkommen und sagst grüß Gott, und er dankt; aber kaum ist er an dir vorbei und du wendest dich und schaust ihm nach, so siehst du ihn alsbald undeutlich werden und spurlos ins Graue hinein verschwinden. Nicht anders ist es mit den Häusern, Gartenzäunen, Bäumen und Weinberghecken. Du glaubtest die ganze Umgebung auswendig zu kennen und bist nun eigentümlich erstaunt, wie weit jene Mauer von der Straße entfernt steht, wie hoch dieser Baum und wie niedrig jenes Häuschen ist. Hütten, die du eng benachbart glaubtest, liegen einander nun so ferne, daß von der Türschwelle der einen die andere dem Blick nicht mehr erreichbar ist. Und du hörst in nächster Nähe Menschen und Tiere, die du nicht sehen kannst, gehen und arbeiten und Rufe ausstoßen. Alles das hat etwas Märchenhaftes, Fremdes, Entrücktes, und für Augenblicke empfindest du das Symbolische darin erschreckend deutlich. Wie ein Ding dem andern und ein Mensch dem andern, er sei wer er wolle, im Grunde unerbittlich fremd ist, und wie unsere Wege immer nur für wenige Schritte und Augenblicke sich kreuzen und den flüchtigen Anschein der Zusammengehörigkeit, Nachbarlichkeit und Freundschaft gewinnen.

Verse fielen mir ein, und ich sagte im Gehen leise vor mich hin:

Seltsam, im Nebel zu wandern!
Einsam ist jeder Busch und Stein,
Kein Baum sieht den andern,
Jeder ist allein.

Voll von Freunden war mir die Welt,
Als noch mein Leben licht war;
Nun, da der Nebel fällt,
Ist keiner mehr sichtbar.

Wahrlich, keiner ist weise,
Der nicht das Dunkel kennt,
Das unentrinnbar und leise
Von allen ihn trennt.

Seltsam, im Nebel zu wandern!
Leben ist Einsamsein.
Kein Mensch kennt den andern,
Jeder ist allein.

(1905)

Quellennachweis

Der Hausierer. Erstdruck in »Rheinisch-westfälische Zeitung« 1900. Später auch u.d.T. »Eine Gestalt aus der Kinderzeit« u. »Hotte Hotte Putzpulver« veröffentlicht in Zeitungen u. Zeitschriften. 1973 aufgenommen in »Die Kunst des Müßiggangs«, Frankfurt a. M.

Erlebnis in der Knabenzeit. Erstdruck in »Rheinisch-westfälische Zeitung« 1901. Überarbeitet im Januar 1933. Später in Zeitungen u. Zeitschriften auch veröffentlicht u.d.T. »Der Mohrle«. 1937 aufgenommen in »Gedenkblätter«, Berlin.

Juninacht. Erstdruck in »Neues Wiener Tagblatt« 1907. Aufgenommen in »Am Weg«, Konstanz, 1915.

Der Novalis. Erstdruck in »März«, München, März 1907. Aufgenommen in »Frühe Prosa«, Frankfurt a. M., 1960.

Eine Rarität. Geschrieben 1902. Erstdruck in »Österreichische Rundschau«, Wien, 1905, H. 32 u.d.T. »Das seltene Buch«. 1973 aufgenommen in »Die Kunst des Müßiggangs«, Frankfurt a. M.

Der Wolf. Geschrieben 1902/03. Erstdruck in »Rheinisch-westfälische Zeitung« Januar-Februar 1903. Aufgenommen in »Am Weg«, Konstanz, 1915.

Das Rathaus. Geschrieben 1903. Manuskript aus dem Nachlaß. Hier erster Abdruck.

Hans Amstein. Geschrieben im Juli 1903. Erstdruck in »Die Neue Rundschau«, Berlin, September 1904. Aufgenommen in »Prosa aus dem Nachlaß«, hrsg. v. Ninon Hesse, Frankfurt a. M., 1965.

Der Zwerg. Geschrieben 1903. Erstdruck in »Rheinlande« 4, 1903/04, Bd. 7, S. 180 ff. u.d.T. »Donna Margherita und der Zwerg«. Aufgenommen in »Fabulierbuch«, Berlin, 1935.

Karl Eugen Eiselein. Geschrieben 1903. Erstdruck in »Neue Zürcher Zeitung« 27. bis 31. Dez. 1903. Aufgenommen in »Nachbarn«, Berlin, 1908.

Der Erzähler. Geschrieben 1903. Erstdruck in »Die Schweiz«, Zürich, Nov. 1904. Aufgenommen in »Fabulierbuch«, Berlin, 1935.

In der alten Sonne. Erstdruck in »Süddeutsche Monatshefte«, München, Mai/Juni 1905. Aufgenommen in »Nachbarn«, Berlin, 1908.

Die Marmorsäge. Geschrieben 1904. Erstdruck in »Über Land und Meer« Stuttgart/Leipzig, Sept. 1904. Aufgenommen in »Diesseits«, Berlin, 1907.

Aus Kinderzeiten. Geschrieben 1904. Erstdruck in »Rheinlande«, Aug. 1904. Aufgenommen in »Diesseits«, Berlin, 1907.

Ein Knabenstreich. Geschrieben 1904. Erstdruck in »Das neue Magazin«, Berlin, Juli 1904. Hier erstmals in Buchform.

Garibaldi. Geschrieben 1904. Erstdruck in »Die Neue Rundschau«, Berlin, Dez. 1904. Aufgenommen in »Nachbarn«, Berlin, 1908.

Aus der Werkstatt. Geschrieben 1904. Erstdruck in »Neue Freie Presse«, Wien, 25. 12. 1904. Aufgenommen in »Prosa aus dem Nachlaß«, Frankfurt a. M., 1965.

Der Schlossergeselle. Geschrieben 1905. Erstdruck in »Simplicissimus« München, April 1905. Aufgenommen in »Prosa aus dem Nachlaß«, Frankfurt a. M., 1965.

Wenkenhof. Geschrieben 1905. Erstdruck in »Jugend«, München, 1905, S. 47-49 u.d.T. »Eine Nacht auf Wenkenhof«. Hier erstmals in Buchform.

Anton Schievelbeyn's . . . Geschrieben 1905. Erstdruck in »Die Schweiz«, Zürich, Okt. 1905, S. 481. Aufgenommen in »Fabulierbuch«, Berlin, 1935.

Heumond. Geschrieben 1905. Erstdruck in »Die Neue Rundschau«, Berlin, April 1905. Aufgenommen in »Diesseits«, Berlin, 1907.

Der Lateinschüler. Geschrieben 1905. Erstdruck in »Über Land und Meer«, Stuttgart/Leipzig, Nr. 23-26, 1906. Aufgenommen in »Diesseits«, Berlin, 1907.

Eine Fußreise im Herbst. Geschrieben 1905. Erstdruck in »Die Rheinlande«, Düsseldorf, Feb./März 1906. Aufgenommen in »Diesseits«, Berlin, 1907.

Zeittafel

1877	geboren am 2. Juli in Calw/Württemberg als Sohn des baltischen Missionars und späteren Leiters des »Calwer Verlagsvereins« Johannes Hesse (1847-1916) und Marie Hesses, verw. Isenberg, geb. Gundert (1842-1902), der ältesten Tochter des namhaften Indologen und Missionars Hermann Gundert.
1881-1886	wohnt Hesse mit seinen Eltern in Basel, wo der Vater bei der »Basler Mission« unterrichtet und 1883 die Schweizer Staatsangehörigkeit erwirbt (zuvor: russische Staatsangehörigkeit).
1886-1889	Rückkehr nach Calw (Juli), wo Hesse das Reallyzeum besucht.
1890-1891	besucht er die Lateinschule in Göppingen, um sich auf das Württembergische Landexamen (Juli 1891) vorzubereiten, der Voraussetzung für eine kostenlose Ausbildung zum ev. Theologen im »Tübinger Stift«. Deshalb muß er auf sein Schweizer Bürgerrecht verzichten. Im November 1890 erwirbt ihm sein Vater die württembergische Staatsangehörigkeit.
1891-1892	Seminarist im ev. Klosterseminar Maulbronn (Sept. 1891), aus dem er nach 7 Monaten flieht, weil er »entweder Dichter oder gar nichts werden wollte«. (April 1892)
1892	bei Christoph Blumhardt (zum »Teufelaustreiben«) in Bad Boll (April-Mai); Selbstmordversuch (Juni), Aufenthalt in der Nervenheilanstalt Stetten (Juni-August). Aufnahme ins Gymnasium von Cannstatt (Nov. 1892), wo er
1893	im Juli das Einjährig-Freiwilligen-Examen (Obersekundareife) absolviert. »Werde Sozialdemokrat und laufe ins Wirtshaus. Lese fast nur Heine, den ich sehr nachahmte.«
1894-1895	Praktikant in der Calwer Turmuhrenfabrik Perrot.
1895-1898	Buchhändlerlehre bei J. J. Heckenhauer in Tübingen.
1899	beginnt er mit der Niederschrift eines Romans »Schweinigel« (Manuskript noch nicht aufgefunden). ›Romantische Lieder‹ erscheinen bei Pierson, Dresden. ›Eine Stunde hinter Mitternacht‹ erscheint bei Diederichs, Leipzig.
1899-1903	Als Buchhandelsgehilfe in Basel (Buchhandlung R. Reich u. Antiquariat v. Wattenwyl).

H. H. beginnt für die »Allgemeine Schweizer Zeitung« Artikel und Rezensionen zu schreiben, die ihm mehr noch als seine Bücher »einen gewissen lokalen Ruf machten, der mich im gesellschaftlichen Leben sehr unterstützte.«

1901 Erste Italienreise nach Florenz (Genua, Pisa, Venedig). ›Hinterlassene Schriften und Gedichte von Hermann Lauscher‹ erscheinen bei R. Reich, Basel.

1902 ›Gedichte‹ erscheinen bei Grote, Berlin, seiner Mutter gewidmet, die kurz vor Erscheinen des Bändchens stirbt.

1903 Zweite Italienreise (Florenz, Venedig) nach Aufgabe seiner Buchhändler- und Antiquariatstätigkeit; Hesse beendet die Niederschrift des Camenzind-Manuskripts, das er auf Einladung des S. Fischer Verlages nach Berlin sendet.

1904 ›Peter Camenzind‹ erscheint bei S. Fischer, Berlin. Eheschließung mit Maria Bernoulli, Tochter aus altem Basler Gelehrtengeschlecht. Mit ihr bezieht er im Juli ein leerstehendes Bauernhaus in Gaienhofen am Bodensee, um als freier Schriftsteller und Mitarbeiter von zahlreichen Zeitungen und Zeitschriften zu arbeiten (u. a. »Die Propyläen«, d. i. Münchner Zeitung; »Die Rheinlande«, »Simplicissimus«, »März«, »Der Schwabenspiegel«, d. i. Württemberger Zeitung).

Die biographischen Studien »Boccaccio« und »Franz von Assisi« erscheinen bei Schuster & Löffler, Berlin u. Leipzig.

1905 Geburt des ersten Sohnes, Bruno

1906 ›Unterm Rad‹ (1903-1904 entstanden) erscheint bei S. Fischer, Berlin. Gründung der liberalen, gegen das persönliche Regiment Wilhelms II. gerichteten Zeitschrift »März« (Verlag Albert Langen, München), als deren Mitherausgeber Hesse bis 1912 zeichnet.

1907 ›Diesseits‹, Erzählungen, erscheinen bei S. Fischer, Berlin.

In Gaienhofen baut und bezieht Hesse ein eigenes Haus »Am Erlenloh«.

1908 ›Nachbarn‹, Erzählungen, erscheinen bei S. Fischer, Berlin.

1909 Geburt des zweiten Sohnes, Heiner.

1910 ›Gertrud‹, Roman, erscheint bei Albert Langen, München.

1911 ›Unterwegs‹, Gedichte, erscheinen bei Georg Müller,

München. Geburt des dritten Sohnes, Martin
Indienreise mit dem befreundeten Maler Hans Sturzenegger.

1912 ›Umwege‹, Erzählungen, erscheinen bei S. Fischer, Berlin. Hesse verläßt Deutschland und übersiedelt mit seiner Familie nach Bern in das ehem. Haus des befreundeten Malers Albert Welti.

1913 ›Aus Indien. Aufzeichnungen einer indischen Reise‹ erscheinen bei S. Fischer, Berlin.

1914 ›Roßhalde‹, Roman, erscheint bei S. Fischer, Berlin. Bei Kriegsbeginn meldet sich Hesse freiwillig, wird aber als dienstuntauglich zurückgestellt und der Deutschen Gesandtschaft in Bern zugeteilt, wo er im Dienst der »Deutschen Gefangenenfürsorge« Hunderttausende von Kriegsgefangenen und Internierte in Frankreich, England, Rußland und Italien mit Lektüre versorgt, Gefangenenzeitschriften (z. B. »Deutsche Interniertenzeitung«) herausgibt, redigiert und einen eigenen Verlag für Kriegsgefangene (»Verlag der Bücherzentrale für deutsche Kriegsgefangene«) aufbaut, in welchem von 1918 bis 1919 22 Bändchen erscheinen.

1914-1919 Zahlreiche politische Aufsätze, Mahnrufe, offene Briefe etc. in deutschen, schweizerischen und österreichischen Zeitungen und Zeitschriften.

1915 ›Knulp. Drei Geschichten aus dem Leben Knulps‹ (vorabgedruckt bereits 1908) erschienen bei S. Fischer, Berlin.

›Am Weg‹, Erzählungen, erschienen bei Reuß & Itta, Konstanz.

›Musik des Einsamen‹, Neue Gedichte, erschienen bei Eugen Salzer, Heilbronn.

›Schön ist die Jugend‹, Erzählungen, erschienen bei S. Fischer. Der Tod des Vaters, die Krankheit seiner Frau und des jüngsten Sohnes Martin führen zu einem Nervenzusammenbruch. Erste psychotherapeutische Behandlung durch den C. G. Jung-Schüler J. B. Lang bei einer Kur in Sonnmatt bei Luzern.

1919 Die politische Flugschrift ›Zarathustras Wiederkehr. Ein Wort an die deutsche Jugend von einem Deutschen‹, erscheint anonym im Verlag Stämpfli, Bern; 1920 unter dem Namen des Verfassers bei S. Fischer, Berlin.

Übersiedlung nach Montagnola/Tessin in die Casa Camuzzi, die er bis 1931 bewohnt.

›Kleiner Garten‹, Erlebnisse und Dichtungen, erscheint bei E. P. Tal & Co., Wien u. Leipzig.

›Demian. Die Geschichte einer Jugend‹ erscheint unter dem Pseudonym Emil Sinclair bei S. Fischer, Berlin.

›Märchen‹ erschienen bei S. Fischer, Berlin.

Gründung und Herausgabe der Zeitschrift »Vivos voco«, Für neues Deutschtum (Leipzig, Bern).

1920 ›Gedichte des Malers‹. Zehn Gedichte mit farbigen Zeichnungen, erschienen im Verlag Seldwyla, Bern.

›Klingsors letzter Sommer‹, Erzählungen, erschienen bei S. Fischer, Berlin.

›Wanderung‹, Aufzeichnungen mit farbigen Bildern vom Verfasser, erschienen bei S. Fischer, Berlin.

1921 ›Blick ins Chaos‹, zwei Dostojewski-Essays und ein Sprechstück, erschienen im Verlag Seldwyla, Bern.

›Ausgewählte Gedichte‹, erschienen bei S. Fischer, Berlin. Krise mit fast anderthalbjähriger Unproduktivität zwischen der Niederschrift des ersten und des zweiten Teils des ›Siddhartha‹. Psychoanalyse bei C. G. Jung in Küsnacht bei Zürich.

›Elf Aquarelle aus dem Tessin‹, erschienen bei O. C. Recht, München.

1922 ›Siddhartha. Eine indische Dichtung‹, erschienen bei S. Fischer, Berlin.

1923 ›Sinclairs Notizbuch‹, erschienen bei Rascher, Zürich. Erster Kuraufenthalt in Baden bei Zürich, wo er sich fortan (bis 1952) am Ende jedes Jahres aufhält.

1924 Hesse wird wieder Schweizer Staatsbürger.

Eheschließung mit Ruth Wenger, Tochter der Schriftstellerin Lisa Wenger.

›Psychologia Balnearia oder Glossen eines Badener Kurgastes‹ erscheint als Privatdruck; ein Jahr später als erster Band in der Ausstattung der ›Gesammelten Werke in Einzelausgaben‹ u. d. T.:

1925 ›Kurgast‹ bei S. Fischer, Berlin.

1926 ›Bilderbuch‹, Schilderungen, erschienen bei S. Fischer, Berlin. Hesse wird als auswärtiges Mitglied in die Sektion für Dichtkunst der Preußischen Akademie der Künste gewählt, aus der er 1931 austritt: »Ich habe das Gefühl, beim nächsten Krieg wird diese Akademie viel zur Schar jener 90 oder 100 Prominenten beitragen, welche das Volk wieder wie 1914 im Staatsauftrag über alle lebenswichtigen Fragen belügen werden«.

1927 ›Die Nürnberger Reise‹ und
›Der Steppenwolf‹ erscheinen bei S. Fischer, Berlin, gleichzeitig – zum 50. Geburtstag Hesses –, die bis heute unübertroffene Hesse-Biographie von Hugo Ball. Auf Wunsch seiner zweiten Frau, Ruth, Scheidung ihrer 1924 geschlossenen Ehe.

1928 ›Betrachtungen‹ und
›Krisis. Ein Stück Tagebuch‹ erscheinen bei S. Fischer, Berlin, letzteres in einmaliger limitierter Auflage.

1929 ›Trost der Nacht‹. Neue Gedichte, erscheinen bei S. Fischer.
›Eine Bibliothek der Weltliteratur‹ erscheint als Nr. 7003 von Reclams Universalbibliothek, Leipzig.

1930 ›Narziß und Goldmund‹, Erzählung, erscheint bei S. Fischer, Berlin.

1931 Eheschließung mit der Kunsthistorikerin Ninon Dolbin geb. Ausländer aus Czernowitz. Mit ihr bezieht Hesse das von H. C. Bodmer erbaute und ihm auf Lebzeiten zur Verfügung gestellte Haus an der Collina d'Oro in Montagnola.
›Weg nach Innen‹. Vier Erzählungen (›Siddhartha‹, ›Kinderseele‹, ›Klein und Wagner‹, ›Klingsors letzter Sommer‹), erschienen bei S. Fischer, Berlin.

1932 ›Die Morgenlandfahrt‹ erscheint bei S. Fischer, Berlin.

1932-1943 Entstehung des ›Glasperlenspiels‹.

1933 ›Kleine Welt‹ (Erzählungen aus ›Nachbarn‹, ›Umwege‹ und ›Aus Indien‹ leicht bearbeitet) erscheint bei S. Fischer, Berlin.

1934 ›Vom Baum des Lebens‹. Ausgewählte Gedichte, erscheinen im Insel Verlag, Leipzig.

1935 ›Fabulierbuch‹. Erzählungen, erscheint bei S. Fischer, Berlin.

1936 ›Stunden im Garten.‹ Eine Idylle, erscheint bei Gottfried Bermann Fischer, Wien.

1937 ›Gedenkblätter‹ und
›Neue Gedichte‹ erscheinen bei S. Fischer, Berlin.
›Der lahme Knabe‹, ausgestattet von Alfred Kubin, erscheint als Privatdruck in Zürich.

1939-1945 gelten Hesses Werke in Deutschland für unerwünscht.
›Unterm Rad‹, ›Der Steppenwolf‹, ›Betrachtungen‹ u. ›Narziß und Goldmund‹ können nicht mehr nachgedruckt werden. Insgesamt waren während der Jahre 1933–1945 in Deutschland 20 Hessetitel (ein-

schließlich der Nachdrucke) erhältlich, die im Verlauf der zwölf Jahre eine Gesamtauflage von 481 Tsd. Exemplaren erreichten (eine Auflage, die etwa der allein 1974 im deutschen Sprachraum verkauften Zahl der Hesse-Ausgaben entspricht), wobei allerdings 250 Tsd. auf das 1943 erschienene Reclam-Bändchen »In der alten Sonne« und 70 Tsd. auf die kleine, 1934 in der Insel-Bücherei erschienene Gedichtauswahl ›Vom Baum des Lebens‹ entfielen. Die ›Gesammelten Werke in Einzelausgaben‹ werden deshalb in der Schweiz, im Verlag Fretz & Wasmuth, fortgesetzt.

1942 ›Die Gedichte‹, erste Gesamtausgabe von Hesses Lyrik, erscheinen bei Fretz & Wasmuth, Zürich.

1943 ›Das Glasperlenspiel. Versuch einer Lebensbeschreibung des Magister Ludi Josef Knecht samt Knechts hinterlassenen Schriften. Herausgegeben von Hermann Hesse‹, erscheint bei Fretz & Wasmuth, Zürich

1945 ›Der Blütenzweig‹. Eine Auswahl aus den Gedichten; und

›Bertold‹. Ein Romanfragment; und

›Traumfährte‹. Neue Erzählungen und Märchen, erscheinen bei Fretz & Wasmuth, Zürich.

1946 ›Krieg und Frieden‹. Betrachtungen zu Krieg und Politik seit dem Jahr 1914, erscheint bei Fretz & Wasmuth, Zürich. Danach erscheinen die Werke Hesses wieder in Deutschland, zunächst im »Suhrkamp Verlag vorm. S. Fischer«, seit 1951 im Suhrkamp Verlag, Frankfurt am Main.

Goethe-Preis der Stadt Frankfurt am Main.

Nobelpreis.

1951 ›Späte Prosa‹ und

›Briefe‹ erscheinen bei Suhrkamp, Frankfurt am Main.

1952 ›Gesammelte Dichtungen‹ in sechs Bänden als Festgabe zum 75. Geburtstag erscheinen bei Suhrkamp, Frankfurt am Main.

1954 ›Piktors Verwandlungen‹. Ein Märchen, faksimiliert, erscheint bei Suhrkamp, Frankfurt am Main.

›Briefe: Hermann Hesse-Romain Rolland‹ erscheinen bei Fretz & Wasmuth, Zürich.

1955 ›Beschwörungen‹, Späte Prosa/Neue Folge bei Suhrkamp, Frankfurt a. M.

Friedenspreis des Deutschen Buchhandels.

1956 Stiftung eines Hermann-Hesse-Preises durch die Förderungsgemeinschaft der deutschen Kunst Baden-Württemberg e. V.

1957 ›Gesammelte Schriften‹, in sieben Bänden, erscheinen bei Suhrkamp, Frankfurt am Main.

1961 ›Stufen‹, alte und neue Gedichte in Auswahl, erscheinen bei Suhrkamp, Frankfurt am Main.

1962 ›Gedenkblätter‹ (um fünfzehn Texte erweitert gegenüber der 1937 erschienenen Ausgabe).

9. August: Tod Hermann Hesses in Montagnola.

1962 ›Hermann Hesse zum Gedächtnis‹, Privatdruck des Suhrkamp Verlags, Frankfurt am Main.

›Hermann Hesse. Eine Bibliographie‹ von Helmut Waibler erscheint im Francke Verlag, Bern und München.

1963 ›Die späten Gedichte‹ erscheinen als Band 803 der Insel-Bücherei des Insel Verlags, Wiesbaden.

1964 ›Briefe‹. Erweiterte Ausgabe, erscheinen bei Suhrkamp, Frankfurt am Main.

1965 ›Prosa aus dem Nachlaß‹, erschienen bei Suhrkamp,

›Neue deutsche Bücher‹, Literaturberichte für Bonniers Litterära Magasin 1935 bis 1936, erschienen in der Turmhahn-Bücherei des Schiller-Nationalmuseums, Marbach.

1966 ›Kindheit und Jugend vor Neunzehnhundert. Hermann Hesse in Briefen und Lebenszeugnissen 1877 bis 1895‹ erschienen im Suhrkamp Verlag, Frankfurt am Main.

1968 ›Hermann Hesse – Thomas Mann. Briefwechsel‹, erschienen im Suhrkamp und im S. Fischer Verlag, Frankfurt am Main.

1969 ›Hermann Hesse – Peter Suhrkamp, Briefwechsel‹ erschienen im Suhrkamp Verlag, Frankfurt am Main.

1970 ›Hermann Hesse – Werkausgabe‹,

›Politische Betrachtungen‹

und ›Schriften zur Literatur‹, erschienen im Suhrkamp Verlag, Frankfurt am Main.

1971 ›Hermann Hesse – Helene Voigt-Diederichs. Zwei Autorenportraits in Briefen‹, erschienen bei Diederichs, Köln, als Privatdruck in einmaliger Auflage.

›Lektüre für Minuten‹, Gedanken aus seinen Büchern und Briefen;

›Mein Glaube‹. Eine Dokumentation und

›Hermann Hesse – Sprechplatte‹, erschienen bei Suhrkamp, Frankfurt am Main.

1972 ›Eigensinn‹. Autobiographische Schriften.

›Materialien zu Hermann Hesse, Der Steppenwolf‹ erschienen bei Suhrkamp, Frankfurt am Main.

›D'une rive à l'autre. Hermann Hesse et Romain Rolland. Correspondance, fragments du Journal et textes divers‹ erschienen bei Albin Michel, Paris.

›Hermann Hesse – Karl Kerényi. Briefwechsel aus der Nähe‹, erschienen bei Langen-Müller, München u. Wien.

1973 ›Gesammelte Briefe, erster Band: 1895 bis 1921‹

›Die Kunst des Müßiggangs‹. Kurze Prosa aus dem Nachlaß,

›Die Erzählungen‹, erste Gesamtausgabe der wichtigsten Erzählungen,

›Materialien zu Hermann Hesse, Das Glasperlenspiel‹, Bd. 1, erschienen bei Suhrkamp, Frankfurt am Main.

›Hermann Hesse, Traktat vom Steppenwolf und andere Texte‹, Sprechplatte der Deutschen Grammophon-Gesellschaft, Hamburg.

›Hermann Hesse und der Ferne Osten‹, erschienen bei Büchergilde Gutenberg, Frankfurt am Main.

›Hermann Hesse-Bibliographie; Primär- und Sekundärschrifttum in Auswahl‹ von Martin Pfeifer erscheint im Erich Schmidt Verlag, Berlin.

›Hermann Hesse, eine Werkgeschichte‹, erschienen bei Suhrkamp, Frankfurt am Main.

1974 ›Hermann Hesse, Leben und Werk im Bild‹ von Volker Michels, insel-taschenbuch 36

›Materialien zu Hermann Hesse, Das Glasperlenspiel‹ Bd. 2

›Hermann Hesse und China‹ von Adrian Hsia, erschienen bei Suhrkamp, Frankfurt am Main.

›Kindheit des Zauberers‹ illustriert von Peter Weiss, insel taschenbuch.

›Begegnungen mit Hermann Hesse‹ von Siegfried Unseld bei Suhrkamp, Frankfurt am Main.

1975 ›Lektüre für Minuten‹ Neue Folge.

›Piktors Verwandlungen‹.

»Materialien zu Hermann Hesses ›Siddhartha‹«, Bd. 1.

1976 »Materialien zu Hermann Hesses ›Siddhartha‹«, Bd. 2.

Ursula Chi, ›Die Weisheit Chinas und das Glasperlenspiel‹.

›Über Hermann Hesse‹, Bd. 1 (1904–1962).

Hermann Hesse
in den suhrkamp taschenbüchern

Lektüre für Minuten. Gedanken aus seinen Büchern und Briefen. Ausgewählt von Volker Michels. Band 7, 240 S.

Unterm Rad. Erzählung. Band 52, 420 S.

Materialien zu Hermann Hesses »Der Steppenwolf«. Herausgegeben von Volker Michels. Band 53, 380 S

Das Glasperlenspiel. Band 79, 618 S.

Materialien zu Hermann Hesses »Das Glasperlenspiel«, Teil I: Texte von Hermann Hesse. Herausgegeben von Volker Michels. Band 80, 390 S.

Die Kunst des Müßiggangs. Kurzprosa aus dem Nachlaß. Herausgegeben von Volker Michels. Band 100, 378 S.

Materialien zu Hermann Hesses »Das Glasperlenspiel«, Teil II: Texte über das Glasperlenspiel. Herausgegeben von Volker Michels. Band 108, 378 S.

Klein und Wagner. Erzählung. Band 116, 112 S.

Materialien zu Hermann Hesses »Siddhartha«. Erster Band. Herausgegeben von Volker Michels. Band 129, 368 S.

Peter Camenzind. Erzählung. Band 161, 164 S.

Der Steppenwolf. Band 175, 120 S.

Siddhartha. Eine indische Dichtung. Band 182, 237 S

Demian. Die Geschichte von Emil Sinclairs Jugend. Band 206, 266 S.

Ausgewählte Briefe. Band 211, 576 S.

Die Nürnberger Reise. Band 227, 84 S.

Lektüre für Minuten. Gedanken aus seinen Büchern und Briefen. Neue Folge. Ausgewählt von Volker Michels. Band 240, 224 S.

Eine Literaturgeschichte in Rezensionen und Aufsätzen. Herausgegeben von Volker Michels. Band 252, 640 S.

Narziß und Goldmund. Erzählung. Band 274, 324 S.

Die Märchen. Band 291, 270 S.

Über Hermann Hesse. Erster Band 1904–1962. Herausgegeben von Volker Michels. Band 331, 482 S.

Kleine Freuden. Verstreute und kurze Prosa aus dem Nachlaß. Herausgegeben und mit einem Nachwort von Volker Michels. Band 360, 391 S.

Hermann Hesse
in der Bibliothek Suhrkamp

Die Morgenlandfahrt. Erzählung. Band 1, 124 S.

Narziß und Goldmund. Erzählung. Band 65, 320 S.

Knulp. Drei Geschichten aus dem Leben Knulps. Band 75, 128 S.

Demian. Die Geschichte von Emil Sinclairs Jugend. Band 95, 214 S.

Der vierte Lebenslauf Josef Knechts. Zwei Fassungen. Band 181, 164 S.

Der Steppenwolf. Roman. Band 226, 240 S.

Siddhartha. Eine indische Dichtung. Band 227, 136 S.

Politische Betrachtungen. Band 244, 168 S.

Mein Glaube. Betrachtungen. Band 300, 152 S.

Kurgast. Mit den ›Aufzeichnungen von einer Badener Kur‹. Band 329, 136 S.

Stufen. Ausgewählte Gedichte, Band 342, 248 S.

Eigensinn. Autobiographische Schriften. Band 353, 256 S.

Glück. Späte Prosa: Betrachtungen. Band 344, 143 S.

Iris. Ausgewählte Märchen. Band 369, 170 S.

Hermann Hesse – Thomas Mann. Briefwechsel; herausgegeben von Anni Carlsson, erweitert von Volker Michels. Mit einem Vorwort von Theodore Ziolkowski. Band 441, 338 S.

Wanderung. Aufzeichnungen mit 14 farbigen Bildern des Verfassers. Band 444, 144 S.

Legenden. Zusammengestellt von Volker Michels. Band 473, 184 S.

Musik. Betrachtungen, Gedichte, Rezensionen, Briefe. Mit einem Essay von Hermann Kasack. Herausgegeben von Volker Michels. Band 483, 280 S.

Hermann Hesse
Die Erzählungen

Sonderausgabe in zwei Bänden. Herausgegeben von Volker Michels. 1020 Seiten
Erstmals gesammelt und um 12 unbekannte Erzählungen aus dem Nachlaß ergänzt.

Die Erzählungen Hermann Hesses, hier erstmals zusammengefaßt und in chronologischer Folge geordnet, bekräftigen sinnfällig die Feststellung Thomas Manns: »Deutscheres gibt es nicht als diesen Dichter und das Werk seines Lebens – nichts, das deutscher wäre im alten, frohen, freien und geistigen Sinn, dem der deutsche Name seinen besten Ruhm, dem er die Sympathie der Menschheit verdankt.« Zwar waren Hesses große Erzählungen, *Knulp, Der Steppenwolf, Narziß und Goldmund, Die Morgenlandfahrt*, von jeher bekannt und beachtet, doch die zahlreichen, nicht als Einzelausgaben erschienenen kürzeren Erzählungen sind unbekannter geblieben. In Sammelbänden verstreut, waren sie schwerer zugänglich und nicht als Gesamtheit überschaubar.
Die ersten dieser in fünf Jahrzehnten entstandenen Erzählungen stammen aus dem Jahre 1903, die letzte wurde 1953 geschrieben. Sie zeigen den Weg und die Entwicklungen eines Epikers, dessen wohltuend unheldische Helden vor alltäglich-unscheinbarem Hintergrund in immer neuen Brechungen die ganze Vielfalt menschlicher Psyche und Verhaltensweisen spiegeln. Nicht unerhörte Begebenheiten, sondern das Unerhörte der alltäglichen Begebenheiten kommt hier zu Wort. Denn so vertraut die Schauplätze anmuten, die Konflikte, die dort ausgetragen und festgehalten werden, wachsen weit über das Lokale hinaus. Der Mikrokosmos des scheinbar Provinziellen und Individuellen verweist vom Detail auf das Ganze. Dabei bedeutet die Lektüre dieser Erzählungen nicht Arbeit, sondern Regeneration. »Denn Hesse kann«, schrieb Kurt Tucholsky, »was nur wenige können. Er kann einen Sommerabend und ein erfrischendes Schwimmbad und die schlaffe Müdigkeit nach körperlicher Anstrengung nicht nur schildern – das wäre nicht schwer. Aber er kann machen, daß uns heiß und kühl und müde ums Herz ist.«

Gesammelte Schriften in Einzelausgaben

Beschwörungen; Bilderbuch; Briefe; Das Glasperlenspiel; Der Steppenwolf; Diesseits; Erzählungen; Kleine Welt; Fabulierbuch; Frühe Prosa; Gedenkblätter; Gertrud; Knulp; Krieg und Frieden; Kurgast; Die Nürnberger Reise; Märchen; Narziß und Goldmund; Peter Camenzind; Prosa aus dem Nachlaß; Roßhalde; Schriften zur Literatur; Siddhartha; Traumfährte; Unterm Rad.

Briefe

Kindheit und Jugend vor Neunzehnhundert. Hermann Hesse in Briefen und Lebenszeugnissen 1877–1894; herausgegeben von Ninon Hesse

Hermann Hesse, Gesammelte Briefe, 1895–1921. Unter Mitwirkung von Heiner Hesse; herausgegeben von Ursula und Volker Michels

Briefe. 2. erweiterte Ausgabe

Hermann Hesse – Peter Suhrkamp. Briefwechsel 1945 bis 1959; herausgegeben von Siegfried Unseld

Über Hermann Hesse

Dank an Hermann Hesse. Reden und Aufsätze

Hermann Hesse – Eine Chronik in Bildern; herausgegeben von Bernhard Zeller

Hugo Ball: Hermann Hesse. Sein Leben und sein Werk

Emmy Ball-Hennings: Briefe an Hermann Hesse

Adrian Hsia: Hermann Hesse und China

Siegfried Unseld: Hermann Hesse, eine Werkgeschichte

Siegfried Unseld: Begegnungen mit Hermann Hesse

Sonderausgaben

Hermann Hesse, Die Erzählungen

Hermann Hesse, Weg nach Innen

Hermann Hesse, Schriften zur Literatur, 2 Bde.

insel taschenbuch

Hermann Hesse, Leben und Werk im Bild. Von Volker Michels

Hermann Hesse, Kindheit des Zauberers. Ein autobiographisches Märchen. Illustriert und mit einer Nachbemerkung von Peter Weiss

Piktors Verwandlungen. Mit einem Nachwort von Volker Michels

Dank an Goethe. Betrachtungen, Rezensionen, Briefe. Mit einem Essay von Reso Karalaschwili

Hermann Lauscher. Illustriert von Gunter Böhmer

Hölderlin. Dokument seines Lebens. Herausgegeben von Hermann Hesse und Karl Isenberg

Alphabetisches Gesamtverzeichnis der suhrkamp taschenbücher